Treasures for Scholars Worldwide

国家社会科学基金重大招标项目
民族文字出版专项资金资助项目

中国西南少数民族地区濒危文字文献调查研究丛书
赵丽明 孙宏开 主编

宝山纳西东巴文应用文献调查、整理与研究

赵丽明 李学信 和茂春 和学耀
蒋波 高渊 苏裴 李静生 编著

上

广西师范大学出版社
GUANGXI NORMAL UNIVERSITY PRESS
·桂林·

BAOSHAN NAXI DONGBAWEN YINGYONG WENXIAN
DIAOCHA ZHENGLI YU YANJIU

项目统筹 | 宾长初
项目管理 | 肖爱景
责任编辑 | 肖承清
责任校对 | 柴方召
责任技编 | 郭 鹏
书籍设计 | 徐俊霞 俸萍利
[广大迅风艺术]

图书在版编目（CIP）数据

宝山纳西东巴文应用文献调查、整理与研究：全2册 / 赵丽明等编著. —桂林：广西师范大学出版社，2019.10
（中国西南少数民族地区濒危文字文献调查研究丛书 / 赵丽明，孙宏开主编）
ISBN 978-7-5598-2189-8

Ⅰ. ①宝… Ⅱ. ①赵… Ⅲ. ①东巴文—研究
Ⅳ. ①H257

中国版本图书馆 CIP 数据核字（2019）第 192891 号

广西师范大学出版社出版发行
（广西桂林市五里店路9号　邮政编码：541004）
　网址：http://www.bbtpress.com
出版人：张艺兵
全国新华书店经销
广西广大印务有限责任公司印刷
（桂林市临桂区秧塘工业园西城大道北侧广西师范大学出版社
集团有限公司创意产业园内　邮政编码：541199）
开本：880 mm × 1 230 mm　1/16
印张：76　　字数：1 778 千字
2019 年 10 月第 1 版　2019 年 10 月第 1 次印刷
审图号：GS（2013）1306 号
定价：2400.00 元（上、下册）

如发现印装质量问题，影响阅读，请与出版社发行部门联系调换。

清华大学中国西南地区濒危文化研究中心
云南省丽江市玉龙县宝山乡吾木东巴文化传习院

编委会

赵丽明　孙宏开　宋兆麟　李静生　姜竹仪　赖静如

盖兴之　李学信　和崇光　和茂春　和学耀　和学湛

和继先　和继泉　和茂芳　许多多　蒋　波　高　渊

苏　裴　安　娜　胡张拓　李君楠　芮腾晖　陈纯杰

李　恺　黄薇兮　饶枧多　张艺君

总　序

清华大学赵丽明教授和我共同主持了国家社会科学基金2010年度立项的重大招标项目"中国西南地区濒危文字抢救、整理与研究"（批准号10&ZD123）。[1] 此项目的子课题由纳西族东巴文民间文书译注、普米族韩规经书译注、羌族释比经书《刷勒日》译注、彝族他留经书译注、壮族八宝歌书译注、水族水书文献译注、尔苏沙巴经书译注、木雅经书译注、纳木依帕孜经书译注、贵琼公麻经书译注等十多个子项目组成。

早在20世纪50年代，中国科学院和中央民族事务委员会组织了七个工作队，对少数民族语言文字进行全国性大规模的普遍调查，当时的主要任务是通过对全国的少数民族语言文字调查研究，在掌握大量第一手资料的基础上，为无文字的民族创制文字，为文字不完备的民族改革或改进其文字。其中第七工作队主要调查研究藏族以及周边的羌、普米（当时称西番）、嘉绒、门巴、珞巴等族群的语言。在此次调查过程中，我们就已经在四川西部和云南西北部发现了这一带宗教活动者手里有一些经书。这些经书是民主改革时期未被没收、焚烧的遗留。在那个时代，人们往往把这些经书当作宗教祭祀者从事迷信活动的"道具"加以歧视，并"不屑一顾"。

"文革"中，这些保存经书的祭祀者们再一次遭受劫难，他们往往被当成"牛鬼蛇神"加以批斗，他们正常的宗教活动往往被当成"迷信"而加以禁止，他们手里残存的经书往往被当成"四旧"加以没收、焚烧，以至于一些祭祀者们不得不将这些经书藏在山洞里、阁楼上，有的甚至深埋在地下。

---

[1] 孙宏开提出因中国社科院创新工程，退出项目。全国哲学社会科学规划办公室2012年11月6日《关于重大项目变更事项的批复》："经研究，同意孙宏开同志不再担任该项目首席专家，由赵丽明一人主持。"

粉碎"四人帮"以后，通过拨乱反正，各条战线陆续清算了极左路线。过去被当成"四旧"的东西，包括宗教活动时使用的经书在内，也陆陆续续恢复了名誉。人们从山洞里、阁楼上把这些长期不见天日的珍贵文献又请了出来，恢复了正常的祭祀活动，使我们这些民族语文调查研究者们能够一睹为快。

差不多与此同时，结合改革开放以后国家开展的民族识别工作，自1976年至1982年，我们在这一带新发现了九种过去少数民族语言普查时期未发现或者未深入调查的语言（它们是贵琼语、木雅语、尔苏语、扎巴语、却域语、纳木依语、史兴语、尔龚语、拉乌戎语），更深入调查研究了这些语言内部的方言差异。费孝通先生高度评价了这一带新发现的语言和族群，他在《关于我国民族的识别问题》（《中国社会科学》1980年第1期）一文中说："我们以康定为中心向东和向南大体上划出了一条走廊。把这走廊中一向存在着的语言和历史上的疑难问题，一旦串联起来，有点像下围棋，一子相联，全盘皆活。这条走廊正处在彝藏之间，沉积着许多现在还活着的历史遗留，应当是历史与语言科学的一个宝贵的园地。"费先生根据语言学和民族学调查研究的新成果总结出的"藏彝走廊"理论，成为近十多年地区研究的一个热点，成为境内外人类学、民族学、考古学、历史学、宗教学、语言学研究者们的乐园。

通过少数民族语言调查研究取得的初步成果所提供的线索，我们从这一带操各语种的祭师们手里保存的经书入手，请他们讲解经书的基本内容，然后用国际音标原原本本记录下来，进行对译和意译，以保持该经书原汁原味的面貌。通过初步研究，我们认识到这项研究的意义在于：

语言学方面的价值。我们在这一带发现的经书，大都是祭祀者祖祖辈辈许多代人保存流传下来的。有的说有20多代，有的说有10多代，还有的说他们与诸葛亮打仗的时候就有了。有的像图画，有的已经步入文字门槛，还有不少是用藏文符号记录的当地少数民族语言，其中有的也夹杂着许多图画。在记录和翻译各族群经书过程中，首先我们要了解这种语言和方言的基本特点，记录2000—3000个常用词，在这个基础上整理出这个调查点的语音系统，并大体了解这种语言的基本语法特点，否则无法翻译这种语言经书的意义。这样我们就基本上掌握了这种语言各子系统的结构特点，揭示了这种语言语音、词汇、语法的基本面貌，为语言学提供了一份新鲜的资料。

文字学方面的价值。文字是记录语言的符号，历史上各民族的祭师们为了将自己认识到的各种自然现象和社会现象记录下来，以便从事祭祀活动的时候提示自己，开始用图画来帮助自己的记忆，久而久之，图画逐渐简化，形成了图画文字。本项目涉及的语言文字有彝语支、藏语支和羌语支的语言文字，记录宗教活动的文献有藏文、彝文、纳西东巴文等已知文字，新发现的文种有尔苏沙巴文、彝族铎系文字等比较原始的文字，还有羌族的释比图经等。这些文字有的有悠久的历史，如藏文、彝文、纳西东巴文等，有的是近几年才陆续被解读，性质也比较原始。从文字的性质来看，多样性显而易见：有比较完善的拼音文字，如藏文；有比较系统的表意文字，如原有彝文（或称老彝文）。更多的是比较原始的图画性质的文字，如纳西东巴文和尔苏沙巴文等，还有完全图画性质的长卷羌族释比图经《刷勒日》。从图画到图画文字再到表意文字和拼音文字，我们看到了一条非常丰富多样的文字产生、发展和演变链，它展现了一幅文字从表形到表意再到表音的学术画卷，成为研究文字产生普遍规律的一个明显的例证。此外，从文字学的角度看，什么样的图经算文字，什么样的情况只能够算图画，也就是说图画与文字的界限与区别在哪里，这一带的许多文献也向我们提供了许多研究的实例。

宗教学方面的价值。执行这个项目，开展广泛调查研究过程中，课题组接触到的有藏传佛教和藏族的苯教，更多的是原始多神教和大量的自然崇拜，包括彝族的毕摩、羌族的释比、纳西的东巴、普米的韩规、尔苏的沙巴、纳木依的帕孜、贵琼的公麻等等以及他们保存的大量经书。我们接触到许多祭师们的宗教活动，这些宗教活动许多带着一定的神秘性。拨开某些迷信色彩的东西，我们不难发现大量通过宗教祭祀活动所表现出来的对自然界的敬畏和崇拜，驱鬼祭神的各种活动又展现出一些民间治病的技艺和秘方。几千年来，他们就是依靠这种活动慰藉人们的心灵，医治人们的疾病，抚慰人们的伤痛。在仔细研究他们古老经典的过程中，我们不难发现，许多经典包含了一些模糊的哲理、人生的经验和度人苦难的精神安慰。这些经典反映的仪轨既受藏传佛教尤其是苯波教的影响，也有许多汉族佛教的渗透，尤其受汉族六十甲子思想的深刻影响。

历史学方面的价值。我们从祭师们娓娓道来的送魂经中，从许多包含在经典释读的历史故事中，分析出他们经历过大量族群迁徙、征战以及与自然界灾难的抗争。虽然这些文字中包含着一些荒诞不经的情节，但是，剥去一些离奇古怪的神话后留下的一些耐人寻味的史料，与正史记载的史实相印证，为我们打开了了解这一带族群历史来源的另一扇窗户，尤其从分析这些族群使用语言的分化情况、远近关系的情况、互相接触的情况，我们可掌握大量解开这一带族群历史来源的重要证据。

考古学方面的价值。本项目调查研究的是居住在岷江、大渡河、雅砻江、金沙江、澜沧江、怒江流域各族群所保留的文字及其文献。在这一地区，近几十年发掘了许多遗址，其中包括三星堆遗址、金沙遗址、营盘山遗址……这一地区还是古蜀道的必经之地，也是藏缅各民族迁徙的走廊。目前居住在这一带的族群多数是使用羌语支语言的族群，根据正史记载，他们应该就是周秦以来在这一带定居的古氐羌的后裔，经过了大浪淘沙，保留到现在，他们与早先居住在这一带的人群是什么关系？纵观西南地区的族群，基本上是汉族与藏缅语族两大族系，而藏缅族系是这一带最古老的族系之一，他们曾经通过这条民族走廊向南、向西迁徙，一直到喜马拉雅南麓，形成现在定居在喜马拉雅南麓的200多个藏缅语族各支系。因此对这一带语言文字及其文化的调查研究，为解开许多考古之谜提供了许多新的线索。

文学方面的价值。在记录和解读文字和文献的过程中，我们记录了大量诗歌、故事、寓言、神话、历史传说、唱词……有些神话故事，情节曲折动人，引人入胜，不亚于《西游记》；有的叙事长诗不亚于藏族的《格萨尔》，有描写征战的，有描写爱情的，有弘扬战胜邪恶的，有歌颂真善美的；有的寓言，哲理丰富，令人回味无穷……我们边调查，边感慨，这些文学素材，也许是制作动漫的好思路、好素材。创作这些文学素材的，是根植于民间并经历了千千万万个苦难的劳苦大众，他们仅仅依靠自己最原始的记录方式——图画或类似图画的文字，有的靠口耳相传，一代一代延续至今。今天，发掘这些埋没了多少代的文学作品，是我们这一代学人义不容辞的责任。

民族学、人类学方面的价值。分布在这一带的族群，其中多数是依附于人口数量大的民族的一些小族群。费孝通1980年发表的关于民族识别的那篇重要文章，以及同时期国家民委一系列有关民族识别的文件，没有能够把他们推上中华民族之林的舞台。但是他们的历史、文化是无法也是不应该被埋没的，近几年大量境内外民族学与人类学学者的调查研究，陆续揭开了蒙在他们头上几千年的面纱。他们的建筑、他们的服饰、他们的音乐舞蹈、他们的风俗习惯、他们的节日、他们的喜怒哀乐……一切的一切，受到了学者们的关注。他们也是中华民族灿烂文化的一个"小小的"组成部分，有权利在中华民族多彩文化大家庭这个园地中占有一席之地。

保护非遗方面的价值。语言文字与非物质文化遗产有密切关系，根据联合国教科文组织的看法，语言本身就是非物质文化遗产的重要组成部分。我们所要记录的这些文献承载着这一带族群大量非物质文化遗产的口头作品、表演艺术以及大量记忆遗产。我们把这个课题叫作濒危文字及其文献保护研究，主要出自两个基本事实：第一，我们要调查研究的对象基本上都是新发现的小语种，使用人口不多，而且越来越少，有的已经处在极度濒危状态；第二，几乎所有的宗教文献都是中华人民共和国成立以前就已经存在，经过多次劫难，保留至今，已经实属不易。原文献持有者几乎都已经过世，他们的后代中，能够释读这些文献的祭师已经越来越少，有的文献已经无人能够解读。因此，记录、释读这些经典已经是十分迫切的事情了。否则记录该文献的语言消失了，能够释读这些文献的祭师过世了，这些文献也就成了废纸一堆。

要说的话还有很多，最好由读者来评判吧！

开展此项调查研究的基本队伍主要是清华大学的师生及广西师范大学出版社派出的编辑，也包括地方院校和科研机构的一些学者，尤其是一些本民族的学者。他们从接受记录少数民族语言的专业培训，到深入实地寻访各种文献的持有者，动员他们将文献公之于世，开展解读和记录工作，经历了难以想象的困难，克服了许多意想不到的阻力。能够完成这样一套抢救性记录的丛书，而且从一开始的数种增加到现在的十多卷，个中酸甜苦辣，只有亲身经历过的人才能够切实地感受到。我对这样一支边训练、边工作，在实际工作中不断提高自己专业素质的队伍感到由衷的钦佩，他们完成了一项在中国文化史上具有重要历史意义的工作。我对他们能够完成这样一件重大的文化工程给予高度评价，对他们付出的艰辛表示崇高的敬意！

广西师范大学出版社的领导和编辑们，独具慧眼，对此项调查研究和丛书出版给予了有力的支持。更难得的是亲自组织队伍，深入山区与课题组一道开展调查研究。初稿完成后，编辑们对书稿进行了细致的校核，对书稿质量的提高起到了重要的作用。本套丛书最终能够与读者见面，与他们付出的劳动和财力上的支持是分不开的。他们无愧于出版家（而不是出版商）的称号。在此，向他们表示衷心的感谢！

中国社会科学院荣誉学部委员　孙宏开

序于安贞桥寓所

2013年1月15日

目 录

前　言　东巴文的自然生态进化——从宗教走向
　　　　世俗，从原始走向成熟 ………………………… 1
　一、寻找濒危的原始文字 ………………………………… 3
　二、宝山东巴文书的价值 ………………………………… 10
　三、从宗教走向世俗，从原始走向成熟——从白地、
　　　油米、宝山东巴文书等看东巴文的两大突破 …… 11
　四、本书写作体例 ………………………………………… 34

第一章　吾木概况 …………………………………………… 35
　一、地理概况 ……………………………………………… 37
　二、历史沿革 ……………………………………………… 42
　三、人口来源 ……………………………………………… 42
　四、社会、经济、教育状况 ……………………………… 44
　五、民风习俗 ……………………………………………… 46
　六、文化艺术 ……………………………………………… 57
　七、名胜古迹 ……………………………………………… 63
　八、东巴祭礼 ……………………………………………… 66

第二章　语言系统 …………………………………………… 73
　一、语言概况 ……………………………………………… 75
　二、语音 …………………………………………………… 76
　三、词汇表 ………………………………………………… 82

第三章　文献解读 …………………………………………… 147
　一、地契 …………………………………………………… 149

二、调解协议 ………………………………… 595
　　三、会议纪要 ………………………………… 609
　　四、人情往来记录 …………………………… 655
　　五、清单 ……………………………………… 735
　　六、对联 ……………………………………… 835
　　七、民歌民谚 ………………………………… 864

第四章　基本字符表 ………………………………… 925

第五章　口述史 ……………………………………… 977
　　一、吾木村东巴文化传承的领头人——李学信 … 979
　　二、吾木村祭天大东巴——和茂春 ……………… 987
　　三、苏明村东巴——和学耀 ……………………… 992
　　四、东巴文与东巴画——和学湛、杨扎实访谈 … 996
　　五、东巴造纸技艺传承人和继先访谈 …………… 1003
　　六、无所不能的巴格图——和继先、和学湛访谈 … 1008

第六章　思考与探索 ………………………………… 1011
　　一、浅论东巴文在纳西宝山世俗东巴文书中的
　　　　应用 …………………………………………… 1013
　　二、宝山东巴传统工艺及其文化背景研究 ……… 1023

第七章　调查散记 …………………………………… 1033
　　一、相约云之南 ………………………………… 1035
　　二、陌行随笔 …………………………………… 1038
　　三、静好岁月之云南行 ………………………… 1050
　　四、天堂陌影——吾木纪行 …………………… 1055
　　五、山里的日子 ………………………………… 1060
　　六、随旅行成长 ………………………………… 1063
　　七、追忆 ………………………………………… 1065
　　八、那些日子 …………………………………… 1068
　　九、那山那水那人 ……………………………… 1073

附　录　白地纳西汝卡东巴文应用文选 …………… 1077
　　一、白地纳西汝卡简介 ………………………… 1079
　　二、白地汝卡语言系统简介 …………………… 1080
　　三、白地汝卡东巴文标语解读 ………………… 1082
　　四、清华百年校庆贺信 ………………………… 1090
　　五、东巴文电话本 ……………………………… 1132

人名地名索引 ………………………………………… 1167
主要参考文献 ………………………………………… 1192
后　记 ………………………………………………… 1193

前言

东巴文的自然生态进化
——从宗教走向世俗，从原始走向成熟

一 寻找濒危的原始文字

所谓原始文字，是指人们早期寻求记录语言的可视性书契手段，从"前文字"到"成熟文字"演变过程中的图形符号。它们是否是文字？在"是"与"不是"之间：已经逐渐脱离图画，走向文字；但又带着图画痕迹，显得那么稚气、土气；却已担负文字的部分功能，乃至能一一记录语言。

原始文字在文字发生学、文字发展史上具有重要价值。可以填补、佐证汉字甲骨文之前文字形态演变过程的空白。在历史学、人类学、民族学方面，像一幅幅照片，可以展示人类文明的心路、社会。

原始文字是历史范畴，是人类社会发展到一定文明阶段的产物，是人类智慧的结晶、思维的成果，是作为万物之灵的人类所独有。文字是分水岭，标志着人类进入文明社会。有了文字，人类就有了历史记录。

所谓濒危，有两层含义，一是"字"和"文献"的濒危，一是使用、懂得这些"字"和"文献"的"人"的濒危。有时有字有书无人懂，有时有懂的人没有书，有时二者都濒危了，都消失了。我们一边抢救一边消失。那些没来得及抢救的，不知有多少已经自消自灭，淹没于历史，无影无踪，或只剩下传说。例如著名的"玛丽玛莎文"，至今已找不到一纸文献！

让我们走下去，沉下去，把这些人类早期文明成果，在其消失之前，记录、描写下来，给历史一份真实、一份尊重！今天的我们，正有幸享用祖先的遗产。

抱着几十本彩色图经寻找主人——都消亡了吗？

2007年，因为研究云南省文山州富宁县刚刚发现的坡芽歌书，需要有其他原始文字做参照物，而我首先想到是"世界唯一活着的象形文字东巴文"以及尔苏沙巴文。我于是来到大凉山、泸沽湖。当时清华师生正在做翻译整理清华大学馆藏的10本水书，以及调查记录西双版纳文身等课题。2008年我们请国家博物馆研究员宋兆麟老先生来清华做田野考古讲座。在图书馆报告厅现场，他把几十年前收集的几十本发黄的彩色画本图经，全部交给清华去再调研，"你还年轻，去调查一下这些原始象形图经是哪个民族的，看看还有人懂吗？不解读出来，就永远成为一堆画片！"面对80岁的老专家的嘱托，我这个花甲年轻人，义不容辞。

2009年暑假我抱着几十本图经复印件，最先到了丽江东巴研究院，请教老朋友赵世红院长。季羡林先生九十大寿时，赵世红院长和李静生研究员曾到北京拜访季羡林。那时季老住在北大靠近圆

图0.1.1 当地干部杨玉萍写的祝贺清华百年校庆的傈僳文

明园的那座小白楼。每天下午4点,季老便在门前他亲手栽培荷花的荷塘边,散步休息。只要打个电话,就可以和先生聊聊。一天,我约好,带他们去拜访季老。他们用东巴文写了祝寿的条幅。季老非常高兴。听了他们的汇报,看到他们的成果,季老欣然为东巴古籍文献申报联合国教科文组织的"世界记忆遗产"写了推介函。

这次见到赵院长,得知我2001年来拜访过的和开祥老人也在2003年前后去世了。这样原来参加翻译整理《纳西东巴古籍译注全集》100卷的10位老东巴,全部离世。现在几乎最懂的人是东巴研究院的老专家,他们在培养年轻的东巴。这些老专家是1982年"文革"后第一批毕业的纳西族大学生。在没有编制、没有办公地的研究所,艰难创业,以抢救东巴文献为己任,艰苦奋斗几十年,为之奉献一生。最后完成了《纳西东巴古籍译注全集》100卷。现在这些老专家也陆续全都退休了。每每见到这些老专家,我都肃然起敬。

赵院长见了这些图经也摇摇头,说这些不是东巴经书。于是我留下一套,请赵院长他们帮忙打听一下。后来每次寒暑假路过丽江,都把调查的情况向赵院长和副院长李德静汇报、交流。

在东巴研究院李静生研究员的亲自带领下,我们最先到传说中的东巴圣地——香格里拉(中甸)的白地调查。那里东巴的守望令人感动。他们自己办了东巴夜校。每当收工吃过晚饭后,便陆续来到东巴夜校。几个晚上,看着他们在昏暗灯下,一字一句地学习。我很是感动,甚至可以享受到他们在信仰中的平静。第一次感受到东巴文还自然活着。

后来，在泸沽湖老村长次汝尔车、阿洪生、拉他咪达石、尔青、刘建勤等朋友的帮助下，经过几个寒暑假的调查，我们终于辗转找到那些图经的主人，涉及纳西、纳木依、普米、摩梭、尔苏、木雅等民族或支系。这些图经的主人是东巴、达巴、哈巴、沙巴、韩规、寺迦悟、帕孜、铎系等。

在寻找图经的过程中，我们又寻访到其他十余种原始文字。它们虽然濒危，但还活着，还生生不息地在民间或多或少使用着。

原来，在祖国的大西南的高山峡谷，还沉淀着残存着这些古老美丽的文字。

东巴文并不是唯一活着的象形文字！我们要感谢这些守望者保存了人类文明的活化石。

等车的十几分钟被震撼了——不但活着，而且使用着

这些文字不仅仅是濒危着、消亡着，随着我们的脚步越走越远，我们惊喜地看到，这些古文字不仅活着，而且使用着、发展着。

2010年8月当我和清华学生又一次来到白地吴树湾村，早上要离开等车时，看到篮球场周边的墙上用东巴文和汉字写着"每个党员是一面旗帜""发展体育运动，增强人民体质""建设社会主义新农村"等等。我马上让徐可可用国际音标把这些东巴文记录的纳西语记下来。后来看到大东巴

图0.1.2 玉龙县宝山乡吾木村老东巴和茂春为清华百年校庆写的贺辞。落款处是他们写地契时习惯用的大手印盖章
（2010年赵丽明摄于丽江古城）

和树昆的电话本居然也是用东巴文写的。特别是2011年清华大学校庆，和树昆竟然用东巴文写了贺信，文辞异常优美。令人惊叹，东巴文是怎样表达这么复杂的语句？！

正逢清华百年校庆，一路上我便有意请各民族的人写祝贺词，白地汝卡[1]东巴、维西的傈僳族、鸣音东巴、宁蒗的普米韩规、丽江纳西学者戈阿甘老师等等，都用他们自己的文字，写下对清华百年的祝福。

那时，在丽江古城，一位大理法官告诉我，他的家乡玉龙县宝山吾木村有位老东巴刚好就在古城。于是请他带我去拜访。

在一个纳西东巴小店里，我见到这位银须飘然的老东巴，他正指导他的徒弟写什么。这位就是和茂春老东巴。我们聊了一会，问了问他的传承情况。于是我便请他为清华百年校庆写点什么。老人欣然书写起来。最后，他把整个手掌按在东巴纸上，沿着手型画了一圈。他说："这是我们的手印盖章！"然后邀请我去他们村，告诉我原来他们写地契，都是这样按手印的。既不是食指，也不是中指、拇指，而是整整一个手掌！

这么可爱的东巴落款，更让我按捺不住，要去吾木看看奇特的东巴文书。

立项：抢救濒危文字

2010年底，清华文科处苏竣处长鼓励我们在申请自主项目基础上，向国家重大社科基金提交招标项目。于是我们提出"中国西南地区濒危文字抢救、整理与研究"的课题。当时投标有6个单位，竞争也很激烈。最后我们在孙宏开、宋兆麟先生的鼎力支持下，还有东巴研究院赵世红院长、普米研究会专家胡文明、国家民族图书馆吴贵飚馆长、凉山学院尔苏文化专家王德和等子课题组专家支持配合下，经过答辩，投标胜利。

2011年初寒假，刚刚学完由世界语言组织SIL赖静如研究员用英国教材讲授训练的"发音语音学"课程的同学们，按捺不住地要亲自实践调查记录濒危语言。这些来自全校各院系的同学，在赖老师严格训练下，每人一对一考了10次，最后大多90分以上，很多高达98、97、96分。由于各专业期末考试日期不同，同学们分7批来到丽江会合。最早到的是化学系的刘楚龙、中文系的夏虞南，为了等后面来的同学，不敢走远。我们先到了维西塔城，调查玛丽玛莎文，居然得到目前唯一的一个完整句子的资料。后来又在刘建勤先生的帮助下到了鲁甸。陆续来的同学由赖静如老师亲自带到宁蒗，第三次调查普米族。我便和许多多专门到了宝山乡吾木村。

在吾木村，由村书记、东巴传习院院长李学信带着我们，最先访问了和继泉等老东巴，他一下子拿出几份东巴文书，并细心地讲着，许多多认真地记着。这些文书是他在宝山做法事时，本家送给他的。因为后面到达丽江的几个学生还要去木里大山，便和多多离开了吾木。约好暑假再来。

2011年5月，在清华大学举办了"清华百年——中国西南地区濒危文字文献展暨研讨会"，我

---

[1]"汝卡"，当地人又写作"汝可""阮可"。

图0.1.3 宝山乡石头城（李学信提供）

图0.1.4 宝山乡吾木村（李学信提供）

前言　东巴文的自然生态进化　　7

图0.1.5 吾木村东巴传习院院长李学信介绍吾木村东巴传习院(赵丽明摄)

图0.1.6 老东巴和继泉在给我们讲盖着大手印的地契(赵丽明摄)

们专门邀请老东巴和茂春的徒弟和继先、宝山吾木东巴文化传习院负责人李学信、东巴画家和学湛等十几个民族或支系的几十位代表来清华大学参加展示及研讨会，并对几份文书进行初步翻译解读。

进驻宝山吾木村，挖掘东巴文文书

宝山纳西东巴文书是指发现于云南省丽江市玉龙县北部宝山乡吾木等村的东巴文书，可称之为"东巴文应用性文献"或者"东巴文世俗文献"，是指使用范围已经不限于宗教经书、进入人们的日常生活领域作为书面记录的文书。世俗文献涉及普通百姓生活的方方面面，包括契约、合同、账本、书信、歌谱、协议、收据、人情账单、药方、对联、民歌等等。

2010年暑假开始，清华大学中国西南地区濒危文化研究中心的师生，多次访问了宝山老东巴和茂春、和继泉、和学耀等，并陆续收集文书文献。

特别是2011年7月到8月，清华学生组成社会实践宝山支队，他们有高渊、苏裴、蒋波、胡张拓、李君楠、芮腾晖、陈纯杰、李恺、黄薇兮等。在宝山乡吾木村党支部、村委会和东巴传习院的大力支持下，对吾木村及附近几个村落逐户进行普查，收集了几十份东巴文书，并尽可能在现场邀请文书持有者、本地东巴先生逐字逐句进行了解读。

本书收录文书共计43份56篇，主要来自宝山乡吾木村及其周边村寨，为目前东巴文书研究史上数量之最，其中包括22份（23篇）地契、1份调解协议、2份会议纪要、5份人情往来记录、6份清单、2份对联（共14副）、5份民歌民谚。其中，最早的文献为雍正四年（1726）书写的地契。吾木村东巴和茂春先生写于20世纪50年代的14副对联则是我们收集到的最晚的世俗文献。然而，东巴文顽强的生命并没有就此止息，为了更好地反映东巴文书现状，2012年3月和茂春先生用东巴文写于清华园的5份民歌民谚也被收入本书中。这样，雍正以来近三百年间的东巴文书的历程清晰地展现在本书中。面对如此宝贵的新材料，充分发掘和利用其中的价值，准确详实、原汁原味地解读这些文书，是历史赋予我们的一个重要使命。

本书的翻译工作建立在语言调查基础上，首先以吾木村村委会苏明自然村东巴和学耀作为发音人，在两千条常用词的基础上，描写出了当地语音的真实面貌。毕竟，文字假借是因为语音上的相同或相似，准确的语音系统为我们全面解读文书打下了坚实的基础。文书的解读以当地东巴为准，我们先后邀请了吾木村的和茂春、和学耀、和学湛与和继先作为翻译人，反复核对。并得到孙宏开、赖静如、盖兴之、姜竹仪等先生多次指导，最后的成果按照民族古文献解读的规范即文字原图、国际音标、图符本义、意译和全句大意五行对照的方式整齐排列，清晰明了，便于阅读。

二 宝山东巴文书的价值

宝山文书的"实用"和"世俗"都是相对于"宗教"而言,"实用"和"世俗"也是宝山文书的特点和价值所在。这种完全不同于传统经书的文献不但具有文献学、文字学的价值,也为我们研究纳西东巴文化、社会民俗、语言学、历史变迁提供了宝贵的资料。

文献学价值:在目前有明确年代记载的东巴文文献中,这次新发现的一份是最早的——在一份地契中,明确标记的是雍正四年(1726)!(而后还有乾隆、嘉庆年间的文书。)而在《纳西东巴古籍译注全集》所收集的全部文献中,最早的经书为道光二十九年(1849)。这样就将东巴文献历史上限提前了123年!

文字学价值:东巴文的系统性、社会性和规模性在宝山文书中得到空前充分的展现,体现在:文字大量假借;逐词、逐音完整地记录语言;竖行书写范式;成熟的构字法;具有民间文字的随意性,具有正体、简体、草体的分化。某些宝山文书具有法律文书效应,它们规范、周全、准确,有力地说明东巴文的社会功能由宗教走向世俗,记录语言的功能由原始走向成熟。

语言学价值:吾木话保存的汉语借词有多层次性,体现出不同时代和不同地域的影子,比如"笛子"[pi^{33} li^{33}]和"笔"[$pə^{33}$ ly^{31}]可能就来自古汉语的"筚篥"和"不律","光绪"[$kua^{33}sy^{31}$]、"照相"[$tʂo^{31}$ sia^{31}]、"味精"[ue^{31} tsi^{33}]因保留了尖团分立的特征,借入年代不应晚于20世纪初。吾木话中汉语借词的声调也反映了不同的历史层次和来源,不仅系统对应《广韵》音系,而且也适应了吾木话原有的语音系统。(详见第二章)

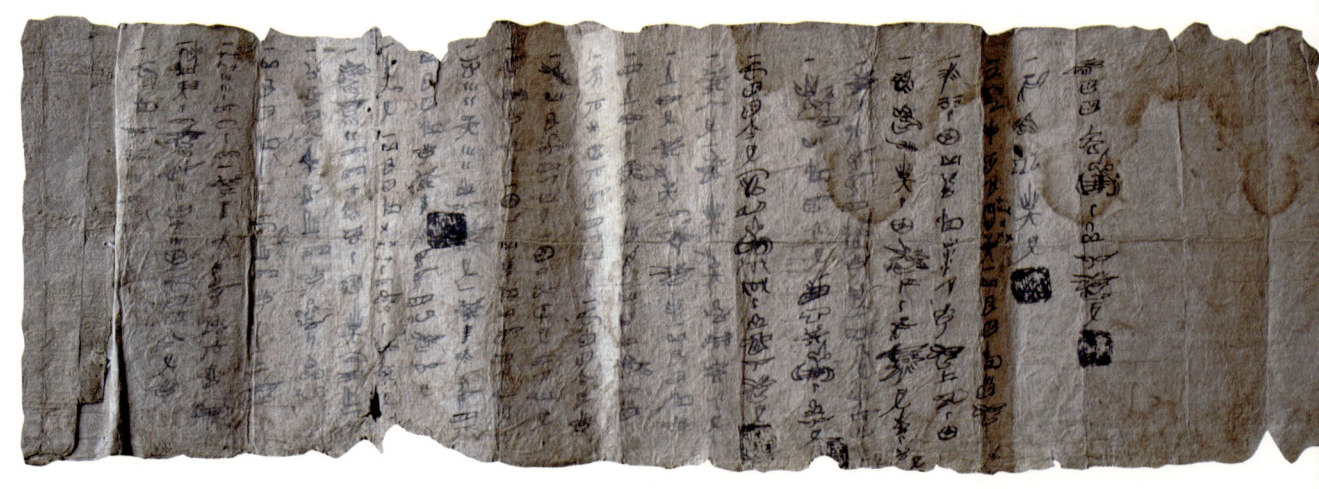

图0.2.1 迄今最早东巴文献——雍正四年(1726)地契

社会学、历史学、民俗学价值：地契、会议纪要、调解协议的性质决定了宝山文书的客观性和真实性，是对宝山历史民情的最直接记录。而文书1-20《伟诃等人田契》背面的鸟兽图是研究东巴画的重要资料。对联是纳西文化与汉文化相互交融的产物。民歌民谚主要来源于宝山乡吾木村地区，是更加世俗化的作品，表现了吾木人民对于生活的热爱。

下面我们把宝山文书放到附近纳西族地区大的社会环境中，一并考察，其价值更为彰显。

三 从宗教走向世俗，从原始走向成熟

——从白地、油米、宝山东巴文书等看东巴文的两大突破

近年来清华师生在川滇交界的纳西族地区维西、白地、木里、盐源、宁蒗、拉伯等地调查、收集了大量沉淀在横断山脉、金沙江畔的东巴文，及其支系的玛丽玛莎文、哥巴文、汝卡文等。东巴们抱出来的既有数代传承的古老经书，也有三百年以来遗存的数十份地契、会议纪要等文书，还有时尚的大标语、电话本，以及即兴的信函、歌谣等。这说明在丽江古城市场之外，作为自然状态的东巴文，一直活生生地在纳西人民中保存着、使用着、传承着、发展着。东巴文献不但有传统形态的经书，还有已经能够逐词逐句记录语言的具备法律作用的文书。人们甚至用东巴文记录藏语，记录音标。这说明东巴文一直在发展，逐渐有了两大突破：第一，突破宗教文字的社会功能局限，走向世俗民间实用文字；第二，突破图画文字不能一一记录语言词句的局限，可以按语法顺序完整地书写语言，走向成熟文字。

（一）恪守与发展

1.东巴文是一种因东巴教而产生发展起来的原始图画象形文字，主要用于记录宗教经典。传统的东巴文不是成熟的文字，不能逐一记录纳西语中的所有词汇。但如上文所述，近年来我们在纳西族地区调查收集了大量东巴文世俗应用文献，据这些文献可知，东巴文一直在发展，它走向世俗民间，走向成熟，在今天仍焕发着生命力。

实际上，尚未完全脱离图画的纳西东巴文一直具有两面性：恪守与发展。

一方面，东巴文作为宗教文字必须恪守传统，按照祭司东巴的说法，要一字不差地抄写传承经文。作为记载宗教经典的图画文字必须很稳定，在世代相传的数万册手抄本中，东巴文字形基本不变。尽管有一些分支方言性差异，如汝卡/阮可、玛丽玛莎等，但总的字形体系没变。东巴文以其强大的宗教力量，一直垄断着书面话语权。纳西东巴教固守着自己的文字符号体系。纳西族居住区与藏族聚居区接壤，藏族苯教（黑教），甚至藏传佛教的格鲁派（黄教）、宁玛派（红教）等，都

被群众尊重；但是我们几乎没有看到藏文进入东巴经典。东巴文尽管不能完全记录语言，但东巴严守师承、口耳传诵的那些东巴文字所未能记载的内容，更增强了东巴教的神秘感，彰显了宗教的魅力。

另一方面，我们也必须看到，文字作为工具必然要方便使用，不断适应需求，因此它需要协调发展。文字是记录语言的工具，人们日常交流需要文字，随着经济生活需要，文字还具有记录社会契约的功能，越来越要求精密准确。

近几年我们在川滇地区搜集到三百年以来的东巴文实用文书近70份。其中最早的是雍正四年（1726）的地契。这些文书包括地契、礼单、账单、清单、会议纪要、民间调解协议、书信、民歌民谚、对联、书信、证书、贺辞等。这些多功能、多样性的文献展示了东巴文社会功能的扩大。一是日常世俗生活的需要，特别是地契、账单等契约性文书，要求精密、严谨、便捷；二是宗教本身的需要，如常常会看到东巴文经典中有少量咒语是用东巴文一字一音记录的藏语藏义。甚至还可以用象形东巴文记录国际音标，这更加令人惊叹东巴文的功能。

2. 踟蹰的哥巴文。我们这里讨论的，不是通常所说的东巴文的徒弟"标音文字"哥巴文。李霖灿、方国瑜曾把东巴文分成象形文字、标音文字[1]。二者产生孰先孰后，还曾颇有些争论。尽管哥巴文已经渐离象形，貌似"进化"，主要用于一个字一个字地对应标音，或为象形文字的简化，或为从汉字、藏文借来的。哥巴文东巴经书较多地流行于纳西语西部方言地区，如鲁甸、维西一带。东巴们对哥巴文有不同意见，哥巴文的使用一直很有限。

3. 关于东巴文世俗应用文献。继李霖灿之后，一些学者也开始关注东巴文世俗应用文献。20世纪70年代末，纳西族学者方国瑜、和志武在《纳西象形文字谱》[2]中收录了"以字代词，逐词标音"的例文——1934年方国瑜的记录稿《挽歌》、1964年东巴和芳写给和志武的信，以及1951年方国瑜作为纳西族代表到北京怀仁堂献给毛主席的东巴文锦旗等。喻遂生在《纳西东巴文应用性文献的语言文字考察》中介绍了他所见到的几种地契、对联、医书、账本等，并进行了一些翻译和阐述。后来他又陆续翻译了《一封最新的东巴文书信》[3]等。甘露在其博士论文《纳西东巴文假借字研究》[4]中曾有所梳理。丽江东巴研究院翻译整理的《纳西东巴古籍译注全集》第100卷收有舞谱、杂言、仪式规程、医药、民歌方面范本10种。丽江博物馆藏有四川木里俄亚账本16种。和继全收藏中甸白地账本数种。朱宝田《纳西象形文字账本》[5]披露了和年恒1967—1971年家庭经济收

---

[1] 见李霖灿《麽些象形文字字典》《麽些经典译注九种》（李霖灿之子李在其2011年在"清华百年——中国西南地区濒危文字文献展暨研讨会"的论文《四种东巴文字研究与未来可能的走向》有介绍）；方国瑜《纳西象形文字的创始——附说标音文字的创始》《标音文字的构造》，收入《方国瑜纳西学论集》，北京：民族出版社，2008年，122页、146页。

[2] 方国瑜编撰，和志武参订《纳西象形文字谱》，昆明：云南人民出版社，1981年。

[3] 喻遂生：《纳西东巴文应用性文献的语言文字考察》《一封最新的东巴文书信》，收入喻遂生著《纳西东巴文研究丛稿》，成都：巴蜀书社，2003年，252页、283页。

[4] 甘露：《纳西东巴文假借字研究》，华东师范大学博士学位论文，2004年。

[5] 朱宝田：《纳西象形文字账本》，《民族学报》1981年第1期。

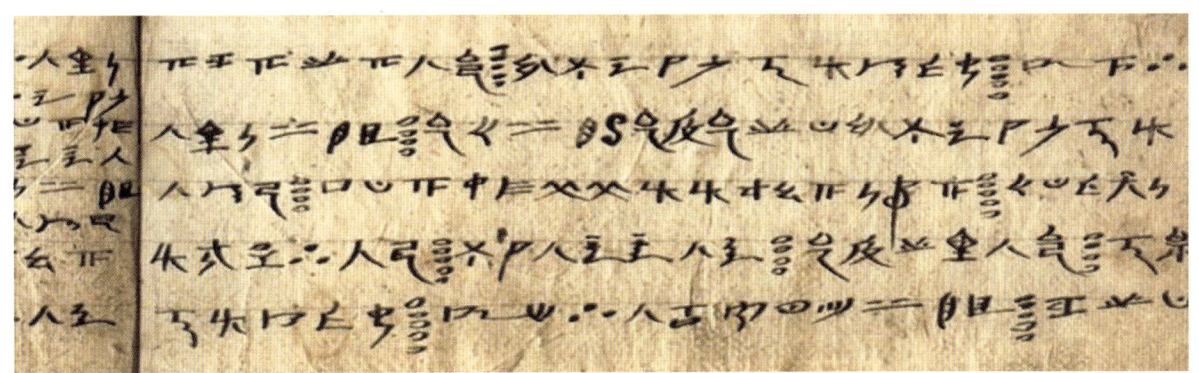

图0.3.1 哥巴文《超度拉姆》（夏虞南收集，丽江博物院木琛提供）

入记录。东巴研究院的李静生专门撰文《略论纳西东巴文对联》[1]，结合东巴经书中已有的对偶句和纳西民间谚语格言的实例，根据纳西语特点，认为调整平仄、词性对仗，"可多用几个假借字，使音节和文字数量相等"等，从理论上表明了可以用东巴文写出好对联。

（二）丰富的世俗文献展示了东巴文社会功能的扩大

当我们走出繁荣昌盛的丽江古城，扎到大山深处进行普查式田野调查，探寻没有现代生活干扰的自然状态的东巴文时，就会发现古老的东巴文依然使用着、传承着、发展着。东巴文书写的各种文书展示了东巴文社会功能的扩大。我们仅以白地、油米、宝山等地的东巴文书为例，进行初步考察。

1.白地汝卡的东巴文世俗文献

位于云南省迪庆藏族自治州香格里拉市三坝乡的白地村，相传是纳西族东巴文化圣地，当地广泛流传着"没到过白地的东巴，不是真正的东巴"的说法。这里有纳西族祭祀的圣坛白水台，有东巴朝拜"加威灵"的阿明洞。至今这里仍活跃着东巴们，以及他们承载的世代相传的东巴文化。

2009年以来，清华大学师生对云南省迪庆州香格里拉市（原中甸）三坝乡白地汝卡东巴文化进行了多次调查。我们在调查时不仅看到众多的传统东巴经书，也见到用东巴文写的地契等世俗文献。特别是，吴树湾村篮球场四周围墙上书写的汉字、汝卡东巴文对照的大标语，引起了我们极大的兴趣。还有和树昆东巴的电话本，以及他为清华百年校庆写的洋洋洒洒的贺信。这些都说明，白地汝卡东巴文，已经发生质的变化，走向成熟。

吴树湾是白地村的一个村民小组，有80%的纳西族为汝卡人。汝卡人是纳西族的一个支系，具

---

[1] 李静生：《略论纳西东巴文对联》，收入《东巴文化研究所论文选集》，昆明：云南民族出版社，2003年，23页。

图0.3.2 白地地契　　　　图0.3.3 白地文书　　　　　　　　　　图0.3.4 白地经书

有相对独特的语言、文字、宗教文化等。汝卡话大致属于纳西西部方言。他们所使用的汝卡东巴文与丽江东巴文不尽一致，李霖灿、和志武（1987年出生）等学者认为汝卡文比一般东巴文更加原始古老。最近开始有一些学者注意调查研究这里的语言、文化。

我们主要调查合作人，和树昆，1983年出生，杨玉春，1978年出生。他们都是吴树湾当地农民，都师从和占元老东巴（本世纪初去世）。和树昆现为吴树湾大东巴，据说掌握160多本经书，几十种东巴祭祀仪式，会造东巴纸，做泥偶、面偶，画木版画、纸牌画，进行算、签、卜等。他们经常一起主持当地东巴活动仪式，创办白地汝卡东巴学校。他们既是我们语言调查的发音人，也是汝卡东巴文献的翻译者，东巴汝卡文书的写作者、创作者。

（1）白地汝卡东巴文书写汉语标语

白地吴树湾村坐落在金沙江畔，是个安宁、文明的小山村。农闲之余，年轻人都活跃在村里的篮球场上。四周房屋墙壁上，用东巴文和汉字一一对应地写满了大标语，十分醒目。

图0.3.5 东巴文标语：每个党员是一面旗帜

表1：图0.3.5东巴文标语翻译

字符	国际音标	直译	意译	串讲
	ta^{33}	神龛	党员	
	y^{21}	绵羊		
	dɯ^{21}	大	每	
	ku^{33}	鸡蛋	个	
	lɯ^{33}	牛虱	是	每个党员是一面旗帜。
	t^{h}ɛ^{33}		旗	
	xy^{21}	火苗	红	
	dɯ^{21}	大	一	
	k^{h}ɑ^{55}	腰带	面	

图0.3.6 东巴文标语：友谊第一，比赛第二（国际音标、直译、意译、全句的翻译，略。下同。）

图0.3.7 东巴文标语:发展体育运动

图0.3.8 东巴文标语:增强人民体质

图0.3.9 村容村貌整洁

图0.3.10 文明团结和谐的社会（接上图）

图0.3.11 主义新农村（接上图）

前言 东巴文的自然生态进化　17

（2）白地汝卡东巴文贺信

2011年5月，在北京举办了"清华百年——中国西南地区濒危文字文献展暨研讨会"，云南省迪庆州香格里拉市三坝乡白地村吴树湾组的东巴和树昆，为清华大学百年校庆而专门用自制的东巴纸，用白地汝卡东巴文写了一封贺信，带到现场。这封独特的贺信，共用汝卡东巴字412个，写了81句话。

图0.3.12 东巴文清华百年贺信（上）

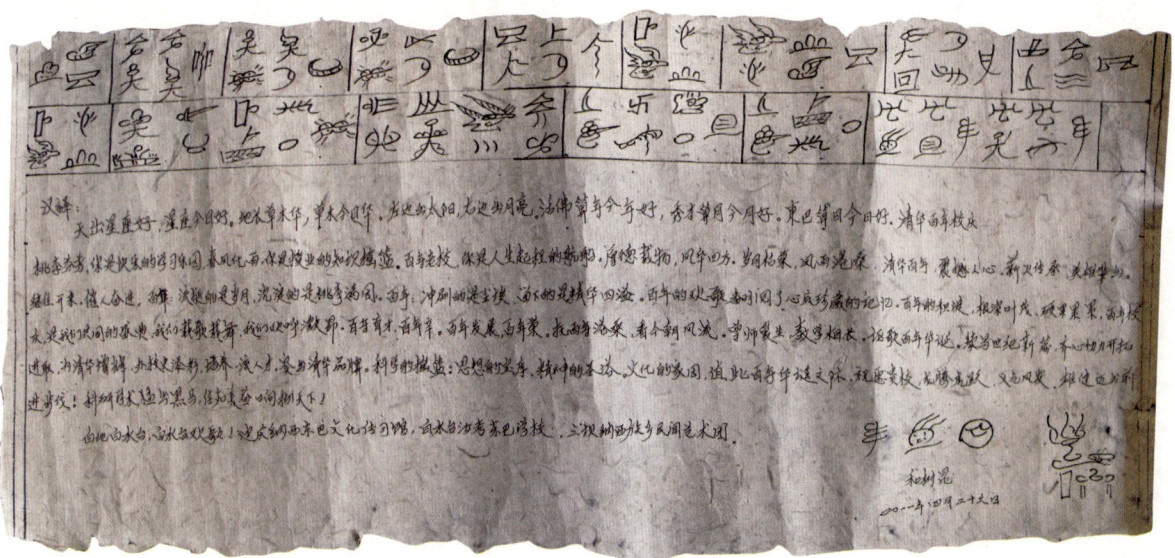

图0.3.13 东巴文清华百年贺信（下）

原件所附的译文：

天出星座好，星座今日好。地长草木华，草木今日华。左边出太阳，右边出月亮。活佛算年今年好，秀才算月今月好。东巴算日今日好。

清华百年校庆。桃李芬芳，你是快乐的学习乐园；春风化雨，你是授业的知识摇篮。百年老校，你是人生启程的航船。厚德载物，风华四方。岁月荣枯，风雨沧桑。清华百年，震撼人心。薪火传承，英雄辈出。继往开来，催人奋进。百年：流逝的是岁月，沉淀的是桃李满园。百年：冲刷的是尘埃，留下的是精华四溢。百年的欢歌翻阅了心底珍藏的记忆。百年的积淀，根深叶茂，硕果累累。百年校庆，是我们共同的盛典，我们载歌载舞，我们欢呼激昂。百年育才，百年辛。百年发展，百年荣。扶百年沧桑，看今朝风流。尊师爱生，教学相长。讴歌百年华诞，续写世纪新篇，齐心协力开拓进取，为清华增辉，为校史添彩，培养一流人才，突出清华品牌。科学的摇篮，思想的宝库，精神的圣塔，文化的家园。

值此百年华诞之际，祝愿贵校，龙腾虎跃，意气风发。雄健迈出前进步伐！科研学术，猛出黑马，佳名美誉，响彻天下！

白地白水台，白水台欢歌！迪庆纳西东巴文化传习馆，白水台汝考东巴学校。三坝纳西族乡民间艺术团。

和树昆东巴

二〇一一年四月二十六日

（3）汝卡东巴文电话本例

这是白地东巴和树昆2008年的电话号码本，里面是他用汝卡东巴文写的汉语人名。共收录了人名信息59条，用东巴字169个。这类手头实用东巴文文书体现了汝卡东巴文这一古老文字的功能和发展空间。

图0.3.14 东巴文电话本封面

图0.3.15 东巴文电话本例页

表2：图0.3.14东巴文电话本封面翻译

字符	国际音标	直译	意译	串讲
	da²¹	碗空了		
	xua²¹	白雪鸡	电话簿	
	ba³³	门栓		
	na³³xa³³	纳西		纳西文电话本
	tsɿ³³	阻水		
	tɕia³³	麻风	文字	
	ua²¹	谷堆		

（和树昆翻译，徐可可、姜明慧记录整理）

2. 油米的东巴加威灵证书、家书、通信与国际音标表

（1）东巴文记录藏语的"加威灵证书"

纳西族生活于藏汉文化交接地区，因为东巴文的固守和强盛，没有像木雅、普米那样大量使用藏文记录的经典，使本民族原始文字受到抑制（木雅、普米等藏文经典有时是用藏文字母记录本民族/民族支系语言，有时就是藏语，特别是神名等专有名词），几乎所有东巴经典都是东巴文写的纳西语。但是我们会偶尔看到东巴文记录藏语。

图0.3.16 加威灵证书封面

图0.3.17 加威灵证书藏语咒语

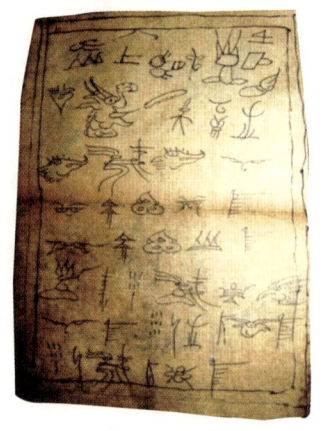

图0.3.18 加威灵证书证词

这是一份"东巴加威灵证书"。

持有者是老东巴杨扎实，1952年出生，属龙，云南省丽江市宁蒗县拉伯乡加泽村油米组东巴。2010年暑假，在油米家中松明灯（用松树枝照明的灯）下，杨扎实自豪地向我们展示这份珍贵的"纪念品"。2011年清华百年校庆期间，油米大东巴杨扎实受邀来到清华，又向许多多、李明华和赖静如老师讲述他如何被"加威灵"，成为真正的东巴，获得特别的诵经权和占卜权，可以主持高水平的祭祀。

据杨扎实口述，在油米村他有自己的师父——他的爷爷和外祖父，他自幼学习并继承了他们留下的经书。但是当地有个说法，没有去过白水台、阿明洞［æ^{33}mi^{33}tõ^{53}］[1]烧香的东巴不算正宗的东巴。因此杨扎实去那里加威灵，待了七天，请教当地的老东巴。

2003年前后，当地汝卡人的"二月八节"，杨扎实从宁蒗县拉伯乡加泽大山的油米村出发，翻山越岭跋涉两天，到了东巴文化圣地——迪庆州香格里拉市三坝乡白水台烧香加威灵，并在白地波湾村年近八旬的老东巴树银甲[2]家里住了三天，拜他为师。临走时，老东巴写了一份加威灵证书送给杨扎实作为纪念，并对他寄予很大的期望。

图0.3.17上半部左边为ʅæ^{31}tɕa^{33}tɕʰi^{33}tɕa^{53}神，手拿铜制板铃，是东巴教中要请的大神，掌管凶死诸事。右边为dõ^{31}tɕʰo^{13}ka^{33}bu^{31}，大鹏神鸟，手里拿的是一条蟒蛇。按东巴教的习俗，正常死亡者，要超度亡灵归于天；而凶死时，就要请求这两尊神。

图0.3.17下半部为藏语咒语，用东巴文书写。据东巴杨扎实讲，用藏音藏义，不可解释，若是翻译出来，威灵就散失了。念咒时，声音不能很高，发音不应很清楚，而是把思想集中在意念上。老东巴写这段咒语的用意在于期望杨扎实多做这种降魔消灾的仪式，造福人们。

记录藏语不是新鲜事。作为东巴文的"徒弟"，哥巴文不乏记录藏语的文献。我们在鲁甸调查时在老东巴家里也看到一些哥巴文经书。

图0.3.18的逐行逐字的解释是：

æ^{33}mi^{33}ʂæ^{33}ʅæ^{31}to^{33}mba^{33} ni^{53} zu^{31} kʰv^{33} zo^{33} tɕʰi^{33} ku^{33} bu^{33} bu^{53}pʰæ^{31} bu^{53} zʌ^{53}
阿明 什罗 东巴 赐予 龙 年 儿子 这个 诵经权 占卜权 给。
阿明（家）的东巴什罗 龙年（出生）的儿子 这个诵经权和占卜权 赐予。（白水台东巴始祖阿明什罗赐予属龙的儿子诵经特权和占卜特权。）

nɑ^{31}tʰa^{33} ʁɯ^{33} do^{31} ho^{33}, hæ̃^{31} tʰa^{33} ʁɯ^{33} mi^{33} ho^{53}。
眼明 好 见 愿，耳 聪 好 听 愿。
祝愿眼明能看见好的东西，祝愿聪慧的耳朵能够听到好的音讯。

---

[1] 阿明是传说中传习东巴文的祖师爷阿明什罗。至今白地相传有他的故居。
[2] 据和继全说，树银甲为波湾村绕日（［za^{33}zɯ^{21}]）家东巴的最后一位大东巴，1922年生，2005年去世。1983年参加丽江东巴文化座谈会，2004年被认定为云南省民间工艺美术传承人。

buɯ³¹	zɿ³³	ʂɿ³¹	pʰæ³¹	hɑ³³	zi³³		zʌ³³	ho⁵³
诵经	寿	长	占卜	(夜晚	睡)		延年 给	愿。

祝愿诵经的人长寿，祝愿占卜的人延年。

ŋgv³¹	tsʰɿ³³	buɯ³¹	lɛ³³	ni³¹	ho⁵³,	ʂɿ³¹	tsʰɿ³³	pʰæ³¹	lɛ³³	ʁʌ³¹	ho⁵³。
九	代	诵经	的	福	愿，	七	代	占卜	的	泽	愿。

祝愿有九代诵经的福气，祝愿有七代占卜的恩泽。

这段文字说明东巴文可以逐字记录纳西语，特别是用东巴文记录藏语咒语这种奇特的现象，类似于用汉字记录英语。又因为藏语和纳西语都是单音节语言，因此可以用一个东巴文字对应一个藏语音节。（杨扎实翻译解释，许多多记录整理，见《白地加威灵证书》。）

这本书可以说是临别赠言、资格证明、加威灵证书。

（2）油米东巴文记国际音标

外观写实性很强的图画文字、象形文字，不但可以记录词、词组、句子，还可以记录国际音标。例如杨扎实东巴，他在清华大学百年校庆期间翻译东巴文献时，跟同学学习了国际音标，便自己用东巴文记油米纳西语汝可方言使用的国际音标：

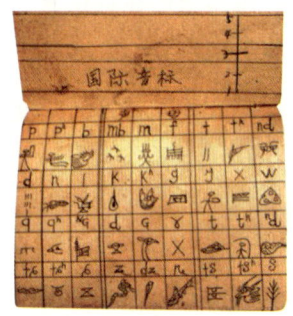
图0.3.19 国际音标声母

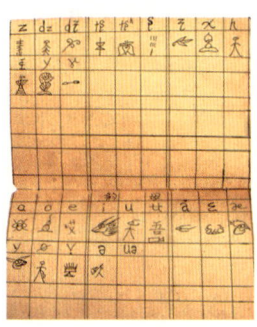
图0.3.20 国际音标韵母

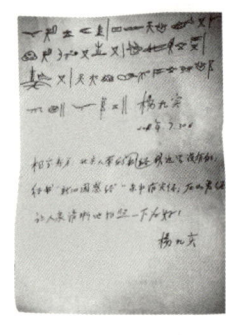
图0.3.21 东巴通信

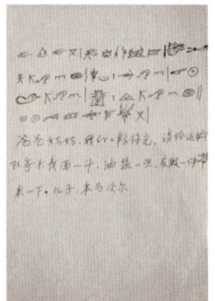
图0.3.22 家书

（3）油米东巴文通信与家书

杨扎实还讲，他们经常把东巴文用于日常通信。20世纪人民公社时，他去修路修水库，经常用东巴文给家里写信，请人捎些吃的、衣物等日用品（图0.3.22。2011年暑假他根据回忆重写了一份）。2011年暑假我们又去油米拍摄东巴经书时，他非常支持我们的工作，主动给住在江边的油米自然村树枝村的石宝寿大东巴写了一封信（图0.3.21），希望他予以配合。过了两天，石宝寿东巴也回复了一封信，表示尊重他的意见，拍摄等工作已经做好了。

杨扎实所住的油米村，地处金沙江支流冲天河（无量河）的南岸高山间，对面即是四川木里。油米村尚未通路通电。2012年夏天他们电话告诉我，通路了！但只是村民自修的土路，下一点雨，人们又要步行进村。交通不便，相对闭塞，因此这里的传统文化保存非常完整。笔者每次去油米，都被那里淳朴的民风温暖着，感动着。东巴文在这里是全民性地自然传承着。这里每家每户都有十几本经书，每个男人都会认读。因为每当过年、转山、葬礼等重大活动时，全村人都要参加集体活动，同时每家自己也要用东巴经书烧香祭神拜祖，传唱古歌。杨扎实读过书，当过会计，头脑清晰，非常睿智。他一边传承一边研究，例如他发现东巴的历法有些地方不能自圆其说，便停下来琢磨，不再照抄下去。

可见，作为自然状态下的民间的东巴文，不仅写的经书为普通人所掌握，而且作为交流工具已经很普遍用于日常生活了。

3.宝山东巴文世俗文献

清华大学"中国西南地区濒危文字抢救、整理与研究"项目课题组，近年来多次到丽江市玉龙县宝山乡吾木村等地驻村入户调查。清华百年校庆召开西南地区濒危文字文献展暨研讨会之后，课题组多次请当地东巴和茂春、和学耀、和继先以及白地的和树昆等来清华工作。课题组先后搜集并逐篇逐字整理了43份56篇文书，其中包括22份（23篇）地契（最早为距今近三百年的雍正四年，即1726年书写的地契）、1份调解协议、2份会议纪要、5份人情往来记录、6份清单、2份对联（共14副）、5份民歌民谚。

这些文书最大特点就是逐词、逐句，准确地记录语言，例如下文的《道光五年（1825）卖田契》，记录了整个交易过程必备要素：时间、地点、卖方、买方、地块四周边界、中间人、证明人、价钱、税钱、中介费、代写费等，最后还要盖一个大手印，形成具有法定性、约束力的文件。因此，有的地契持有人至今也不愿轻易拿出来，认为手里的文书具有永久性法律效应。

（1）宝山东巴文《会议纪要》（1933）、地契、礼单人情帐等：

《会议纪要》文书来自宝山乡吾木村，持有者为当地东巴和茂芳。书写年代为民国二十二年（1933）。该文献记录的内容为一次关于东巴活动经费的会议决议，这种文献属第一次发现，之前尚无先例。（详见本书相关部分。）

《道光五年（1825）卖田契》文书来自宝山乡果乐村所辖的知识伟村和继泉老东巴。文书中间有一手印，为纳西族传统画押方式，手印内书写画押者姓名。本文书由宝山乡吾木村年轻的东巴和继先讲解并翻译，然后我们按民族古文献整理的规范，采取"五对照"方法，即东巴文图符、国际音标、图符本义、意译和全句的翻译，五行对照整理记录。

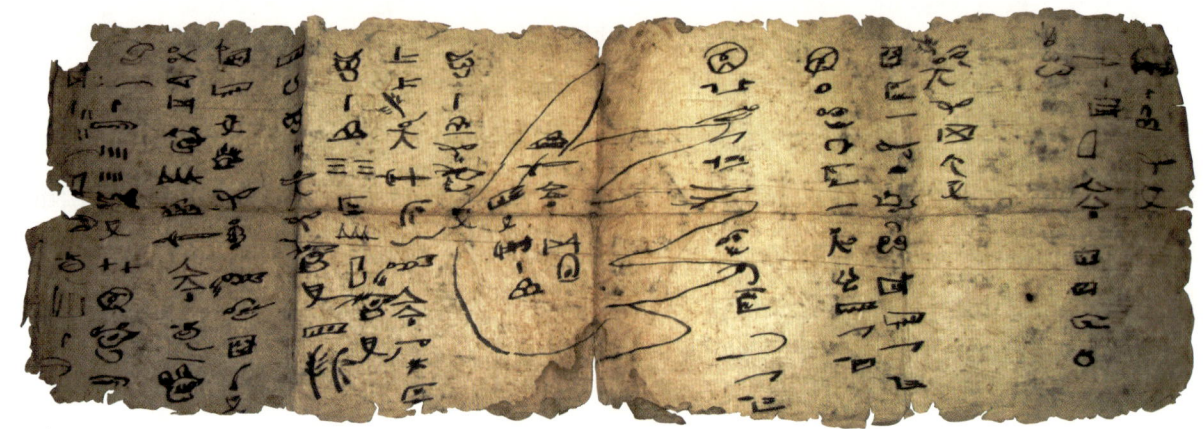

图0.3.23 东巴文《道光五年（1825）卖田契》

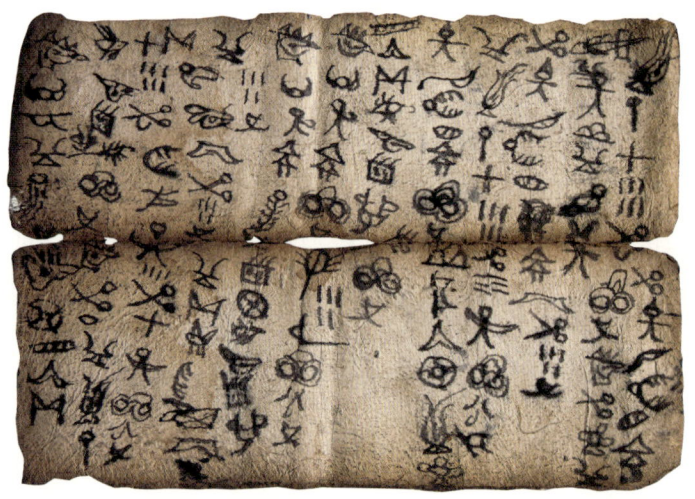

图0.3.24 结婚、立碑礼单人情账

《道光五年（1825）地契》（图0.3.23）译文：

道光皇帝五年是属鸡的一年。八月二十日，是属狗的一日。知识伟（地名）的克密德热尔塔（人名）将古伽里（地名）的一块田卖给了烟哲古莱杰（人名）。已经给过了田款三两银，随田税银一钱六分已收下。介绍人他蒲（地名）的古塔嘉德诃（人名）的一颗钱白银已付过。（该田）往东到水流为止，南到格末诃（人名）的水沟为止，西到格末诃（人名）、伊皂（人名）的土地为止，（北到）究诃（人名）、戈夸（地名）的哈巴伽（人名）的田地为止。见证人为优才（人名）。代字人道塔杰杰（人名），笔墨费一件麻布，已经给了。

《结婚、立碑礼单人情账》（图0.3.24）译文：

岩可（地名）的嘉皂（人名）结婚那天，吾木（地名）的李复苏（人名）送来稻子，一坛白酒净重十六斤，送来了四斤十两的粉丝。（用的）是伟石磊（人名）的秤。缸（用的是）村上部的和慈（人名）的缸。岩可（地名）的瓦塔（人名）娶媳妇那天，李复苏（人名）给岩可（地名）的瓦塔（人名）送来五升大麦，吾木（地名）的李复苏（人名）送来了稻子。

（季）宰质诃季塔（人名）□□立石碑那天，送来一坛酒，净重十六斤六两。（用的）是（季）德裹格基塔（人名）的秤。达波勒皂基宰（人名）已送来十六斤的白酒一坛。（未完）

（2）宝山东巴文对联与儿歌

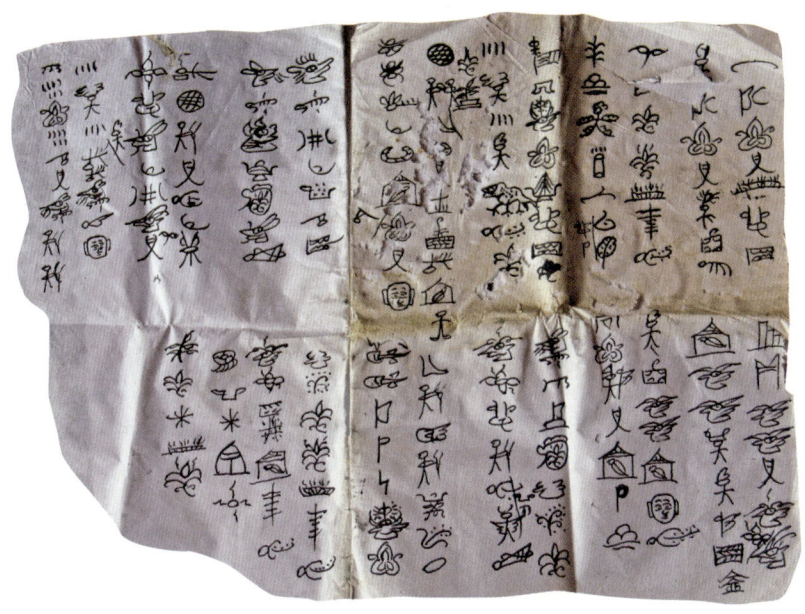

图0.3.25 东巴文对联（和茂春20世纪50年代创作）

这是宝山乡吾木村年近八旬的老东巴和茂春（1936年出生）20世纪50年代创作的对联。2012年5月，他带到清华并亲自翻译。共13副（图0.3.25）。译文：

风调雨顺，大地安定；
君主英明，百姓安居。

正月百花齐放，大地姹紫嫣红；
东巴手舞足蹈，上天祥和欢乐。

家财万贯，内心踏实；
子孙满堂，家神欢笑。

丹桂有根独发诗书门第，
黄金无种偏生勤俭人家。

村庄团结，农民生活幸福；
家庭和睦，子女成绩优秀。

妻子贤惠，家庭光荣；
丈夫勤快，家庭殷实。

好年好运桃花开，
金钱吉事自然来。

身体健康，是千金之财；
万事如意，乃全家之福。

猪年依依不舍地离去，
鼠年更加漂亮地到来。

美梦说不完，
鲜货用不尽。

孩子学习好，过年面增光；
好事经常做，新年乐开怀。

桃花开，真美丽，大地欣欣向荣；
牲口肥，粮满仓，家庭兴旺发达。

太阳出来，千山发光；
种树栽花，大地鲜艳。

和茂春老东巴现在每周去本村的小学校上一次课，教两节东巴文。他用象形东巴文写了许多生动活泼的儿歌教孩子们。这些儿歌合辙押韵，朗朗上口，孩子们非常喜欢，如《我家捉老鼠》《可怜歌》《阿里里调》等。

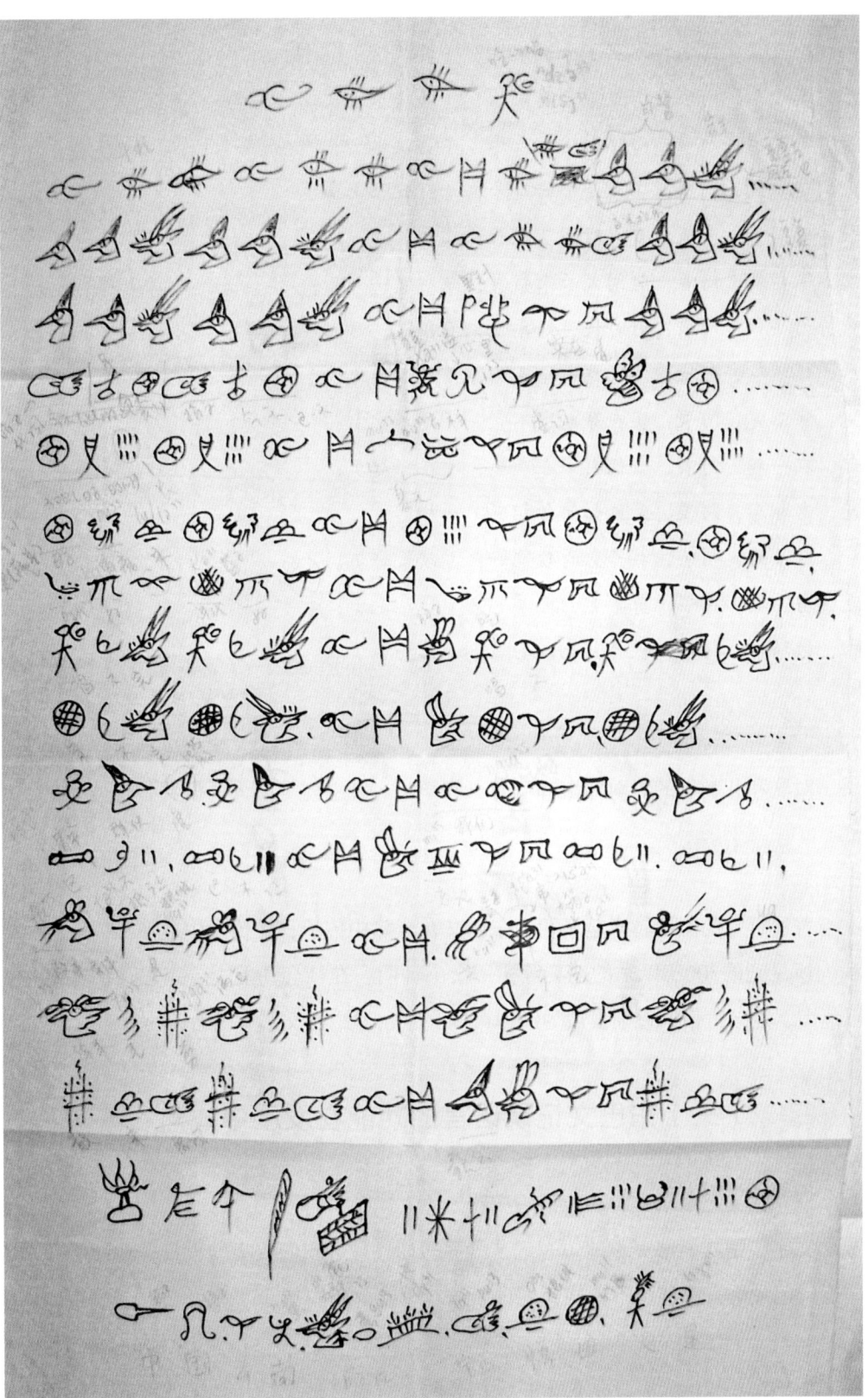

图0.3.26 儿歌《阿里里调》

图0.3.26 译文：

阿里里，阿里里，阿喂，阿里里来真欢乐，（真欢乐）；
真欢乐，真欢乐，阿喂，阿里里来真欢乐，（真欢乐）；
真欢乐，真欢乐，阿喂，心里面呀真欢乐，（真欢乐）；
这一天，这一天，阿喂，今天是个好日子，（好日子）；
时间长，时间长，阿喂，夏天时间实在长，实在长；
来打发，来打发，阿喂，时间太长来打发，来打发；
好时代，好年代，阿喂，好时代呀好年代，好年代；
吃不尽，吃不尽，阿喂，实在吃也吃不尽，（吃不尽）；
穿不完，穿不完，阿喂，实在穿也穿不完，（穿不完）；
在一起，在一起，阿喂，我们大家在一起，（在一起）；
勿相忘，勿相忘，阿喂，无论如何勿相忘，勿相忘；
政策好，政策好，阿喂，共产党的政策好，（政策好）；
剪羊毛，剪羊毛，阿喂，剪羊毛哟剪羊毛，（剪羊毛）；
散场啦，散场啦，阿喂，歌会到此散场啦，（散场啦）。

东巴和茂春写于2012年3月26日
中国云南丽江宝山吾木人氏

（文书、对联和儿歌等的五对照由和茂春、和学耀、和继先等翻译、解释，蒋波整理，见本书相关部分。）

东巴文与普通百姓的生活越来越密切。东巴文在成熟中传承，在传承中成熟。

目前我们所见到的300年以来的地契等实用文书证明，在社会功能上，东巴文已突破作为宗教文字的使用范围，走向世俗，逐渐发展为纳西民间文字，即纳西文。

（三）东巴文记录语言的功能在发展中成熟

1. 图画象形东巴文记录语言的功能日趋成熟

所谓成熟文字，是指能够完整地一一记录语言的词。最近我们收集的大量资料证明，东巴文可以逐字逐词逐句记录语言，甚至不断构新词记新语。丰富的材料展示了东巴文记录语言的功能的日趋成熟。

2011年是清华百年校庆，在此前后，我们调查时，很自然地邀请当地精通民族古文字的传承人和专家，书写贺辞。宝山的和茂春老东巴、白地的和树昆东巴、东巴文化专家戈阿甘老师、普米的韩规麦色偏初老师，以及维西傈僳族的汉刚、杨玉萍老师、鸣音老东巴等都给我们留下了多姿多彩的墨宝。

如何用民族古文字为现代高校写贺辞，检验着文字记录语言的功能。

纳西东巴文作为一个文字体系，体现着由原始文字的图画文字、象形文字向成熟文字发展的动态过程。傅懋勣1981年在翻译解读《纳西族图画文字〈白蝙蝠取经记〉研究》的《序言》中主张东巴文分为两类：图画文字和象形文字。[后来又专门撰文《纳西图画文字和象形文字的区别》（《民族语文》1982年第1期）深入阐述。] 傅懋勣先生指出：

"从图画文字再发展一步，就可以到达一字一音的象形文字。""这一类经书文字代表纳西族文字发展的一个新阶段。尽管这类经书数量极少，但是具有重要的意义。"[1]

一语中的。那么，图画文字是怎样"再发展一步，到达一字一音的象形文字"呢？

2. 东巴文逐词记录语言功能的手段

词汇是语言中最活跃的部分。时代的变迁，"催熟"了东巴文，使记录语言的功能发生质的飞跃，由连环画式的关键词、语段记录，发展为逐词逐句完整记录。这就需要把原来不能记录的语词，通过一些手段记录下来。

当然，即使同一种文字，写同样的内容，为了准确、优美地表达，写法上也不尽相同，何况是原始状态的民族文字。有限的文字如何记录日益丰富的语词，应有着共同的规律，值得我们探讨。例如同义引申、假借构词、叠字构词等，即为东巴文使用中常见的补充记词方法（仅以本文提到的材料简单举例）。

（1）同义引申

《清华百年贺信》前面一段是东巴经文的一段程式化的套话。但后面赞颂清华百年的语言的丰富精彩，令人惊叹。"岁月枯荣，风雨沧桑"，这类文雅的词语是如何表达的呢？

表3：《清华百年贺信》例

字符	国际音标	直译	意译	串讲
	ⁿdzɿ³³	拴着		
	khə³³	筛子	时代	岁月枯荣，风雨沧桑。
	ga³³	胸	好	

---

[1] 傅懋勣：《纳西族图画文字〈白蝙蝠取经记〉研究》，北京：商务印书馆，2012年，《序言》第8页。

续表

字符	国际音标	直译	意译	串讲
	k^hua^{21}	碗	不好	
	$mɛ^{33}$	雌性	语气助词	
	xa^{33}	风		岁月枯荣，风雨沧桑。
	$nɛ^{33}$	小米	和	
	$xə^{33}$	牙齿	雨	
	ni^{33}	心	把	
	$tʂu^{21}$	锥	混起来	

（2）假借构词

用同音/近音的假借方式，是东巴文的传统方法，这种方便、能产的记词手段，在记录外来新词语更加得心应手。和树昆东巴写自己的名字完全是假借。（见《清华百年贺信》落款。）

表4：《清华百年贺信》例

字符	国际音标	直译	意译	串讲
	$tɕ^hi^{33}$	刺	清华	清华百年
	xua^{21}	白雪鸡		
	$sɿ^{33}$	百		
	k^hu^{21}	割	年	
	lo^{21}	山谷	里	

表5：图0.3.13下图落款东巴文人名翻译

字符	国际音标	直译	意译	串讲
	xo^{33}	肋骨		
	$ʂu^{33}$	编草鞋的草	和树昆	
	k^hu^{21}	圈		和树昆东巴。
	$ʂa^{33}\ lə^{21}\ to^{33}\ gu^{21}$	法名		

（3）叠字构词

单字重叠后，构成的合成词，词义引申，形成抽象概念词，如白地篮球场周围四条标语共47个字中，出现的叠字现象有三例：

表6：叠字与构词例1

词性	重叠词型	发音	单字符义	重叠后引申新义
名词		$[xo^{33}]$、$[xo^{33}]$	肋骨，假借为"和"	关系很好、友谊亲密
动词		$[ts^ho^{33}]$、$[ts^ho^{33}]$	大象的头，假借为"跳"	运动
动词		$[lu^{33}]$、$[lu^{33}]$	绕（线）	团结

再如东巴和树昆写的《清华大学百年校庆贺信》中：

表7：叠字与构词例2　（和树昆等翻译，姜明慧记录整理）

词性	重叠词型	发音	单字符义	重叠后引申新义
形容词		$[mba^{33}]$、$[mba^{33}]$	花	繁盛
动词		$[mba^{21}]$、$[mba^{21}]$	甲状腺肿大病，假借为"喊"	欢呼
动词		$[ndzə^{33}]$、$[ndzə^{33}]$	唱	欢歌、歌颂

（四）结语

经过几年的川滇纳西族东巴文献的调查，以及对东巴文的使用、发展实例的考察，我们看到：

1.目前东巴文字自然生态的几个特点

（1）恪守与发展并存。东巴们严格按师承守望、使用、保护、传承着经典和相关仪式程序。但是完整成套的已经不同程度低残存，能够完整诵读东巴经的东巴寥寥无几。

（2）作为记录语言的文字，东巴文基本仍是一套原始象形文字，文字体系内部，展现的仍是有文字图画—原始文字—象形文字—记音符号的动态文字发展史。

（3）在自然生态下，东巴文展示其两大突破：第一，社会功能上，突破宗教文字，走向世俗民间文字；第二，记录语言的功能上，突破原始图画文字局限，可以逐字、逐词、逐句书写语言，走向成熟，成为意音文字并逐渐发展为纳西族全民族的文字。

丰富多彩的东巴文世俗文献、时尚文本，提出了关于东巴文的性质、功能、发展趋势等诸多思考，更为研究汉字的产生、发展、演变，提供了鲜活的佐证材料，揭示了原始文字、图画文字、象形文字是怎样一步步毫无遗漏地完整地记录语言，发展为成熟文字。

2.宝山文书东巴文告诉我们什么是文字

宝山等地东巴世俗文书成批量的材料，使我们重新思考有关文字学的基本理论，如文字的定义，什么是文字，什么是成熟文字。

对于文字的传统的定义，认为必须同时具备以下三个特征：（1）有固定的形、音、义，能够重复使用，可以组字成词成句；（2）能够完整地记录语言即无遗漏地一一记录语言的词（包括实词、虚词）；（3）是社会公器，具有社会性。这样的符号才被认可是文字。

如果对文字的概念进行拓展，又可以把文字的概念分为广义和狭义。在广义上，有相对固定的形音义，可以重复使用的，被某社群共同使用的记录语言中词、词组、句子的符号，可称作文字。在狭义上，能够完整记录语言，即无遗漏地一一记录语言的词（包括实词、虚词）的符号则是成熟文字。

而文字的发展，一般都分为表形、表义、表音几个阶段，比如汉字就经过象形、指事、会意、形声、转注、假借（以上六种汉字的构成和使用方式可归纳为"六书"）等造字手段，发展为今天以形声字为主的意音文字。

从形态上说，东巴文是一种非常古老的文字形体，其形态具有高度的描摹性，但对于文字性质的判断是多方面的，形态上的原始性并不能说明文字系统的原始性。

从文字记录语音的方式上看，世俗文献中的东巴文已经可以逐词逐音的记录语言，即使是虚词，也可以通过发音的相近，大量假借使用。

在形态上，原始文字可以是能够一字一音记录语言的成熟文字——假借记音是取得文字资格的关键。

从文字结构类型上看，东巴文的造字法已经非常成熟，呈现出与汉字"六书"相似的构字手段：从图画特征明显的记录词组或句子的原始文字，逐渐发展到用假借等手段，一字一音一义完整记录语言。

我们通过研究发现，东巴文系统本身就是一个动态的文字发展史。

随着西南濒危文字整理研究的深入，我们将继续探讨有关文字发生学、类型学等问题。

3. 宝山东巴文书的价值，远不止于东巴文本身

正如东巴研究院老专家李静生研究员指出的：

"李霖灿先生在20世纪40年代调查东巴文时，曾留意收集除经书外的东巴文日常应用文书，但所获不多。西南大学的喻遂生教授，在20世纪90年代到丽江学习考察期间发现了一些东巴文应用文献，并发现在过去人们学习东巴文的目的，并不是都为了做东巴；掌握东巴文的，也并不都是东巴——他在当时的中甸县三坝乡白地村波湾自然村发现了和伊甲用东巴文书写的4本账本，而和伊甲本人并不是东巴，他学东巴文的目的就是记账。清华大学的赵丽明教授和她的团队，2010—2011年在玉龙县宝山乡发现了大量的东巴日常应用文书，发现文书的数量是空前的，而且文书的种类也比较丰富，还挖掘出了迄今为止最早的东巴文献。可见，东巴文并不仅限于用来书写东巴经，在世俗的日常生活中也有较为广泛的用途，其罕见的程度并不像我们以前认识和想象的那样严重。应用性的东巴文献散藏于民间，比东巴群体更为广泛。

"但东巴文毕竟没有发展为一种纳西族全民性的文字，以20世纪40年代的调查情况可知，纳西族中约有1%的人掌握这种文字，而纳西族本身还是一个人数并不太多的少数民族（2010年人口普查数据，纳西族326 295人），所以作为一种文字，东巴文的使用范围和影响力都称不上太大。那么为什么现在我们还要大力和深入研究东巴文呢？

"这是因为东巴文对探索人类文字的起源、构成和发展，具有着重要的理论意义和实践意义。古文字专家裘锡圭先生认为，在文字产生之前，人们早已用实物、图画或符号记事表意了，而且所用的各种方法和古汉字之类早期文字的造字原则有很多共通之处。古汉字可以一直追溯到甲骨文，但甲骨文其实已经是一种比较成熟的文字，形体趋于简化、符号化，离文字产生的年代也较久远。而东巴文的字符描摹细致而逼真，象形程度很高，形貌原始，且还在使用，能看到其鲜活自然的状态。一些健在的老东巴还能读其音、析其形、述其义、讲其用，使我们能更准确细致地认识理解东巴文。这些正好可以填补甲骨文之前原始文字的空白，从材料、视角等方面给古文字研究以新的启示。"（《中国国家地理》2015年第3期。）

四 本书写作体例

本书共分为七章，分别从宝山自然人文概况、语言系统、文献解读、当地人口述访谈、研究初探等几个方面详细介绍了宝山纳西东巴文书文献以及语言的使用情况。

第一章《吾木概况》。本章主要从地理概况、历史沿革、人口来源、社会经济教育状况、民风习俗、文化艺术、名胜古迹、东巴祭礼等几个方面全面介绍了宝山吾木村的情况。本章作者：李学信。

第二章《语言系统》。本章采用国际音标记音，对纳西东巴和学耀的宝山纳西语的语音、词汇、语法特征进行简要介绍，并附基本词汇表。基本词汇表以范俊军的《语言调查语料记录与立档规范》[1]中的通用词表为范本，从中提取发音人可以表达的词汇。词表共两列，第一列为汉语意义，第二列为记录纳西语的国际音标。本章记录整理人：蒋波。

第三章《文献解读》。本章是本书的核心部分，对43份56篇文书进行了详细的翻译解读，基本按年代先后排序。采取东巴文、国际音标、汉语直译和意译四对照的格式。本章翻译者：和茂春、和学耀、和继先、和学湛。记录整理：主要为蒋波，还有高渊、苏裴、安娜。

第四章《基本字符表》。本章对本书所收的43份56篇宝山文书中7488个音节/词的用字情况进行穷尽性统计，合并单字字频，保留异体字，共总结出375个基本东巴字符。本章记录整理人：高渊。

第五章《口述史》。田野调查过程中，项目组成员对吾木村党总支书记、玉龙纳西族自治县吾木纳西东巴文化传习院院长李学信以及吾木村祭天大东巴和茂春等人进行了详细访谈，根据访谈录音整理出了当事人口述史，对理解吾木村纳西东巴文化的源流和发展情况不无助益。本章访谈、记录整理人：高渊、苏裴，还有饶枫多、张艺君、李君楠。

第六章《思考与探索》。本章收录论文两篇：《浅论东巴文在纳西宝山世俗东巴文书中的应用》，阐述了整理者对宝山文书文献中图符性质的认识，作者蒋波；《宝山东巴传统工艺及其文化背景研究》，是宝山实践支队同学集体的考察与整理，作者高渊。

第七章《调查散记》。本章是清华大学中国西南地区濒危文化研究中心的同学在数次田野调查过程中撰写的调查笔记、采风日记，记录了同学们在川滇山区进行挖掘、抢救、收集各种工作的点点滴滴。

作为附录，本书收进几次在"东巴圣地"白地调查收集的贺信、大标语、电话簿等东巴世俗文本。参加调查工作的有徐可可、刘晶、姜明慧等同学。

本书附有索引，即按照汉语拼音排列的人名、地名、专有名词索引表。

---

[1] 范俊军：《语言调查语料记录与立档规范》，广州：暨南大学出版社，2011年。

第一章
吾木概况

一 地理概况

吾木村（以下称"吾木"或"吾木村"）隶属于云南省丽江市玉龙纳西族自治县宝山乡。吾木位于宝山乡南部，全境为山区地貌。吾木村北与岩可接壤，南连鸣音乡太和村、东良村，东与宁蒗县隔江相望，西邻长松，地势西南、东南高，东北低。吾木村面积14.25平方公里，平均海拔2100米，其中最低点位于金沙江河谷，海拔约1500米，最高点在王盘山顶，约3505米，高差2005米。年平均气温19℃，年降水量700毫米，有耕地5120亩，林地11756亩。

吾木分三个自然村落，即吾木自然村、苏明自然村和明伟自然村，分别坐落于境内东、西、南三个方位，三村由沟壑和农田相连，呈倒品字状分布。另外，南面山脚一带有30多户散居居民，分属苏明自然村和吾木自然村编制。

吾木自然村是吾木村委会所在地，坐落于五峰山山脚北段，坐西朝东。面积4.27平方公里，海拔2100米，距离乡政府15公里。截至2011年，全村有农户149户，总人口618人，分属6个村民小组，人口以纳西族居多。

苏明自然村位于五峰山山脚中段，坐西南朝东北。距离吾木村委会1.2公里，距离乡政府15.2公里，面积2.7平方公里，海拔2400米。截至2011年，有农户101户，总人口389人，分属2个村民小组，人口以纳西族为主。

明伟自然村坐落于王盘山山脚北段，坐东朝西。距离吾木村委会10.1公里，距离乡政府25.1公里。面积7.28平方公里，海拔2100米。截至2011年，全村有农户79户，总人口295人，分属3个村民小组，人口以傈僳族居多。

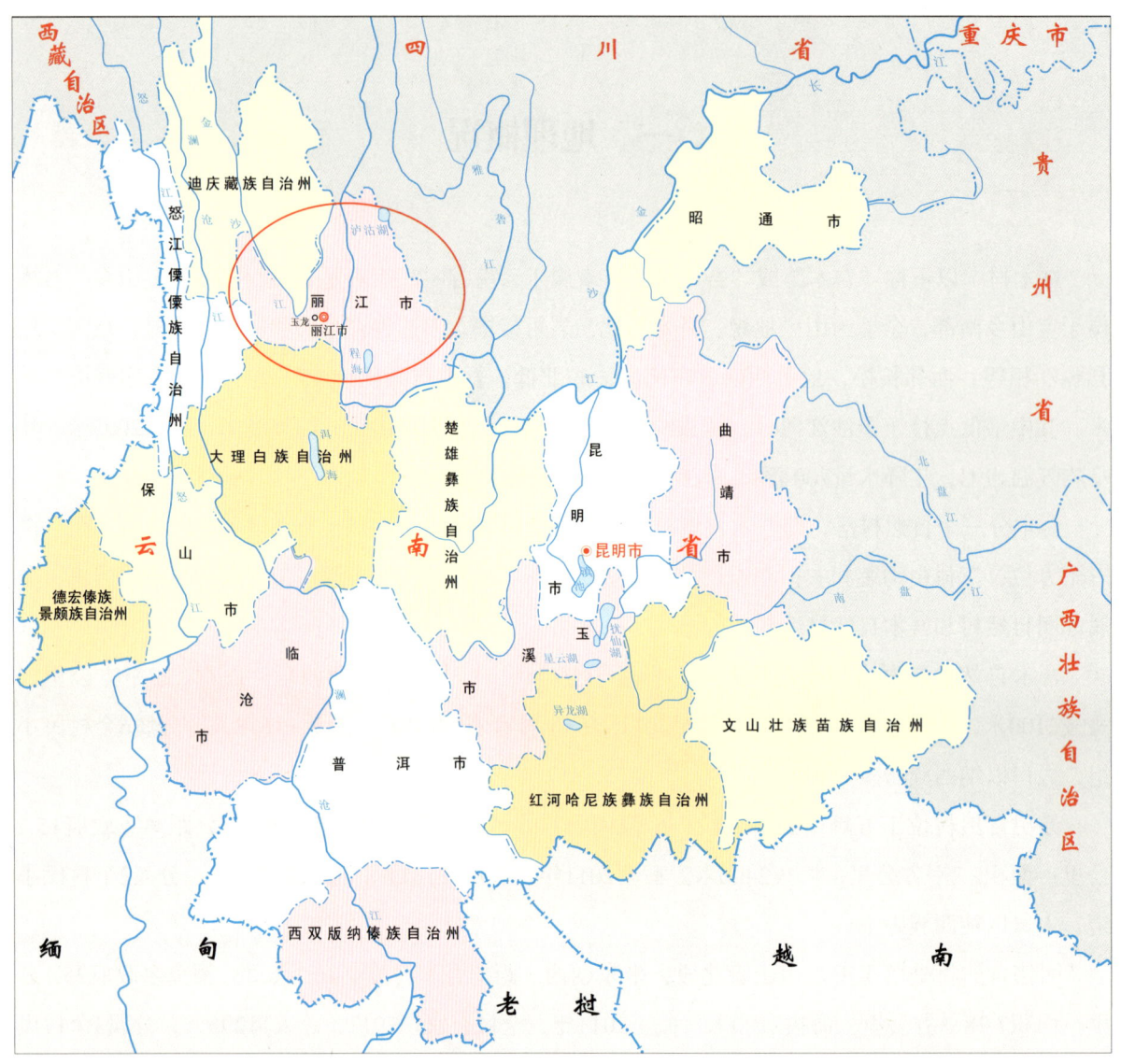

○ 示为调查点：云南省丽江市玉龙纳西族自治县

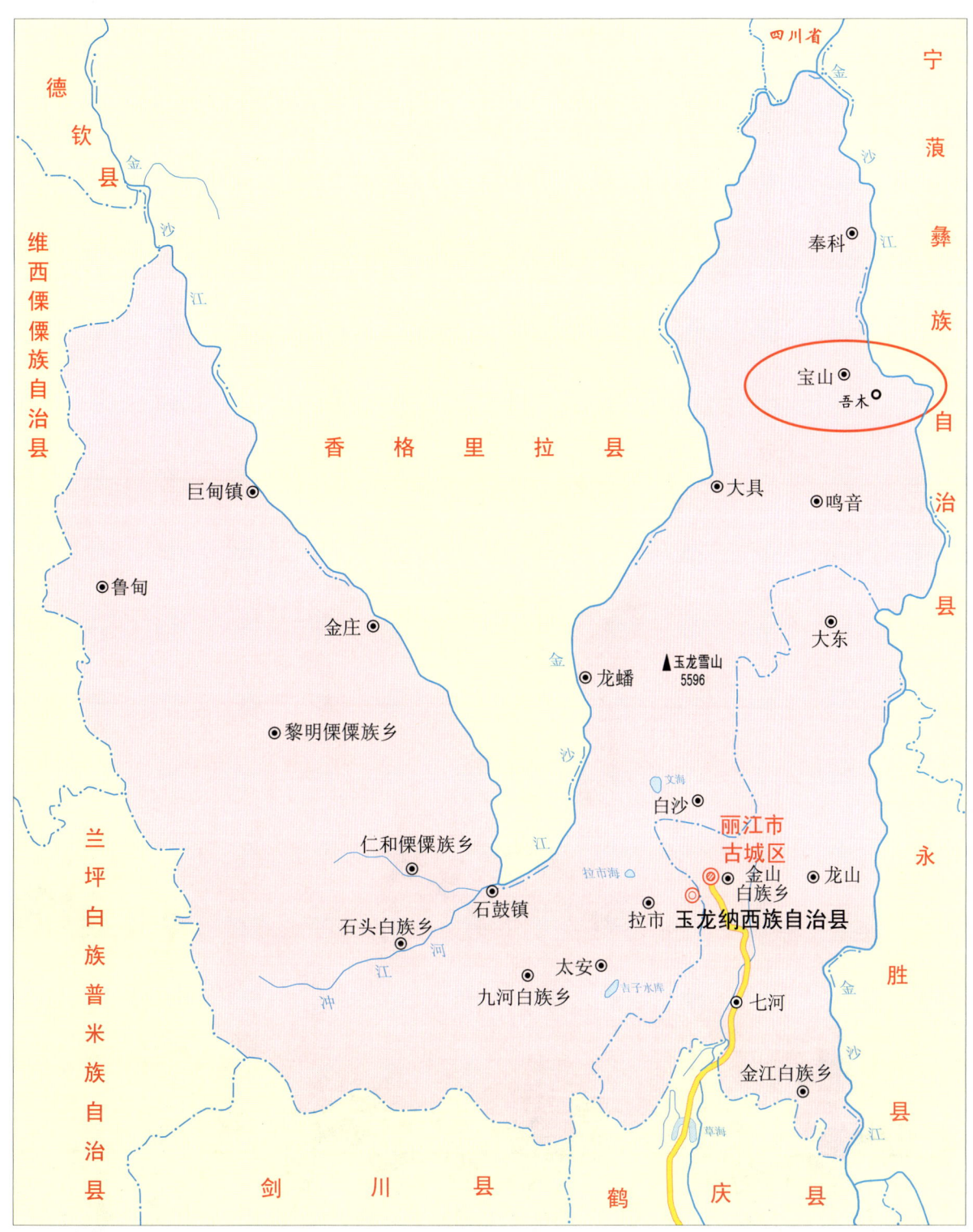

○ 示为调查点：玉龙纳西族自治县宝山乡吾木村

第一章 吾木概况

图1.1.1 吾木远景(蒋波2011年7月25日摄于苏明村)

二 历史沿革

当地习惯称"吾木"为"悟母",汉语又作"吾母""乌木"等,纳西语称为[tʂɯ⁵⁵ tsʰɯ³¹ ue³³]。该地区土壤肥沃、气候宜人,适宜种植各种粮食作物,故称"悟母"[u⁵⁵ me⁵⁵],即"粮囤"之意。

关于悟母的来历,有一则传说。悟母的先民来到宝山时,看到如今的果乐、宝山等村地势不平且土壤贫瘠,就想另寻居住地,于是决定离开,向果乐东南方向一路前行。当他们走到金沙江畔的阿紫山下休息时,其中一位老人回头一望,看到一片茂密的丛林。他说:"这必定是个好地方,是盛产粮食的宝地。我们在这里定居,必定会'悟母'一堆又一堆,吃也吃不完。"于是,这群人就听从老人的决定在此定居下来。结果正如老人所言,这里是一块宝地,良田美景,物产丰饶,所以"悟母"一词也就沿用下来了。同时,也有村中老人解释"悟母"是"领悟根源,不忘祖宗"的意思。

据史料记载,吾木村西汉时属益州郡邪龙县,东汉时属永昌郡。唐朝时,相传有七个麽些(纳西)兄弟来到此地,分居罗邦(即宝山)、大匦(今大具乡)等七寨,形成以宝山石头城为中心的强大村寨联盟。据推测,吾木应建于北宋之前,隶属大理国成纪镇善巨郡,是宝山地区较早有人定居的村庄之一。

吾木曾长期是宝山州州府。从现存史料中也可以看到宝山纳西族先民的活动情况。《元史·地理志》载:"宝山州在雪山之东,丽江西来,环带三面,昔麽些蛮居之,其先自楼头(永宁)徙居此二十余世。"宝山在元、明、清时称为宝山郡、宝山州。

三 人口来源

关于纳西族的来源和形成,学术界迄无定论,目前较多学者主张纳西族源于羌。木丽春著《纳西族通史》中提到:"纳西先民是河湟一带生衍生息的氐羌族群。公元前三百多年以前,因'畏秦之威',氐羌族群怯惧而离开河湟故土,先继向南迁徙到大渡河上游一带地区,因当时一边向南流徙,一边游牧牦牛,故称为放牧牦牛的牦牛夷。"[1]唐宋以来被称为"麽些",新中国成立后统称"纳西"。在方国瑜的《纳西象形文字谱·绪论》中也提及:"纳西族渊源于远古时期居住在我

---

[1] 木丽春:《纳西族通史》,昆明:云南人民出版社,2006年,1—3页。

国西北河湟地带的羌人，（秦代）向南迁徙至岷江上游，又西南至雅砻江流域，（唐代）又西迁至金沙江上游东西地带。"[1]

吾木是个多民族的村寨，各民族和谐相处。居民以纳西族、傈僳族、汉族为主，其中纳西族人数最多。吾木自然村主要的家族包括梅、禾、术（束）、尤四个支系。据纳西族东巴经记载和民间传说描述，梅、禾、术（束）、尤四个支系分别来源于纳西族始祖高楞趣（纳西族猎人）的四个儿子。在永宁的摩梭人中间，也有西、胡、牙、峨四个支系的类似传说[2]。吾木自然村内的纳西族居民中，术（束）支系有两支，一支是"喂若不"［ue^{31} zo^{55} ^{m}bu^{31}］，另一支是"喂若高"［ue^{31} zo^{55} ^{n}ga^{33}］；禾支系也有两支，一支是"枸喂几"［gə^{31} ue^{55} dʑi^{33}］，又名"喂醋几"［ue^{31} tsʰu^{55} dʑi^{33}］，另一支是"末伟几"［mi^{31} ue^{55} dʑi^{33}］；梅支系有一支"累不"［le^{33} ^{m}bu^{33}］；尤支系也只有一支"阿荣"［a^{33} zu^{33}］。东巴典籍载："术（束）尤不分离，来到英古堆（丽江坝）；梅禾不分离，来到金江畔。"说的就是其术（束）、尤互婚集团和梅、禾互婚集团。这样的组合造就了吾木四系同村的情况，这种现象在其他纳西族聚居地已经很少见了。

相传吾木村最初的居民为来自白地一带的术（束）支系，后又有术（束）支系从拉伯一带迁入吾木和苏明。元朝末年，有阿姓尤支系从丽江一带迁居宝山，其中一分支"阿荣"［a^{33} zu^{33}］家族迁至吾木，即现在木氏家族。明洪武末年，从今九河乡白汉场迁入一支自称"累不"［le^{33} ^{m}bu^{33}］的家族。该家族家谱记载祖出之地为南京应天府，但自称为纳西族梅支系，姓和。明崇祯末年至清顺治初年，从石头城、奉科迁来了禾支系"喂醋几"［ue^{31} tsʰu^{55} dʑi^{33}］家族。清康熙末年，从宁蒗翠玉、宝山石头城、宝山果乐分别迁入禾支系，他们是苏明村"累不"［le^{33} ^{m}bu^{33}］及吾木村"末伟几"［mi^{31} ue^{55} dʑi^{33}］家族的先民。

除了四大支系之外，清嘉庆年间，因村头修建隶属于丽江北岳庙的五峰山神庙，李氏家族迁入吾木。咸丰初年，又有唐氏家族迁入。1950年，宝山解放，吾木实行土地改革，陈、朱、蔡、侯、刘等明伟原住民和梅氏家族共同组建明伟村。朱、侯氏来自鸣音东良和宁蒗翠玉一带。刘氏和瞿氏来自奉科，后来居住在太河、谋同等地，之后为了分享"胜利果实"迁徙到吾木。蔡氏来自宝山克灵。陈氏来自奉科善美。

目前，吾木有和、木、唐、李、瞿、刘、陈、蔡、朱、侯10个姓氏，其中吾木自然村有和、木、唐、李、瞿、刘6姓，苏明自然村有和、李、瞿3姓，明伟自然村有刘、陈、和、木、蔡、朱、侯等7个姓氏。另外吾木自然村还有杨姓，经调查属梅支系义子女，其后辈已改和姓；有王姓属术支系；还有外族上门王姓，其后辈已姓和；有刘姓入赘到术支系，其后辈也已改姓和。苏明自然村曾有杨姓，后来把家族碑文给杨氏外族，目前后辈已回祖姓和姓。吾木自然村李氏有四条分支，分别来自大理洱源下山口、丽江白沙（跟苏明村李氏同属一个家族）和奉科以及今丽江古城区的束河。

---

[1] 方国瑜编撰，和志武参订《纳西象形文字谱》，昆明：云南人民出版社，1981年，3—4页。
[2] 木丽春：《纳西族通史》，11—13页。

四 社会、经济、教育状况

（一）行政建制

吾木村委会在新中国成立前为吾木乡政府所在地，管辖范围包括吾木、果乐、宝山等地，由国民党党员和煌坤担任乡长。

1955年，整个宝山设立初级社。吾木自然村由杨崇如任社长，木有贵任副社长，李占魁任会计；苏明和明伟自然村联合设立小公社，朱学良任社长，和定恒为副社长，和国英为会计。1961年，三个自然村联合建立小公社，和学勤任支部书记，朱学良任社长，蒋干仕和李占魁任支部副书记。

1966年，取消小公社，成立忠义大队，所以至今依然有人称吾木村为"忠义"。和学勤任书记，朱学良任村长，和汝章任干事，后来还有陈自芳、唐玉鸿、李占魁等领导。1984年，忠义大队解散，同年成立吾木乡，主要领导有唐玉鸿、陈自新、李汝宏、和学湛、和文华。1988年，宝山撤区建乡，吾木成立行政村，陈自新担任书记，和学湛任村长，李华山任干事；1990年，和德修任村长一职，和文君任干事；1996年和世英任村长。

2000年4月，吾木成立村民委员会，依法以无记名投票、公开计票的方法进行选举。吾木村委会第一届主任和文君，副主任李学信；和学湛担任吾木党支部书记。2004年4月成立第二届村民委员会，主任和永强，副主任和崇光；由李学信担任党支部书记。2007年4月李学信担任书记同时兼任主任，李世文任副书记，和崇光任副主任。2011年4月选举第四届村民委员会，和崇光担任主任，和志灵担任副主任；由李学信任党支部书记。

吾木村主要议事方式有村委会、党支部、团支部、妇联、村民小组等组成的党政、行政议事会议。以传统方式举行以村为单位解决处理村内问题和杂事的集体议事，主要由村长和村里有一定威望的人集合村民协商村务。根据地方实际情况实行的集体商讨议事，以少数服从多数意见的方式进行，主要形式包括家族议事、街巷议事，涉及田地分片、水利、牧伙等事务。

（二）经济生产

吾木村经济发展水平较落后，全村经济生产以种植业和养殖业为主。近年来，外出务工也成为当地居民经济生产的新方式，工资性收入占全村总收入的10.2%[1]。

---

[1] 数据来源于吾木村委会2011年年报。

农业是吾木村的主要产业。村内耕地、林地、荒地丰富，但水资源不足，农田分为旱田和水田，泉水灌溉。粮食种植一年两熟，主要种植水稻、小麦、玉米、大麦、青稞、高粱、黄豆、蚕豆、豌豆、鸡豆、花生、棉花、土豆、南瓜、甘蔗、烤烟等作物，同时还遍种核桃、花椒、梨、桃、石榴、枣等。

吾木地区大块的高山草甸是发展畜牧业的宝地。地广人稀、山连山、谷套谷的环境里散布着成片的羊群、黄牛群、马群、猪群等。

（三）教育事业

在儿童的成长过程中，家庭教育扮演了重要角色。长辈常通过讲故事、讲顺口溜的方式向儿童传授先民们流传下来的智慧，比如"喂料不喂料，爬坡再来瞧""见糖丢了蔓菁干，无糖吃蔓菁干也甜""要墙壁牢固，石脚要下稳""婴儿越弄越哭，塘火越弄越熄""牵牛牵鼻子，牵马要牵头"等谚语。

汉文学校教育在吾木起步也很早。在搜集到的实用性文献中，年款最早的为清雍正四年（1726）的地契，清朝墓碑群汉文年号落款最早的出现于清乾隆年间，又有清乾隆五年（1740）颁

图1.4.1 五峰完小（高渊2011年7月22日摄于吾木村）

发的汉文吾木《山照》。光绪九年（1883），村中兴办义学，所立功德碑现藏于村民和学湛家中。民国五年（1916），在五峰山神庙旁建劝学所，成为当时丽江东部地区的主要汉文化传播基地。1947年，五峰完小成立，是当时丽江六区境内开办最早的完全小学，一直是丽江东部地区的主要汉学教育基地。新中国成立前，六区境内许多学生就读此校后转入丽江中学。

目前，五峰完小仍保留完全小学建制，有一栋由香港郑裕彤先生捐资兴建的教学楼。全校有6个年级共10个班，共有10位任课教师和120名学生。五峰完小开设有语文、数学、英语、品德、科学、乡土知识等课程。其中乡土知识课程内容包括东巴文化传习，每周四学校都会邀请东巴前去讲学，教授东巴文、东巴文化历史和传人、东巴祭祀、东巴舞曲及其他相关知识等。东巴通过讲故事、现场演示、舞蹈、歌唱、游戏等方式进行教学，寓教于乐，效果颇佳。目前义务教育在吾木村已经得到良好推行，全村儿童基本都接受了九年义务教育，但是中年人中大概有1/3是文盲，老年人文盲率更高。

五 民风习俗

（一）服饰

吾木村纳西族人民在漫长的历史进程中，创造了美丽多变的服饰。如今虽然在现代化浪潮的冲击下，大多数吾木纳西族居民在服饰上已经和汉族无异，但在老年人身上我们依旧可以发现古老的民族装扮，在盛大的节日里年轻人也会身着传统服饰以示庆贺。

传统纳西族女性服饰主要有四大件：一是黑毛白面的绵羊皮七星披肩，上缀七个彩丝绣制的圆盘表示日月星辰，象征披星戴月勤劳美丽；二是无领宽袖、右衽面襟、前短后长的大褂；三是套在大褂上的紫红或藏青色的坎肩；四是前下方遮盖不扎边长裤的百褶围裙。这样的服饰搭配厚重而华贵，是适应高原生活的产物。中老年女性的服饰多采用青、黑色面料，显得庄重素雅；青年女性的服饰则多偏于明快、艳丽的色调。随着时代的变化，解放帽和黄球鞋也逐渐融入纳西族女性的传统服装中。

纳西族男子蓄短发，戴毡帽或缠包头。毡帽中有一种一半卷边的"喜鹊窝"帽，十分潇洒，别具一格。男子上身内穿麻布或棉布衣，外披羊毛毡或穿羊皮坎肩。下穿黑色或蓝色长裤，腰束带，穿布鞋、皮鞋。男子服饰都比较简洁，色调明快，显得纯朴自然。

纳西族的祭祀东巴均为男性，他们的服饰复杂多样。五佛冠、燕尾袍、云头靴、佛珠、板铃、手鼓等物品的装饰极具神秘庄严之感，象征东巴威灵系神赐予。主持开丧、超荐道场的东巴，头上要戴黄蜡帽。黄蜡帽用毛毡制成，上插箐鸡毛，以示神圣；帽上还有两个铁角，并画有两个圆点，象征日月昼夜生辉；铁角两边各插一把刀，刀两侧刃有豪猪刺。这些都是用来驱鬼、保护东巴的。

图1.5.1 吾木纳西族女性服饰正面（黄薇兮2011年7月23日摄于吾木村）

图1.5.2 吾木纳西族女性服饰侧面（黄薇兮2011年7月23日摄于吾木村）

图1.5.3 东巴服饰一（李学信2010年2月18日摄于吾木村）

图1.5.4 东巴服饰二（李学信2010年2月18日摄于吾木村）

第一章 吾木概况

大东巴帽沿上有一圈牦牛毛,表示大东巴威力强大。东巴作为连接鬼神与人间的媒介,其服饰是一种积淀了原始信仰、观念、想象的"有意味的形式"[1]。东巴服饰作为纳西族东巴文化的载体,其丰富的形式蕴涵着纳西族拙朴的宇宙观、哲学观及审美观。

(二)饮食

吾木人一日三餐,都爱吃酸、辣、甜味的食品。早餐一般吃馒头、糯米粑粑、油条、米灌肠、饵块、水焖粑粑等;中餐和晚餐较为丰富,一般都有一两样炒菜和咸菜、热汤等。有名的菜肴大块肉(又叫"大红肉")是染了红曲的或方或长的大肉坨,意寓日子过得红红火火,是吾木村婚宴、节日宴席中必不可少的一道菜。吾木村的婚宴中还保留了"八碗八碟"的宴席形式,即在八碗之间插入八碟菜肴,这在当地算是比较丰盛的宴席了。此外,杂锅菜、火锅、吹肝也是吾木人喜爱的家常菜,酥油茶则是常见的饮品。

吾木的男人喜欢喝酒,一般是用玉米、小麦、高粱等粮食酿制而成。这种酿酒工艺古已有之,代代相传,全村几乎人人都掌握此技艺。另外,还有用岩桐、栗果酿出的美酒。女性爱饮浓茶,这种茶不是汉族地区的泡法,而是煮制的罐罐茶。

到了春节前夕,吾木全村上下几乎家家都在熬糖。熬糖的原料主要有甘蔗、仙人掌果、南瓜、麦芽等,特别是仙人掌果熬出来的糖是当地的特产之一。

图1.5.5 丽江粑粑(李学信2010年7月21日摄于吾木村)

---

[1] 20世纪初,英国视觉艺术评论家克莱夫·贝尔(1881—1964)撰写出版了一部颇具影响力的美学著作,书名为《艺术》,该书结合后印象主义画风及其现代的种种艺术创作实践,提出了"艺术乃是有意味的形式"的审美假说,并加以多方论证,自此,"有意味的形式"成为西方审美与艺术创作中最为流行的"术语"。

"靠山吃山，靠水吃水"，大山深处的吾木村民自古就有上山拾野菜、摘野果的习俗。在农历三、四月份，村民们会相约上山拾蕨菜（龙爪菜）、香樟尖、香椿尖、大红花椒尖、青刺果尖、野韭菜、鱼腥草、蒲公英、野油菜等野菜。高原温润的气候和广袤的原始森林为吾木人民提供了丰富的野生菌资源，每年农历六月祭祖节之后，村民就开始早起拾菌，传统食用菌有鸡枞菌、香菇、干巴菌等，现在又开始采拾鸡油菌、松茸、木耳、青头菌、红头菌、牛肝菌、羊肚菌等。每年中秋前后，村民会到山上沟谷中采摘野果，常见的野果有仙人掌果、核桃、野桃子、山榛、野板栗、野荔枝、山楂、梅子等。

（三）民居建筑

吾木民居受到当地的气候特点、文化认同和自然资源等多种因素的影响。

吾木村位于半山坡，民居多选向阳坡建房，顺山势排列，彼此互不遮挡，使得每一处房屋都能享受日照。丽江地区气候冬夏干湿分明，年降水量为910—1040毫米，旱期雨雪量少，天晴日暖。于是，民居都采用两坡顶，坡度接近30度，且挑檐深长，在屋前形成宽大的厦子（即外廊）。这样的屋顶不仅利于雨季排雨，也利于在旱季躲避强烈的太阳辐射。

丽江地区地质地貌具有多样性，因此在建筑材料上，当地人民也因地制宜，就地取材：丽江坝地区多土少石，民居多为土木或砖石结构；而在宝山山区，石料和林木资源丰富，因此吾木房屋多以木料构造，外墙采用当地易得的石料。

在房屋规划上，建筑规模视家庭人口、经济条件及地形地貌而定。纳西族民居大多为土木结构，比较常见"三坊一照壁"的建筑形式。一般来说，三坊皆两层：朝东的正房一坊及朝南的厢房一坊楼下住人，楼上作仓库；朝北的一坊楼下作畜厩，楼上贮藏草料。院子除供生活之用外，还兼供生产（如晒谷子或加工粮食）之用，地坪光滑，不用铺砖石。宽大的厦子分担了房间的部分功能，吃饭、会客往往在此进行。多半居民家中都建有坐东朝西或坐北朝南的地楼，构成了吾木村传统的地楼建筑群。地楼分蛮地楼、地楼、蛮带地楼、平房带地楼等，其中蛮地楼和地楼均为楼上住人或储物，楼下关牲口。蛮带地楼和平房带地楼有一两间作厨房，另一间楼上作粮仓或储物间，楼下关牲口。许多房子的建造设计巧妙，兼设道路水沟，形成了半圆缺角地楼。

尤其值得一提的是吾木村的传统木制粮仓，目前全村仍保留有150多座，多建于明清时代。粮仓大多分布在母房右侧（有的已改建，独立在外）：由圆木按"井"字形垒筑，圆木之间相互扣密，上有木板，离地面2尺处装木地板，内有大小12个隔格，五谷杂粮均可全部分类储藏，上有木板封顶。粮仓门矮且小，需弯腰进入，部分仓内间角养有蜜蜂，最多的一间内有9窝蜜蜂，粮仓经长年烟熏而变得漆黑。这种粮仓不仅具有防潮、防鼠、防盗等功能，还具有分类储存功能，一个仓同时可以装十几类粮食。

在离村庄较远的田地中，往往会有传统的庄房，纳西语叫"化笃"。有盖瓦垒石长期使用的，也有按生产生活之需而临时修建的，主要用于农忙时节居住、关牲口、躲风避雨，方便生产生活。

图1.5.6 吾木民居（蒋波2011年7月24日摄于吾木村）

图1.5.7 吾木粮仓（芮腾晖 2011年7月23日摄于吾木村）

图1.5.8 粮仓里的隔格（芮腾晖 2011年7月23日摄于吾木村）

"化笃"建造十分随意，多半建在通风有饮用水源的地方，有的则利用天然山洞改造而成。

瓦猫是云南地区常见的建筑构件，相传可以吞食冲犯宅屋的疾疫祸害和妖魔鬼怪。吾木人民将瓦猫视为灵物，常常置于屋顶、飞檐或门头的瓦脊上，以镇房屋、保平安。同时，瓦猫大口朝外臀部朝内，象征在外吃饱后把粪便带回家，寓有招财之意。

避鱼是富有吾木地方特色的建筑装饰，一般安置在房檐两侧。纳西族认为人类是住在一条鱼上，地震是因为鱼的胡须在动。避鱼具有保风水的作用，既可以避火，又象征年年有余。

（四）婚姻

旧时吾木村封建包办婚姻盛行，很多相爱的青年不能成婚，以致双双殉情。现在吾木男女青年自由恋爱，等到时机成熟，男方会托媒人带一壶酒到女方家说亲。双方父母同意后，男方家要向女方家行"小酒""大酒"等礼仪，并商定成亲之日。

吾木纳西族结婚仪式有"不见天"之俗，必须在天井搭帐篷，下铺松毛，扎迎亲松牌坊。女方和男方的婚俗也略有不同，女方婚礼就是"迎娶日"，当天早晨男方要赶早去迎接新娘，且迎娶的人数一定要是单数，这样回来时人数才能成双。男方婚礼在第二天举行，接来的新娘要在男方家中火坛前磕头行礼，恭颂吉语，因为吾木人相信火坛是家中圣物。

结婚当日，首先由家族长者向祖先灵位和灶神祭酒。之后，所有人听从司仪安排，按亲缘关系，男左女右分坐两边，双方长者坐主位。婚宴过程中，双方长辈互相道喜，同时还要赠送新人钱币以表祝贺。

出嫁后女方需回门。回门当天，女方需携带喜糖和水果，放在盘中沿途赠与路人，路人也须回礼表示感谢。

图1.5.9 婚宴中长辈道贺（李学信2012年5月4日摄于吾木村）

（五）家庭

纳西族存在多元的婚姻制度，因而有父系、母系、父系与母系并行三种不同的家庭形态。吾木村多为一夫一妻制的父系家庭结构，这种家庭建立在以地缘为基础的村社之中，以血缘为纽带的原始氏族、部落印迹已经非常罕见。在吾木，性别是家庭劳动分工的依据，男性主要从事劳动强度较大的农活、运输和经商等，女性则从事劳动强度较弱的生产劳动和家务。父亲在社会和家庭中具有很高的权威：对外以家长身份拜官、迎宾、处理诉讼、买卖田地、借放债款、出席家族及村务会议；对内管理全家的生产和生活，对婚姻、丧葬、修建房屋等重大事务都具有决定权。母亲只有当父亲不在的情况下，才可代行父亲的部分权力。

吾木村的家庭大多由三代人组成，四世同堂情况不多。过去流行父子联名制（即子女的名字前冠以父亲的名字），现在受汉文化的影响，子女从父姓，财产实行父系继承制。长子是父亲的助手，父亲年迈或逝世后成为家长或协助母亲管理家中事务。同时，长子还负有教育弟妹的义务。吾木纳西族有"幼子占祖房"的传统，兄弟分家时由家族长者主持，幼子一般留住在祖屋，负起赡养长辈的义务。

在吾木，同族之间严禁通婚。虐待父母的行为会受到社会的强烈谴责，家族也会出面干预。夫妻离婚时，女方返回娘家即可。离婚后女方再嫁的情况较少见，但男方往往可以再娶。寡妇无论有无子女均可再嫁，但年轻守寡者往往受人敬重。

昔日，纳西族社会里入赘男子一般不能与妻子处于平等地位，须改随妻方族名。当然，也有能力出众的赘婿取代妻子成为家长。现在招赘家庭中夫妻双方处于同等地位，甚至很多家庭有男尊女卑的现象。

（六）育子

在吾木，如果妇女久婚未孕，就要举行求子仪式，仪式中女子需用江水洗浴以除晦气。孕妇在楼上生产是禁忌，只能在有土的房中进行。孩子出生后要招待头客，因为吾木人相信孩子的性格和脾气都来自头客。满月命名请客时，要由家族长者喊名，母亲代儿应声。

孩子出生，若巴格方位（类似于汉族的"生辰八字"）与父母相克，则让别人赐予姓名，或祭拜大树、石头、桥梁等。五峰完小背后的石狮就有十多个干子女，每逢大年初一就有人祭拜它。

在吾木村，长辈非常重视子女的教育。言行举止，待人接物，方方面面都有要求。很多父母常常教育孩子"额头长自己身上，手指长别人身上"，意思是做人要规规矩矩，不能老让别人指指点点。正是这样的人格教育，使得吾木村连续多年被玉龙纳西族自治县人民政府评为"平安村寨""文明村"和"全县民族团结示范村"等。

成人礼又称"成丁礼"，是每一个吾木人成长过程中的重大日子。受过成人礼，便意味着孩子在人生旅途上步入了新的阶段。一般来说，儿童到十三岁时便可行成人礼，父母会赶在当年正月初四将四两上等猪肉献给祭天的东巴，接着在行礼的当天邀请老东巴前来主持仪式。受礼的儿童光脚踩在一块腊肉上或是坐在装满大米的兽皮口袋上，一手按着火塘右边的白麻布卷，一手按着左边簸箕里的大米。此时，东巴会诵念经文感谢家神，并祈求保佑。然后是招财典礼，祈求日出的东方、水尾的南方、日落的西方、水头的北方、天地的中央五方东巴大神招来财宝赐给受礼的儿童。最后，老东巴会分别在受礼人的额头和手脚上涂抹酥油，以示头脑聪明，手脚灵活，愿他今后福禄常在，富贵长寿。东巴还会拿一束青枝柏叶，给受礼人点酒以驱除身上病痛。

（七）保福养老

古时候，吾木人相信36岁和49岁为男性的厄年岁，27岁为女性的厄年岁。每逢厄年岁，当事人应到五峰山神庙祭祀，祈求神灵免灾赐福。还要请东巴祭祀以消灾除祸，安度厄年。传承至今就形成了颇有讲究的"保福"活动，不仅面向进入厄年岁的男女，也针对长期被疾病折磨的人。

尊老爱幼是吾木人的传统美德，一直延续至今。年轻人每隔一段时间必须得去看望族中的年长者，特别农闲的时候，人们更会相约一起去拜访老人，这个习俗称"兴惹"［ςi^{33} $dz\varrho^{31}$］，即"看望人家"的意思。村里办任何红白大事，主人都要请人给村中行动不便的老人送饭送菜，饭桌上也要先招待老人。行路遇到老人和孩子，吾木人也会主动让路。

（八）丧葬

吾木的丧礼程序比较多，内容也很丰富，这都体现了吾木地区对人的重视。丧事的仪式一般需要进行四天。

吾木的"兴开"［ςi^{33} ka^{33}］葬仪，基本沿承古法，颇有讲究。外人看过葬礼后忍不住评价："你们吾木人去世以后好像都去了天堂，那么多的仪式一路护送他，他肯定是一点遗憾也没有地直奔天堂。"

当人临终卧床的时候，亲人们就请家族长者和东巴前来守候。亲人们要守气，特别是孝子绝对不能离开。待老人断气时，子女会将事先准备好的礼物"扒巴"［pa^{33} $^{m}ba^{31}$］（即红布包裹的银屑）放入老人口中，意为诀别送礼，代表子女对离世父母一生恩泽的谢忱。然后族中长者或东巴会喃喃祈祷，祝愿死者灵魂一路走好，回到祖先故地。在此过程中，死者亲友的眼泪绝不可落到尸体上，否则死者的灵魂将会坠入大海，万劫不复。这就是吾木纳西族的"教路"仪式。吾木人相信左方通向天庭，中间的道路可与祖先团聚，而右方通往地狱。经过东巴"教路"仪式的超度，死者的灵魂都会去往该去的地方。

之后，人们会通过吹海螺、牛角号或是鸣枪的方式向村民告知死讯，并派人给远方的亲友带去噩耗。若是已出嫁的女儿亡故，丧家得先向娘家的舅亲报丧。如果没有经过舅亲检验，妇女的尸体是不能轻易入殓的。然后，孝子需持香到水井处买水给死者洗尸，再搽油。死者穿的寿衣必须长短

图1.5.10 "犊仔"和"白"（李学信2010年2月20日摄于吾木村）

不同，至少三层，寓意后世步步高升。点灯引路仪式后，由东巴诵经，献饭。饭菜往往包括鸡蛋、肋骨、吹肝、香肠等菜肴。孝子还需将一碗上插筷子的半生米饭背至坟上，以喂食乌鸦。以前，吾木纳西族一直实行火葬，后来在汉文化的影响下，改行土葬并延续至今。在出殡的过程中，与死者有亲属关系的人家结队路祭，招待送葬人群。

入殓时，族内长者会交代清楚各种化往阴间的礼物以及注意事项。儿女和亲友可以为死者整理衣物，赠送礼物，但忌含铁之物。只有子女亲戚该来的都来了，老人的遗愿实现后才可以让孝子持斧盖棺。入殓完成后，族内发放孝布，亲友戴孝。

第二天行以开吊，孝子戴四角麻布孝帽，直到三年斋满。由道士[1]指导孝子进行"三献仪式"。据说开吊那天死者就是骑在孝子牵的马上。写灵位、迎送灵位之后，东巴跳舞领孝子和众亲友前往族内人家接祭。夜晚点灯，众村民通宵唱挽歌，守灵。后半夜四点孝女催灵，九点东巴念经铺神路图。

守丧期间，死者家门口会竖起一根高数丈的剥皮留顶松树"犊仔"[tu^{33} $^n dsɯ^{33}$]。树梢挂一白纸篓"白"[$pə^{13}$]，纸篓共分数节，每节代表十岁，纸篓节数与死者年龄相当。吾木人相信东巴可以让死者的灵魂通过"犊仔"进入天界。

---

[1] 古时为道士，现在也可由东巴指导。

六 文化艺术

（一）东巴造纸工艺

造纸术是中国的四大发明之一，早在南诏晚期，云南就已经出现手工造纸。《五代会要·南诏蛮》记载："续有转牒，称督爽大长和国宰相布燮等上大唐皇帝舅奏疏一封，自鹤拓历至……差人转送黎州。其纸厚硬如皮。笔力遒健，有诏体。"这是关于云南手工纸的最早记载。流传在吾木的造纸术结合当地水土植物资源，形成了颇具特色的东巴纸。旧时的造纸术是纯手工工艺，传男不传女，规模较小；现代科技促成了大规模的造纸工业生产；"文革"浩劫带来的文化断代以及市场经济大潮的侵蚀——这些因素都使得传统东巴造纸工艺的传承面临着极大的困难。不仅是吾木村，连同周边几个村子中掌握东巴纸制造技术的东巴也不多。值得一提的是，吾木青年东巴和继先为了把这一技术传承下去，专门在家中成立了造纸坊，成功探索出传承传统造纸工艺的道路。

东巴纸的主要原料为构树皮和荛花。构树皮材质洁白，为造纸的高级原料。每年七、八月份雨水充足的时候是剥构树皮的最好时间，剥下来的构树皮可以长时间保存，需要的时候再浸泡煮烂即

图1.6.1 造纸现场（陈纯杰2011年7月22日摄于吾木村）

可。荛花具有微弱毒性，这使得东巴纸得以长期保存，避免虫蛀。

采集来的原料要先后经过晒干、浸泡、蒸煮、洗涤等多道工艺，然后舂料使其变成纸浆，最后再经过浇纸、贴纸、晒纸等工序，才会形成一张张精美的东巴纸。造纸过程工序繁复，制造60张东巴纸花费工时最少7天。东巴纸的特点是韧、耐。制作精良的东巴纸不仅不走墨，防腐防虫蛀防褪色，而且保存时间很长，甚至可达上千年。造纸术为吾木人民提供了便利的书写材料，是一场文字载体的革命。

（二）占卜

重卜是东巴教的突出特点。在吾木，凡是婚丧嫁娶、破土建房、出行搬迁、刻碑立字都要请东巴占卜。东巴教中常见的卜法有巴格卜、左拉卜、羊髀卜、抽图片卜、鸡胫骨卜、鸡头卜、五谷卜、线卜、箭卜、香卜等数十种占卜之法。在吾木最流行的是鸡头卜，特别是清明节祭祖用的鸡头是最准确的。吾木人通过鸡头上的黑点及鸡头的造型，可以卜算出一年的吉凶。定亲结婚时，吾木人也会请东巴测算当事人的生辰八字并通过月相星辰来择定吉日。生病时，通过东巴卜卦，可以得知何处的神灵捕获了病者的灵魂。

（三）民间医术

吾木地处高山林区，药材资源异常丰富，同时还有著名的巫医。在吾木，巫术与医术紧密地结合在一起。巫医跳神治病，首先占卜，打卦，通过卦的显示，决定如何治疗。巫医一般掌握20种左右的药品，以及扎针、拔火罐、草药熏鼻、火草点穴、草药外用等治疗方法。比较有特色的治疗方法有：

拔火罐。头痛拔天庭、太阳等穴位，背痛拔肺前，腰痛拔肾前，腹痛按痛点拔罐。凡肌肉丰富之处均可用火罐治疗。目前掌握这门治疗方法的吾木人很多。

破伤风治疗。将刚出窝的幼蜂放置在瓦片上焙干后研成细末，每一服约5到10克，以黄酒冲服。用药后大量出汗，病毒很快就会随汗而出。连服七天，效果甚佳。

灸法。风湿、瘫痪，按穴位灸治；小孩腹泻灸烤肚脐；癣症皮肤亦可灸烤。因吾木村风湿病患者较多，此法很流行。

骨伤治疗。治疗骨折主要是复位，固定后包扎上药。如果是开放性骨折，就要先清理伤口，严防感染，用酒药、水煎药、面药综合治疗，并辅以食疗[1]，骨折始能愈合。

---

[1] 纳西族信仰"病什么，补什么"，习惯将药物和食物的特定部分一起炖食，比如脚疼就拿猪脚跟药一起炖，胃疼就拿猪胃跟药一起炖。

（四）纸品工艺

吾木剪纸是当地一绝，按用途可以分为三大类。一是用于喜庆的剪纸，其中以囍字和寿字居多。囍字配以喜鹊、牡丹等图案，渲染出喜气洋洋的氛围。寿字剪纸花样繁多，异彩纷呈，有长、方、圆等多种造型，一般用对叠、四叠乃至八叠剪，变化出奇。二是装饰用剪纸，包括丧仪中的挽幡、神龛的剪纸等，有八卦、彩云、如意等图案。三是日常生活中用于绣花的剪纸，剪好贴在衣物上供刺绣，以花鸟和寿字为主，手法简练，造型夸张，妙在似与不似之间。

纸扎源于东巴教的祭祀活动，东巴都是民间纸扎高手。吾木纳西族纸扎可分为两类。一是用于祭祀、丧俗活动，如纸人、纸兽、纸屋、风神以及各种鬼怪纸扎等，在吾木流传得比较完整的也是这一种纸扎。二是用于喜庆祈福活动，如龙灯、狮头、麒麟、凤凰、仙鹤、马、鹿、金鱼、莲花以及各种风筝。纸扎工艺融绘画、剪纸、竹扎和裱糊为一体，以竹、木为骨架，以线缚位，糊以棉纸、皮纸，施加彩绘。

（五）雕刻

东巴木雕具有独特的魅力，常用的材料是杜鹃木。吾木现存有大量的木雕作品。

吾木的木雕主要作为装饰物附着于建筑和家具之上。在吾木民居中常见的六合门上雕刻着各类花鸟鱼虫、如意宝瓶，刀法细腻精巧，线条流畅传神，具有浓郁的民族风格和地方特色。其梅花窗、梁头、根雕等周密精细的工艺，充分显示了娴熟精致的雕刻技巧和非凡的艺术创造才能。

吾木石雕工艺失传严重，但是从旧时遗留下来的工艺品上仍可以看出其独特的艺术魅力。目前在村民家中仍可以找到很多石器，如水缸、石臼、石磨、柱基等。

（六）编织

竹编在吾木人的生活中扮演了重要角色。各式各样的自编竹器，大至篙、墙、门、床、桌、柜、席，小至饭盒、帽、扁担、篓、提箩、甑子、供桌、鼓凳、斗笠帽、鱼篓、鸟笼等，无一不有。一般的竹器连男子也会制作，这种竹编技艺由老人带领青年，一代代传授。比较讲究的竹器，只有手艺较高的老人才会编织。

草编的用具在吾木也随处可见，最常见的就是锅盖了。草编锅盖具有吸收水蒸气的作用，用它加工食物，能让饭菜芳香扑鼻。

图1.6.2 六合门（李恺2011年7月22日摄于吾木村）

图1.6.3 石磨（李学信2012年4月6日摄于吾木村）

（七）纳西乐舞

东巴们常常在举行仪式的时候跳东巴舞，这些舞蹈种类丰富，每类表达的意思也不尽相同。东巴舞不是单纯地模仿动物，而是融以故事情节，以舞蹈语汇再现神话故事中的情景。吾木村流传至今的东巴舞有如下几类：求寿仪式和大型法会中的动物舞蹈"叁英蹉"［$ʂa^{33}\ i^{33}\ tsʰo^{33}$］；行葬礼时东巴的跳神领舞"普拉蹉"［$pʰu^{55}\ la^{31}\ tsʰo^{33}$］，这也是一般仪式都要表演的舞蹈；法杖舞"某土蹉"［$mu^{31}\ tʰu^{33}\ tsʰo^{33}$］也是在举行葬礼时跳的舞蹈，由大东巴执掌法杖表演，意在镇妖除魔，为死者开路。

民曲民歌在吾木也十分流行。吾木人民热爱生活，在田坝或山上总能看到吾木人一边劳作一边唱歌的情景。在田间可以听到吾木妇女用树叶、麦秆、口弦吹出的悦耳动听之声；在山上找松毛或是砍柴时，她们唱起"阿里里"［$a^{33}\ lɯ^{33}\ lɯ^{33}$］或是"谷气"［$gu^{31}\ tɕʰi^{31}$］又是另一番情景。特别是插秧的季节能听到各种动听的秧歌，用来祈望丰收。劳作中不缺少快乐，吾木人总是快乐向上地面对每一天的辛苦劳作，这种乐观的精神在吾木的田间和深山里悄无声息地传播着，熏陶着一代又一代的吾木儿女。

纳西族是能歌善舞的民族，传统节日也是他们展现才艺的好时机。吾木人喜欢在节日里通过歌舞表达内心的喜悦，葫芦丝、笛子、树叶、口弦都是颇受欢迎的乐器。

图1.6.4 表演东巴舞蹈（李学信2012年4月6日摄于吾木村）

（八）游戏

位于玉龙雪山深处的吾木不像大城市一样有丰富的娱乐设施，但是好奇的孩子们仍然创造出了各式各样的游戏。石子、瓦砾、核桃、硬币、跳绳、麦叶、麦秆这些随手可得的物品，在孩子们的手中，都变成了精致有趣的玩具。

女孩儿最喜欢的游戏是"鲁喷"[lu^{55} p^he^{33}]，和汉族的"斗石子儿"大同小异，玩法很多。过年的时候不论大人小孩都喜欢斗硬币，玩法跟现在城里孩子斗卡片一样：每人都拿出相同额度的硬币集中摞成一沓，用石子或钢片把硬币打到反面就算赢，奖品就是这枚硬币。

玩核桃就更有意思：先在地上挖个洞，然后用一个核桃撞击另一个核桃，使其进洞便赢；或者用木杆子撞击核桃使其进洞，这跟高尔夫球的玩法有点相似，奖品就是落入洞中的核桃。

（九）体育

荡秋千，是吾木人民最喜爱、也是开展得最广泛的群众性活动。春节祭天后，人们聚集在一起，由大东巴开始，陆续登上秋千，比赛谁荡得更高，甚至会有邻近村寨的居民前来比赛，整个场面蔚为壮观，其乐融融。

吾木还流行另外一种秋千——打磨秋，颇受青少年欢迎。磨秋占地空间小，用料省，只需一横、一竖两根木杆。将竖柱上端刨削圆滑，横杆正中挖个不穿通的圆洞，涂上油脂润滑，与竖柱的圆头扣合即可。打磨秋时横杆两端各一人，相向而站，手把木杆，腹压其上，两人用脚抵地，往前使劲，便可一上一下飞速旋转起来。

摔跤也是吾木人民喜闻乐见的体育活动。不分时间，不分场合，随时随地即可举行。摔跤时双方互相抱住身体，裁判下令后方可正式比赛。倒地者为败，三局定胜负。获胜者往往会受到人们的赞扬和尊敬。

纳西族好斗牛的传统古已有之。斗牛时，双方派出最强壮的牯牛，头对头、角对角，拼死相搏，互不相让。最终获胜方会获得众人的赞赏，牛主人也会以此为荣。

七 名胜古迹

（一）梯田

　　梯田作为人类适应自然、改造自然的产物，在我国有悠久的历史。千百年来，梯田为山区人民的生产生活提供了源源不断的物质资源。初到吾木的人往往会被五峰山层层叠叠的梯田所震撼。翠绿的麦苗在山风中轻轻摇曳，几处杂树散落在田间。远远望去，层层梯田仿佛屡屡丝线蜿蜒在五峰山脚，让人流连忘返。

　　五峰山梯田沿山体等高线延伸，是吾木人民主要的种植用地，让人不得不惊叹纳西族在这金沙江河谷里创造的农耕文化。吾木人还创造出一条由明渠和暗渠组合构成的"自流灌溉系统"，节水节能，省时省力，既有利于农作物生长，又可以有效保持水土，避免山体滑坡。

图1.7.1 梯田（李学信2010年4月24日摄于吾木村）

（二）殉情岩洞

在吾木村对面的王盘山上，目前发现有两处相距百余米的山洞，同为往日吾木男女青年的殉情点。洞中清泉欢畅，古木参天，至今保留有殉情者的骨骸、头发、衣物、首饰等物。殉情岩洞是吾木村历史发展的特殊文物实证，也是研究纳西民族殉情文化不可多得的历史资源。

（三）五峰山神庙遗址

五峰山神庙遗址位于吾木自然村村头五峰山脚下，兴建于清朝嘉庆年间，按丽江白沙北岳庙规模修建。神庙坐西朝东，主庙内雕梁画栋。庙内院前有两株直径40多厘米的侧柏，中间夹一棵"仐"形腊梅（已枯）。据老人传述，殿内供北岳、马王、龙王等神像。新中国成立前，香火极旺，宝山境内甚至丽江东部的百姓都来此祭拜。神庙后在"土改运动"中受破坏，现已改成五峰完小学生食堂，但主体框架风貌仍在。

（四）培德桥

在吾木村和明伟村之间的河谷中，有一座清代石桥——培德桥。培德桥，顾名思义就是"培养道德"之桥。相传当年苏明村"累努"［le³³ nɯ³¹］家族连遭厄运，请人占卦后得知因做生意赚钱不讲信义，为富不仁，所以受天神施法，遭此厄运。只有修桥筑路、广积善缘，方能转厄为吉。因此"累努"出资修筑此桥，名为"培德桥"。培德桥全长9米，宽2.5米，高4.5米，护栏上共有五头护桥石狮和一条石龙。该桥是吾木村境内的交通要道，也是古代连接金沙江江湾渡口和宝山渡口的重要交通枢纽。受培德桥之风的感召，吾木村境内凡有人家遭遇凶兆厄运，都会主动出资出力，义务修桥筑路。

（五）墓葬石雕

吾木村现有80余处精美的墓葬石雕，全部由青石雕筑，墓前镇有石狮，总数超过140头。在这些墓葬石雕中，最早的修建于清乾隆年间，最晚的在民国末年，每一处墓葬都详细记载了墓主人的有关信息，是很多吾木家庭认祖归宗、探究祖源的重要资料，也为研究吾木村历史文化和社会经济提供了宝贵资源。

（六）金沙江岩画

金沙江岩画位于吾木村委会北部江边梯田旁，距金沙江水面约40米，是目前吾木村地区发现的

图1.7.2 五峰山神庙（李学信2010年5月6日摄于吾木村）

图1.7.3 五峰山神庙石狮（李学信2010年5月6日摄于吾木村）

图1.7.4 墓葬石雕局部照（李学信2012年11月29日摄于吾木村）

唯一一处史前文化遗址。岩画总面积约3平方米，内容以虫鸟居多，以炭条为绘画颜料，岩画长时间受雨水中的岩碱覆盖而石膜化，一般情况下无法看到内容，需带水拭擦后，方能清晰看到画面，目前尚未考证此岩画的形成时期及具体内涵。岩画所在位置地处金沙江阿海电站库区范围，不久将会成为水下文物。

八　东巴祭礼

吾木的东巴文化历史悠久，具有鲜明的地域性，下文以时间为序详细描述一年农历十二个月中常见的东巴活动。

（一）祭天

春节是一年中最盛大的节日，而祭天又是吾木村春节期间最隆重的活动。几百年来，祭天的礼俗从禾、术（束）、尤、梅四个支系逐渐发展成为全村的集体性活动，使得各族群的居民紧紧团聚在一起，创造出吾木村安定祥和、互帮互助的邻里关系。

从每年的腊月十四开始，吾木人就要准备祭天的米酒。来自两个家族的司仪会在祭天场酿酒，并在祭天场住到祭祀结束。当天也是砍伐祭天"神树"的日子，两个司仪会分别请五个男丁前去砍"神树"。砍树的十个男丁必须在天亮之前出发，晚上回来时，守在家中的老人会用《伟末达》和男丁们对歌。

老人："神树何处来，如何弄到手？"

男丁："遥远深山中，众人齐心砍。"

老人："众位多辛劳，或恐身劳乏。"

男丁："小事不足提。只因天色晚，未敢多砍伐。"

老人："烦请用餐去。"

男丁："多谢老人家。"

饭桌须为十人一桌，每桌都由各族德高望重者组成。司仪也会用《伟末达》歌谣来问候老人家和主持仪式的东巴，请他们包涵自己工作中的不足。

腊月二十八日要凑米，每家每户会把粮食寄存到自家粮仓内特定的位置，仪式过程中要烧白香。到了除夕夜，司仪会来布置祭天场的神坛。神坛左右各一枝黄栗树，中居一枝刺柏木，左"神树"象征男性祖先，右"神树"则代表女性祖先，中间的"神树"代表天舅，同时还要在祭天场拴一只公鸡。祭天时老东巴要携带分别代表天父、天母、天舅的三支大香，参加祭天的每个男丁也要带大香、"天米"、"神猪"、米酒等等。布置神坛的时候要请来东巴跳东巴舞，进行消灾、除秽

图1.8.1 祭天仪式一（李学信2012年1月27日摄于吾木村）

图1.8.2 祭天仪式二（李学信2012年1月27日摄于吾木村）

的"臭谷"仪式。

正月初一，男丁五更就要起床放鞭炮，起火。如果火苗一点即燃，则表示一年都会平安吉祥。然后到水源处买水，即往水源里丢些硬币后再舀些水回家。供奉神灵不仅需用新买的水，还要煮一碗撒有红糖的糯米饭，然后方可上香。接着，男丁还要奉献十二张煎粉皮和糯米油条及烟酒糖茶等各类供品，如煎米灌肠、煎白面粑粑、煎饵块、小米糖等。礼毕后，男丁再分别给天父、天母、天舅各煎一个糯米圆子，其次再给家中每个男丁再煎一个，最后一个供奉灶神。这些仪式都结束后妇女方能下床，一家人环坐在火塘边享用早餐。除夕的碗筷要留到今日再洗。饭后准备火腿、饵块或油条、酒及两片香肠、一块吹猪肝和两根排骨去拜望男方和女方家族长辈。

正月初一这一天流行头客进门礼，因而吾木人忌讳鸡、狗、猪等禽畜进门，所以家家户户都要把牲口关好。还有些家庭会在年前就选择好父母双全、属相相合的男孩作头客。头客进门时，要携带烟酒茶糖等礼物，并向主人拜年。进门后，主人应该先给头客一碗冷水，再给压岁钱。当迎头客仪式结束后，主人家方能打开大门，让人畜进来，相互走动拜年。

初三是祭"天米"（祭天活动用的新米）之日，当天早上男丁要早起舂米，并且默默祈祷"大米舂不尽，石臼永不空"。祭天用的"天米"，要挑选整齐饱满的颗粒，并多次洗晒。量"天米"的小升和装米的竹篓使用前后都须洗刷干净。待一切准备齐全，全村人会一起出发前往祭天场。在此之前，妇女需沐浴净身，负责背运"天米"。祭天的队伍浩浩荡荡，领头人手持火把引路，跟随其后的是手持三根高香的大东巴，紧接着是两位司仪，走在后面的是各个家族的成员。此时，从吾木村到祭天场的道路上已铺满松叶。

初四举行射箭打靶仪式，每一个家族的男丁都会带上粑粑、糕点、水果、瘦肉等食品到祭天场参加射箭镇鬼活动。仪式开始后，先是东巴诵经祈祷，接着各个家族会选出两位长者代表家族射箭打靶。射箭过程中，射手嘴里还会默默祈祷，希望天神能保佑吾木风调雨顺、六畜兴旺。仪式结束后，全村人都会集中到热闹的场地荡秋千，一般都是从老东巴开始。

初五是举行大祭天的日子，当天要宰杀"神猪"以祭天。"神猪"的选择很有讲究，必须是雄性独猪，尤以全身黑毛、四蹄带白者为佳。大祭天包括生祭和熟祭两部分：生祭时取一杜鹃枝，蘸水洒在猪身上，此程序有"规矩"之意；熟祭时将猪蹄、口条和猪尾割下，剁成碎肉放在祭树和石头上。村民食用祭天饭后，分享祭天肉。结束时，每一户人家都会从祭天神树上摘下一枝黄栗枝叶，回家插到母房的中心顶天柱上。

初六、初七两天活动较少，但是司仪依然要守住祭天场。到初八举行小祭天仪式，过程与大祭天相似，此处不再赘述。初九以家庭为单位举行结尾仪式。插神树，摆祭石，并杀鸡作为牺牲。当天仪式完毕后就意味着整个祭天活动的结束。

七月，吾木人还要到祭天场进行小祭天。相传当天是"崇仁利恩"跟其妻天女"波白明"私奔下凡的日子。村民们会用一只雄鸡祭天，祈求天舅勿降灾祸于人间。

九月要杀牛祭天，为期一天。全村人会凑钱买来祭天的神牛，纳西族以牛肉为上品，因而杀牛祭天寓意着全村居民天天都能吃到牛肉。心灵手巧的吾木人还会在这一天集体制作各种牛皮产品。

（二）祭祖

祭祖也是春节期间的重要活动。每年正月初十，吾木人都要祭祀"卡肯本"［$k^h\alpha^{31}\ k^h\textrm{ɯ}^{55}\ py^{31}$］，即那些客死异乡及去世时没有守住气的先人。吾木人认为他们没有办法在祭天时享用后人的犒劳，因而特辟此日以祭祀这些冤魂。

到了正月十五，吾木人要祭祖先"普老术"［$p^hu^{55}\ la^{31}\ ʂu^{31}$］。首先祭"五行"，祈求在新的一年里，五行的神灵保佑吾木人民，希望日出的东方（木）、水尾的南方（火）、日落的西方（金）、水头的北方（水）、天地的中央（土）五方东巴大神招来财宝赐给吾木人民。然后人们分组合资开营，每人都必须携带肉来，吃饭过程中还不忘从自家的肉里切下来一块留给老人家及做饭的师傅，以表尊敬和谢意。正月十五意味着春节的结束，当天的饮食中必有干白（青）菜，以示春节已过，从今天开始重回简朴的生活。

五月份，吾木人会去砍祭树，为六月的"塔本"［tʰa¹³ py³¹］仪式做准备。"塔"为智慧、财富之意，纳西族视祖先为智慧、财富的象征，"本"为祭祀，"塔本"即是祭祀祖先。砍祭树当天，全家人需要打扫卫生、做饵块、做豆腐来迎接神树。神树砍回后，要把树放在水井旁，以免干枯。禾族和尤族人家的神树是黄栗树，而术（束）族和梅族用的是白栗树。六月初一一早，人们就要在院子里摆桌布置神坛，供上新春的小麦饵块和各种果品等，有请祖先"尝鲜"之意。这一天还要杀生奉献祖先。整个仪式过程中都要念东巴经。

八月要用新米做"锅边米"，前五锅的米要拿到门外留作"臭巴吉"［tʂʰu³³ pɑ³³ dʑi¹³］，剩下的米也不能吃，需留至十一月作为祭祖的贡品。从第六锅开始，煮出的米才能食用。

十月是丰收的季节，人们用新米酿成米酒来招待客人。对于有着慎终追远传统的吾木人来说，饭前用新米祭祀祖先是必不可少的环节。

十一月要举行"拙本"［tʂʰuɑ⁵⁵ pu³³］仪式，即冬祭。吾木人会杀年猪祭祀祖先，仪式过程跟六月的"塔本"仪式相同。十一月也是吾木人吊唁的时节。一般亲人去世后便会立即下葬，等到十一月，家人每天晚上都会点棉灯，并且请东巴每日诵经，为死者超度。人们也会在这个月给去世的人化去衣服和食物。

（三）其他

三朵节，又叫"二月八"。吾木人相信"阿普三朵"是玉龙雪山的化身，是福泽一方的神灵，因此将三朵奉为本民族最崇高的保护神。传说"阿普三朵"是一位脚骑白马、身着白甲、头戴白盔、手持白矛的战神，常常显圣，保佑一方百姓安全。每到农历二月初八，吾木人都会到五峰山神庙烧香祭拜"阿普三朵"。又因传说三朵属羊，因而每年祭祀时吾木人都会宰杀全羊作为牺牲供奉三朵。

祭自然神（主祭水神）。一般在每年二月举行，吾木人称之"署古"［su³¹ ku³³］。据东巴经记载，"署"和人本是同父异母的兄弟，"署"分管农耕畜牧。后来因人类毁坏森林、污染水源、捕杀野生动物等活动的加剧，损害了"署"的利益，他便开始对人进行报复，使人发生病痛，遭受瘟疫、洪水、地震等灾难。人类意识到自己的过错后，向"署"谢罪致歉，并在丁巴什罗的帮助下，与"署"重归于好。"署古"仪式忌杀生，忌荤腥，参加仪式的人必须食素。祭祀时烧天香，并以青稞、荞麦作为祭品偿还对"署"的债务。

去秽。吾木人称之"臭贵"［tʂʰə³¹ ⁿgue³³］，也是在二月举行。这天要请一位老东巴带领两位侍者及一群男童挨家挨户去寻找晦气。"臭贵"仪式中，东巴诵经，房主人手持点燃的松明，两位侍者一个牵羊，另一个吹起牛角号，男童们则举起脖子上的"臭阮"［tʂʰə³¹ ʐuɑ³³］（一种由柳条编织且寓意去秽的马），一群人围着火塘绕上三圈。仪式结束后，主人要给孩子们"臭贵粑粑"，还要给东巴和他的侍从三块肉。一般把这群人分成两组，以村中主干道为界，两组人分别从不同的

图1.8.3 祭山神仪式(李学信 2010年4月24日摄于吾木村)

图1.8.4 苏明村白塔(李君楠 2011年7月21日摄于苏明村)

方向开始"臭贵"。最后两组人在村尾碰头，结束一天的活动。这一天所用的东西包括牺牲和羊等，都由村里边负责。

祭山神。祭山神用吾木话叫作"拉咱初"［$la^{31}\,tsa^{31}\,tsʰu^{55}$］。一般在每年农历三月份第一个属鸡的日子里举行。"拉咱初"以家族为单位进行祭祀，每座山都不能遗漏。第一天，每个家族需选取一个地势较高的地方搭建祭祀场地。族内挑选尚未育子的男子担任"拉咱主人"，还要派遣一群人陪同"拉咱主人"共同完成跳东巴舞的任务。"拉咱主人"举着彩旗在前面领舞，旗子上还插着两面刀，陪舞者跟在后面。仪式盛大而隆重，两边站满围观的人群，场面非常热闹。次日，每个家族带一只鸡前去参加祭山神仪式，东巴念经，众人跳东巴舞。

祭白塔。该仪式一般在三月十五日左右举行。在吾木人看来，白塔是村落和家族权力的象征，最需得到家族的敬重。祭白塔仪式以家族为单位进行，各家族习惯各异。

祭田。七月吾木人要祭祀农田，即"母吨臭术"［$mu^{55}\,dy^{33}\,tʂʰo^{13}\,ʂu^{33}$］。当天吾木人会在田里杀羊做牺牲，各家人也必须去自家的田地里烧松叶以防害虫。当日还要选出当年负责管理灌溉水源的人，而负责祭天的东巴也会当天公布小祭天的具体时间，以及轮到哪户人家来豢养祭天的"神猪"。

祭风。该仪式遵循有求则行的原则，并不是年年都会举行。只有当村子风水不利，五行失调导致当地的收成减少或有如此倾向的时候才频繁举行。在家庭诸事不顺的时候也会举行祭风仪式。这种祭祀仪式体现了吾木人的风水与五行观念，在建筑房屋、安排生活起居、孩子起名等活动中都会考虑到风水与五行的因素。

祭猎神。在纳西族的生产活动中，打猎是十分重要的一项，祭祀猎神也就成为了吾木当地很重要的祭祀仪式。吾木周边山林养育了大量的野生动物，如獐子、麂子、黑熊、野猪、野兔等。猎户经常上山打猎，采用的主要方式有放绳套、安铁猫、狗撵、置猎圈等。获猎后，猎人吹牛角号，回村路上遇人则需分肉。获猎物时，猎人必须祭十二神山的猎神。如遇多天狩猎而不获时，猎人又会相约举行向山神求猎物的"毛妹"［$mo^{31}\,me^{33}$］仪式。

祭谷神。种植是吾木当地的主要农业生产方式，当地对自产的粮食有很大的依赖性，所以谷神在吾木的生活中扮演了很重要的角色。吾木村传统中每逢收麦、收谷都举行祭谷神仪式。多在田边举行，主人备酒茶向打谷石上敬酒茶，诵经，预祝粮食丰收，主人平安吉祥。傍晚驮粮的路上要进行招谷魂的仪式，粮驮进门则要喊谷魂进仓。

（四）现状及保护

吾木村的东巴文化历史悠久，牛耕勤的《纳西风俗东巴故事》里记载了在吾木搜集到的400多本东巴经、神像及神路图，现已成为丽江东巴研究室的藏书，为丽江东巴文化的研究起到了积极作用。

为了更好地保护和传承东巴文化，1999年9月，吾木村的和福洋、和贵材、和继泉、和茂春、

图1.8.5 吾木小学正在上东巴文化课（李学信2008年11月18日摄于吾木村）

和那恒、和学湛、李占魁（按姓氏拼音顺序）等人发起并成立了宝山乡吾木村东巴文化传习院，成为玉龙纳西族东巴文化保护传承的重要基地。传习院以会员制形式开展传习活动，以恢复纳西族传统文化、传承民族伦理道德为建院宗旨，开展了纳西族传统的"祭天、祭署、祭风、祭白塔、祭山神"等仪式活动。

吾木五峰完小专门设置的乡土课程中包括东巴文化课。每周四学校都会邀请一些当地的东巴前去讲学，包括和茂春、和学湛、和学耀及和继先等人。东巴文化课主要教授东巴文字和东巴舞等，他们试图用这种方法传承东巴文化。除了向小学生普及东巴文化外，传习院还免费为其他想学习、研究东巴文化的学者提供学习机会。该院长期以来坚持开设东巴培训班，加强对青少年东巴文化爱好者的培训工作，在吾木村掀起了学习东巴文化的热潮。传习院还收集和整理了东巴古籍（世界记忆遗产），挖掘和保护了纳西族土布的纺织技术、东巴造纸技术和东巴颜料等非物质文化遗产，并积极开展东巴文化的对外宣传交流活动。

应清华大学的邀请，吾木东巴传习院2011年5月专门赴京参加了"清华百年——中国西南地区濒危文字文献展暨研讨会"，并在会上就东巴文化的保护与传承与有关专家进行了良好的交流与沟通。传习院还向清华大学图书馆赠送了多幅东巴书画，送上了纳西儿女对清华大学的祝福。

清华学子曾多次前往吾木进行学习和实践。在此基础上，2012年3月12日，吾木东巴文化传习院与共青团清华大学人文社会科学学院委员会签订协议，双方共建暑期实践单位，并决定于2012年7月正式挂牌。

本章执笔者：李学信

第二章

语言系统

一　语言概况

　　纳西语属于汉藏语系藏缅语族彝语支。据2000年的资料统计，我国使用纳西语的人口大约有30万，主要分布在云南、四川两省。川滇交界地区山峦起伏，地势复杂，是造成纳西族内部方言差异的部分原因。从语音和词汇特点上看，纳西语分为东、西两种方言，二者以金沙江为界，西部方言主要分布在云南省的丽江古城、玉龙、香格里拉、维西、永胜、鹤庆、兰坪等区县，而东部方言的分布区则包括云南省宁蒗县大部及四川省的盐源、木里、盐边等县。纳西语西部方言内部差异相对较小，但仍可以划分为大研镇、丽江坝和宝山州[1]三个土语区。大研镇土语的分布范围以丽江市古城区（原丽江县大研镇）为中心，包括附近及交通沿线的若干村寨，是目前纳西语的标准音点；丽江坝土语区包括玉龙、香格里拉、维西、永胜、德钦等县的大部分地区，使用人口最多、分布面积最广；宝山州土语主要分布在宝山乡境内的宝山、果洛等村寨，使用人口最少。

　　吾木村委会位于宝山乡中东部地带，属于纳西语东、西部方言的交接区。下辖吾木、苏明、明伟三个自然村。三村总人口中纳西族占到总人数的77.12%。在吾木三村，纳西语世代传承，是家庭和社会生活的通用语。当地政府对于保护纳西语也采取非常积极的政策，并免费提供相应的教材。吾木人内部对于纳西语具有高度认同感，包括当地的汉族和傈僳族都将纳西语视为母语。

　　吾木三村语言状况基本一致，但在长期的历史发展过程中，三个自然村内部逐渐产生了口音分化，即"上村口音"和"下村口音"。据当地东巴介绍，操下村口音的人大约是清顺治之前从白地、宁蒗一带迁至吾木的纳西族，操上村口音的人则是清末民初从丽江大研镇一带迁来，因而也保留了大研镇口音的一些特点，如不分鼻冠浊音和全浊音、高平调较多等。由于操下村口音的人在吾木三村中占据主体地位，因此本文的音系也以下村口音为标准。

　　调查合作人和学耀，系苏明自然村东巴，1978年出生，高中学历，父母都是苏明村人。和学耀出生于东巴世家，自幼继承家学。他曾先后在宝山乡果乐村和丽江市古城区求学，毕业后曾在丽江古城（一年）和香格里拉工作。和学耀是双语人，熟练掌握纳西语（包括当地方言及摩梭话）和汉语两种语言，纳西语为其母语，汉语通过学校教育掌握。

---

[1] 白庚胜、和自兴：《玉振金声探东巴》，北京：社会科学文献出版社，2002年，585页。

二 语音

（一）声母

辅音		双唇音		唇齿音	齿龈音		卷舌音		龈腭音		软腭音	
塞音	清	p	pʰ		t	tʰ					k	kʰ
	浊	b			d						g	
塞擦音	清				ts	tsʰ	tʂ	tʂʰ	tɕ	tɕʰ		
	浊				dz		dʐ		dʑ			
擦音	清			f	s		ʂ		ɕ		x	
	浊			v	z		ʐ				ɣ	
鼻音	浊	m			n						ŋ	
边音	浊				l							
鼻冠塞音	浊	ᵐb			ⁿd						ⁿg	
鼻冠塞擦音	浊				ⁿdz		ⁿdʐ		ⁿdʑ			

说明：

（1）吾木话声母清浊严格对立。

（2）发卷舌音时，舌尖较平，接近舌叶音。

（3）鼻冠卷舌浊塞擦音/ⁿdʐ/的实际音值为［ⁿdʐ］；鼻冠龈腭清塞擦音/ⁿdʑ/的实际音值为［ⁿdʑ］；鼻冠软腭浊塞音/ⁿg/的实际音值为［ŋg］。

（4）吾木纳西话中存在鼻冠清塞音与鼻冠清塞擦音，如ntd、mp、ntʂ、ntɕ、gk、nts，但不与鼻冠浊塞/塞擦音形成对立，因而合并为mb、nd、ⁿdz、ⁿdʐ、ŋg、ⁿdʑ。

（5）老派鼻冠齿龈清塞擦音/ⁿds/与齿龈浊塞擦音/dz/、鼻冠卷舌清塞擦音/ⁿdʂ/与卷舌浊塞擦音/dʐ/、鼻冠龈腭清塞擦音/ⁿdɕ/与龈腭浊塞擦音/dʑ/绝不混同，但新派已逐渐产生混同趋势。如"山"在老派发为［ⁿdʐu³³］，新派已逐渐混为［dʐu³³］。

（6）软腭音声母/k、kʰ、g、ⁿg、x、ŋ/和元音/ɑ、ɔ/相拼时的实际发音为［q、qʰ、ɢ、ɴɢ、χ、ɴ］，如"好、吉祥"［qɑ³³］、"肋骨"［χo³¹］等。

（7）舌尖音声母/t、tʰ、d、ⁿd、n、l/与元音/a、u、ɯ、ə、ɚ/相拼时，实际音值为舌尖后音卷舌音［ʈ、ʈʰ、ɖ、ⁿɖ、ɳ、ɭ］，且带有一定程度的擦音色彩。如"泡沫"［ɖɚ³¹］、"田地"［ɭɯ³³］等。

（8）龈腭音腭化现象尚不稳定，/ɕ、ⁿdʑ、ⁿdʑ/与/i/相拼时，有［ɕi、ⁿdʑi、ⁿdʑi］和［çi、

ⁿɟi、ⁿci]两种社会变体。如"走"既有人发成[ⁿdʑi⁵⁵],又有人发成[ⁿci⁵⁵],二者不存在对立。

(9)双唇音声母/p、pʰ、b、ᵐb/出现在元音/u、ɚ/前时,有些发音人双唇略带颤动,如"猪"近似[ʙu³¹]。

(10)唇齿擦音声母/f/一般只与/u/相拼,但在汉语借词中有例外。如"飞机"[fe⁵⁵ tɕi⁵⁵]、"化肥"[xuɑ³¹ fe³¹]。

(11)唇齿擦音声母/v/只出现在汉语借词中。

例词:

辅音	例词	例词
p	pɑ³³青蛙	pu¹³带、送
pʰ	pʰɑ³³豺狗	pʰu³³雄性
b	bɑ³³花	bu³³肠子
ᵐb	ᵐbɑ³¹叫春	ᵐbu³¹坡
m	mɑ³¹荤油	mu³³天
f	fu⁵⁵毛	fu³³锯子
v	vu³¹三伏天	vu³¹舞蹈
t	tɑ¹³屁子	tə¹³顶
tʰ	tʰɑ¹³锋利	tʰə³³桶
d	dɑ³¹织(毛线)	də³¹道理
ⁿd	ⁿdɑ¹³砍	ⁿdə³¹毒草
n	nɑ³¹黑	nə³¹黄豆
l	lɑ³¹老虎	lə⁵⁵石头
ts	tsɑ³³背(东西)	tsɯ³³捆绑
tsʰ	tsʰe³¹十	tsʰɯ³³犁铧
ⁿdz	ⁿdzɯ³³树	ⁿdzə³³犏牛
dz	dzy³³字	dzɯ³³坐
s	sɑ³³苎麻	sɯ⁵⁵懂
z	zɑ³³鞋	zɯ³³草
tʂ	tʂɑ³³东巴画	tʂɯ⁵⁵土地
tʂʰ	tʂʰɑ³³挪动	tʂʰɯ³³吊
ⁿdʐ	ⁿdʐɑ³¹犬牙	ⁿdʐuɑ³¹镐
dʐ	dʐɑ³³匹(量词)	dʐɯ³¹扔
ʂ	ʂɑ³³血	ʂɯ³³死
ʐ	ʐɑ³¹笑	ʐɯ⁵⁵酒
tɕ	tɕi³¹酸	tɕi³³羊毛剪
tɕʰ	tɕʰi³³肥料	tɕʰi⁵⁵刺

续表

辅音	例词	例词
ⁿdʐ̩	ⁿdʐ̩⁵⁵ 走	ⁿdʐy³¹ 有
dʐ	dʐi³¹ 水	dʐy¹³ 朝、向
ɕ	ɕi³³ 人	ɕy¹³ 柏
k	ka³³ 盖（动词）	kə¹³ 鹰
kʰ	kʰa³¹ 咸	kʰa³¹ 苦
g	gu³¹ 好	gə⁵⁵ 上
ⁿg	ⁿga³³ 赢	ⁿgu³³ 九
x	xa³³ 饭	xo³¹ 肋骨
ɣ	ɣo³¹ 泼	ɣɯ³³ 牛
ŋ	ŋə³¹ 我	ŋu³³ 银

（二）韵母

单元音韵母	i	y	e	a	ɑ	o	æ	ɯ	ə	ɚ	ɿ	ʅ (ɯ)
双元音韵母	ia	iɑ	iə	ue	ua	uɑ						

元音舌位图：

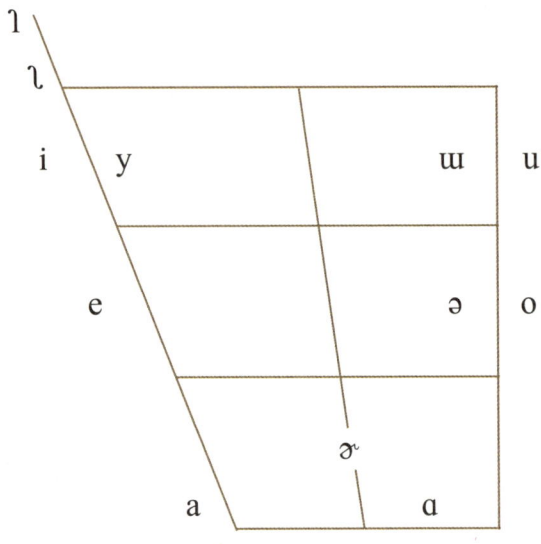

说明：

（1）高元音韵母后无其他音节时，通常发生松化现象，即/i/的实际音值为［iᵉ］、/y/的实际音值为[yᵉ]、/u/的实际音值为[uᵊ]、/ɿ/的实际音值为[ɿᵊ]、/ʅ/的实际音值为[ʅᵊ]。如"春天"[mu³³niᵉ³³],"绵羊"[yᵉ³³]等。

（2）单元音韵母/y/出现在双唇、齿龈和软腭辅音声母后，开口度略大，发音部位靠后，实际音值为[ø]。如"升（量词）"[pø³³]、"矛"[lø³³]、"野兽"[xø³³]。

（3）单元音韵母/e/开口度略大，实际音值为[ɛ]，如"雌性"[mɛ³¹]；同理，双元音韵母/ue/的实际音值为[uɛ]，如"山寨"[uɛ³³]。

（4）单元音韵母/a/开口度略小，近似[æ]，如"鸡"[æ³¹]；同理，双元音韵母/ua/的实际音值为[uæ]，如"左"[uæ³³]。

（5）单元音韵母/ɑ/和双元音韵母/iɑ/在非软腭音声母后，发音部位略靠前，接近[A]。如"花"[bA³³]、"首（量词）"[tiA³³]。

（6）单元音韵母/o/开口度略大，介于[o]和[ɔ]之间，如"盒子"[poᴛ³³]。

（7）单元音韵母/u/实际上包括两个自由变体[u]和[ʋ]。[ʋ]作韵母时，有轻微摩擦，如"大蒜"[kʋ⁵⁵]。

（8）单元音韵母/ɯ/出现在齿龈音/s、z、ts、tsʰ、ⁿdz、ⁿds/后时，音值为[ɿ]，如"草"[zɿ³³]；当出现在齿龈音/t、tʰ、d、ⁿd、n、l/和卷舌音/ʂ、ʐ、tʂ、tʂʰ、ⁿdʐ、ⁿdʐ/后时，音值为[ʅ]，此时，/t、tʰ、d、ⁿd、n、l/的实际音值为[ʈ、ʈʰ、ɖ、ⁿɖ、ɳ、ɭ]，如"心脏"[ɳʅ³¹]。其他条件下，单元音韵母/ɯ/开口度略大，接近[ɤ]，如"咬"[gɤ⊥⁵⁵]。

（9）单元音韵母/ə/发音靠后，如"千"[tə³¹]。

（10）卷舌元音韵母/ɚ/与软腭音相拼时开口度略大，实际音值为[ɐ˞]，如"醉酒"[kɐ˞³³]。

（11）双元音韵母/ia/只出现在汉语借词中。

（12）双元音韵母/iə/发音靠后、开口度略大，实际音值近似[iʌ]，如"给"[iʌ¹³]。

（13）韵母有鼻化色彩，但无音位价值。

例词：

元音	例词	例词
i	li⁵⁵ ⁿdsɯ³³ 杉树	i⁵⁵ 野山羊
y	ly³¹ 果子	y³³ 绵羊
e	le³³ 獐子	a³³ me³¹ 母亲
a	la⁵⁵ ⁿga³³ 背心	a³³ 铜
ɑ	lɑ³¹ 老虎	ɑ¹³ 鸭子
o	lo³³ fu¹³ 暖和	po³³ 盒子

续表

元音	例词	例词
u	lu³¹ 旧	u³¹ 奴仆
ɯ	lɯ³³ 地	ɣɯ⁵⁵ 吉祥
ə	tə³³ lə³¹ 喉结	tʰə³³ 桶
ɚ	lɚ³¹ 喊叫	ʂɚ³³ 七
ia	tia³¹ xua³¹ 电话	ia¹³ sy³³ 香菜
iɑ	tɕʰiɑ³¹ɚ¹³ 蚂蚁	siɑ³³ i³³ 便宜
iə	iə³³ 烟草	niə³¹ 眼睛
ue	ue³³ 山寨	ⁿgue⁵⁵ 游玩
ua	ua³³ 左	mi⁵⁵ xuæ³¹ 火柴
uɑ	uɑ³³ 五	ʂuɑ³¹ 高

（三）声调

纳西语吾木话共有4个声调，即中平调、低降调、低升调和高平调。

调名	调值	调符	例词		
中平调	33	˧	zu³³ 饿	ɣɯ³³ 牛	tʰə³³ 喝
低降调	31	˩	zu³¹ 生育	ɣɯ³¹ 抱	tɕi³¹ 云
低升调	13	˩˧	iə¹³ 给	ɣɯ¹³ 烤	tʰɯ¹³ 腰
高平调	55	˥	zu⁵⁵ 繁殖	ɣɯ⁵⁵ 灶灰	tʰə⁵⁵ 他

说明：

（1）高平调出现频率很低。

（2）低升调和高平调经常互相变读，有合流趋势。

（3）低降调出现在双音节单词的首音节时，常常会变成中平调。

（4）中平调出现在多音节单词的末音节时，通常会变成低降调。

（5）高平调出现在多音节单词的末音节时，通常会变成高降调。

(四)音节结构

纳西语吾木话音节由声母、韵母和声调构成。声母中可以最多出现两个辅音。韵母既可由单元音充当,也可以由双元音充当。其中,双元音的介音只允许高元音/i/和/u/充当。声调有4种形式,作为超音段特征附于音节之上。主元音和声调为音节中必不可少的成分。下面是"九"[ⁿgu³³]的音节结构:

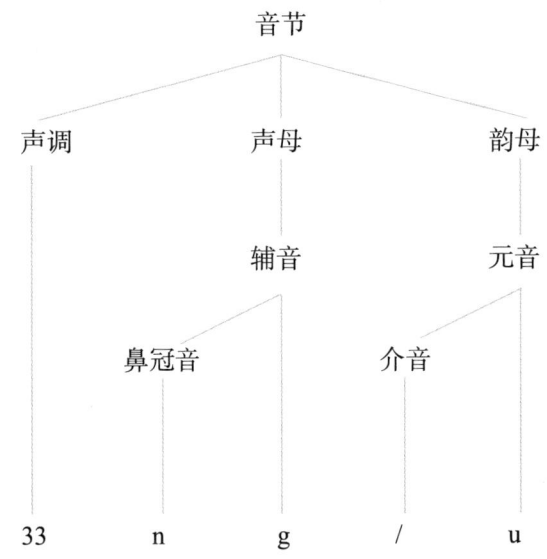

根据上图的生成机制,可以得到4种音节结构,即:

音节结构	例词	
V	a³¹ 鸡	i⁵⁵ 野山羊
VV	uɑ³³ 五	iə¹³ 给
CV	xy³³ 野兽	le³³ 獐子
CVV	tʂuɑ³¹ 床	kue³³ 支(量词)

三 词汇表

1. 天文

词	国际音标	备注
A. 天体		
天	mu³³	
太阳	ni³³ me³³	
日出	ni³³ me³³ tʰə³³	
日落	ni³³ me³³ gu³¹	
日食/天狗食日	zɑ³¹ nɯ³¹ dzɯ³³	
月亮	xe³¹ me³³	
彗星	zɑ³¹	
光（线）	kʰɯ³¹	
（光）照射	ᵐbu³³	
闪烁	ᵐbu³³ zɑ̣³¹	
影子	dzɚ³¹	
空气	sɑ¹³	
B. 风云雷电		
风	xa³³	
大风	xa³³ dɯ³¹	
龙卷风	xa³³ tɑ³³ lɯ³¹	
刮风	xa³³ tʰə³³	
风吹	xa³³ nɯ³¹ mu³¹	
云	tɕi³¹	
白云	tɕi³¹ pʰə³¹	
雷	dʑi³³	
雷公	dʑi³³ bu³³	
打雷	mu³³ gu³³	
雷击/雷劈	mu³³ nɯ³¹ gu³³	
闪电	ⁿga³³ miə³¹	
打闪电	ⁿga³³ miə³¹ tse⁵⁵	

续表

词	国际音标	备注
雨	xɯ^{33}	
下雨	xɯ^{33} gɯ^{33}	
大雨	xɯ^{33} dɯ^{31}	
小雨	xɯ^{33} tɕi^{33}	
毛毛雨	xɯ^{33} mɑ^{31}	
暴雨	dzo^{33} gɯ^{33}	
淋雨	xɯ^{33} nɯ^{31} ty^{31}	
彩虹	mu^{55} ʂɯ^{31} xɑ^{33} dzi^{31}	

C. 冰雪霜露

词	国际音标	备注
冰	zɯ^{33}	
冰锥	zɯ^{33} tʂu^{33}	
结冰	zɯ^{33} xɑ^{31}	
凝结/冻	zɯ^{33} nɯ^{31} xɑ^{13}	
雪	ᵐbe^{31}	
下雪	ᵐbe^{31} gɯ^{33}	
棉花雪/鹅毛雪	ᵐbe^{31} pʰɚ^{31}	
融雪	ᵐbe^{31} dzɚ^{33}	
冰雹	ⁿdso^{33}	
霜	ni^{33} pʰɚ^{31}	
露水	dzɚ^{33}	
起露水	dzɚ^{33} gɯ^{33}	
雾	tɕi^{55} sɯ^{33}	
雾蒙蒙	tɕi^{55} sɯ^{33} nɯ^{31} lu^{13}	

D. 天气

词	国际音标	备注
天气	mu^{33} kʰu^{13}	
晴天	mu^{33} tʰɚ^{33}	
阴天	mu^{33} ⁿdsɑ^{33}	
雨天	xɯ^{33} gɯ^{33}	
冻（手）	tɕʰi^{13}	
凉快	se^{33} se^{33}	
暖和	lo^{33} fu^{13}	
（天）热	tsʰɯ^{33} tsʰɚ^{33}	
热天	mu^{33} tsʰɚ^{33}	
天旱	mu^{33} kɑ^{31}	

词	国际音标	备注
开拆（开裂）	mu^{33} ^{n}gɯ^{33}	
拆/裂缝	^{n}gɯ^{33}	
三伏天	vu^{31}	

2. 地理

词	国际音标	备注
A. 田地、泥土		
地	lɯ^{33}	
土地	tʂɯ^{55}	
山地	^{n}dzu^{33} lɯ^{33}	
田地	^{n}dɚ^{33} lɯ^{33}	
坪（小平地）	ko^{31}	
平地	ko^{33} dy^{31}	
洼地	ɑ^{31} lɯ^{33}	
田	dy^{31}	
田垌/田园	dɚ^{33} lɯ^{33}	
田埂	lɯ^{33} ^{m}bu^{33}	
泥土	dzḁ^{31} tʂɯ^{55}	
泥巴	dzḁ^{31}	
灰尘	^{n}dɚ^{55} mi^{33}	
B. 地貌、矿物		
地势	dy^{31} k^{h}u^{33}	
地震	dy^{31} ly^{33} ly^{33}	
山	^{n}dzu^{33}	
山坡	^{m}bu^{31}	
山顶	^{n}dzu^{33} ku^{13}	
山脚	^{n}dzu^{33} k^{h}ɯ^{31}	
山冲	^{n}dzu^{33} na^{55}	
山涧	^{n}dzu^{33} kuɑ^{31}	
岩石	ɑ^{31} lə^{55}	
孔/眼/窟窿	k^{h}ɚ^{33}	
岩洞	^{n}dzu^{33} k^{h}ɚ^{31}	
石头	lə^{55}/lu^{55}	

词	国际音标	备注
鹅卵石	xa³¹ mə³¹ xa³¹lə¹³ lə⁵⁵	
磁石	sy¹³	
玉	tʂʰu³¹	
磨石	sɯ⁵⁵ lə⁵⁵	
石灰	ɣɯ¹³	
沙子	ʂə³³	
金	xa³¹	
银	ŋu³³	
铜	a³³	
铁	ʂu³³	
锈	xuɑ³¹	
生锈	xuɑ³¹ lu³³	
煤	me³¹	
硝	tsʰe³³ dʑi³¹	
煤油	me³¹ iə³¹	
C. 烟火		
火	mi⁵⁵	
火星	mi⁵⁵ bɑ³¹	
柴火	sɯ⁵⁵ mi⁵⁵	
火灾	mi⁵⁵ tɯ³³	
熄灭	ⁿgə³¹	
燃烧	mi⁵⁵ dzɯ³³	
灰烬	mi⁵⁵ mɑ¹³	
（烧火的）烟	mu⁵⁵ kʰu³³	
冒烟	mu⁵⁵ kʰu³³ tʰə³³	
D. 海河湖水		
海	xɯ³³	
河/江	i⁵⁵ pi⁵⁵	
湖	xɯ³³	
小溪	se³³ dʑi³¹	
水	dʑi³¹	
浪花	xuɑ³¹	
洪水	dʑi³¹ dɚ³¹	
发大水	dʑi³¹ dɯ³¹ tʰə³³	

续表

词	国际音标	备注
水塘	ⁿdɚ³³	
井	tse³³ kʰɚ³³	
浮	ⁿdɑ³¹	
落	tɯ¹³	
沉	ⁿdɯ³³	
浸	tɯ¹³	
淹没	dʑi³¹ nɯ¹³ kɑ³¹	
漏	ᵐbu³³	
滴	tɚ³¹	
溅	ᵐbɚ³³	
淋	dzɚ³³	
涌	kə³¹ bɚ³³	
流	ⁿdʑi³³	
溢	mɑ³³ i³¹	
泡沫	dɚ³¹	

3. 地点、方位

词	国际音标	备注
A. 地名		
地名	ze³³ ku³³	
B. 处所、方位		
地方	dy³¹ kʰu³³	
分界	by³¹ ku³³	
县城	ɕia³¹ tʂʰɚ³¹	
乡村	zɯ³³	
山寨	ue³³	
街道	zɿ⁵⁵	
集市	zɿ⁵⁵	
东	ni³³ me³³ tʰə³³	
南	i³¹ tʂʰɯ³³ mi³³	
西	ni³³ me³³ gu³¹	
北	xo³¹ gu³¹ lo³¹	
上面	gə⁵⁵ tɕi³³	

续表

词	国际音标	备注
下面	mi³³ tʰa³¹	
底下	kʰɯ³³ tʰə¹³	
里面	kʰu³³ tɕy⁵⁵	
外面	bu³³ ty³³	
表面	ku¹³	
前面	ka³¹ tɕy⁵⁵	
后面	ma³³ tɕy⁵⁵	
末尾	ma³³ tsɯ³³	
对面	ka³¹ tɕy⁵⁵	
正面	ka³¹ tɕy⁵⁵	
背面	kʰo³³ tʰo³³	
反面	kʰo³³ tʰo³³	
左边	ua³³	
右边	i³¹	
中间	ly³³ ku³¹	
旁边	ⁿdɑ³³ ⁿdɑ³³	
附近	nə³³ nə³³ ku¹³	
到处	ⁿdy³³ pe³¹	
地下	lɯ³³ bu³¹	
地上	lɯ³³ tɕi³¹	
屋前	dʑi³¹ ka³¹ tɕy⁵⁵	
屋后	dʑi³¹ kʰo³³ tʰo³³	
街上	zɯ⁵⁵ ku⁵⁵	
尾尖上	ma³³ tsɯ³³ ku³³ pa¹³	

4. 时令

词	国际音标	备注
A. 季节、节气		
春天	mu³³ ni³³	
夏天	mu³³ zu³³	
秋天	mu³³ tsʰu³¹	
冬天	mu³³ tsʰɯ³³	
农历	i³³ li³¹	

词	国际音标	备注
公历	iɑ³¹ li³¹	
历书/皇历	ni³³ uɑ³³ ly³¹ tʰe⁵⁵ ɣɯ⁵⁵	
B. 节日		
元旦	ya¹³ ta³¹	
除夕	na³³ tə³¹	
过年	kʰu⁵⁵ ʂɯ³³	
拜年	a³¹ sɯ⁵⁵ ni³³ ty³³	
年初一	iə³³ be³¹ tsʰe³³ do³¹	
元宵节	xa³¹ kʰu³¹ pʰu³³	
端午节	mu³³ uɑ³³ ni³³	
中元节	ʂa³³ me³³ pu³³ ⁿdʑi¹³	
火把节	se⁵⁵ ɣɯ⁵⁵	
三朵节	ʂa³³ to³³ ʂu¹³	
祭祖节	y³¹ py³¹	
顶灾节	mu³³ ⁿdɚ³³ ʂu¹³	
C. 年、月、周		
年/年份	kʰu¹³	
每年	ze⁵⁵ kʰu¹³	
年初	kʰu¹³ ku⁵⁵	
年底	kʰu¹³ ma³³	
年纪	ze⁵⁵ kʰu¹³	
岁	kʰu¹³	
大前年	ʂɯ⁵⁵ be³³ dɯ³¹ kʰu¹³	
前年	ʂɯ⁵⁵ be³³ dɯ³¹ kʰu¹³	
去年	a³¹ be³³	
今年	tsʰi⁵⁵ be³³	
明年	so³¹ be³³	
后年	ko⁵⁵ be³³ dɯ³¹ kʰu¹³	
月/月份	xe³³	
正月	iə³³ py³¹	
二月	xe³³ ⁿdʑiə³¹	
三月	sɑ⁵⁵ uɑ³³	
四月	lu⁵⁵ me³³	
五月	uɑ³³ me³³	

续表

词	国际音标	备注
六月	tʂʰuɑ⁵⁵ me³³	
七月	ʂɑ³³ me³³	
八月	xuɑ⁵⁵ me³³	
九月	ⁿgu³³ me³³	
十月	tsʰe³¹ me³³	
十一月	tsʰe³¹ dɯ³³	
十二月	ⁿdɑ³¹ uɑ³³	
每月	ze³³ xe³³	
星期/礼拜	si³³ tɕʰi³³	

D. 日、时辰

词	国际音标	备注
几月几号	ze³³ dɯ³¹ xe³³ ze³³ dɯ³¹ ni³³	
十五	tsʰe³¹ uɑ³³ ni³³	
天/日	ni³³	
天亮	niə³¹ do³³	
清早	ni³³ tɯ³³	
早晨	tʂʰu⁵⁵ dzɯ³³ zɯ³¹	
上午	ka³³ niə³³ kʰɚ³¹	
中午	zu³³ dzɯ³³ zɯ³¹	
下午	ma¹³ niə³³ kʰɚ³¹	
傍晚	kʰu⁵⁵ tɯ³³ tə³¹	
天黑了	nɑ³¹ fu¹³ si³³ a¹³	
晚上	mu³¹ kʰu³³	
白天	ni³³ le³³ gu³³	
每天	ze³³ ni³³	
前天	ka³¹ dɯ³¹ ni³³	
昨天	a³¹ ni³³	
今天	tsʰi⁵⁵ ni³³	
今早	tsʰi⁵⁵ ni³¹ i⁵⁵ tɯ³¹	
今晚	tsʰi⁵⁵ xu³¹	
明天	so³¹ ni³³	
后天	ko⁵⁵ so³¹ ni³³	
整天	dɯ³¹ ni³³ be³¹	
深更半夜	xu³¹ kʰɚ³¹	
点钟	zɯ³³ kʰɚ³¹	

5. 农业

词	国际音标	备注
A. 农事		
干活	lo³³ be³³	
开工	lo³³ tʰə³³	
收工	lo³³ ɕiə³¹	
收成	bɑ³¹ kʰu¹³	
灾荒	mu³³ ⁿgɑ³¹	
春耕	tsʰu⁵⁵ pʰu¹³	
种地	ɑ³¹ pʰu¹³	
种水稻	ɕi³¹ du³¹	
播种	lə³³ pʰu³³	
点播	ɣɯ⁵⁵ ŋu³¹ kʰɯ¹³	
插秧	ɕi³¹ du³¹	
犁田	ɣɯ⁵⁵ lɯ³³	
薅地	lɯ³³ dzɯ¹³	
锄草	zuɑ³¹	
开荒	kʰɯ³³ tʂʰɯ³¹	
浇水	lɯ³³ kuɑ³¹	
施肥	tɕʰi³³ pʰi¹³	
打农药	tʂʰə⁵⁵ ɣɯ⁵⁵ kʰɑ¹³	
割稻	ɕi³¹ kʰu¹³	
采摘（果）	pʰi¹³	
B. 农资、农具		
肥料	tɕʰi³³	
粪肥	tɕʰi³³ ⁿdə³¹	
化肥	xuɑ³¹ fe³¹	
农药	tʂʰə⁵⁵ ɣɯ⁵⁵	
扁担	ᵐbu³¹ tso¹³	
畚箕	pʰe⁵⁵ mu⁵⁵	
簸箕	mu³³ zo³¹	
箩筐	kʰə¹³	
筛子	tʂuɑ⁵⁵ ku³¹	
镐	ⁿdzuɑ³¹	
锄头（有齿）	tɕiə⁵⁵ tʂʰɯ³¹	
装柄	lɑ³¹ xə¹³	

词	国际音标	备注
搂笆	lɑ³¹ zɚ³¹	
犁铧	tsʰɯ³³	
禾镰（有齿）	ʂu⁵⁵ ku⁵⁵	
犁	lɯ³¹	
耙	kə¹³	
牛轭	ɣɯ³³ luɑ³¹	
绳子	bɚ³¹/tʂu³¹	
打场（统称）	xa³³ tɚ³¹	
晒谷场	xa³³ tɚ³¹ ku³¹	
粪池	tɕʰi³³ ⁿdɚ³¹	
粪桶	tɕʰi³³ tʰə³³	
水库	dʑi³¹ ⁿdɚ³¹ me³¹	
堤坝	ⁿdɚ³¹ ᵐbu³³	
水沟	dʑi³¹ kʰə³¹	
羊毛剪	tɕi³³	
羊毛团	sy³¹	
镰刀	kʰu¹³	

6. 植物

词	国际音标	备注
A. 作物		
粮食	a³³	
杂粮	ia³³ tɚ³¹	
谷子	ɕi³¹	
种子	lə³³	
秧苗	lɯ³³ lɯ³³	
芽	kɑ³³ y³¹	
稻/禾	ɕi³¹	
旱稻	pu⁵⁵ ɕi³¹	
稻草	ɕi³¹ zɯ³³	
稻穗	ɕi³³ bu³¹	
大米	tʂʰuɑ⁵⁵	
糯米	nuɑ⁵⁵	

续表

词	国际音标	备注
小米	tsʰy¹³	
红米	tʂʰuɑ³³ xy³³	
秕谷	tʂʰuɑ³³ ɣɯ³³ ku³¹	
糠	tsa³³ kɚ³¹	
高粱	ma³³ nə³³	
玉米	kʰɑ³³ ze³³	
玉米苞	kʰɑ³³ ze³³ tʂʰɯ¹³	
麦子	ze³³	
麦芒	ze³³ my¹³	
青稞	zɯ³³	
荞麦	mu³³ ze³³	
燕麦	mu³³ ze³³	
苦荞	ɑ³³ kʰɑ³¹	
甘蔗	bɑ³³ tʂə¹³	
油菜	a³³ tsʰe¹³	
油菜籽	a³³ tsʰe¹³ lɚ³³	
苎麻	sɑ³³	
烟草	iə³³	
B. 豆类、菜蔬		
豆	nə³¹	
豆秸	nə³¹ ɑ¹³	
黄豆	nə³¹	
黑豆	nə³¹ nɑ³¹	
绿豆	nə³¹ xɚ³³	
豌豆	tsʰɯ³³ tsʰɯ³³	
蚕豆	tɑ³³ tə³¹	
豆角（长的）	nə³¹ y³¹	
豆芽	nə³¹ o³³ kɚ³¹	
青菜	a³³ tsʰe¹³	
白菜	a³³ tsʰe¹³	
韭菜	a³³ tsʰe¹³	
萝卜	le³³ by³¹	
胡萝卜	a³³ kʰə³¹ le³³ by³¹	
菜花	a³³ tsʰe³³ bɑ³³	

续表

词	国际音标	备注
空心菜	a³³ tsʰe¹³	
西红柿	ia¹³ kə³¹	
马铃薯	tʂɯ³³ bu³³	
魔芋	bu³³ le³³	
瓜	tɕi³³ ku³¹	
南瓜	tɕi³³ ku³¹ ʂə³¹	
茄子	ⁿgə³¹	
黄瓜	tɕi³³ ku³³ ʂə³¹	
冬瓜	tɕi³³ ku³³	
苦瓜	do³³ kʰuɑ³¹	
葫芦瓜	xu³¹ lu³¹ ku³³	
莲藕	li³¹ xuɑ³¹	
海带	dʑi³¹ kʰu³³	
蒜	ku⁵⁵	
蒜头	ku⁵⁵ ly⁵⁵	
葱	tsʰə³¹	
姜	ku³¹	
香菜	ia¹³ sy³³	
辣椒	be³¹ xy³³	
蕨菜	ⁿdɯ¹³	
苋菜	ne³³	
龙爪菜	a³³ də˞³¹	
C. 树木		
树	ⁿdsɯ³³	
砍树	ⁿdsɯ³³ ⁿdɑ¹³	
爬树	ⁿdsɯ³³ tʂʰuɑ¹³	
山林	bi³¹	
树枝	ⁿdsɯ³³ lɑ³¹	
叶子	tsʰe⁵⁵	
落叶	ⁿdsɯ³³ pʰiə³³ gɯ³¹	
树干	ⁿdsɯ³³ uɑ¹³	
树皮	ⁿdsɯ³³ ɣɯ³³	
根	kʰɯ³¹	
树墩	kɑ³³ to³¹	

词	国际音标	备注
柏树	ɕy¹³ ⁿdsɯ³³	
松树	tʰo⁵⁵ ⁿdsɯ³³	
松球	be³¹ le³³ le³³	
松针	tʰo⁵⁵ ʂu³¹	
松脂	i⁵⁵ dʑi³³	
杉树	li⁵⁵ ⁿdsɯ³³	
樟树	tʂə³³ ⁿdsɯ³³	
柳树	zu̠¹³ ⁿdsɯ³³	
枫树	xuɑ³¹ ze³³ ⁿdsɯ³³	
白桦	xuɑ³³ ⁿdsɯ³³	
油茶树	le³¹ ⁿdsɯ³³	
油茶籽	le³¹ lɚ³³	
桑树	tɕʰi³³ be³¹ ⁿdsɯ³³	
椿树	dɯ³¹ ⁿdsɯ³³	
棕树	dʑi⁵⁵ tsʰe³¹ ⁿdsɯ³³	
竹子	mi³³	
竹竿	mi³³ li³¹	
笋	ku³³ dɯ³¹	
D. 瓜果		
果子	ly³¹	
水果	sɯ³¹ ku³³ sɯ³¹ ly³¹	
干果	ly³³ pu³¹	
果皮	ɣɯ³³	
壳	ɣɯ³³	
核	ɣɯ³³ bɑ³¹	
籽	lɚ³³	
梨子	tsi³³ li³³	
桃子	bu³³ zu̠³¹	
核桃	gu⁵⁵ tə³¹	
橘子	ku³³ ly³³	
柑子	tɕi³³	
柿子	tʰɑ¹³ zu̠³¹	
草莓	a³³ xuɑ³¹	
香蕉	mɑ³³ i³³	

续表

词	国际音标	备注
杏子	a³³ ly³¹	
石榴	a³³ ᵐbɑ³¹	
橄榄	se³³ tɕi³¹ se³³ ly³³ ly³³	
板栗	tʂɯ³³ ly³³	
花生	lɑ³¹ ti⁵⁵ so³³	
葵花籽	ni³³ me³³ xɑ³³ mɑ³³ bɑ³³	
E. 藤、草		
藤	kɑ³³ niə³¹	
刺	tɕʰi⁵⁵	
草	zɯ³³	
柴草	sɯ³¹	
仙人掌	tsʰu³³ xe³¹	
浮萍	dʑi³¹ kʰu³³	
青苔	dʑi³¹ kʰu³³ dʑi³¹ lɑ⁵⁵ xɑ³³	
毒草	ⁿdə³¹	
艾草	pu⁵⁵	
菖蒲	ʂu⁵⁵	
F. 花		
花	bɑ³³	
花蕾	bɑ³³ ku⁵⁵ lu³³	
梅花	si³¹ kʰə³³ bɑ³³	
杜鹃花	mu³³ bɑ³³	
百合花	pə¹³ xu¹³ bɑ³³	
葵花	ni³³ me³³ xɑ³³ mɑ³³ bɑ³³	
G. 菌类		
蘑菇	mu⁵⁵ lu³³	
木耳	xu³¹ tsɯ³³ xu³¹ le³³ xe³³	
H. 植物生长		
生长	gə³¹ dɯ³³	
发芽	dɚ³³	
抽穗	tʂə³³ ⁿdo³¹	
结果	lɯ³³ tɑ³¹	
成熟	mi³³	
开花	bɑ³³ bɑ³³	

词	国际音标	备注
开苞	ba^{33} kʰa^{13}	

7. 动物

词	国际音标	备注
A. 牲畜、家禽		
牲畜	nɯ^{31}	
皮	ɣɯ^{33}	
毛	fu^{55}	
蹄子	kʰuɑ^{31}	
尾巴	ma^{33} tsɯ^{33}	
牛	ɣɯ^{33}	
公牛	ɣɯ^{33} ko^{31}	
母牛	ɣɯ^{33} me^{31}	
牛犊	ɣɯ^{33} sɯ^{13}	
水牛	dʑi^{31} ɣɯ^{33}	
黄牛	ɣɯ^{33} ʂɯ^{31}	
牦牛	bu^{31}	
牛角	ɣɯ^{33} kʰɚ^{31}	
犏牛	ⁿdsə^{33}	
驴	tɕy^{31}	
马	zu̯a^{33}	
公马	zu̯a^{33} ko^{31}	
母马	zu̯a^{33} me^{31}	
马驹	zu̯a^{33} kʰɯ^{31}	
马鬃	zu̯a^{33} bu^{33}	
猪	bu^{31}	
公猪	bu^{31} ɕi^{33}	
母猪	bu^{31} me^{31}	
猪崽	pa^{33} bu^{31} zo^{13}	
羊	tsʰɯ^{13}	
绵羊	y^{33}	
山羊	tsʰɯ^{13} ʂuɑ^{31}	
羊羔	tsʰɯ^{13} zo^{13}	

续表

词	国际音标	备注
羊毛	$tsʰɯ^{13}\ fu^{55}$	
狗	$kʰɯ^{33}$	
公狗	$kʰɯ^{33}\ ko^{31}$	
母狗	$kʰɯ^{33}\ me^{31}$	
猎狗	$dy^{33}\ kʰɯ^{33}$	
猫	$xy^{33}\ le^{31}$	
兔子	$tʰo^{33}\ le^{31}$	
鸡	a^{31}	
公鸡	$a^{31}\ pʰɚ^{31}$	
母鸡	$a^{31}\ me^{31}$	
（未下蛋）母鸡	$a^{31}\ lɚ^{31}\ me^{31}$	
鸡崽	$a^{31}\ tsɯ^{33}\ zo^{13}$	
阉鸡（名词）	$se^{33}\ tɕi^{33}$	
鸡蛋（通称）	$a^{31}\ ku^{31}$	
寡蛋	$ku^{31}\ tɕʰi^{31}$	
鸭	$ɑ^{13}$	
鹅	o^{13}	
公鹅	$o^{13}\ pʰu^{31}$	
母鹅	$o^{13}\ me^{31}$	
翅膀	$ⁿdɚ^{33}$	
羽毛	fu^{55}	
爪子	$tʂɯ^{31}$	
B. 兽、鸟		
野兽	xy^{33}	
龙	lu^{55}	
大象	$tsʰo^{33}$	
狮子	$tʂʰɯ^{33}\ kʰɯ^{31}$	
老虎	$lɑ^{31}$	
豹	$zɚ^{33}$	
熊	gu^{31}	
熊猫	gu^{31}	
野猪	bu^{31}	
豺狗	$pʰɑ^{33}$	
豪猪	$kʰə^{55}\ tsʰy^{13}\ bu^{31}\ tsʰy^{13}$	

续表

词	国际音标	备注
猴子	a^{33} zu^{31}	
鹿	tʂʰuɑ^{13}	
麂子	tɕʰi^{33}	
黑麂子	lo^{31}	
獐子	le^{33}	
野山羊	i^{55}	
狐狸	ⁿdɚ^{31}	
狼	dzə^{55} xa^{31}	
黄鼠狼	fu^{55} la^{31}	
穿山甲	gɯ^{55}	
水獭	ʂu^{33}	
老鼠	fu^{55} tsɯ^{33}	
松鼠	kʰuɑ^{33} zuɑ^{33}	
蝙蝠	zi^{33} bə^{31}	
鸟	ɣɯ^{55} ze^{31}	
鸟窝	ɣɯ^{55} ze^{31} ku^{31} kʰə^{31}	
啄木鸟	zɯ^{33} tɑ^{31} tɑ^{31}	
布谷鸟	kə^{55} bu^{31}	
斑鸠	tɕi^{55} bu^{31} lə^{31}	
燕子	xuɑ^{31} ze^{31}	
麻雀	tɕi^{13} me^{31}	
野鸡	fu^{55}	
天鹅	o^{13}	
老鹰	kə^{13}	
猫头鹰	ᵐbu^{33} lu^{33} fu^{13}	
鸽子	tʰo^{55} li^{31}	
乌鸦	le^{55} ka^{31}	
喜鹊	tɕi^{55} ʂə^{31}	
孔雀	mɑ^{33} iə^{31}	
鹦鹉	i^{55} ka^{31}	
白鹭	xuɑ^{33}	
幼鸟	u^{33} zi^{33} zo^{13}	
鹤	ko^{33}	

续表

词	国际音标	备注
C. 蛇、虫		
蛇	ʐɯ^{33}	
毒蛇	$\text{ʐɯ}^{33}\ \text{k}^{\text{h}}\text{uɑ}^{31}$	
蟒蛇	$\text{ʐɯ}^{33}\ \text{dɯ}^{31}$	
眼镜蛇	$\text{ʐɯ}^{33}\ \text{k}^{\text{h}}\text{uɑ}^{31}$	
水蛇	$\text{dʑi}^{31}\ \text{ʐɯ}^{33}$	
壁虎	tso^{31}	
蜈蚣	$\text{tə}^{33}\ \text{ɕi}^{33}$	
苍蝇	$^{\text{m}}\text{bɚ}^{33}\ \text{lɚ}^{33}$	
蚊子	$^{\text{m}}\text{bɚ}^{33}\ \text{tsɯ}^{33}$	
跳蚤	$\text{k}^{\text{h}}\text{ɯ}^{33}\ \text{ʂu}^{33}$	
臭虫	$\text{tʂuɑ}^{33}\ \text{ʂu}^{33}$	
虱子	$\text{ʂu}^{33}\ \text{p}^{\text{h}}\text{ɚ}^{31}$	
虱卵/虮子	$\text{ʂu}^{33}\ \text{ʂɯ}^{33}\ \text{a}^{31}\ \text{ku}^{31}$	
蝗虫/蚱蜢	$\text{niɑ}^{33}\ ^{\text{m}}\text{bɚ}^{31}$	
蟋蟀/蛐蛐	$\text{niɑ}^{33}\ ^{\text{m}}\text{bɚ}^{31}\ \text{tɕiə}^{55}\ \text{li}^{33}\ \text{li}^{33}$	
蜻蜓	$\text{xa}^{33}\ \text{k}^{\text{h}}\text{ə}^{31}\ \text{tɕiə}^{55}\ \text{ma}^{31}$	
蝴蝶	$\text{p}^{\text{h}}\text{e}^{33}\ \text{le}^{31}$	
蝉/知了	$\text{la}^{33}\ \text{li}^{31}\ \text{bu}^{33}\ \text{zi}^{31}$	
蚕	$^{\text{m}}\text{be}^{33}\ \text{ze}^{33}$	
蚕茧	$^{\text{m}}\text{be}^{33}\ \text{ze}^{33}\ \text{k}^{\text{h}}\text{ɯ}^{31}$	
蚕丝	$^{\text{m}}\text{be}^{33}\ \text{ze}^{33}\ \text{k}^{\text{h}}\text{ɯ}^{31}$	
蜂	$^{\text{m}}\text{ba}^{33}$	
蜂窝	$^{\text{m}}\text{ba}^{33}\ ^{\text{n}}\text{gu}^{33}$	
蜜蜂	$^{\text{m}}\text{ba}^{33}$	
萤火虫	$^{\text{m}}\text{ba}^{33}\ \text{də}^{31}\ \text{mi}^{55}\ \text{tʂɯ}^{33}$	
蚂蚁	$\text{tɕ}^{\text{h}}\text{ia}^{31}\ \text{ɚ}^{13}$	
虫	$\text{bə}^{33}\ \text{di}^{33}$	
蚯蚓	$\text{li}^{31}\ \text{tɕ}^{\text{h}}\text{i}^{31}\ \text{bə}^{33}\ \text{də}^{33}$	
毛虫	$\text{ɕi}^{33}\ \text{sɯ}^{33}\ \text{bə}^{33}\ \text{də}^{33}$	
蛔虫	$\text{bə}^{33}\ \text{kə}^{31}$	
蛆	$\text{bə}^{33}\ \text{kə}^{31}$	
蜘蛛	$\text{p}^{\text{h}}\text{ə}^{31}\ \text{la}^{31}\ \text{xuɑ}^{13}$	

续表

词	国际音标	备注
蜘蛛网	$p^h\varepsilon^{31}$ la^{31} xua^{13} $k^hɯ^{33}$	
青蛙	pa^{33}	
蝌蚪	pa^{33} $k^hɯ^{31}$ pa^{33} $tɯ^{33}$ $lə^{33}$	
牛蝇	mu^{31}	
牛虱	$lɯ^{33}$	
D. 鱼、虾、贝		
鱼	ni^{33}	
鱼卵	ni^{33} a^{31} ku^{31}	
泥鳅	ni^{33} $zɯ^{33}$	
鱼鳞	ni^{33} y^{31} ku^{31}	
鱼鳃	ni^{33} $kɯ^{33}$	
螃蟹	pa^{31} xa^{31}	
虾	bu^{33} $t^hə^{31}$	
田螺	fu^{33} ze^{31}	
蜗牛	$bə^{33}$ ti^{33} $^nda^{31}$ ku^{33}	
蚌	$bə^{33}$ $k^hə^{31}$	
E. 动物活动		
发情/叫春	$^mba^{31}$	
产崽	zy^{55} xe^{55} $ʂu^{33}$	
生蛋	ku^{31} ku^{31}	
孵化	by^{31}	
牛打架	$ɣɯ^{33}$ t^ha^{31} t^ha^{31}	
牛反刍	xu^{31} $tɕ^hi^{33}$ p^hy^{13}	
蜕皮	$ɣɯ^{33}$ le^{31}	
（动物）死亡	$ʂɯ^{33}$	
（蚊）叮	$^ngɯ^{55}$	
（蜂）蜇	$^nda^{33}$	
飞	$^mbi^{33}$	
（蛇）绞缠	lu^{13}	
（虫）爬	$^mbu^{33}$	
发瘟	$ŋu^{31}$ $tsɯ^{33}$ $t^hə^{33}$	
（牛）叫	$^mba^{31}$	
（鸟）鸣	$tɕy^{31}$	
繁殖	$zʅ^{55}$	

续表

词	国际音标	备注
F. 人与动物		
喂食	xɑ³³ iə¹³	
放牛	ɣɯ³³ lə¹³	
骑马	zu̱ɑ³³ dzḁ³¹	
打猎	xy³³ dy³³	
钓鱼	ni³³ pe¹³	
宰杀	kʰo¹³	
杀鸡	a³¹ kʰo¹³	
修（牲畜）	mɑ³³ mɑ³³	
马鞍	zu̱ɑ³³ la³³ ka³¹	
缰绳	zu̱ɑ³³ pu³¹ ma¹³	
弓箭	ly³³ sɯ³¹	
弓	ly³³ me³³	
猪食	bu³¹ xɑ³³	
猪圈	bu³¹ py³³	
鸡窝	a³¹ ku³³ kʰɯ³¹	
笼子	ku³³ kʰɯ³¹	
牛圈	ɣɯ³³ py³³	
马棚	zu̱ɑ³³ py³³	
羊圈	tsʰɯ¹³ py³³	
狗窝	kʰɯ³³ py³³	

8. 房屋、建筑

词	国际音标	备注
A. 房屋		
房屋	dʑi³¹ ta³¹	
茅屋/寮	zu³³ dʑi³¹	
棚子	xue³³ də³¹	
塔	tʰɑ³¹	
B. 房屋结构		
厅堂	dʑi³¹ dɚ³³	
睡房	i³¹ ku³³	
厨房	dʑi³³ me³¹	

续表

词	国际音标	备注
厕所	ka^{33} ʂə^{33} ku^{31}	
屋顶	dʑi^{33} ku^{13}	
柱子	to^{13} zɚ^{31}	
梁	nɑ^{31}	
椽子	lɚ^{33} kʰə^{13}	
榫头	suɯ^{33} tsuɯ^{33} ma^{31}	
门	kʰu^{55}	
门口	kʰu^{55} kʰɯ^{31}	
闩	kʰu^{33} pe^{33} ⁿdə^{31}	
门槛	kʰu^{55} ᵐbu^{31}	
窗子	ta^{33} kʰu^{33}	
墙壁	dʑiə^{33} də^{31}	
围墙	tʂu^{33} ᵐbu^{31}	
（竹木条）篱笆	kʰo^{33} kə^{31}	
石阶	kʰɯ^{33} pa^{31}	
梯子	le^{33} dʑi^{33}	
基地	ⁿda^{31}	
粮仓	ⁿgu^{31}	

C. 建筑、建材

建房	dʑi^{31} tsʰɚ^{33}	
油漆	zɑ^{31} tʂʰɚ^{33}	
板子	to^{33}	
木头	suɯ^{33} tɕʰi^{33} tʰy^{31}	
桩子	ka^{33} tsuɯ^{31}	
瓦	uɑ^{31}	
青瓦	uɑ^{31} xɚ^{33}	
砖	tʂu^{33}	
钢筋	ʂu^{33} kə^{31}	

9. 器具、用品

词	国际音标	备注
A. 桌椅、电器、灯具		
家具	ⁿgu^{33} ze^{33}	

词	国际音标	备注
东西	lɚ⁵⁵ tse³¹	
桌子	ʂɑ³³ lɚ³¹	
椅子	dzu³³ ku¹³	
凳子	dzu³³ ku¹³	
长凳	dzu³³ ku¹³ ʂə³³	
柜子	dʑiə³¹ bu³³	
屉子	tɑ¹³	
电池	tiɑ³³ y³¹	
B. 容器、日常用具		
篮子	kʰə¹³	
提篓	kʰə¹³ tɕi³¹	
袋子	kʰə¹³ tsʰi³³	
锁	kʰu³³ sɑ³³	
钥匙	ⁿdzu³³ ku³¹	
烟斗	iə³³ kue³¹	
烟袋	iə³³ kʰə³¹ tsʰɯ³¹	
拐杖	mu⁵⁵ tʰə³¹	
棍子	mi³³ dy³¹	
钩子	tsɑ³³ tɕi³¹	
盒子	po³³	
C. 洗漱、雨具		
桶	tʰə³³	
盆	lo³¹	
毛巾	lɑ³¹ ʂɯ⁵⁵ su³¹	
镜子	mi³³ lə³¹	
梳子	pɚ⁵⁵ me³³	
篦梳	pɚ⁵⁵ tsɯ³¹	
搓衣板	mu³³ ⁿgu³¹ tʂʰɯ³³ ku³¹	
扫把	ᵐbɑ³³ ku³³	
（竹枝）扫帚	mi³³ li³³ ᵐbɑ³³ ku³³	
（高粱穗）笤帚	mɑ³³ nə³³ ᵐbɑ³³ ku³³	
抹布	tʂʰɯ³³ tʂʰɯ³³ tsu³¹	
尿桶	mi³³ kʰɯ³¹ ku³¹	
蓑衣	dʑi³³ tsʰe³¹ pɑ³¹ lɑ³¹	

词	国际音标	备注
斗笠	xua³³ ta³³ la³³ ku⁵⁵ mu³¹	
D. 卧室用具			
床	tʂua³¹	
席子	tsʰu⁵⁵ le³¹ tsɯ³¹	
被子	la³³ ba³³	
棉被	la³³ ba³³	
褥子	kʰu³³ ty³³	
被窝	i⁵⁵ kʰə³¹	
枕头	ku⁵⁵ ⁿgə³¹	
E. 炊事用具			
灶	kua³¹	
灶灰	ɣɯ⁵⁵	
炉子	kua³¹	
火柴	mi⁵⁵ xua³¹	
吹火筒	mi⁵⁵ mu³³ tso¹³	
火钳	mi⁵⁵ ⁿga³¹	
柴	sɯ⁵⁵	
煤屑	fu⁵⁵ dzi³¹	
锅	lo³¹ ku³¹	
鼎锅	lo³¹ ku³¹	
沙锅	tʂɯ⁵⁵ bu³¹	
碗	kʰua³¹	
调羹	bi³³ ze³¹	
勺子	bi³³ ze³¹	
饭勺	xa³³ kʰə³¹ bi³³ ze³¹	
盘子	ⁿga³³ be³¹	
砧板	lo⁵⁵ be³¹	
筷子	a⁵⁵ ʂɚ³¹	
刀	zɚ³³	
刀把	zɚ³³ pe³³ la³¹ xɚ¹³	
柴刀	ⁿda³³ pʰiə³¹	
菜刀	zɚ³³ ᵐbe³¹	
磨刀石	sɯ⁵⁵ lə⁵⁵	
缸	zo³³	

词	国际音标	备注
坛子	tɕi⁵⁵ ʂə³¹	
罐子/瓦罐	ᵐbiə³¹	
杯子	tɕi³³	
蒸笼	bu³³	
甑子	pu³³ tsɯ³¹	
水瓢	dʑi³¹ gə¹³ pɑ¹³	
壶	tʂu³¹	
舂臼	mu³³ tʂu³¹ lo³¹	
磨	ɣɯ³³	
碓	ty³³	
碓杵	mu³³ tʂu³³	
臼	lo³¹	
F. 木匠、缝纫工具		
工具	ⁿgu³³ ze³¹	
斧头	lɑ³¹ ᵐbe³³	
铁锤	ʂu³³ ty³¹ tso³³	
锯子	fu³³	
推刨	tʰi³¹	
钻子	tu³³ zu̞³¹	
凿子	ⁿdsɚ³³	
墨斗	mə¹³ tə³¹	
尺子	tʂʰə¹³ ⁿdy³¹	
钳子	mi⁵⁵ ⁿga³¹	
铁丝	ʂu³³ kʰɯ³¹	
（裁缝）剪刀	tsʰɯ⁵⁵ tə³¹	
针	ku³¹/ko³¹	
锥子	tʂu³¹	

10. 称谓、姓氏

词	国际音标	备注
A. 一般称谓		
人	ɕi³³	
老人	ɕi³³ mu³³	

词	国际音标	备注
老太婆	a^{31} zɯ^{33} mu^{33}	
男子	zo^{33}	
妇女	mi^{55}	
小伙子	zo^{33}	
姑娘	pʰa^{31} tɕi^{33} me^{31}	
小孩子	zue^{55} xe^{31}	
男孩	zo^{33} zue^{55} xe^{31}	
女孩	mi^{55} zue^{55} xe^{31}	
婴儿	zue^{55} xe^{31} pa^{31} nɑ^{33} nɑ^{33}	
寡妇	ni^{31} tʂɯ^{33} ma^{31}	
城里人	zʐu^{55} lo^{31} ɕi^{33}	
乡巴佬	ⁿdzʐu^{33} ku^{31} ɕi^{33}	
生手	ɕi^{33} ʂɯ^{13}	
里手	iɑ^{33} ko^{31}	
熟人	sɯ^{33} sɯ^{33} ɕi^{33}	
生人	mɑ^{31} sɯ^{33} sɯ^{33}	
朋友	dzʐu^{31} zu^{55} dzʐu^{31} mi^{31}	
老乡	du^{33} ᵐbe^{33} ɕi^{33}	
富人	ɕi^{33} xɯ^{31}	
穷人	ɕi^{33} si^{55}	
B. 职务职业称谓		
农民	lo^{31} ᵐbe^{33} ɕi^{33}	
官	kʰa^{31}	
头目	ⁿdsɯ^{31}	
乡长	bu^{33} sue^{33}	
村长	ᵐbe^{33} sue^{33}	
土司	ⁿdsɯ^{31}	
医生	tʂɚ^{33} ɣɯ^{33} kuɑ^{31}	
土郎中	tʂɯ^{55} ɣɯ^{55} tʂɯ^{31} kɑ^{13}	
猎人	xy^{33} dy^{33} ɕi^{33}	
屠夫	bu^{31} kʰo^{31} ɕi^{33}	
老板	y^{33} lɑ^{31} be^{33} ɕi^{33}	
奴仆	u^{31}	

续表

词	国际音标	备注
C. 品貌称谓		
傻子	ɕi^{33} ^{n}do^{31}	
好人	ɕi^{33} kɑ^{33}	
贼/小偷	ɕi^{33} k^{h}u^{55}	
强盗	ɕi^{33} zɯ^{31}	
土匪	ɕi^{33} p^{h}u^{31}	
骗子	ɕi^{33} kuɑ^{55} ɕi^{33}	
流氓	ɕi^{33} biə^{33} ɕi^{33}	
乞丐	xɑ^{33} me^{33}	
胖子	kɑ^{33} dɯ^{33}	
丑八怪	ɕi^{33} mə^{33} lu^{31}	
D. 族群、姓氏		
纳西族（自称）	nɑ^{33} ɕi^{31}	
汉族	xɑ^{33} pɑ^{31}	
藏族	gu^{33} zɯ^{13}	
傈僳族	mu^{33} sɯ^{33}	
白族	le^{33} bu^{33}	
普米族	^{m}bə^{55}	
姓	tʂ^{h}u^{33}	
取名	mi^{31} iə^{13}	
名字	a^{31} tsɯ^{33} mi^{31}	
乳名	nɑ^{33} mi^{31}	
书名	t^{h}e^{55} ɣɯ^{55} mi^{31}	
什么民族	a^{31} tsɯ^{33} tʂ^{h}u^{33}	

11. 亲属

词	国际音标	备注
A. 长辈		
长辈	kɑ^{33} tʂ^{h}ə^{13}	
曾祖父	sɯ^{33} bu^{33} a^{33} p^{h}u^{31}	
曾祖母	p^{h}e^{31} ^{m}be^{33} a^{33} zi^{33}	
爷爷（面称）	a^{33} p^{h}u^{31}	

词	国际音标	备注
奶奶（面称）	a³³ zi³³	
父母	a³³ sɯ³¹ a³³ me³¹	
父亲	a³³ sɯ³¹/a³¹ bɑ³³	
母亲	a³³ me³¹	
继父	ma³³ bɑ³³	
继母	ma³³ me³¹	
公公	a³³ lo³¹	
婆婆	a³³ ze³¹	
岳父	a³³ bu³¹	
岳母	a³³ ni³³	
伯父	a³¹ bɑ³³ dɯ³¹	
伯母	a³³ me³³ dɯ³¹	
叔叔	a³¹ bɑ³³ tɕi³³	
叔母	a³³ tɕi³³	
姑父	a³³ gu³¹	
姑母	a³³ ni³³	
姨夫	a³³ gu³¹	
姨妈	a³³ ni³³	
外公	a³³ lo³¹	
外婆	a³³ zi³³	
舅舅	a³³ gu³¹	
舅母	a³³ ni³³	
B. 平辈		
兄弟	a³³ bu³¹ gɯ³¹ zi³¹/bi³¹ze³³	
姐妹	me³¹ me³¹ gɯ³³ me³¹	
老大（排行）	dɯ³³ me³¹	
老二（排行）	ly³¹ me³¹	
老幺（排行）	tɕi³³ me³¹	
哥哥	a³³ bu³¹	
姐姐	me³¹ me³¹	
弟弟	gɯ³¹ zi³¹	
妹妹	gɯ³³ me³¹	
嫂子	me³¹ me³¹	
弟媳	gɯ³³ me³¹	

续表

词	国际音标	备注
姐夫	a³³ bu³¹	
妹夫	gɯ³¹ ze³¹	
姑嫂	me³¹ tɕʰi³³ xy³³ kə³¹	
妯娌	me³¹ tɕʰi³³ xuɑ³¹ me³¹	
连襟	a³³ me³¹ dɯ³³ tɕi³¹	
夫妻	mi⁵⁵ lə³¹	
丈夫	iɑ⁵⁵ kə³¹ zɯ³¹	
妻子	ni³³ nə³¹	
堂兄	a³³ bu³¹	
堂妹	gɯ³³ me³¹	
C. 晚辈			
晚辈	ma³¹ tʂʰɯ³¹	
子女	zo³³ mi⁵⁵	
儿子	zo³³	
儿媳	zo³³ ɣɯ³¹ tʂʰu¹³ me³¹	
长子	zo³³ dɯ³¹	
次子	zo³³ ly¹³	
小儿子	zo³³ tɕi³³	
女儿	mi⁵⁵	
女婿	mu⁵⁵ ɣɯ³³	
侄子	ze³¹ ɣɯ³³	
侄女	ze³¹ me³¹	
外甥	ze³¹ ɣɯ³³	
外甥女	ze³¹ me³¹	
孙子	lu³³ bu³³	
孙女	lu³³ me³¹	
外孙	lu³³ bu³³	
外孙女	lu³³ me³¹	
孙媳	lu³³ bu³³ ni³³ nə³¹	
孙婿	lu³³ bu³³ mu⁵⁵ ɣɯ³³	
重孙	lu³³ bu³³	
D. 其他			
祖宗	a³³ pʰu³¹ a³³ ze³¹	
后代	ma³³ tʂə⁵⁵	

第二章 语言系统　109

词	国际音标	备注
亲戚	kʰu³³ nɯ³¹ dɯ³¹	
辈分	tʂɚ⁵⁵	
排行	ze³³ gu³¹	
亲家	iə⁵⁵ ko³¹	
孤儿	bɑ³³ mə³³ ⁿdʐy³¹ me³¹ ɕi³³	
父子俩	sɯ³¹ nɑ³¹ zo³³ ni³¹ ku¹³	
母女俩	me³¹ nɑ³¹ mi⁵⁵ ni³¹ ku¹³	

12. 身体

词	国际音标	备注
A. 身体、五官		
身子	gu³³ mə³³	
个子	gu³³ mə³³	
相貌	ʂu¹³	
体质	gu³³ mə³³	
头	ku⁵⁵	
额头	niə³¹ ku⁵⁵	
脑髓	ku⁵⁵ fu¹³	
太阳穴	xɑ³³ ⁿdsɯ³³ ly⁵⁵ ly⁵⁵ ku¹³	
头发	ku⁵⁵ fu³¹	
发旋	ku⁵⁵ ly³³ zi³³ ly³³	
发髻	ku⁵⁵ tɯ⁵⁵ lə³¹	
辫子	ku⁵⁵ pʰi³³	
脸/面	pʰɑ³³ me³³	
皱纹	niə³¹ dɚ¹³	
眉毛	niə³¹ tsɯ³³ fu⁵⁵	
睫毛	niə³¹ tsɯ³³ fu⁵⁵	
眼睛	niə³¹ ly³¹	
眼珠	ⁿdɑ³³ ly³³ ly³³	
眼屎	niə³¹ tɕʰi³¹	
眼泪	niə³¹ ᵐbɚ³¹	
眼皮	niə³¹ ku³¹ pu³¹	
耳朵	xe³³	

词	国际音标	备注
耳垂	xe³³ kʰu¹³	
耳屎	xe³³ kʰɚ³³ tɕʰi³¹	
鼻子	ni⁵⁵ ma³¹	
鼻涕	ni¹³	
嘴巴	nə⁵⁵ ta³¹	
嘴唇	nə⁵⁵ o¹³ bi³¹	
胡子	mu⁵⁵ tsɯ¹³	
口水	dʑi³¹ a³³	
痰	tʂɯ⁵⁵ pʰe³³	
下巴	mu¹³ də³¹	
舌	ɕi³³	
牙齿	xɯ³³	
门牙	ku⁵⁵ ⁿdẓa³¹	
犬牙	ⁿdẓa³¹	
牙垢	xɯ³³ kʰɯ³³ tɕʰi³¹	
脖子	tɕi³¹	
喉咙	tɕi³¹ tʂɯ³³ kʰɚ³¹	
喉结	tɚ³³ lɚ³¹	
B. 手、足、胸、背		
手	lɑ³¹	
右手	i³¹ lɑ³¹	
左手	ua³³ lɑ³¹	
拳头	lɑ³¹ tʂʰɯ³³ tʂʰɯ³³	
手掌	lɑ³¹ bu³³	
手指	lɑ³¹ ni³³	
脶纹	lɑ³¹ pɚ³¹	
箕纹	lɑ³¹ tʂə¹³	
拇指	lɑ³¹ me³³	
食指	lɑ³¹ ni⁵⁵ sy³³	
中指	lɑ³¹ ni⁵⁵ kʰɚ³¹	
小指	ɑ⁵⁵ kʰa⁵⁵ dzɯ³³	
指甲	lɑ³¹ tʂɯ⁵⁵ ku⁵⁵	
胳膊	lɑ³¹ kʰua¹³ tə³³ ku³¹	
腋窝	lɑ³³ kɚ³¹	

词	国际音标	备注
肩膀	lɑ³¹ kʰuɑ³¹	
腿	pʰi⁵⁵	
大腿	ⁿdɑ³³ pʰe³³ le³¹	
小腿	nɑ³¹ mu⁵⁵ dɯ³¹	
腿肚子	ⁿdɑ³³ pʰe³³ le³¹	
膝盖	mɑ³³ gə³³ tu³³ lə³³	
脚	kʰɯ³¹	
脚掌	kʰɯ³¹ bu³¹	
脚杆	ɑ³³ ku³¹	
脚趾	kʰɯ³¹ bu³¹	
赤脚	bə³³ ni¹³	
脚印	kʰɯ³¹ bɑ³¹	
脚步	kʰɯ³¹ tʰə¹³	
胸脯	ny³³ me³³ ku³¹	
乳房	ni⁵⁵ ni⁵⁵	
乳汁	ni⁵⁵ ni⁵⁵	
肚子/腹部	də³¹ tʰɑ³³ me³³	
肚脐	bu³³ tɕiə¹³	
腰	tʰɯ¹³	
背脊	gɯ³³ sɯ³³	
C. 肉、骨、内脏		
皮肤	ɑ³³ ʂɯ³¹	
汗	tʂu³¹	
汗垢	ʂɚ¹³	
肉	ʂɯ³³	
筋	ⁿgu⁵⁵	
血	ʂa³³	
血管	ʂa³³ bɑ³³	
脉	sa¹³ bɑ³³	
骨头	ɚ³³	
骨节	tʂɚ³¹	
肋骨	xo³¹	
内脏	tʂʰɚ¹³ sɯ³³	
心	nɯ³¹ me³³	

续表

词	国际音标	备注
肺	tʂʰɚ¹³	
肝	sɯ³¹	
胆	gɯ³¹	
胃	xu¹³	
肠子	bu³³	
生殖器	mi⁵⁵ li³¹ tsuɑ³¹	
屁股	tɕʰi³³ kɚ³³	
肛门	ⁿdo³³ bɑ³¹	
尿	ᵐbi³³	
屎	tɕʰi³³	
屁	tɕʰi³³	

13. 医疗

词	国际音标	备注
A. 一般用语		
医院	ⁿgu³³ mɑ⁵⁵ mɑ⁵⁵ ku³³	
病	ⁿgu³³	
生病	ⁿgu³³ tsʰɯ³³ tʰə³³	
传染	tʂu³³ tʂu³³	
看病	ⁿgu³³ ly³³	
治（病）	mɑ⁵⁵ mɑ⁵⁵	
药	tʂɚ³³ ɣɯ³³	
开药方	tʂɚ³³ ɣɯ³³ ʂu³¹ me³¹ tʰe⁵⁵ ɣɯ⁵⁵	
草药	tʂə³³ ɣɯ³³	
抓药	tʂə⁵⁵ ɣɯ⁵⁵ ʂu³¹	
打针	tʂɯ³³ lɑ¹³	
拔火罐	be³³ pʰu³¹ ɣo¹³	
号脉	lɑ³¹ mɑ³³ zɚ³¹	
刮痧	so³³ so³³	
B. 内科		
哮喘	tʂɚ³³	
麻风	tɕiə³³	
天花	ɑ³¹ pʰi⁵⁵ bɑ³³	

词	国际音标	备注
水痘	ly³³ ly³³ tʰə³³	
拉肚子	ⁿdy³¹ me³³ lə³³ lə³³	
中风	zɑ³¹ nɯ³¹ tə³³	
疟疾	tɕʰi⁵⁵ ʂa¹³	
发冷	tɕʰi³¹ ⁿdsɑ³³ ⁿgu³³	
着凉	se³³ se³³ ma³¹	
感冒	zu̥³³ ⁿgu³³	
咳嗽	tʂɚ³³	
中暑	tsʰɯ³³ ⁿgu³³	
上火	tsʰɯ³³	
呕吐	pʰy¹³	
狐臭	i⁵⁵ pu⁵⁵	
口臭	sɑ³¹ tʂʰɯ³³ nə³¹	
痛	ⁿgu³³	
麻	zɯ³³ zɯ³³	
肿	u³³	
痒	ka⁵⁵ ka⁵⁵	
头晕	ku⁵⁵ ly⁵⁵ ⁿgu³³	
	C.外科	
（受）伤	tʂʰɯ¹³	
抽筋	a³³ ku¹³ ta³¹	
出血	ʂa³³ ᵐbu³¹	
淤血	ʂa³³ na³¹ lə¹³	
化脓	ᵐbə³³ tʰə³³	
结痂	a³³ piə³³ fu¹³	
伤疤	a³³ piə³³	
冻疮	tɕʰi¹³ bu³³ tʰə³³	
癣	tʂɚ³³	
痱子	ⁿdə³³ ku³³ iə³³	
茧	lɑ³¹ ŋə³³	
痣	tʂɯ⁵⁵	
雀斑	ᵐbu³³ lə³³ tɕʰi³³ ⁿdsɯ³³	
麻子	mɑ³³ tsɯ³¹	
胎记	tɕi⁵⁵ xɯ³¹ niə³³ tɕiə¹³	

词	国际音标	备注
鸡皮疙瘩	tɕʰi¹³ lɯ³³ tɯ³³	
红眼病	niə³¹ ŋu³³	
鸡盲眼/夜盲症	niə³¹ ŋɚ¹³	
结巴	lɯ⁵⁵ pɑ³³	
脚气	kʰɯ³¹ tʂʰɯ³³ nə³¹	
癞子	ku⁵⁵ i³³	
D. 残疾		
残废	kʰɯ³³ lɑ³¹ mə³³ tɯ³³ tɯ³³	
瞎	ⁿgɚ³³	
聋	xɑ³³ tɯ³³	
哑	ⁿdo³³	
左撇子	kʰɯ³³ tʰɑ³¹ i¹³	
驼背	tʰɯ³¹ kə⁵⁵ gu³¹	
瘸/跛	kʰɯ³¹ ɑ³¹ lɑ³¹ mə¹³ ɑ³¹	
精神病	ɕi³³ nə³³	
痴呆	ɕi³³ ⁿdo³³	

14. 服饰

词	国际音标	备注
A. 布料、服装		
布	pʰe³³	
丝	kʰɯ³¹	
线	kʰɯ³¹	
毛线	sɯ³³ kʰɯ³¹	
衣服	bɑ³³ lɑ³¹	
棉袄	miɑ³¹ bɑ³³ lɑ³¹	
毛线衣	sɯ³³ bɑ³³ lɑ³¹	
上衣	kə³³ bɑ³³ lɑ³¹	
内衣	bɑ³³ lɑ³¹ kʰu³³ dy³³	
背心	lɑ⁵⁵ ⁿgɑ³³	
领子	mɑ¹³ bi³³	
衣襟	kɑ⁵⁵ bi³³	
衣袋	xo³³ bo³¹	

词	国际音标	备注
袖子	la³¹ iə¹³ kʰɚ³¹	
扣子	zy³³ ly³³	
裙子	tʰɚ³³	
桶裙	tʰɚ³³	
裤子	lɑ³³ kʰuɑ³¹	
短裤	lɑ³³ kʰuɑ³¹ kʰə³³ ⁿdɚ³¹	
开裆裤	lɑ³³ kʰuɑ³¹ kʰə⁵⁵ ʂɯ³³	
裤裆	mi³³ li³¹ ku³³	
裤腿	lɑ³³ kʰuɑ³¹ kʰɯ³¹	
裤带	le³³ bu³³ kɯ³³	
B. 鞋、帽、袜		
鞋	zɑ³³	
拖鞋	tʰo³³ ɕiɑ³¹	
布鞋	tʰo³³ pu³³ zɑ³³	
解放鞋	zɑ³³ kʰə³³ ⁿdɚ³¹	
靴子	xo³³ zɑ³³	
草鞋	pʰe⁵⁵ ne³¹	
鞋底	zɑ³³ bu³³	
鞋带	zɑ³³ xɚ¹³	
帽子	ku⁵⁵ mə³³	
草帽/凉帽	zɯ³³ ku⁵⁵ mə³³	
袜子	zɑ³³ ko³¹	
裹脚	xe³¹ me³³ kʰɯ³¹ tɕi³³ tsɯ³¹	
手套	lɑ³¹ dʑi³¹	
C. 饰品、化妆品		
镯子	lɑ³³ⁿdʐy³¹	
戒指	lɑ³¹ bə³³	
耳环	xe³³ kʰu¹³	
带子	bu³³ kɯ³³	
头巾	lɑ³¹ ʂɯ⁵⁵ so³³	
手帕/手绢	tʂə³³ pʰe³³ sɯ³¹ tso³³	

15. 饮食

词	国际音标	备注
A. 主食、伙食		
饭	xa^{33}	
早饭	$le^{13}\ nə^{33}$	
午饭	$zɯ^{33}$	
晚饭	$tʂʰu^{33}$	
锅巴	$tʂʰə^{33}\ tʂʰə^{33}$	
粥	$da^{33}\ xa^{31}$	
粉丝	$xɯ^{33}\ pʰɚ^{31}$	
米线/米粉	$xɯ^{33}\ pʰɚ^{31}$	
面条	$miə^{33}$	
油条	$na^{33}\ tʂɚ^{33}$	
包子	$tɕɚ^{33}\ kɚ^{33}\ lu^{33}$	
馒头	$tʂʰɯ^{33}\ tʂʰɯ^{33}$	
饺子	$tɕɚ^{33}\ kɚ^{33}\ lu^{33}$	
粑粑	$u^{33}\ u^{33}$	
糍粑	$na^{55}\ pa^{33}\ pa^{33}$	
粽子	$tʂʰo^{33}\ {}^{m}bu^{33}\ ly^{33}$	
粽叶	$tʂʰo^{33}\ {}^{m}bu^{33}\ pʰiə^{13}$	
B. 肉、蛋、菜		
肉	$ʂɯ^{33}$	
肥肉	$ʂɯ^{33}\ ma^{31}\ zɚ^{31}$	
瘦肉	$ʂɯ^{33}\ na^{13}$	
排骨	xo^{31}	
杂碎	$bu^{33}\ xu^{13}$	
菜	$zɯ^{33}\ nə^{31}$	
小菜（非韭菜）	$zɯ^{33}\ nə^{31}$	
荤菜	$ʂɯ^{33}\ tʂʰu^{33}$	
干菜	$a^{33}\ tsʰe^{33}\ bu^{31}$	
腌菜	$tɕi^{31}\ a^{33}$	
酸菜	$tɕi^{31}\ a^{33}$	
汤	xo^{33}	
豆腐	$zɯ^{55}\ u^{55}$	
豆浆	$nə^{33}\ zɯ^{31}\ xo^{33}$	

词	国际音标	备注
豆腐脑	ʐu⁵⁵ u⁵⁵	
霉豆腐	ʐu⁵⁵ tʂɯ³³	
豆豉	to³³ tsia³³	
C. 酒、烟、糖、茶		
酒	ʐɯ⁵⁵	
酒糟	pʰu³³ ly³³	
烧酒/白酒	ʐɯ⁵⁵ pʰɚ³¹	
水酒	ʐɯ⁵⁵ dʑi³¹	
酒曲	ⁿdʑi³¹	
香烟	iə³³	
喇叭烟	iə³³ ᵐbu³¹ ly³¹	
烟丝	iə³³ ⁿgu⁵⁵	
零食	ᵐba⁵⁵ so³¹ ᵐba⁵⁵ ⁿdse¹³	
糖	ᵐba³³	
冰糖	lə³³ ᵐba³³	
蜂蜜/蜜糖	pʰu³³ ᵐba³³	
月饼	ᵐba³³ tʰɑ³¹	
冰棍	zɯ¹³ zɯ¹³ ᵐba³¹	
瓜子	kuɑ³³ tsɯ³³	
茶	le³¹	
茶叶	le³¹ pʰiə³¹	
开水	dʑi³¹ bɑ³¹	
D. 油盐佐料		
油（植物油）	ia³¹	
油（动物油）	mɑ³¹	
猪油	bu³¹ mɑ³¹	
板油	mɑ³¹ dɯ³¹	
茶油	le³¹ ia³¹	
菜籽油	tsʰa³¹ tsɯ³³ ia³¹	
八角	pɑ¹³ ko¹³	
花椒	zy³³	
酱油	tɕiɑ³³ iə³¹	
醋	tɕi³¹	
盐	tsʰe³³	

续表

词	国际音标	备注
味精	ue³¹ tsi³³	

16. 红白事、信仰

词	国际音标	备注
A. 婚姻、生育		
恋爱	pʰa³³ tɕi³³ kuɑ³¹	
男朋友	zo⁵⁵ dzu̠³¹	
女朋友	mi³³ dzu̠³¹	
媒人	ko³³ pʰɚ³³	
做媒	ko³³ pʰɚ³³ be³³	
相亲	tsʰi³³ tɕi³³ dy¹³	
订婚	nɑ³³ nɑ³³ zu̠⁵⁵ bə¹³	
结婚	bə³³ tʰə¹³	
离婚	zo³³ mi³³ lia³³ gə³³ gə³³	
新郎	mu⁵⁵ ɣu⁵⁵ ʂɚ¹³	
新娘	tʂʰu³³ mi³³ ʂɚ¹³	
嫁妆	tʂʰu³³ mi³³ ʂɚ¹³ bɑ³³ lɑ³¹	
娶老婆	ni³³ nə³¹ ʂu³¹	
招赘	mu⁵⁵ ɣɯ⁵⁵ ʂu³¹	
出嫁	ᵐbu³³ ty³³ tɑ¹³	
过门	iə⁵⁵ ko³³ tsʰi³³	
怀孕	zu⁵⁵ xe³³ bu¹³	
孕妇	zu⁵⁵ xe³³ bu³¹ ɕi³³	
接生	zu⁵⁵ xe³³ tɕi⁵⁵ xɯ³¹	
双胞胎	a³¹ u³³ zu³³	
胎衣	zu⁵⁵ xe³³ kʰɯ³³ dzi³¹	
产子	zu³³ tɕi⁵⁵ xɯ³¹	
抚养	ɕi³³ ɕi³³	
坐月子	i¹³ kʰɯ³³ i¹³	
生育	zu̠³¹	
B. 寿辰、丧葬		
生日	dzy³³ ni³³ uɑ³³	
寿命	zu³³ xɑ¹³	

词	国际音标	备注
断气	sɑ¹³ ⁿgə³³	
死	ʂɯ³³	
自杀	zɯ⁵⁵ nɯ⁵⁵ gu³¹	
投水	dʑi³¹ tsʰo³³	
上吊	tɕi⁵⁵ tsɚ⁵⁵	
丧事	ɕi³³ kʰa³¹	
棺材（通）	tɑ³³ ⁿgu³¹	
棺材（婉）	i⁵⁵ kʰɯ³³ ku³¹	
送葬	bu³³ ty⁵⁵ pu³³	
纸钱	tʂɯ⁵⁵ iə³¹	
坟墓	mu⁵⁵ ʂɯ⁵⁵ tɯ³³	
埋	nə³¹	
尸体	ʂɯ³³ ŋu³³	
戴孝	ku³³ ly³³ pʰɚ³¹	
C. 风俗、信仰		
和尚	lɑ⁵⁵ mɑ³¹	
巫婆/卦婆	ʂa³³ ni³³	
算命书	tsɯ³¹ tʰe⁵⁵ ɣɯ⁵⁵	
作法	ʂu³³ be³³	
法术	ⁿdzɚ⁵⁵ dy¹³	
算命先生	tsɯ³³ tsɯ³³ kɑ¹³	
命运	miə³³	
八字	pɑ³³ kʰu³³	
打卦	pɑ³³ kʰu³³ lɑ¹³	
神龛	ə³¹ ku³³ lə³¹	
烧香	ɕy³³ dʑi¹³	
祭粮	kɚ³³	
拜	a³¹ sɯ³³ ni³³	
庙	xe³³ ⁿdsɯ³³ gu¹³	
佛	pʰu³³ lɑ³¹	
鬼	tsʰɚ³³	
福	xe³³ dɯ³¹	
运气	ɑ³¹ pʰu¹³	
走运	lɑ³³ kɚ³³	

续表

词	国际音标	备注
倒霉	lɑ³³ mə³³ kɚ³³	
祸	zu³³	
阎王	iɑ³¹ lu³¹ uɑ³¹	
仙	pʰu³³ lɑ³¹	
菩萨	xe³³ dɯ³¹	
五行	ᵐbu³¹tʰo³³	
董神	ⁿdu⁵⁵	

17. 日常生活

词	国际音标	备注
A. 衣		
穿	mu³¹	
脱	pʰu¹³	
打扮	tɕiə³³ ʂu³³	
系裙	tʰɯ³³ kɯ³¹	
打结	tɯ⁵⁵ tɯ⁵⁵	
换洗	tʂʰɚ⁵⁵	
晾衣	bɑ³³ lɑ³¹ tɕi¹³	
缝	tʂu³¹	
补	tʂu³¹	
剪	ⁿgɑ³¹	
裁	tsʰɯ¹³	
织（毛线）	dɑ³¹	
戴	tʰa³³	
化妆	tɕiə³³ ʂu³³	
B. 食		
生火	mi⁵⁵ kʰɯ¹³	
砍柴	sɯ⁵⁵ tsʰə¹³	
淘米	tʂʰuɑ³³ tʂʰɚ³³	
做饭	xɑ³³ mɑ³³ mɑ³³	
洗碗	kʰuɑ³¹ tʂʰɚ³³	
做菜	zu³³ nɯ³¹ vɑ³³	
搅拌	tʂʰɯ³³ tʂʰɯ³³	

词	国际音标	备注
焖	pu^{33}	
炖/炆	ŋu^{31}	
煮	tɕiə^{13}	
焯	tɯ^{13}	
炸	sɯ^{33}	
炒	tʂʰu^{55}	
煎	ŋo^{33}	
蒸	pu^{33}	
烤	ɣɯ^{13}	
腌	tɯ^{13}	
吃饭	xɑ^{33} ⁿdsɯ^{33}	
盛饭	xɑ^{33} kʰɯ^{13}	
打嗝	se^{33} kə^{31}	
饱	gɯ^{31}	
饿	zʅ^{33}	
讨饭	xɑ^{33} me^{31}	
酿酒	zʅ^{33} bu^{33}	
喝酒	zʅ^{33} tʰɯ^{33}	
（酒）醉	kə^{33}	
抽烟	iə^{33} tʰɯ^{33}	
口渴	dʑi^{31} bu^{33}	
喝茶	le^{13} tʰɯ^{33}	
C. 住		
住	dzə^{33}	
搬家	dʑi^{31} ʂɯ^{33} dzə^{33}	
分家	dʑi^{31} by^{31}	
看家	iə^{55} ko^{33} ly^{33}	
事情	ʂɚ^{33}	
做家务	iə^{55} ko^{31} be^{33}	
扫地	dɚ^{55} mi^{55} be^{33}	
开门	kʰu^{55} pʰu^{55}	
关门	kʰu^{55} tɯ^{31}	
起床	kə^{31} tɯ^{13}	
洗脸	dʑi^{31} tse^{31}	

词	国际音标	备注
漱口	nə³³ kʰɯ³³ tʂʰɯ³³ tʂʰɯ³³	
梳头	ku³³ ly³¹ pɚ³¹	
理发	ku³³ ly³¹ sɯ¹³	
洗澡	gu³³ mu³³ tʂɯ³³ tʂɯ³³	
小便	ᵐbi³¹	
大便	tɕʰi³³	
点灯	mi⁵⁵ gə³¹ tʂɯ³³	
熄灯	mi⁵⁵ xɑ¹³	
打哈欠	xɑ³³ xɑ³³ i³³ nɯ³¹ tɯ³¹	
睡觉	i¹³	
打呼噜	kʰɚ³³ lɚ³³ ⁿdo¹³	
打喷嚏	a³³ tʰi³³	
做梦	i⁵⁵ mu⁵⁵	
说梦话	i³¹ kɯ³³ tʂɯ³³	
醒（睡醒）	nɚ³³	
尿床	i⁵⁵ kʰɚ³³ lu³³ ᵐbi³³ lɯ¹³	
晒太阳	ni³³ me³³ dʑi¹³	
烤火	mi⁵⁵ ɣɯ¹³	
乘凉	se³³ se³³	
熬夜	xu³¹ biə¹³	
性交	be³³ be³³	
	D. 行	
出门	bu³¹ dy³³ ⁿdʑi⁵⁵	
等待	xu³³ xu³³	
走路	ʐɯ³³ ⁿdʑi⁵⁵	
遇见	ko³³ bu³¹	
回家	le⁵⁵ u³¹ tsʰi³³	
路过	tʰɯ⁵⁵ tɕʰi⁵⁵ ka³¹ ⁿdʑi⁵⁵	
来	tsʰi³³	
去	xɯ³³	
进	kʰu³³ bu³¹	
出	bu³¹ ty³³ xɯ³³	
出去	bu³¹ ty³³ ⁿdʑi⁵⁵	
进来	kʰu³³ le¹³ u³¹ tsʰi³³	

词	国际音标	备注
上来	gə⁵⁵ tsʰi³³	
下去	mi³¹ xɯ³³	

18. 人际交往

词	国际音标	备注
	A. 人际关系	
合伙	dɯ³³ xuɑ³³ pe³¹	
冤枉	mɑ³³ u³¹ ʂɚ¹³	
欺负	ɕi³³ tɕi³¹ xɯ³³ ⁿdzʉ³³	
受气	mə³³ xɯ³³	
眼红	niə³¹ ʂɯ³³	
争	ⁿdzuɑ³³ ⁿdzuɑ³³	
吵架	kʰɚ³³ kʰɚ³³	
打架	lɑ³¹ lɑ³¹	
劝	tʂu⁵⁵ tʂu⁵⁵	
吃亏	pe⁵⁵ ʂɯ³³	
上当	kʰɯ³³ lo³³ ⁿdɚ³¹	
拍马屁	ɑ³³ ʂɯ³³ iə³¹	
感谢	ⁿdʑiə³¹ pe³³	
道歉	mə³³ ku⁵⁵ ni³³	
帮忙	kɚ³³ kɚ³³	
面子	pʰɑ³³	
出丑	mo⁵⁵ u³³ pe³³	
	B. 请客送礼	
走亲戚	iə⁵⁵ ko³³ ɕi³³ ko³³ bu³¹	
打发	bu⁵⁵ bu⁵⁵	
主人	i³³ ⁿdɑ³¹	
客人	ɕi³³ bu³³	
请客	ɕi³³ kʰu³¹	
送礼	pʰɑ³³ ᵐbɑ³¹ pu¹³	
礼物	pʰɑ³³ ᵐbɑ³¹	
宴会	tsʰo³³mu³¹	

19. 商贸、交通、通讯

词	国际音标	备注
A. 商号、贸易		
店铺	tɕʰi³³ tɕʰi³³ ku³³	
旅店/客栈	ɕi³³ xe³¹ ku³³	
做生意	ɣɯ⁵⁵ la³¹ be³³	
摆摊	tɕʰi³³ tɕʰi³³ ku³³	
赶集	zɯ³³ ŋu³³	
开张	kʰa³³ tʂa³³	
利息	li³¹ ɕi¹³	
赔	tsʰy¹³	
欠债	ɕi³³ zu³¹	
还债	ɕi³³ zu³¹ tsʰy¹³	
工钱	la³¹ pʰu⁵⁵	
合算	tsɯ⁵⁵ tsɯ⁵⁵	
赚钱	ɣɯ⁵⁵ la³¹ kɚ³¹	
亏本	ɣɯ⁵⁵ la³¹ kʰua³³	
本钱	la³¹ pʰu⁵⁵	
买	xa³¹	
卖	tɕʰi³³	
（物）交换	kʰa³³ kʰa³³	
价钱	pʰu⁵⁵	
钱	tʂɯ⁵⁵ iə⁵⁵	
零钱	tʂɯ⁵⁵ iə⁵⁵ li³¹ sy³³	
算盘	sua³¹ pʰa³¹	
秤	tɕi³³	
秤砣	dʑiə³¹	
过秤	tɕi³³ kə³¹	
B. 交通、通讯		
路	zɯ⁵⁵	
桥	ⁿdso³³	
车站	tʂʰə⁵⁵ za³¹	
路费	xa³³ tɕʰi³³	
开车	ka⁵⁵ tʂʰə⁵⁵	
坐车	tso³¹ tʂʰə⁵⁵	
上车	ʂa³¹ tʂʰə⁵⁵	

词	国际音标	备注
下车	ɕia³¹ tʂʰə⁵⁵	
飞机	fe⁵⁵ tɕi⁵⁵	
车	tʂʰə⁵⁵	
火车	xo⁵⁵ tʂʰə⁵⁵	
自行车	tsɯ⁵⁵ ɕi³¹ tʂʰə⁵⁵	
板车	pa³¹ tʂʰə⁵⁵	
船	lɯ³³	
渡口	gu³³ kʰu³³	
乘船	lɯ³³ dzɯ³³	
划船	lɯ³³ tsɑ¹³	
邮局	kʰɚ³³ xɯ³¹ ni³³ ku¹³	
寄信	kʰɚ³¹ xɯ³¹ ni³³	
电话	tia³¹ xuɑ³¹	

20. 行政、诉讼、军事

词	国际音标	备注
A. 行政		
国家	ku¹³ tɕiɑ⁵⁵	
乡	ɕia³³	
摊派	tʂu³³ dy¹³	
印章	lɑ³³ me³³ tʰɑ³¹	
B. 讼事		
告状	tɕi⁵⁵ kuɑ³¹	
打官司	tɕi⁵⁵ kuɑ³¹	
查案	ʂɚ³³ ʂu³³	
不服	mə³³ gə³¹	
招供/交代	ku³³ ku³³	
承认	ku³³ ku³³	
反口/翻供	zu³¹ mi³¹ lɑ³³ to³³ pe³³	
犯法	ʂu³³ ⁿdɚ³³	
赌博	po³³ kʰa³¹	
杀人	ɕi³³ sy¹³	
坐牢	lo³¹ ka³¹	

续表

词	国际音标	备注
砍头	ku⁵⁵ ly⁵⁵ tsɯ¹³	
枪毙	sy¹³	
道理	də³¹	
C. 军事		
打仗	sy³³ sy³³	
兵	mu³¹	
长矛	ly³³	

21. 教育、科技

词	国际音标	备注
A. 学校		
学校	tʰe⁵⁵ ɣɯ⁵⁵ su³³ ku¹³	
老师	ʂu³³ tʂu³¹	
学生	tʰe⁵⁵ ɣɯ⁵⁵ su³³ ɕi³¹	
教书	tʰe⁵⁵ ɣɯ⁵⁵ ma³³	
学费	tʰe⁵⁵ ɣɯ⁵⁵ pʰu⁵⁵	
上课	sa³³ kʰo³³	
下课	ɕia³³ kʰo³³	
上学	tʰe⁵⁵ ɣɯ⁵⁵ su³¹	
放假	tʰe⁵⁵ ɣɯ⁵⁵ su³¹ xe¹³	
B. 教室、文具		
教室	tʰe⁵⁵ ɣɯ⁵⁵ su³³ dʑi³¹	
讲台	ʂə³³ lə³³	
黑板	xə¹³ pa³¹	
粉笔	pə³³ ly³¹	
书包	tʰe⁵⁵ ɣɯ⁵⁵ su³³ kʰə³³ tsʰi³¹	
笔	pə³³ ly³¹	
毛笔	mo¹³ pi¹³	
铅笔	tɕʰia³³ pi¹³	
笔筒	pi¹³ tʰo³¹	
墨	mə¹³	
纸	se³³ sə¹³	
簿子	tʂʰa³³	

词	国际音标	备注
C.读书、识字、算数		
文化	ɣo³³ ze³³	
读	tʂʰu³³	
背书	pa¹³	
书	tʰe⁵⁵ ɣɯ⁵⁵	
字	dzy³³	
认字	dzy³³ ly³¹	
写字	dzy³³ pa⁵⁵	
东巴画	tʂa³³	
潦草	mɑ⁵⁵ mɑ⁵⁵	
算数	tsɯ⁵⁵ tsɯ⁵⁵	
考试	kʰo⁵⁵ ʂɯ³¹	
卷子	ⁿdɯ³³	
照抄	ma⁵⁵ ka³³ lu³¹ ue³¹ pu³³	
满分	ma³¹ fe³³	
零分	li³¹ fe³³	
头名	tʰo³¹ mi³¹	
末名	mo¹³ mi³³	
毕业	so³³ se³¹	

22. 文体活动

词	国际音标	备注
A.游戏、玩具		
玩耍	ⁿga³³ xɯ³¹	
荡秋千	ka³¹ ʂu⁵⁵ lu³³ ⁿdsɚ³³	
老鹰抓小鸡	kə¹³ na³³ tsɯ³³ zɚ³¹	
猜谜	a³³ bu³¹ se³³ lə³³ lə³³	
抓石子	lɑ³¹ mə⁵⁵ lɑ³¹ ku⁵⁵ zu̯³³	
玩牌	ⁿgɯ³³ kʰɯ¹³	
打麻将	ma¹³ tsiɑ³³ lɑ¹³	
抓阄	ma³³ ᵐba³¹ do¹³	
打鞭炮	pʰo³³ pʰi¹³ kʰə¹³	
下棋	lə⁵⁵ zu̯ɑ³¹	

续表

词	国际音标	备注
弹弓	ta^{33} ku^{33}	
骰子	ʂu^{55}	
B. 体育竞技		
比赛	pi^{31} sa^{31}	
赢	ⁿgɑ^{33}	
输	pʰi^{13}	
打球	pʰi^{13} tɕʰiə^{33} lɑ^{13}	
摔跤	ⁿdzḁ^{33} ⁿdzḁ^{33}	
扳手劲	lɑ^{31} ɑ^{33} do^{33} do^{33}	
游泳	dʐi^{31} ⁿdzə^{33}	
潜水	dʐi^{31} tʰa^{55} bu^{33}	
C. 武术、歌舞、乐器		
比武	lɑ^{31} lɑ^{31}	
翻筋斗	a^{33} to^{31} ku^{33} to^{31} tɕʰi^{31}	
耍魔术	xuɑ^{13} tsy^{31}	
唱歌	ⁿdsɯ^{33} ⁿdsɯ^{33}	
跳舞	tsʰo^{33} tsʰo^{33}	
舞蹈	vu^{31}	
锣	lo^{31}	
钹	pu^{55}	
鼓	ⁿdɑ^{33} kʰɯ^{31}	
琴	tɕʰi^{31}	
笛子	pi^{33} li^{33}	
葫芦丝	xu^{31} lu^{31} se^{33}	
哨子	ʂo^{31} tsɯ^{33}	
喇叭	ᵐbu^{31} kʰə^{31}	
D. 戏剧、影视		
戏台	ɕi^{33} ⁿdsɯ^{33} ku^{33}	
唱戏	ɕi^{33} ⁿdsɯ^{33}	
扮角色	tʰe^{33} piə^{33} be^{33} tɕiə^{55} ʂu^{33}	
电影	tia^{31} i^{33}	
照相	tʂo^{31} siɑ^{31}	
相片	siɑ^{31} pʰia^{31}	

第二章 语言系统

23. 行为、动作

词	国际音标	备注
A. 五官头部动作		
听	mi^{55}	
看	ly^{33}	
见	do^{31}	
瞟	ta^{31}	
皱眉	niə^{31} tsɯ^{33} fu^{55} ly^{33} ly^{33}	
吃	ⁿdsɯ^{33}	
喝	tʰɯ^{33}	
尝	so^{33}	
咬	ⁿgɯ^{55}	
舔	iə^{31}	
含	ⁿdə^{33}	
吹	mu^{31}	
吻	tɕʰi^{13}	
吮（吮手指）	tɕʰi^{55}	
吐	pʰy^{13}	
闭嘴	nə^{33} kʰɚ^{33} ka^{33} ma^{13}	
张嘴	nə^{33} kʰɚ^{33} gə^{31} xɑ^{31}	
咽	ⁿdə^{33}	
噎	ⁿgɚ^{33}	
呛	pʰɑ^{33}	
呼吸	sa^{31} kʰɯ^{13}	
吸气	sɑ^{13} ɣɯ^{33} gə^{33} da^{31}	
呼气	sɑ^{13} bu^{33} ty^{55} mə^{55}	
闻/嗅（气味）	nə^{31}	
抬头	ku^{55} ly^{55} kə^{33} lə^{31}	
低头	ku^{55} ly^{55} mi^{33} gu^{31}	
点头	ku^{55} ly^{55} ka^{55} ku^{33}	
摇头	ku^{55} xue^{13}	
（用头）撞	tʰa^{13}	
B. 肢体动作		
招手	la^{31} gu^{31}	
举手	la^{31} lə^{31}	
鼓掌	la^{31} pə^{31} ⁿdo^{13}	

续表

词	国际音标	备注
拢手	la³¹ tʂʰɚ¹³ tʂʰɚ³¹	
张开手掌	la³¹ ma³³ kʰa³¹	
（双手）掐	na¹³	
拧	ny¹³	
（指头）摁	na¹³	
（指关节）叩击	do³³ do³³	
（手指）抠	gu³³	
指（着）	tʰe³³ tʂʰu³³	
抬	lə³³	
扛	ᵐbu³³	
挑/担	ᵐbu³³	
背（东西）	tsɑ³³	
摸	ʂu³³ ʂu³³	
扶	ʂu³³ ʂu³³	
搂/抱	ɣɯ³¹ ɣɯ³¹	
推	gə³¹	
拉	ʂɚ⁵⁵	
牵/引（老人）	ʂu³³ ʂu³³	
拔/扯	pɚ³³	
放（东西）	kʰɯ¹³	
掰（手指）	ⁿgə³¹	
捆（耳光）	ny¹³	
扳	ⁿgə³¹	
捧（水）	lə³¹	
挡（屎）	ta³¹	
拿	zu³³/pʰu³³	
给	iə¹³	
端	lə³¹	
提	lə³¹	
扔（石头）	dzɯ³¹	
抛	lɑ¹³	
挖	tɕia¹³	
掏	tɕia¹³	
举	lə³¹	

续表

词	国际音标	备注
摇动	xu³³ xu³³	
夹（腋下）	na¹³	
抓（把米）	zə³¹	
捉	tʂə³¹	
抓痒	ka⁵⁵ ka⁵⁵	
甩（水）	ku³³	
扒（土）	tɕia¹³	
揉	ʂu⁵⁵ ʂu⁵⁵	
撕	ʂə³³	
搓	bi³¹	
擦（汗）	ʂu¹³	
走	ⁿdʑi⁵⁵	
坐	dzɯ³³	
跳	tsʰo³³	
跑	dʑiə³¹	
爬	ᵐbu³³	
追赶	ⁿdy³³ ⁿdy³³	
跟	ma⁵⁵ ka⁵⁵ ⁿdʑi⁵⁵	
踩	tʰə¹³	
跽	kʰɯ⁵⁵ kə³¹ lə³¹	
跪	tsʰɯ¹³	
蹲	tsʰɯ³³ tsʰɯ³³	
站	xy¹³	
踢	tsʰɯ³³	
抢	zɯ³¹	
捆（绑）	tsɯ³³	
砸	ty⁵⁵	
刮	tsʰe³¹	
插	tʂʰu¹³	
揭（盖）	lə³¹	
翻	le¹³	
挂	tɕi³¹	
包	tsɯ⁵⁵ tsɯ⁵⁵	
贴（画）	ɕiə¹³	

续表

词	国际音标	备注
（用棒）捅	tʂhu⁵⁵	
割	xa¹³	
砍	ⁿdɑ¹³	
杀	sy¹³	
刺	tɕhi⁵⁵	
剁	ⁿdɑ¹³	
锯	xa¹³	
劈（柴火）	khɯ⁵⁵	
剥	le¹³	
削（削皮）	tshe³³	
折断（竿）	tɕhi³³ tɕhi³³	
搓擦（手掌）	so³³ so³³	
修	mɑ³³ mɑ³³	
雕	tɕia¹³	
装（袋）	na¹³	
卷（席子）	le¹³	
盖（动词）	kɑ³³	
封	ɕiə¹³	
榨（油）	na¹³	
（东西）压（着）	na¹³	
洗	tʂhə⁵⁵	
染	tʂhə⁵⁵ khɯ¹³	
挪动	tʂha³³	
泼	ɣo³¹	
顶	tə¹³	
C. 心理动作		
理睬	tsɯ³¹	
知道	sɯ³¹	
以为	thə³³ be³³ ʂɯ⁵⁵ ⁿdɚ³³	
认得	thə³³ be³³ sɯ⁵⁵	
懂	sɯ⁵⁵	
笑	za̠³¹	
伤心	nɯ³³ me³³ tɕhi¹³	
后悔	le³³ kɯ³³ phu³³	

词	国际音标	备注
哭	ŋu³¹	
流泪	niə³¹ be¹³ ᵐbu³¹	
生气	mə⁵⁵ xɯ³¹	
出气	sɑ¹³ kʰɯ¹³	
讨厌	ⁿdsɯ³³ pe¹³	
恨	mə⁵⁵ xɯ³³	
害怕	zu̥³¹	
胆量	də³³	
壮胆	də⁵⁵ dɯ³¹	
吓（人）	ɕi³³ ⁿdo³¹ kʰɯ¹³	
忍耐	zɯ³³	
喜欢	pʰiə³¹	
着急	zɯ⁵⁵ zɯ⁵⁵	
担心	ni³³ me³³ a³¹	
放心	ni³³ me³³ tɕi⁵⁵ ku⁵⁵ tɕi³³	
愿意	pʰiə³¹ pe¹³	
想	ʂu³³ tɯ³³	
要	ni³³	
相信	gɯ³³	
怀疑/生疑	mə³³ gɯ³³	
发呆	tʰɚ³¹ tɕi³³ ɑ³¹	
记得	tɕiə⁵⁵ ty⁵⁵	
忘记	le⁵⁵ mi⁵⁵	
想起	kə³¹ le³¹ ʂu⁵⁵ dɯ⁵⁵	
假装/装作	tʰə³¹ pe³³ pe³³ zu⁵⁵ zu⁵⁵ pe³³	
D. 言语动作		
说	ʂə¹³	
话	kɯ³³ tʂɯ³³	
说话	kɯ³³ tʂɯ³³	
声音	kʰɚ³¹	
告诉	tʰə³¹ tɕy³³ pu³³ ʂə¹³	
说谎	ɕi³³ kuɑ³³	
笑话	zḁ³¹ ᵐbu³³ gu³¹ tʰə³³ tso¹³	
喊	lɚ³¹	

续表

词	国际音标	备注
开玩笑	za³¹ ᵐbu³³ gɯ³¹ tʰə³³	
吹牛/夸口	ku⁵⁵ dɯ⁵⁵	
打赌	kɯ⁵⁵ kɯ⁵⁵	
发誓	gɯ³³ gɯ³³	
问	mi³³ to³³	
顶嘴	to³³ to³³	
骂	tʂʰu⁵⁵ gɯ⁵⁵	
哄	tʂu⁵⁵ tʂu⁵⁵	
答应	ku⁵⁵ ku⁵⁵	
E. 其他动作		
顶替	kʰa³¹	
换	kʰa³¹	
填	ma³³ ka³³ ue³³	
变（作）	biə³³	
耽误	ⁿdʐɯ⁵⁵ ⁿdʐɯ⁵⁵	
碍（事）	ɕi³³ u¹³	
旋转	zi³³ li⁵⁵ li⁵⁵	
留	ma³³ tsy³³	
挑选	sɯ⁵⁵ sɯ⁵⁵	
使用	tse⁵⁵ tse⁵⁵	
有	ⁿdʐy³¹	
送	pu¹³	
吊	tʂʰɯ³³	

24. 人称、指代、疑问

词	国际音标	备注
A. 人称		
我	ŋə³¹	
你	nə³¹	
他	tʰə⁵⁵/tsʰy³¹	
我俩	a³³ zu³³ ku³¹	
他俩	tʰə³³ zu³³ ku³¹	
我们	ə³¹ ⁿgɯ³³	

词	国际音标	备注
你们	nə³¹ ᵑgɯ³³	
他们	tʰə³¹ ᵑgɯ³³	
咱们	a³³ ᵑgɯ³³	
我的	ŋo³³ gə¹³	
你的	no³³ gə¹³	
他的	tʰo³³ gə¹³	
咱们的	a³³ ᵑgɯ³³ gə¹³	
我们的	a³³ ᵑgɯ³³ dɯ³¹ xuɑ³³ gə¹³	
你们的	nə³¹ ᵑgɯ³³ dɯ³¹ xuɑ³³ gə¹³	
他们的	tsʰy³¹ ᵑgɯ³³ dɯ³¹ xuɑ³³ gə¹³	
自己	u³¹ tu³³ u³¹	
别人	ɕi³³	
人家	ɕi³³ dʑi³¹	
大家	dɯ³¹ xuɑ³³	
每人	ze³¹ ku⁵⁵	
人人	dɯ³³ ku⁵⁵ u³¹ dɯ³³ ku⁵⁵	
B. 指代		
这	tʂʰɯ⁵⁵	
那	ᵑde⁵⁵ xe³³	
这里	tʂʰɯ⁵⁵ tɕi³³	
那里	ᵑde⁵⁵ xe³³	
这些	tʂʰɯ⁵⁵ u³³ be³¹	
那些	ᵑde⁵⁵ xe³³ tʂʰɯ⁵⁵ be³¹	
这个	tʂʰɯ⁵⁵ ku¹³	
那个	ᵑde⁵⁵ xe³³ tʂʰɯ⁵⁵ ku¹³	
这样	tʂʰɯ⁵⁵ niə³³ be³¹	
那样	ᵑde⁵⁵ xe³³ tʰɯ¹³ niə³¹ be³¹	
这么	tʂʰɯ⁵⁵ be³¹	
那么	ᵑde⁵⁵ xe³³ tʂʰɯ⁵⁵ be³¹	
这么多	tʂʰɯ⁵⁵ u³³ be³¹	
那么多	tʰə³³ u³³ be³¹	
C. 疑问		
哪个	ze³¹ dɯ³¹ ku¹³	
哪里	ze³¹ ku¹³	

词	国际音标	备注
哪些	ze³¹ dɯ³¹ sy³³	
哪样	ze³¹ dɯ³¹ tʂʰu³³	
哪天	ze³¹ dɯ³¹ ni³³	
谁	a³¹ ne³³	
谁的	a³¹ ne³³ gə¹³	
什么	a³¹ tse³³	
什么时候	a³¹ tse³³ dɯ³³ kʰɑ³³	
为什么	a³¹ tsɯ³³ pe⁵⁵ se¹³	
怎么	a³¹ tse³³	
怎么做	se³³ be³¹ be³³	
怎样	se³³ be³¹	
几个	ze³³ ku¹³	
多久	ze³³ u³¹ dɯ³¹ tʂɚ¹³	

25. 性状、情态

词	国际音标	备注
A. 事物形态、性状		
大	dɯ³¹	
小	tɕi³³	
长	ʂɚ³³	
短	ⁿdɚ⁵⁵	
高	ʂuɑ³¹	
矮	xy³³	
粗	by⁵⁵	
细	tsʰɯ³³	
宽	pɑ³¹	
窄	tsʰɯ³³	
扁	piə³³	
凸	u³³	
凹	ko¹³	
厚	lɑ¹³	
薄	ᵐbe³³	
平	pʰə³³ iə⁵⁵ pʰə³³ iə⁵⁵	

词	国际音标	备注
陡	tsɯ³¹	
直	tə³¹ tə³¹	
弯	gu³³ gu³³	
正	tə³¹ tə³¹	
反	kə³³ pʰu³¹	
斜	le³³ ⁿgə¹³	
歪	ⁿgə¹³	
横	le³³ ⁿdɚ³¹	
竖	le³³ tsɯ³³	
硬	ⁿdʐy³³	
软	bɚ³³ na³¹	
死	ʂɯ³³	
活	sɯ³¹	
紧	zɯ³³ lə³³	
松	kʰə³³ tɕiə³³	
远	kʰə³³ kʰɑ³¹	
近	nə³³ nə³³	
快	tʂʰu³³	
慢	xo³³	
难	ⁿdʑiə³¹	
迟	xo³³	
早	tʂʰu³³	
久	ze³³ ʂɚ¹³	
重	lɯ⁵⁵	
轻	y³³	
急	zɯ³³ zɯ³³	
易	xɯ³³	
忙	tɕi⁵⁵ ka³³	
闲	mə³¹ tɕi⁵⁵ ka³³	
新	ʂɯ¹³	
旧	lu³¹	
破	ᵐbu⁵⁵	
深	xo¹³	
浅	de³³	

续表

词	国际音标	备注
清	ʂu³³	
浊	ⁿdɚ³³	
密	tse³³ tse³³	
稀	ᵐbe³³	
满	ʂɚ¹³	
空	ni¹³	
老	mu⁵⁵	
嫩	dɚ³³	
生	sɯ³¹	
熟	mi³³	
乱	mə³³ sɯ³³ mə³³ kua³¹	
多	bi³¹	
少	nɯ³³	
锋利	tʰɑ¹³	
钝	mə³³ tʰɑ¹³	
干	bu³¹	
湿	ⁿdzɯ⁵⁵	
湿淋淋	tɕiə³³ lu³¹ tɕiə³³ lu³¹	
胖	kɑ³³ dɯ³³	
瘦	ⁿdsɑ³³	
肥	kɑ³³ dɯ³¹	
真	a³¹ sɯ³³ pe³³	
假	ɕi³¹ kua³³	
好	gu³¹	
坏	kʰua³¹	
对	xo³¹	
错	ⁿdɚ³³	
光滑	xɑ³³ lɚ⁵⁵ xɑ³³ lɚ³³ gu³³	
朽/腐烂	tʂʰɚ³¹	
干净	ʂu³³	
邋遢	mə³³ ʂu³³	
安静	mə³³ nɑ⁵⁵ nɑ⁵⁵	
热闹	lɚ³³ lɚ³³ ᵐbɑ³³ ᵐbɑ³³	
牢固	kɚ⁵⁵ kɚ⁵⁵	

词	国际音标	备注
贵	pʰu³³ i³³	
便宜	siɑ³³ i³³	
清凉	se³³ se³³	
吉利	kɑ³³	
雄性	pʰu³³	
雌性	me³¹	
吉祥	ɣɯ⁵⁵	
B. 人貌、品性		
漂亮	lə³³	
丑陋	mə³³ lə³³	
聪明	tʰɑ¹³	
勤快	be³³ bi³³	
懒惰	be³³ mə³³ bi³³	
蠢/笨	ⁿdo³³	
老实	tə³¹	
浪费	mə³³ sɯ³³ me³³ kuɑ³¹	
狡猾	ɕi³³ kuɑ³¹ ɕi³³ tɕʰi³³	
小气	tse³³ tse³³	
大方	do³³ dɚ³³	
调皮	ŋə⁵⁵ xɑ³¹ tʂʰɯ³³ dɯ³³	
蛮横	nɯ³³ me³³ dɯ¹³	
大胆	ny³³ dɯ⁵⁵	
犟/倔强	ŋə⁵⁵ xɑ³¹ tʂʰɯ³³ dɯ³³	
C. 心态、情感		
高兴	tsɑ³³	
烦躁	mə³³ tsɑ³³	
难过	ny⁵⁵ me⁵⁵ tɕʰi¹³	
熟识	ɑ³¹ sɯ⁵⁵ gɯ³³	
生疏	mə³³ sɯ³³	
慌张	tɕi³³ tɕi³³ du⁵⁵ du⁵⁵	
辛苦	dʑiə³³ dʑiə³³	
D. 色、味		
颜色	tʂʰɚ³³	
褪色	tʂʰɚ³³ pʰu¹³	

续表

词	国际音标	备注
红	xy³³	
白	pʰɚ³¹	
黑	nɑ³¹	
青	xa³³	
绿	xa³³	
黄	ʂɯ³¹	
蓝	xa³³ zɯ³³	
灰	ɣɯ³¹ ʂu¹³	
味道	nə³¹	
气味	sɑ¹³ nə³¹	
淡	mɑ³³ su³³	
咸	kʰɑ³¹	
香	nə³¹	
腥	bu⁵⁵ nə³³	
臭	tʂʰɯ⁵⁵ nə³³	
酸	tɕi³¹	
甜	tɕʰi⁵⁵	
苦	kʰɑ³¹	
辣	pi³¹	

26. 副词

词	国际音标	备注
A. 程度、范围、语气		
最	a³³ kə³³	
更	le⁵⁵ xɑ¹³	
特别	a³³ kə³³ dɯ³³ u³³	
太	a³³ kə³³ le⁵⁵ xɑ¹³ dɯ³³ u³³	
有点	dɯ⁵⁵ ma³³	
都	dɯ³³ xə³³ be³³	
总共	dɯ³³ xə³³ nɯ³³	
另外	ma³³ ⁿdʑy³¹	
到底	se³³ be³³	
应该	tʂʰə⁵⁵ be³³	

词	国际音标	备注
反正	tʂʰə⁵⁵ be³³	
正好	tʂʰə⁵⁵ tɕi³³	
差点儿	dy⁵⁵ ma³³ nɯ³¹	
差不多	a³³ tsʰe⁵⁵ tse³³ ku³¹	
明明	tʂʰə⁵⁵ be³³	
B. 肯定、否定		
就是	tʂʰə⁵⁵ be³³	
不	mə³³	
不要	mə³³ ni³³	
没有	mə³³ ⁿdʐy³¹	
不止	tʂɯ³³ tɑ³¹ mɑ⁵⁵ zɑ³¹	
不消	tʂʰə³³ pe⁵⁵ pe⁵⁵ mə³³ na³¹	
不会	mə³³ ku¹³	
C. 时间、频度		
刚刚	ɑ⁵⁵ so³¹	
刚好	tʂʰɯ⁵⁵ kʰɑ³¹	
正在	tʂʰɯ⁵⁵ kʰɑ³¹ nɯ¹³	
马上	tʂʰɯ⁵⁵ kʰɑ³¹ nɯ³¹	
先（走）	ka³³	
一直	tʂʰə⁵⁵ be³³ nɚ⁵⁵	
已经	le⁵⁵ uɑ³¹	
向来	ka³³ nɯ³¹	
最后	ma³³ tsʰi³³	
一会儿	dɯ³¹ kʰɑ³³ nɯ³³	
来不及	ma³³ ka⁵⁵ mə³³ ma³³	
来得及	ma³³ ka⁵⁵ ma³³	
再	le³³ tɕy³¹	
又	le³¹	
还	le³¹	
经常	mə⁵⁵ ɕiə³³ be³¹	
总是	tʂʰɚ⁵⁵ pe³³ nɚ³¹	
有时	dɯ⁵⁵ kʰɑ³¹	
初初（地）	a⁵⁵ tsʰe³³ mə³³ ku⁵⁵	

续表

词	国际音标	备注
D. 情态		
突然	mə³³ tɕy⁵⁵ mi⁵⁵ ku¹³	
偷偷（地）	mə³³ nɑ⁵⁵ nɑ³³ a⁵⁵ be³³	
亲自	u³¹ nɯ³¹	
故意	pɑ³³ i³³ be³¹	
特地	tʰe³³ sɯ³¹ ku³³	
白白（地）	mə³³ pʰu⁵⁵ i³³	

27. 数量

词	国际音标	备注
A. 数目		
数目	ze³³ u⁵⁵	
一	dɯ³¹	
二	ni³¹	
三	sɯ³¹	
四	lu³³	
五	uɑ³³	
六	tʂʰuɑ⁵⁵	
七	ʂɚ³³	
八	xo⁵⁵	
九	ⁿgu³³	
十	tsʰe³¹	
十一	tsʰe³¹ dɯ³¹	
十二	tsʰe³¹ ni³³	
十五	tsʰe³¹ uɑ³³	
十九	tsʰe³¹ ⁿgu³³	
二十	ni³³ tsɯ³¹	
六十	tʂʰuɑ⁵⁵ tsʰɯ³¹	
九十	ⁿgu³³ tsʰɯ³¹	
百	ɕi³³	
千	tə³¹	
万	kɯ³¹	
一百	dɯ³¹ ɕi³³	

词	国际音标	备注
一百零一	dɯ^{31} ɕi^{33} nɑ^{55} dɯ^{31}	
一百一十	dɯ^{31} ɕi^{33} nɑ^{55} tsʰe^{31}	
一千	dɯ^{31} tə^{31}	
B. 分数、倍数、概数		
左右	ua^{33} i^{31}	
三四个	sɯ^{31} lu^{33} ly^{33}	
十几个	tsʰe^{33} dɯ^{31} ni^{33} ly^{33}	
十多个	tsʰe^{33} dɯ^{31} ni^{33} ly^{33}	
许多	le^{31} xɑ^{31} dɯ^{31} u^{31}	
一点	dɯ^{55} ma^{31}	
半	ⁿgɯ^{55}	
一大半	dɯ^{33} ⁿgɯ^{55} dɯ^{33}	
C. 名量		
个（一个人）	ku^{13}	
个（一个碗）	ly^{33}	
只（一只鸡）	me^{33}	
头（一头牛）	pʰu^{13}	
条（一条蛇）	kʰɯ^{33}	
条（一条裤子）	lə^{13}	
条（一条路）	kʰɯ^{33}	
条（一条绳）	kʰɯ^{33}	
根（一根棍子）	kə^{13}	
根（一根针）	kʰɯ^{33}	
支（一支笔）	ly^{33}	
支（一支烟）	kue^{33}	
匹（一匹马）	dzḁ^{33}	
窝（一窝蜂）	kʰɯ^{33}	
棵（一棵树）	ⁿdsɯ^{33}	
片（一片叶子）	pʰiə^{13}	
朵（一朵花）	bɑ^{33}	
丛（一丛草）	zɯ^{33}	
栋（一栋房子）	dzi^{33}	
间（一间房子）	ka^{33}	
座（一座桥）	ⁿdso^{33}	

续表

词	国际音标	备注
座（一座山）	ⁿdzu³³	
扇（一扇门）	kʰu⁵⁵	
口（一口井）	kʰɚ³³	
口（一口饭）	lɚ³³	
幅（一幅画）	dɯ³³	
粒（一粒米）	ly³³	
滴（一滴水）	tʰɚ³³	
双（一双鞋）	ʐɯ³³	
块（一块手绢）	pʰe¹³	
把（一把刀）	bɑ³¹	
把（一把伞）	bɑ³¹	
张（一张纸）	pʰe¹³	
辆（一辆车）	pu³³	
种（一种事物）	sy³³	
件（一件衣服）	lə¹³	
件（一件事情）	ʂɚ³³	
首（一首歌）	tia³³	
股（一股味）	nɯ¹³	
包（一包糖）	kuɑ³³	
撮（一撮羊毛）	ʐu³³	
捆（一捆柴）	tsɯ³³	
顿（一顿饭）	pʰi³³	
泡（一泡尿）	xɚ³³	
户（一户人家）	dzi³³	
伙（一伙人）	xuɑ³³	
剂（一剂药）	xɚ³³	
杆（一杆枪）	pɑ³³	
D. 动量		
下（打一下）	ne³³	
顿（打一顿）	ʐɯ³³	
遍（读一遍）	ʐɯ³³	
E. 度量衡		
庹	lu⁵⁵	
拃	tɕi³³	

续表

词	国际音标	备注
斤	tɕi³³	
两	lu⁵⁵	
元	be³³	
角	lu⁵⁵	
分	xɯ³³	
升	py³³	
钱	xɯ³³	

28. 介词、连词

词	国际音标	备注
A. 介词		
比	nɯ³³	
在（~这里）	tʂʰɯ⁵⁵	
和（我~你）	nɑ¹³/ne¹³	
向	dzy¹³	

29. 禁忌语

词	国际音标	备注
A. 生殖排泄		
操/干	be³¹	

本章执笔者：蒋波

第三章
文献解读

一 地契

文书1-1

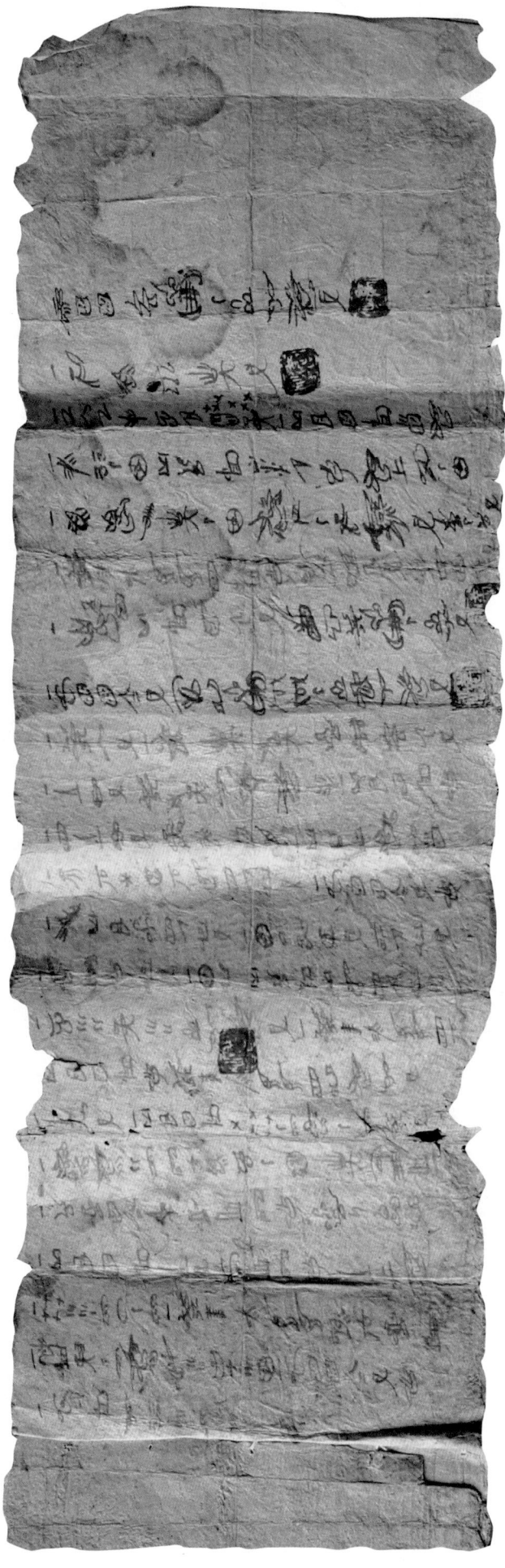

阿刚梓卖田契（正面）

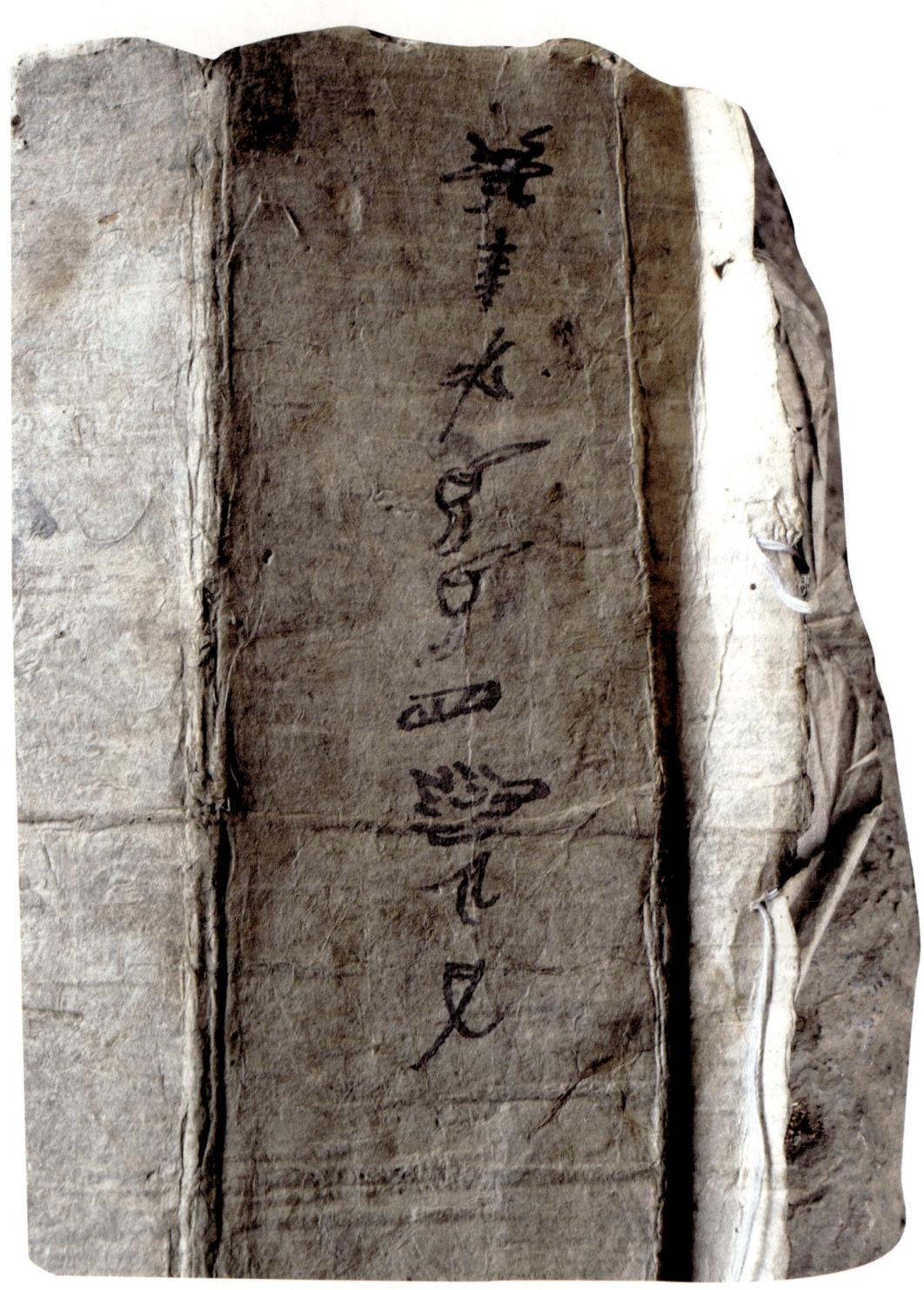

阿则梓卖田契（背面）局部

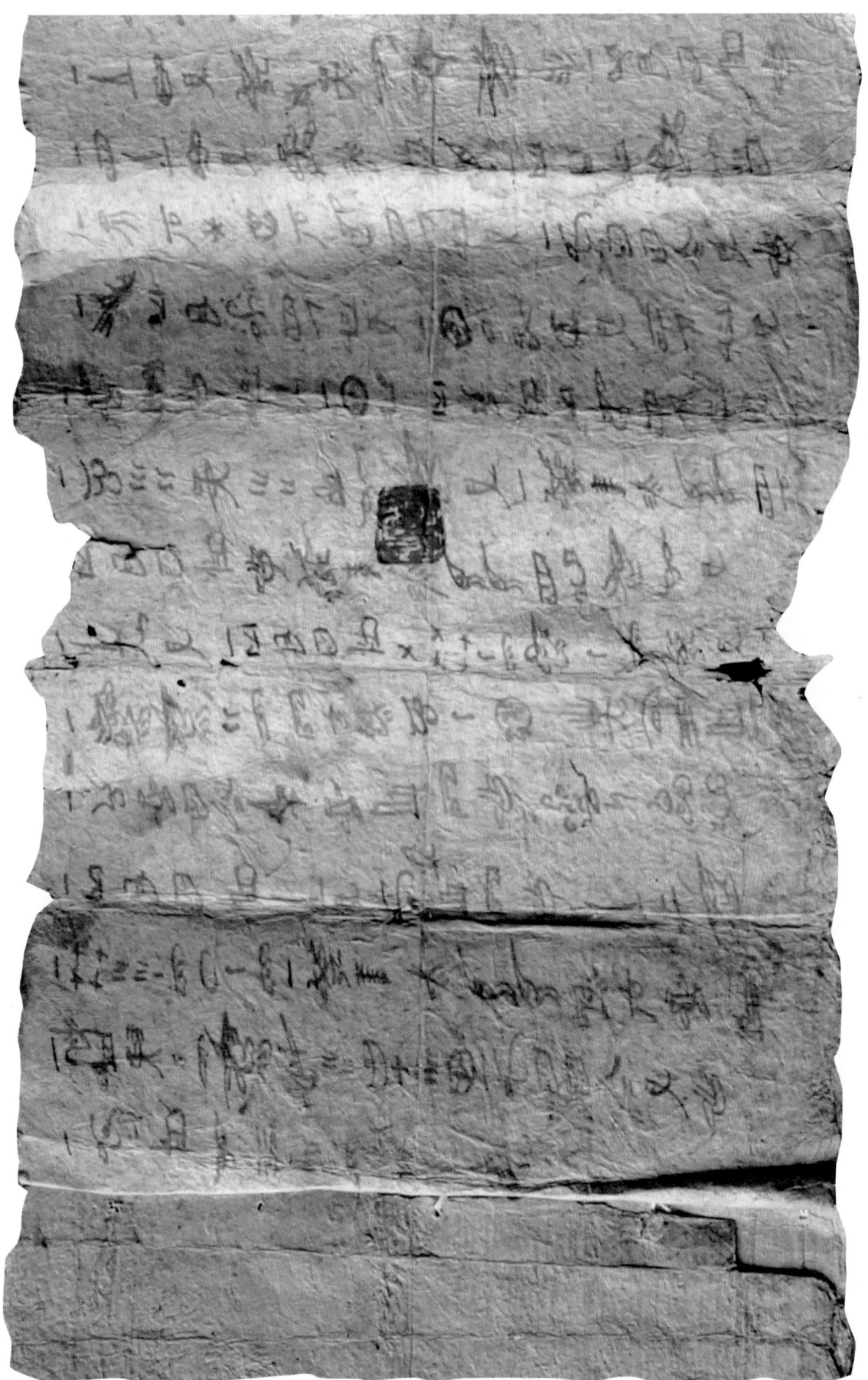

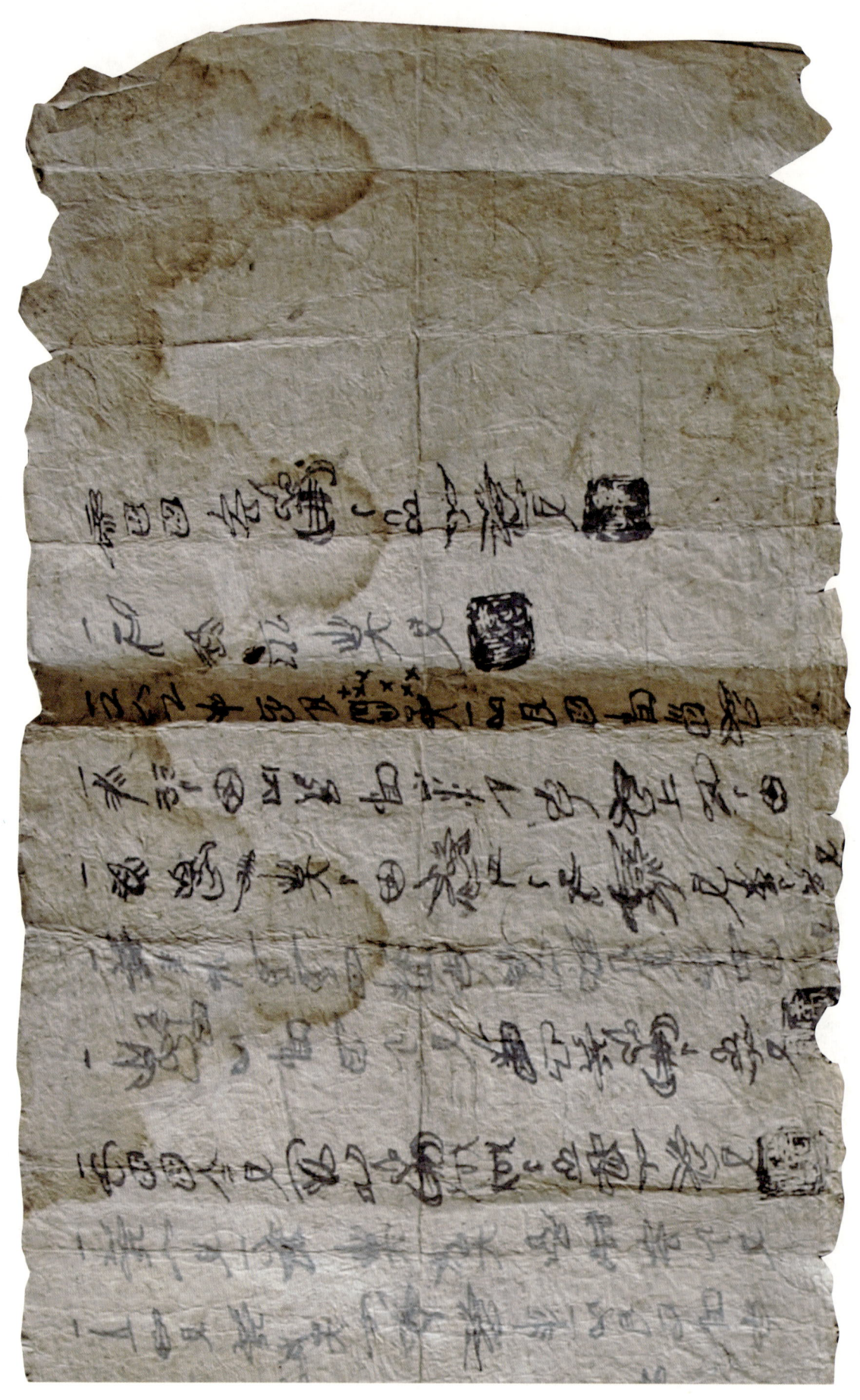

著录

编号	1-1
文书名	阿则梓卖田契
书写人	伟伽革
书写时间	雍正四年（1726）
来源	云南省玉龙纳西族自治县宝山乡吾木村
体例	竖行书写，从左向右换行，双面书写
材质	东巴纸，墨书
采集时间	2011年7月24日
采集地点	云南省玉龙纳西族自治县宝山乡吾木村
摄影	李学信
翻译者	和学耀，蒋波
整理者	蒋波
备注	文书中有三处印章图案

翻译

【正面】

01

字符	国际音标	直译	意译	串讲
	$kʰa^{33}$	苦	可汗	
	$ⁿga^{33}$	胜利		
	$iə^{33}$	烟草	雍正	
	$tsɯ^{31}$	捆绑		
	lu^{33}	四		
	$kʰu^{13}$	镰刀	年	雍正皇帝四年，是五行属木的一年，羊年腊月十四日。[2]
	$ᵐbu^{31} tʰo^{33}$	坡、树	五行	
[1]	$tʂu^{33} zɯ^{33}$	拿、草	属木	
	$dɯ^{31}$	一		
	$kʰu^{13}$	镰刀	年	
	$y^{33} kʰu^{13}$	羊、镰刀	属羊	
	$ⁿda^{31}$	砍	腊月	
	ua^{33}	五		

续表

字符	国际音标	直译	意译	串讲
	xe^{33}	月亮	月份	
	tsʰe^{31}	十		雍正皇帝四年，是五行属土的一年，羊年腊月十四日。
	lu^{33}	四		
	ni^{33}	太阳	日、天	

字符	国际音标	直译	意译	串讲
	a^{33}	语气词		
	dziə^{31}	秤砣	阿究究尼（人名）	
	dziə^{31}	秤砣		
	ni^{33}	春		阿究究尼（人名）的母亲四十七岁的这一年。
	me^{31}	雌性	母亲	
	nɯ^{31}	心脏	主语助词	
	lu^{33} tsʰɯ^{31}	四十		
	sə^{33}	七		
	kʰu^{13}	镰刀	年	

02

续表

字符	国际音标	直译	意译	串讲
⬭	gu³¹	蛋	指示代词	
∣	dɯ³¹	—		阿究究尼（人名）的母亲四十七岁的这一年。
⌒	kʰu¹³	镰刀	年	

03

字符	国际音标	直译	意译	串讲
	xa³¹	黄金		
	zɯ³³	草		
	ma³³	尾巴	海姿迈高高（地名）	
	ko³³	鹤		
	ko³³	鹤		海姿迈高高（地名）的一小块良田卖给了伟道究伽（人名）。
	lɯ³³	牛虱	田	
	kɑ³³		好	
	dɯ³¹	大	—	
	pʰe¹³	麻布	小块	
	ue³³	村寨	伟道究伽（人名）	

续表

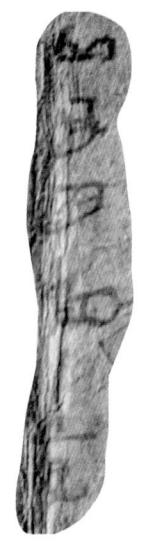

字符	国际音标	直译	意译	串讲
	to^{33}	板子		
	dziə^{31}	秤砣	伟道究伽（人名）	
	ŋɡɑ^{33}	胜利		海姿迈高高（地名）的一小块良田卖给了伟道究伽（人名）。
	tɕʰi^{33}	刺	卖	
	me^{55}	雌性	语气助词	

04

字符	国际音标	直译	意译	串讲
	a^{33}	语气词		
	zi^{33}	树立	阿则梓（人名）	
	zɯ^{33}	村寨		
	ɡə^{55}	上	不详	是阿则梓（人名）卖的。
	nɯ^{33}	心脏	主语助词	
	tɕʰi^{33}	刺	卖	
	ʂə^{13}	说	不详	
	se^{31}	岩羊	情态助词	

第三章 文献解读 157

05

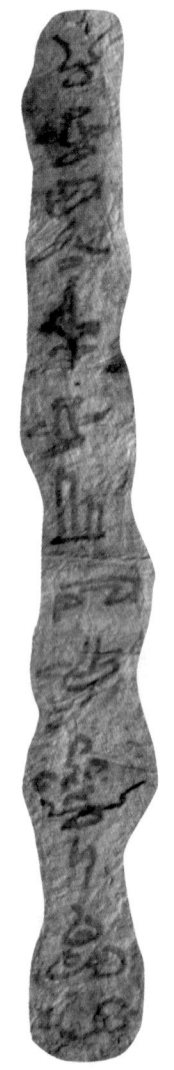

字符	国际音标	直译	意译	串讲
	zo³³	缸	儿子	
	dɯ³¹	大		
	dziə³¹	秤砣	究尼（人名）	
	ni³³	春		
	ba³³	花	父亲	
	dɯ³¹	大	不详	
	zu³³	村寨		长子究尼（人名）的□父亲因为（病了没有）药，属马、属羊的两年□一□银的零碎，应该这样做。
	gə⁵⁵	上	因为	
	nɯ³¹	心脏		
	kə³³	祭粮		
	tʂʰɚ⁵⁵	辈分	解药	
	ɣɯ⁵⁵	吉祥		
	pʰu³³	雄性		

续表

字符	国际音标	直译	意译	串讲
	$z\underset{\cdot}{u}a^{33}k^hu^{13}$	马、镰刀	属马	
	$y^{33}\,k^hu^{13}$	羊、镰刀	属羊	
	ni^{33}	二		
	k^hu^{13}	镰刀	年	
	$gə^{55}$	上	不详	
	$tsɯ^{33}$	捆绑		长子究尼（人名）的□父亲因为（病了没有）药，属马、属羊的两年□一□银的零碎，应该这样做。
	$lɯ^{33}$	牛虱	零碎	
	$ŋu^{33}$		银	
	$dɯ^{31}$		一	
	p^ha^{33}	面庞	不详	
	be^{33}	战神		
	by^{31}	孵化	应该这样做	
	$^ndə^{31}$	赶毡簾		

06

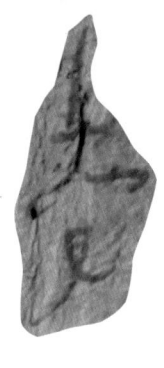

字符	国际音标	直译	意译	串讲
	zɯ³³	村寨	梓戈（人名）	是梓戈（人名）卖的。
	gə⁵⁵	上		
	nɯ³¹	心脏	主语助词	
	tɕhi³³	刺	卖	
	mu³¹	天	是	
	me⁵⁵	雌性	语气助词	

07

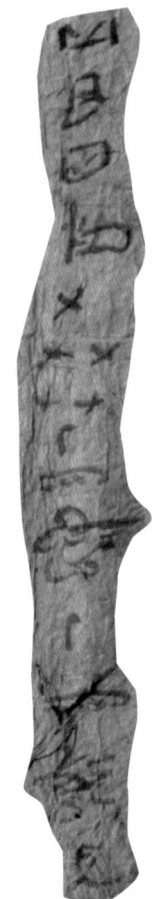

字符	国际音标	直译	意译	串讲
	ue³³	村寨	伟道究伽（人名）	伟道究伽（人名）五十一岁属狗的这一年买的，伟道究伽（人名）在海姿迈高高（地名）的（一）丘田给过了。
	to³³	板子		
	dziə³¹	秤砣		
	ⁿga³³	胜利		
	ua³³ tshɯ³³	五十		
	dɯ³¹	一		
	khu¹³	镰刀	岁	
	khɯ⁵⁵	狗		

续表

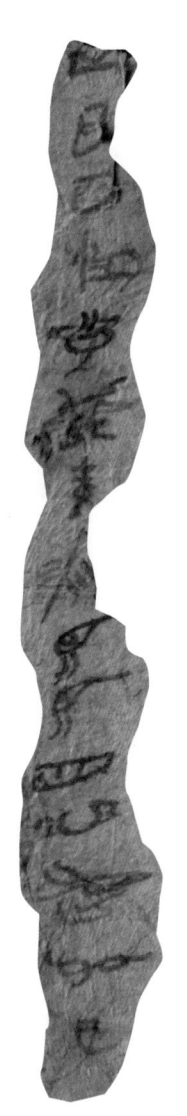

字符	国际音标	直译	意译	串讲
	dɯ³¹	一		
	kʰu¹³	镰刀	年	
	xa³¹	金子	买	
	me⁵⁵	雌性	语气助词	
	ue³³	村寨		
	to³³	板子	伟道究伽（人名）	伟道究伽（人名）五十一岁属狗的这一年买的，伟道究伽（人名）在海姿迈高高（地名）的（一）丘田给过了。
	dʑiə³¹	秤砣		
	ᵑɡɑ³³	胜利		
	nɯ³¹	心脏	主语助词	
	xa³¹	黄金		
	zɯ³³	草	海姿迈高高（地名）	
	ma³³	尾巴		
	ko³³	鹤		
	ko³³	鹤		

续表

字符	国际音标	直译	意译	串讲
	lɯ³³	田地		
	pʰu³³	雄性	丘	伟道究伽（人名）五十一岁属狗的这一年买的，伟道究伽（人名）在海姿迈高高（地名）的（一）丘田给过了。
	le⁵⁵	獐子	助词	
	iə¹³	烟草	给	
	me⁵⁵	雌性	语气助词	

08

字符	国际音标	直译	意译	串讲
	ŋu³³		银子	
	uɑ³³		五	
	lu⁵⁵	庹	两	
	uɑ³³		五	银钱五两五钱已经付讫。
	lu⁵⁵	石头	钱	
	iə¹³	烟草	给	
	me³³	雌性	语气助词	

09

字符	国际音标	直译	意译	串讲
	xa³¹	黄金		
	zɯ³³	草		
	ma³³	尾巴	海姿迈高高（地名）	
	ko³³	鹤		
	ko³³	鹤		
	lɯ³³	田地		海姿迈高高（地名）的一小块良田作抵押。
	kɑ³³	好		
	dɯ³¹	大	一	
	pʰe¹³	麻布	小块	
	nɯ³¹	心脏	主语助词	
	bu³¹	份	（作）抵押	
	me³³	雌性		

10

字符	国际音标	直译	意译	串讲
	ni³³ me³³	太阳	东方	东到伟皂伽（人名）、伟革（人名）的田地为止；南到伟道茹（人名）的田地为止；西到继诃麦（人名）的田地为止；北到嘉德诃（人名）、嘉革（人名）的田地旁边为止。
	tʰə³³	桶		
	ue³³	村寨	伟皂伽（人名）	
	zo³³	缸		
	ⁿgɑ³³	胜利		
	ue³³	村寨	伟革（人名）	
	kə¹³	鹰		
	lɯ³³	田地		
	ku⁵⁵	钩子	到	
	bu³¹	份	止	
	me⁵⁵	雌性	语气助词	
	i³¹tʂʰɯ³³mi³³	南		
	ue³³	村寨		
	to³³	板子	伟道茹（人名）	
	ʐu⁵⁵	繁衍		

续表

字符	国际音标	直译	意译	串讲
	lɯ³³	田地		
	ku⁵⁵	钩子	到	
	bu³¹	份	止	
	me⁵⁵	雌性	语气助词	
	ni³³ me³³	太阳	西	东到伟皂伽（人名）、伟革（人名）的田地为止；南到伟道茹（人名）的田地为止；西到继诃麦（人名）的田地为止；北到嘉德诃（人名）、嘉革（人名）的田地旁边为止。
	gu³¹	蛋		
	tɕi³³	羊毛剪	继诃麦（人名）	
	xɯ³³	牙齿		
	me⁵⁵	雌性		
	lɯ³³	田地		
	ku⁵⁵	钩子	到	
	bu³¹	份	止	
	me⁵⁵	雌性	语气助词	
	xo³¹ gu³¹ lo³¹	北		

续表

字符	国际音标	直译	意译	串讲
	kɑ³³	好		
	tə³¹	千	嘉德词（人名）	
	xɯ³³	牙齿		东到伟皂伽（人名）、伟革（人名）的田地为止；南到伟道茹（人名）的田地为止；西到继诃麦（人名）的田地为止；北到嘉德词（人名）、嘉革（人名）的田地旁边为止。
	kɑ³³	好	嘉革（人名）	
	kə¹³	鹰		
	lɯ³³		田地	
	kʰu⁵⁵	门	旁边	
	me⁵⁵	雌性	语气助词	

11

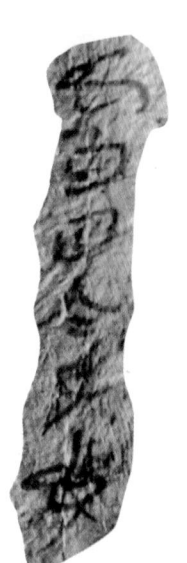

字符	国际音标	直译	意译	串讲
	a³³	语气词		
	dʑiə³¹	秤砣	阿究究尼（人名）	阿究究尼（人名）母亲的田（以前）就卖过了，掌握不了卒伟（地名）（的田地），背地里说家族口卖过了。
	dʑiə³¹	秤砣		
	ni³³	春		
	me³¹	雌性	母亲	

续表

字符	国际音标	直译	意译	串讲
	nu^{31}	心脏	主语助词	
	$lɯ^{33}$	田地		
	$tɕ^hi^{33}$	刺	卖	
	$tʂə^{31}$	骨节	情态助词	
	me^{55}	雌性	语气助词	
	$tɕ^hiə^{33}$	麻风病		
	ma^{33}	尾巴	无法控制	阿究究尼（人名）母亲的田（以前）就卖过了，掌握不了卒伟（地名）（的田地），背地里说家族□卖过了。
	$ʂu^{55}$	菖蒲		
	$tsʰy^{55}$	小米	卒伟（地名）	
	ue^{33}	村寨		
	$k^hə^{31}$	犄角	背地里	
	$ʂə^{13}$	说		
	$tsʰo^{33}$	大象	家族	
	$ə^{13}$	骨头		

续表

字符	国际音标	直译	意译	串讲
ᶜᶜ	ʂu³¹	菖蒲	找	
⃝	tɕʰi³³	刺	卖	阿究究尼（人名）母亲的田（以前）就卖过了，掌握不了卒伟（地名）（的田地），背地里说家族□卖过了。
⃝	tʂə³¹	骨节	不详	
⃝	me³³	雌性	语气助词	

12

字符	国际音标	直译	意译	串讲
⃝	xa³¹	黄金	买	
⃝	ɕi³³		人	
⃝	mə³³	暮	否定词	
⃝	dzy³¹	蔓菁	有	买方不知道伟道究伽（人名）已经买过了。见证人是哈瓜塔（人名）。
⃝	se³¹	岩羊	情态助词	
⃝	sɯ³¹	柴草	知道	
⃝	ue³³	村寨		
⃝	to³³	板子	伟道究伽（人名）	
⃝	dziə³¹	秤砣		

续表

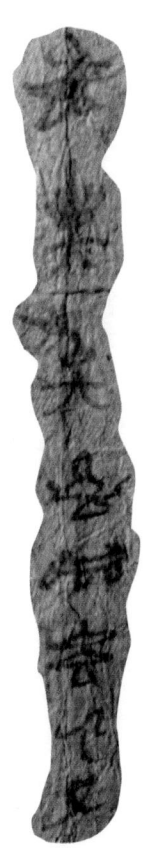

字符	国际音标	直译	意译	串讲
	ⁿgɑ³³	胜利	伟道究伽（人名）	
	nɯ³¹	心脏	主语助词	
	xa³¹	黄金	买	
	mu³¹	天	情态助词	
	me⁵⁵	雌性	语气助词	
	mu³¹	牛蝇		
	be³³	战神	见证	买方不知道伟道究伽（人名）已经买过了。见证人是哈瓜塔（人名）。
	çi³³		人	
	xɑ³³	饭		
	kuɑ³¹	灶台	哈瓜塔（人名）	
	tʰɑ³¹	塔		
	ɣo³¹	泼	是	
	me⁵⁵	雌性	语气助词	

13

字符	国际音标	直译	意译	串讲
	a³³	语气词		
	dzi̯ə³¹	秤砣	阿究究尼（人名）	
	dzi̯ə³¹	秤砣		
	ni³³	春		
	me³¹	雌性	母亲	
	zu³³	柳叶	酬劳	阿究究尼（人名）母亲的酬劳是一件细麻布坎肩，已经给了。
	pʰu⁵⁵	雄性		
	pʰe¹³ zi³³	花、麻布	细麻布	
	ka³¹	前面	坎肩	
	ka³¹	前面		
	dɯ³¹	—		
	lə⁵⁵	石头	件	
	ʂu³¹	斧子	找	
	i̯ə¹³	烟草	给	
	se³¹	岩羊	情态助词	

续表

字符	国际音标	直译	意译	串讲
	me^{55}	雌性	语气助词	阿究究尼（人名）母亲的酬劳是一件细麻布坎肩，已经给了。

14

字符	国际音标	直译	意译	串讲
	pə^{55} ɕi^{33}	东巴、书写	书写人	
	ue^{33}	村寨		
	ⁿgɑ^{33}	胜利	伟伽革（人名）	
	kə^{13}	鹰		
	ɣo^{31}	泼	是	
	me^{55}	雌性	语气助词	书写人是伟伽革（人名），已经给了他一件做好的蓝色细麻布围腰。
	dɯ^{33} sɯ^{33}		完成的	
	kɑ^{33} tɑ^{33}		围腰	
	xɑ^{31}	黄金	蓝色	
	pʰe^{13} zi^{33}	花、麻布	细麻布	
	dɯ^{31}		一	
	lə^{55}	石头	件	

续表

字符	国际音标	直译	意译	串讲
	iə13	烟草	给	书写人是伟伽革（人名），已经给了他一件做好的蓝色细麻布围腰。
	me55	雌性	语气助词	

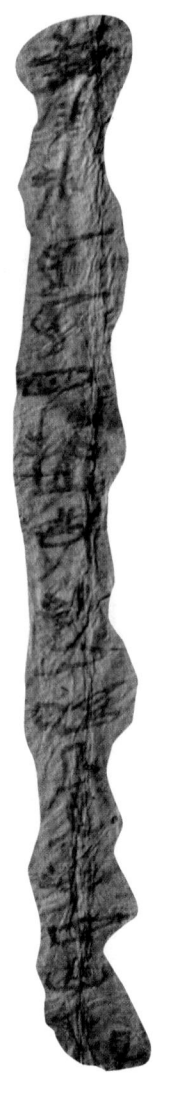

15

字符	国际音标	直译	意译	串讲
	xa31	黄金	海姿迈高高（地名）	
	zɯ33	草		
	ma33	尾巴		
	ko33	鹤		
	ko33	鹤		
	lɯ33	田地		海姿迈高高（地名）的田地交易了两斗小麦。
	tho33		背后	
	nɯ31	心脏	主语助词	
	tsɯ33	不详	生意	
	lɑ31	手		
	to33	板子	交易	
	me33	雌性		

续表

字符	国际音标	直译	意译	串讲
	ze^{33}	麦子	小麦	海姿迈高高（地名）的田地交易了两斗小麦。
	tʂu^{31}	锥子		
	ni^{33} tə^{31}	两斗		
	me^{55}	雌性	语气助词	

16

字符	国际音标	直译	意译	串讲
	lɯ^{33}	牛虱	田地	卖田宴举行的那天，宰杀了一头山羊，（用了）一坛酒。
	tsʰo^{33}	大象	宴会	
	mu^{31}	士兵		
	be^{33}	战神	做	
	dɯ^{31}	一		
	ni^{33}	太阳	天、日	
	tsʰɯ^{13}	羊	山羊	
	ʂuɑ^{31}	高		
	dɯ^{31}	一		

续表

字符	国际音标	直译	意译	串讲
	p^hu^{33}	拿	头	
	k^hu^{13}		杀	
	me^{55}	雌性	语气助词	
	zu^{55}		酒	卖田宴举行的那天，宰杀了一头山羊，（用了）一坛酒。
	du^{31}		一	
	zo^{33}		缸	
	me^{55}	雌性	语气助词	

17

字符	国际音标	直译	意译	串讲
	ma^{33}	尾巴		
	$niə^{31}$	眼睛		
	du^{31}	一	从今往后	今后，伟皂伽（人名）家族一旦来争吵，□□□□必须筹集来六十两纯银。
	ni^{33}	太阳		
	ue^{33}	村寨	伟皂伽（人名）	
	zo^{33}	缸		

续表

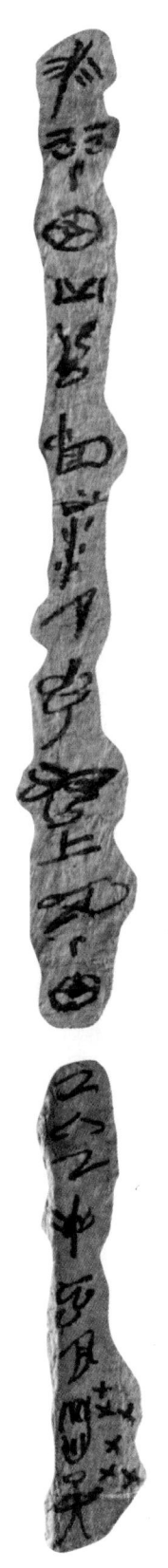

字符	国际音标	直译	意译	串讲
	$^{n}ga^{33}$	胜利	伟皂伽（人名）	
	$tṣ^{h}u^{33}$	生育神		
			种族、宗族	
	$tṣ^{h}a^{31}$	挖		
	$nɯ^{31}$	心脏	主语助词	
	le^{55}	獐子		
			争吵	
	$ṣə^{13}$	说		
	$tṣ^{h}i^{31}$	肩胛骨	来	今后，伟皂伽（人名）家族一旦来争吵，□□□□必须筹集来六十两纯银。
	$dɯ^{31}$	—		
	ni^{33}	太阳		
	$lɯ^{33}$	地	不详	
	mu^{33}	天	不详	
	$tṣ^{h}ə^{55}$	辈分	不详	
	ze^{33}	小麦	不详	
	$ŋu^{33}$	银子		

续表

字符	国际音标	直译	意译	串讲
	ʂu³³	斧子	纯	
	tsʰua⁵⁵ tsʰɯ³³	六十		今后，伟皂伽（人名）家族一旦来争吵，□□□□必须筹集来六十两纯银。
	lu³³	庹	两	

18

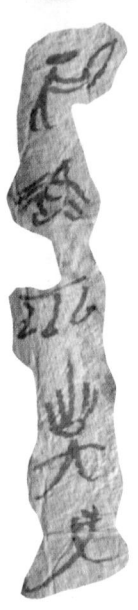

字符	国际音标	直译	意译	串讲
	ue³³	村寨		
	to³³	板子	伟道究伽（人名）	
	dziə³¹	秤砣		
	ⁿga³³	胜利		
	ʂu³¹	菖蒲	找	约定伟道究伽（人名）必须带过来。
	le⁵⁵	獐子	结构助词	
	pu¹³		带	
	lɯ³³	牛虻	来	
	zu³³	夏季	约定	
	be³³	战神	做	

续表

字符	国际音标	直译	意译	串讲
	me^{55}	雌性	语气助词	约定伟道究伽（人名）必须带过来。

19

字符	国际音标	直译	意译	串讲
	ku^{33}	生姜		
	dziə^{31}	秤砣	古究究塔（人名）	
	dziə^{31}	秤砣		
	tʰɑ^{31}	塔		
	pʰe^{13} zi^{33}	花、麻布	细麻布	已经给过了古究究塔（人名）一件细麻布。
	dɯ^{31}		—	
	lə^{55}	石头	件	
	iə^{13}	烟草	给	
	se^{31}	岩羊	情态助词	
	me^{55}	雌性	语气助词	

【背面】

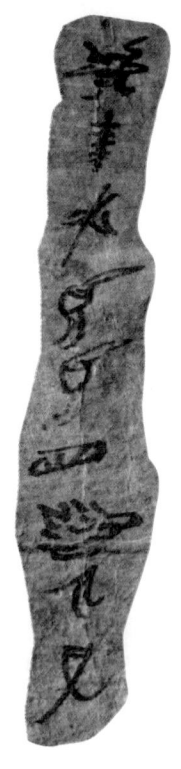

字符	国际音标	直译	意译	串讲
	xa^{31}	黄金		
	$zɯ^{33}$	草		
	ma^{33}	尾巴	海姿迈高高（地名）	
	ko^{33}	鹤		
	ko^{33}	鹤		是海姿迈高高（地名）的东西。
	$lɯ^{33}$	田地		
	bu^{31}	猪	东西	
	yo^{31}	泼	是	
	me^{55}	雌性	语气助词	

翻译全文

【正面】雍正皇帝四年，是五行属木的一年，羊年腊月十四日。阿究究尼（人名）的母亲四十七岁的这一年。海姿迈高高（地名）的一小块良田卖给了伟道究伽（人名）。是阿则梓（人名）卖的。长子究尼（人名）的□父亲因为（病了没有）药。属马、属羊的二年□一□银的零碎，应该这样做。是梓戈（人名）卖的。伟道究伽（人名）五十一岁属狗的这一年卖的，伟道究伽（人名）在海姿迈高高（地名）的（一）丘田给过了。银钱五两五钱已经付讫。海姿迈高高（地名）的一小块良田作抵押。东到伟皂伽（人名）、伟革（人名）的田地为止；南到伟道茹（人名）的田地为止；西到继诃麦（人名）的田地为止；北到嘉德诃（人名）、嘉革（人名）的田地旁边为止。阿究究尼（人名）母亲的田（以前）就卖过了，掌握不了卒伟（地名）（的田地），背地里说家族□卖过了。买方不知道伟道究伽（人名）已经买过了。见证人是哈瓜塔（人名）。阿究究尼（人名）母亲的酬劳是一件细麻布坎肩，已经给了。书写人是伟伽革（人名），已经给了他一件做好的蓝色细麻布围腰。海姿迈高高（地名）的田地交易了两斗小麦。卖田宴举行的那天，宰杀了一头山羊，（用了）一坛酒。今后，伟皂伽（人名）家族一旦来争吵，□□□□必须筹集来六十两纯银。约定伟道究伽（人名）必须带过来。已经给过了古究究塔（人名）一件细麻布。

【背面】海姿迈高高（地名）的东西。

---

［1］此字和茂春在文书1-16（第458页）中认为直译为"掌握"，假借表示"甲辰年"；和学耀在文书1-19（第510页）中认为直译为"掌握"，假借表示"属于"。

［2］经核查，雍正四年（1726年）为丙午年，五行属土，此处恐有误。

文书1-2

嘉吉塔分田契

著录

编号	1-2
文书名	嘉吉塔分田契
书写人	伟伽革
书写时间	乾隆五十五年（1790）
来源	云南省玉龙纳西族自治县宝山乡吾木村
体例	竖行书写，从左向右换行，单面书写
材质	东巴纸，墨书
采集时间	2011年7月24日
采集地点	云南省玉龙纳西族自治县宝山乡吾木村
摄影	李学信
翻译者	和学耀
整理者	蒋波
备注	

翻译

01

字符	国际音标	直译	意译	串讲
	$k^hɯ^{33}\ k^hu^{13}$	狗、镰刀	狗年	
	$xe^{33}\ ^ndziə^{31}$	神、踩踏	二月	
	xe^{33}	月亮	月份	
	ts^he^{33}	盐巴	初	
	do^{31}	看见		
	$tʂ^huɑ^{55}$	六		
	ni^{33}	太阳	日、天	
	ze^{33}	麦子	平整	狗年二月初六平整（土地）这天，父亲纳穆伽继塔（人名）五十六岁的狗年。
	ze^{33}	麦子		
	$dɯ^{31}$	一		
	ni^{33}	太阳	日、天	
	$ɑ^{31}$	语气词	父亲	
	$bɑ^{33}$	花		
	$nɑ^{31}$	黑	纳穆伽继塔（人名）	

字符	国际音标	直译	意译	串讲
	mu³³	天		
	ⁿgɑ³³	胜利	纳穆伽继塔（人名）	
	tɕi³³	羊毛剪		
	tʰɑ³¹	塔		
	uɑ³³ tsʰɯ³¹	五十		狗年二月初六平整（土地）这天，父亲纳穆伽继塔（人名）五十六岁的狗年。
	tʂʰuɑ⁵⁵	六		
	kʰu¹³	镰刀	岁	
	kʰɯ³³		狗	
	dɯ³¹		一	
	kʰu¹³	镰刀	年	

02

字符	国际音标	直译	意译	串讲
	mu³³	天		
	dy³¹	地	田地	分田了。
	by³¹	分离		

续表

字符	国际音标	直译	意译	串讲
	se^{31}	岩羊	情态助词	分田了。

03

字符	国际音标	直译	意译	串讲
	zo^{33}		儿子	
	tɕi^{33}	羊毛剪	小	
	kʰɯ^{33}		狗	
	ku^{31}	生姜	克古伽（人名）	给过了小儿子克古伽（人名）。
	ⁿgɑ^{33}		胜利	
	iə^{13}	烟草	给	
	me^{55}	雌性	语气助词	

04

字符	国际音标	直译	意译	串讲
	ɕi^{31}		稻	
	lɯ^{33}		田	
	a^{33}	语气词	阿热李（地名）	是阿热李（地名）的四丘稻田。
	zɿ^{33}		豹	

续表

字符	国际音标	直译	意译	串讲
	$lɯ^{33}$	牛虱	阿热李（地名）	
	lu^{33}		四	
	p^hu^{33}	雄性	丘	是阿热李（地名）的四丘稻田。
	$ɣo^{31}$	泼	是	
	me^{55}	雌性	语气助词	

05

字符	国际音标	直译	意译	串讲
	a^{33}	语气词		
	$zo̩^{33}$	豹	阿热李（地名）	
	$lɯ^{33}$	牛虱		
	t^ho^{33}		背后	阿热李（地名）的田地交易了□□四十（升）大米□□。
	to^{33}	板子	交易	
	me^{33}	雌性		
无法识别	不详	不详	不详	
无法识别	不详	不详	不详	

第三章 文献解读　185

续表

字符	国际音标	直译	意译	串讲
ᠫ	tʂʰua⁵⁵	鹿角	大米	阿热李（地名）的田地交易了□□四十（升）大米□。
╫	lɯ³³ tsʰɯ³¹	四十		
无法识别	不详	不详	不详	
又	me⁵⁵	雌性	语气助词	

06

字符	国际音标	直译	意译	串讲
ᠰ	mi⁵⁵	火	下	是下方田地拉李伟拉（地名）的五丘稻田。
	lɯ³³		田地	
	la³¹	虎		
	lɯ³³	牛虱	拉李伟拉（地名）	
	ue³³	村寨		
	la³¹	虎		
	ɕi³¹		稻	
	lɯ³³		田	
⫼	ua³³		五	

续表

字符	国际音标	直译	意译	串讲
	p^hu^{33}	雄性	丘	是下方田地拉李伟拉（地名）的五丘稻田。
	γo^{31}	泼	是	

07

字符	国际音标	直译	意译	串讲
	$t^hə^{33}$	桶	指示代词	
	t^ho^{33}		背后	
	$nɯ^{31}$	心脏	主语助词	
	to^{33}	板子	交易	这些田交换了六斗小麦。
	me^{33}	雌性		
	ze^{33}	麦子	小麦	
	$tʂu^{31}$	锥子		
	$tʂ^hua^{55}$		六	
	$tə^{31}$		斗	
	γo^{31}	泼	是	
	me^{55}	雌性	语气助词	

08

字符	国际音标	直译	意译	串讲
	lɯ³³	田地		
	ka³³	好		
	ⁿda³¹	砍	只有	
	dẓy³¹	镯子		
	kʰa³³	碗	玉米	良田只有一小块玉米田。
	ze³³	大麦		
	lɯ³³	田地		
	dɯ³¹	大	一	
	pʰe¹³	麻布	小块	

09

字符	国际音标	直译	意译	串讲
	ue³³	村寨	伟多（地名）	伟多（地名）的伊伽（人名）在伟道李（地名）底下的甜荞地一块。
	ⁿdo³³	愚笨		
	i³¹	右	伊伽（人名）	
	ⁿga³³	胜利		

续表

字符	国际音标	直译	意译	串讲
	ue³³	村寨		
	to³³	板子	伟道李（地名）	
	lɯ³³	牛虱		
	ko³¹	针		伟多（地名）的伊伽（人名）在伟道李（地名）底下的甜荞地一块。
	bə³¹	绳子	底下	
	ⁿgɯ⁵⁵	咬	甜荞	
	lɯ³³	田		
	dɯ³¹	大	一	
	u³¹	奴仆	块	

10

字符	国际音标	直译	意译	串讲
	tʰə³³	桶	指示代词	
	ni³³		二	据说这两块田交易了一钱六分银。
	u³¹	奴仆	块	
	tʰo³³		背后	

续表

字符	国际音标	直译	意译	串讲
	nɯ³¹	心脏	主语助词	
	to³³	板子	交易	
	me³³	雌性		
	tsɯ³³	捆绑	据说	
	lɯ³³	牛虱	田	
	ŋu³³		银	据说这两块田交易了一钱六分银。
	biə³¹		块	
	ŋu³³		银	
	dɯ³¹		一	
	lə⁵⁵	石头	钱	
	tʂʰuɑ⁵⁵		六	
	xɯ³³	钱	分	

11

字符	国际音标	直译	意译	串讲
	mi^{55}	火	下部	
	lɯ^{33}		田地	
	ku^{55}	生姜	不详	
	dɯ^{31}	一		
	lu^{55}	石头	钱	
	不详	不详	不详	下方田地□一钱□□□□□。
无法识别	不详	不详	不详	
	tɕi^{33}	剪刀	不详	
	tʰɑ^{31}	塔	不详	
无法识别	不详	不详	不详	
	tɕʰi^{33}	刺	不详	

12

字符	国际音标	直译	意译	串讲
	ɕi^{31}	稻	租金	租金是培育一丘秧苗。
	lɯ^{33}	田		
	kʰɯ^{31}	脚	培育	

续表

字符	国际音标	直译	意译	串讲
	ku⁵⁵	大蒜	培育	
	lɯ³³	牛虱	秧苗	
	lɯ³³	牛虱		
	dɯ³¹	—		租金是培育一丘秧苗。
	pʰu³³	雄性	丘	
	ɣo³¹	泼	是	
	me⁵⁵	雌性	语气助词	

13

字符	国际音标	直译	意译	串讲
	mi³¹	火	明伟（地名）	
	ue³³	村寨		
	lə³³	男阴	乐端古（地名）	是明伟（地名）的乐端古（地名）新开垦的一小块良田。
	tə³³	端鬼		
	ku³¹	生姜		
	kʰɯ³³	狗	开垦	

续表

字符	国际音标	直译	意译	串讲
	lɯ³³	田地		是明伟（地名）的乐端古（地名）新开垦的一小块良田。
	kɑ³³	好		
	dɯ³¹	一		
	pʰe¹³	麻布	小块	
	ɣo³¹	泼	是	
	me⁵⁵	雌性	语气助词	

14

字符	国际音标	直译	意译	串讲
	kʰɑ³³	苦	可汗	是清朝五十五年，属狗的一年。
	ⁿgɑ³³	胜利		
	uɑ³³ tsʰɯ³¹		五十	
	uɑ³³	五		
	kʰu¹³	镰刀	年	
	kʰɯ³³	狗		
	dɯ³¹	一		

第三章　文献解读　　193

续表

字符	国际音标	直译	意译	串讲
	kʰu¹³	镰刀	年	
	ɣo³¹	泼	是	是清朝五十五年，属狗的一年。
	me⁵⁵	雌性	语气助词	

15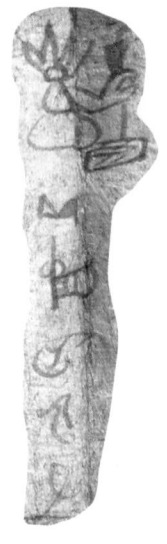

字符	国际音标	直译	意译	串讲
	pə⁵⁵ ɕi³³	东巴	书写人	
	ue³³	村寨		
	ⁿga³³	胜利	伟伽革（人名）	书写人是伟伽革（人名）。
	kə¹³	鹰		
	ɣo³¹	泼	是	
	me³³	雌性	语气助词	

16

字符	国际音标	直译	意译	串讲
	tɕi³³		衣服	
	xa³¹	金子	蓝色	已经给了一件细麻布做的蓝衣服。
	pə³³ si³³		细	

续表

字符	国际音标	直译	意译	串讲
	$p^he^{13}\ zi^{33}$	细麻布		
	du^{31}	一		
	$lə^{55}$	石头	件	已经给了一件细麻布做的蓝衣服。
	$iə^{13}$	烟草	给	
	me^{55}	雌性	语气助词	

17

字符	国际音标	直译	意译	串讲
	zo^{33}	缸	儿子	
	du^{31}	大		
	$dziə^{31}$	秤砣		
	$ʂə^{13}$	说	究上（人名）	
	zo^{33}	儿子		大儿子究上（人名）、小儿子克古伽（人名）和路伯克皂（人名）三个人。
	$tɕi^{33}$	羊毛剪	小	
	$k^hɯ^{33}$	狗	克古伽（人名）	
	ku^{31}	生姜		

第三章 文献解读 195

字符	国际音标	直译	意译	串讲
ꐨ	ⁿga³³	胜利	克古伽（人名）	
ꒌ	lu³³	四		
ꒉ	bə³¹	绳子	路伯克皂（人名）	大儿子究上（人名）、小儿子克古伽（人名）和路伯克皂（人名）三个人。
ꒊ	kʰɯ³³	狗		
ꒋ	zo³³	缸		
꒐	sɯ³¹	三		
꒑	ku¹³	大蒜	个	

18

字符	国际音标	直译	意译	串讲
꒒	tsɯ³³	捆绑	不详	
꒓	lɯ³¹	牛虱	不详	□□□。
꒔	ŋu³³	银子	不详	

19

字符	国际音标	直译	意译	串讲
꒒	tsɯ³³	捆绑	一点儿	一点争议都没有。
꒕	ʂə¹³	说	争论	

续表

字符	国际音标	直译	意译	串讲
	tʂʰuɑ⁵⁵	鹿角	争论	
	tʂɯ³¹	爪子		
	tʂɯ³¹	爪子	争论不休	
	piə³³	海贝		一点争议都没有。
	piə³³	海贝		
	ⁿdɤ³³	翅膀	都	
	mə³³	日暮	否定词	
	dzy³¹	镯	有	
	me³³	雌性		

翻译全文

  狗年二月初六平整（土地）这天，父亲纳穆伽继塔（人名）五十六岁的狗年。分田了。给过了小儿子克古伽（人名）。是阿热李（地名）的四丘稻田。阿热李（地名）的田地交易了□□四十（升）大米□。是下方田地拉李伟拉（地名）的五丘稻田。这些田交换了六斗小麦。良田只有一小块玉米田。伟多（地名）的伊伽（人名）在伟道李（地名）底下的甜荞地一块。据说这两块田交易了一钱六分银。下方田地□一钱□□□□□。租金是培育一丘秧苗。是明伟（地名）的乐端古（地名）新开垦的一小块良田。是清朝五十五年，属狗的一年。书写人是伟伽革（人名）。已经给了一件细麻布做的蓝衣服。大儿子究上（人名）、小儿子克古伽（人名）和路伯克皂（人名）三个人。□□□。一点争议都没有。

阿上卖田契（正面）

著录

编号	1-3
文书名	阿上卖田契
书写人	伟塔茹
书写时间	乾隆五十九年（1794）
来源	云南省玉龙纳西族自治县宝山乡吾木村
体例	竖行书写，从左向右换行，双面书写
材质	东巴纸，墨书
采集时间	2011年7月24日
采集地点	云南省玉龙纳西族自治县宝山乡吾木村
摄影	李学信
翻译者	和学耀，和茂春
整理者	蒋波
备注	

翻译

【正面】

01

字符	国际音标	直译	意译	串讲
	k^ha^{33}	语气词	可汗	
	$^nga^{33}$	胜利		
	$ua^{33}\ ts\mtu^{31}$	五十		
	$^ngu^{33}$	九		
	k^hu^{13}	镰刀	年	
	gu^{31}	熊猫	指示代词	
	$d\mtu^{31}$	一		（乾隆[3]）皇帝五十九年那一年……属虎的一年，五月初一。

字符	国际音标	直译	意译	串讲
	k^hu^{13}	镰刀	年	
[1]	k^hu^{13}	镰刀	年	
	$la^{31}\ k^hu^{13}$	老虎、镰刀	属虎	
	ua^{33}	五		
	me^{33}	雌性	月份[2]	
	ts^he^{33}	盐巴		初
	do^{31}	看		

第三章 文献解读 201

续表

字符	国际音标	直译	意译	串讲
~	du₃₁	一		（乾隆）皇帝五十九年那一年……属虎的一年，五月初一。
⊡	ni³³	太阳	天、日	

02

字符	国际音标	直译	意译	串讲
[4]	dʑiə³¹	秤砣	究（人名）	
	gə⁵⁵	上	定语助词	
	zu³³	夏季	债务	……究（人名）的债务已经偿还。
	bu³¹	猪	偿还	
	me³³	雌性	语气助词	

03

字符	国际音标	直译	意译	串讲
	a³³	语气词		
	ʂə¹³	说	阿上（人名）	
	nɯ³¹	心脏	主语助词	阿上（人名）把婶婶在高萨李（地名）的一小块田地卖给了伟道究伽（人名）。
	a³³	绳子	婶婶	
	tɕi³³	羊毛剪		

续表

字符	国际音标	直译	意译	串讲
	ko^{33}	鹤		
	sa^{13}	空气	高萨李（地名）	
	lɯ^{33}	牛虱		
	dɯ^{31}	—		
	p^{h}e^{13}	麻布	小块	阿上（人名）把婶婶在高萨李（地名）的一小块田地卖给了伟道究伽（人名）。
	ue^{33}	村寨		
	to^{33}	板子	伟道究伽（人名）	
	dʑiə^{31}	秤砣		
	^{n}ga^{33}	胜利		
	tɕ^{h}i^{33}	刺	卖	
	me^{55}	雌性	语气助词	

第三章 文献解读 203

04

字符	国际音标	直译	意译	串讲
	a⁵⁵	语气词	奶奶	如果因为奶奶卖了，阿上（人名）……病不好。
	tsɯ³¹	树立		
	zu³³	村寨		
	gə⁵⁵	上	因为	
	nɯ³¹	心脏		
	tɕʰi³³	刺	卖	
	lɯ³³	牛虻		
	ʂə¹³	汉字"上"	如果	
	mu³³	天		
	tsɯ³³	捆绑		
	a³³	语气词	阿上（人名）	
	ʂə³³	说		
	ⁿgu³³ [5]	粮仓	病	
	mə³³	暮	不	

05

字符	国际音标	直译	意译	串讲
	lə³¹	牛轭	就	就因为没有办法才卖出去。
	zɯ³³	村寨	因为	
	gə⁵⁵	上		
	nɯ³¹	心脏	主语助词	
	pʰə³¹	白色	办法	
	mə³³	暮	否定词	
	dʐy³¹	镯子	有	
	se³¹	岩羊	情态助词	
	tɕʰi³³	刺	卖	
	mu³¹	天	是	
	me⁵⁵	雌性	语气助词	

06

字符	国际音标	直译	意译	串讲
	dziə³¹	秤砣	究伽（人名）	究伽（人名）已付田款纯银二两八钱。
	ⁿgɑ³³	胜利		
	nɯ³¹	心脏	主语助词	

续表

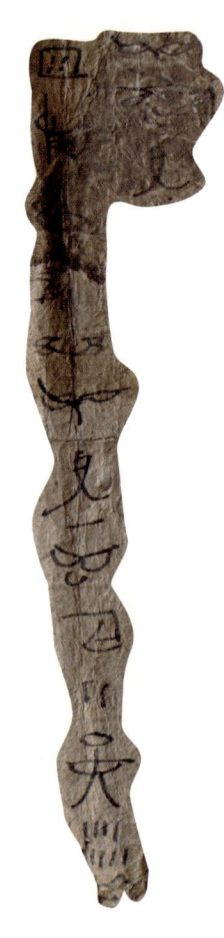

字符	国际音标	直译	意译	串讲
	lɯ³³	牛虱	田	
	pʰu⁵⁵	雄性	费用	
	iə¹³	烟草	给	
	me⁵⁵	雌性	语气助词	
	ŋu³³		银子	
	ʂu³³	斧子	纯	
	ni³³		二	究伽（人名）已付田款纯银二两八钱。
	lu⁵⁵	庹	两	
	xo⁵⁵		八	
	lə⁵⁵	石头	钱	
	iə¹³	烟草	给	
	se³¹	岩羊	情态助词	
	me⁵⁵	雌性	语气助词	

07

字符	国际音标	直译	意译	串讲
⊙	ni³³ me³³	太阳	东方	
	tʰə³³	桶		
	ue³³	村寨		
	zɯ³³	草	伟思道究塔（人名）	
	to³³	板子		
	dʑiə³¹	秤砣		
	tʰa³¹	塔		（田地）东到伟思道究塔（人名）的田地为止；西到究伽（人名）的田地为止；北到科古塔（人名）的田为止；（南）到……为止。
	lɯ³³	牛虱	田	
	ku⁵⁵	钩子	到达	
	bu³¹	米斗	止	
	me⁵⁵	雌性	语气助词	
⊙	ni³³ me³³	太阳	西方	
○	gu³¹	蛋		
	dʑiə³¹	秤砣	究伽（人名）	
	ⁿga³³	胜利		

续表

字符	国际音标	直译	意译	串讲
	lɯ³³	田地		
	ku⁵⁵	钩子	到	
	bu³¹	米斗	止	
	me⁵⁵	雌性	语气助词	
	xo³¹gu³¹lo³¹	北方		
	kʰɯ³¹	脚		（田地）东到伟思道究塔（人名）的田地为止；西到究伽（人名）的田地为止；北到科古塔（人名）的田为止；（南）到……为止。
	ku³¹	生姜	科古塔（人名）	
	tʰɑ³¹	塔		
	lɯ³³	田		
[6]	不详	不详	不详	
	ku⁵⁵	钩子	到	
	bu³¹	米斗	止	
	me⁵⁵	雌性	语气助词	

08

字符	国际音标	直译	意译	串讲
	ma³³	尾巴		
	niə³¹	眼睛	今后	
	zo³³		儿子	
	ni³³		二	
	nɯ³¹	心脏	主语助词	今后，两（个）儿子……绝不反悔。
	zu³³	夏季		
	mə³³	暮	绝不反悔	
	be³³	战神		

09

字符	国际音标	直译	意译	串讲
	zo³³		儿子	
	ni³³		二	
	ku¹³	大蒜	个	
	nɯ³¹	心脏	主语助词	两个儿子……没有办法。
[7]	nɯ³¹	心脏	主语助词	
	pʰə³¹	白色	办法	

续表

字符	国际音标	直译	意译	串讲
⌒	mə^{33}	暮	否定词	两个儿子……没有办法。
⌣	dzy^{31}	镯子	有	

10

字符	国际音标	直译	意译	串讲
	ʂu^{31}	斧子	寻找的地方	寻找的地方……卖的正是……
	ku^{31}	大蒜		
	ⁿdy^{33}	赶		
	ku^{31}	大蒜		
[8]	tɕʰi^{33}	刺	卖	
	mu^{31}	天	正是	
	me^{55}	雌性	语气助词	

210　　宝山纳西东巴文应用文献调查、整理与研究

【背面】

01

字符	国际音标	直译	意译	串讲
	gɚ^{55}	上	定语助词	
	bu^{31}		猪	……就是……的猪。
	ɣo^{31}	倾倒	是	
	me^{55}	雌性	语气助词	

02

字符	国际音标	直译	意译	串讲
	le^{33}	獐子	肥肉	
[9]	du^{31}	不详	不详	
	lɚ^{55}	石头	份	已经给了口份肥肉。
	iɚ^{13}	烟草	给予	
	me^{55}	雌性	语气助词	

第三章 文献解读 211

03

字符	国际音标	直译	意译	串讲
	tʰe⁵⁵	旗帜	文书	
	ɣɯ⁵⁵	吉祥		
	pə⁵⁵	篦子	书写	
	ɕi³³	人		文书书写人是伟塔茹（人名）。
	ue³³	村寨	伟塔茹（人名）	
	tʰɑ³¹	塔		
	zɯ⁵⁵	繁殖、发展	伟塔茹（人名）	
	yo³¹	泼	是	
	me⁵⁵	雌性	语气助词	

04

字符	国际音标	直译	意译	串讲
	lɯ³³	田地		
	xa³¹	金子	买	买田付了二钱（银子）。
	ni³³	二		
	lə⁵⁵	石头	钱	

续表

字符	国际音标	直译	意译	串讲
	iə¹³	烟草	给	
	se³¹	岩羊	情态助词	买田付了二钱（银子）。
	me⁵⁵	雌性	语气助词	

05

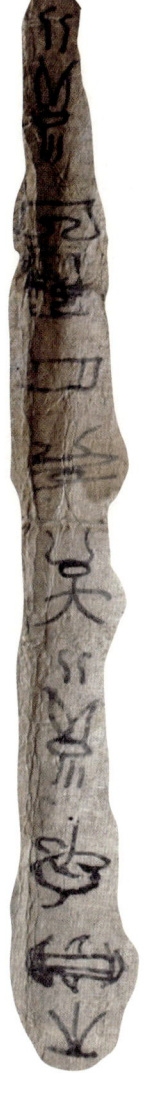

字符	国际音标	直译	意译	串讲
	ni³³		二	
	ku¹³	大蒜	个	
	gə⁵⁵	上	不详	
	不详	不详	不详	
	lɯ³³		田地	两个儿子□□用阿上（人名）的粗麻布买田。
	xa³¹	金	买	
	zo³³		儿子	
	ni³³		二	
	ku¹³	大蒜	个	
	nɯ³¹	心脏	主语助词	

第三章 文献解读 213

续表

06

字符	国际音标	直译	意译	串讲
	p^he^{13}	麻布		
	$zə^{31}$	粗		
[10]	a^{33}	语气词		两个儿子□□用阿上（人名）的粗麻布买田。
	$ʂə^{13}$	说	阿上（人名）	
	$gə^{55}$	上	不详	

07

字符	国际音标	直译	意译	串讲
[11]	zo^{33}	儿子	长子	
	$^ngɯ^{55}$	咬	格吉（人名）	
	$^ndzi^{31}$	酒曲		
	zo^{33}	儿子	次子	给了长子格吉（人名）、次子阿伽（人名）一件麻布。
	$tɕi^{33}$	羊毛剪		
	a^{33}	语气词	阿伽（人名）	
	$^ngɑ^{33}$	胜利		
	p^he^{13}	麻布		

续表

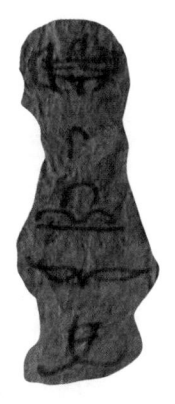

字符	国际音标	直译	意译	串讲
↷	dɯ³¹	—		
⌓	lə⁵⁵	石头	件	给了长子格吉（人名）、次子阿伽（人名）一件麻布。
⌢	iə¹³	烟草	给	
它	me⁵⁵	雌性	语气助词	

08

字符	国际音标	直译	意译	串讲
大	do³¹ ɕi³³	人、看	见证人	
冂	ue³³	村寨	伟道塔（人名）	
苴	to³³	板子	伟道塔（人名）	见证人是伟道塔（人名）。
佘	tʰa³¹	塔		
个	ɣo³¹	泼	是	
它	me⁵⁵	雌性	语气助词	

第三章 文献解读　215

09

字符	国际音标	直译	意译	串讲
[12]	be³³	战神	做	
	ɕi³³	人		
	kʰɯ³¹	狗		
	xɯ³³	牙齿		
	kɑ³³	好	克诃嘉德皂（人名）	做……的人是克诃嘉德皂（人名）。□□……
	tə³¹	千		
	zo³³	缸		
	ɣo³¹	泼	是	
	me⁵⁵	雌性	语气助词	
	mu³³	牛蝇	不详	
	ze³³	大麦	不详	

10

字符	国际音标	直译	意译	串讲
[13]	ni³³	太阳	不详	
	a³³	语气词		
	ʐɯ⁵⁵	绳子	阿日苏（人名）	
	ʂu³³	斧头		……阿日苏（人名）……决定……
	nɯ³¹	心脏	主语助词	
	ᵐbu³¹	扛		
	ʐu⁵⁵	夏季	约定、决定	
	be¹³	战神		

	字符	国际音标	直译	意译	串讲
11		ma³³	尾巴	今后	
		niə³¹	眼睛		
		ɕi³³		人	
		nɯ³¹	心脏	主语助词	
		le⁵⁵	獐子	结构助词	
		ʂə¹³		说	
		dɯ³¹		一	今后，别人说一天，家族、外戚就要……
		ni³³	太阳	天、日	
		tsʰo³³	大象	宗族	
		ə¹³	骨头		
		tsʰo³³	大象	外戚	
		nɑ³¹	黑		
		nɯ³¹	心脏	主语助词	

翻译全文

【正面】（乾隆）皇帝五十九年那一年……属虎的一年，五月初一……究（人名）的债务已经偿还。阿上（人名）把婶婶在高萨李（地名）的一小块田地卖给了伟道究伽（人名）。如果因为奶奶卖了，阿上（人名）……病不好。就因为没有办法才卖出去。究伽（人名）已付田款纯银二两八钱。（田地）东到伟思道究塔（人名）的田地为止；西到究伽（人名）的田地为止；北到科古塔（人名）的田为止；（南）到……为止。今后，两（个）儿子……绝不反悔。两个儿子……没有办法。寻找的地方……卖的正是……

【背面】……就是……的猪。已经给了□份肥肉。文书书写人是伟塔茹（人名）。买田付了二钱（银子）。两个儿子□□用阿上（人名）的粗麻布买田。给了长子格吉（人名）、次子阿伽（人名）一件麻布。见证人是伟道塔（人名）。做……的人是克诃嘉德皂（人名）。□□……阿日苏（人名）……决定……今后，别人说一天，家族、外戚就要……

---

[1] 之前残缺数字，不清。
[2] 之前省略［xe^{33}］，"月份"按当时的读法为［xe^{33} me^{33}］。
[3] 清代皇帝中，只有"康熙"和"乾隆"在位超过59年。其中，乾隆五十九年为虎年，故此份文书的书写时间应为乾隆五十九年。
[4] 前有残缺，字数不清。
[5] 之前残缺数字。
[6] 之前残缺，字数不清。
[7] 之前残缺，字数不清。
[8] 之前残缺，字数不清。
[9] 此处残缺，份数不确定。
[10] 怀疑残缺此字，在此补明。
[11] 怀疑后面省略一字［dɯ^{33}］"大"。
[12] 之前残缺一字，不明。
[13] 之前残缺，字数不清。

文书1-4

伊得密卖田契

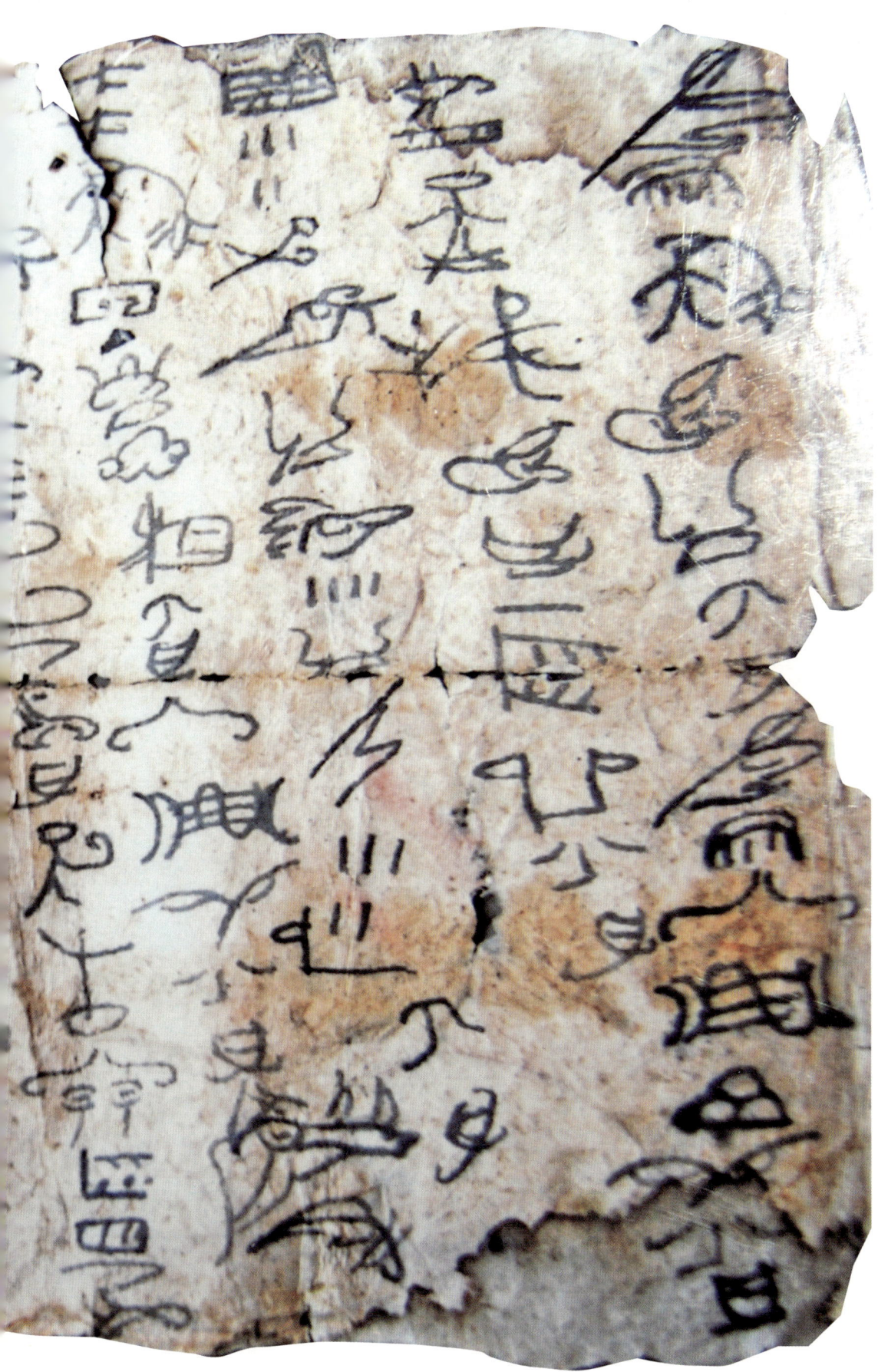

著录

编号	1-4
文书名	伊得密卖田契
书写人	拉皂
书写时间	嘉庆二十三年（1818）
来源	云南省玉龙纳西族自治县宝山乡知识伟村和继泉
体例	竖行书写，从左向右换行，单面书写
材质	东巴纸，墨书
采集时间	2010年4月
采集地点	云南省玉龙纳西族自治县宝山乡吾木村
摄影	和继先
翻译者	和继先
整理者	蒋波，安娜
备注	

翻译

01

字符	国际音标	直译	意译	串讲
[1]	k^ha^{33}	苦	可汗	
	$^nga^{33}$	胜利		
	$tɕiə^{33}$	麻风病	嘉庆	
	$tɕ^hi^{55}$	刺		
	$zɯ^{33}$	草	时	
	$ni^{33}\,tsɯ^{31}$	二十		嘉庆皇帝二十三年之时属虎，二月初四属猴的一天。
	$sɯ^{31}$	三		
	k^hu^{13}	镰刀	年	
	la^{31}	虎		
	k^hu^{13}	镰刀	属（年）	
	$xe^{33}\,^ndʑi^{31}$	神、脚、走	二月	
	xe^{33}	月		
	ts^he^{33}	盐巴	初	
	do^{31}	看见		

第三章　文献解读　223

续表

字符	国际音标	直译	意译	串讲
	lu^{33}	四		
	ni^{33}	太阳	日、天	
	zụ^{31}	猴		嘉庆皇帝二十三年之时属虎，二月初四属猴的一天。
	k^{h}u^{13}	镰刀	属（年）	
	ni^{33}	太阳	日、天	

02

字符	国际音标	直译	意译	串讲
	tɕi^{33}	羊毛剪		
	ʂɯ^{31}	肉	知识伟村（地名）	
	ue^{33}	村寨		
	gə^{55}	上	戈夸（地名）	知识伟村（地名）戈夸（地名）的伊得密（人名）把伟嘉里（地名）的一块旱田给卖了。
	k^{h}uɑ^{31}	坏		
[2]	i^{31}	右		
	^{n}dɚ^{31}	池塘	伊得密（人名）	
	mi^{55}	火		

续表

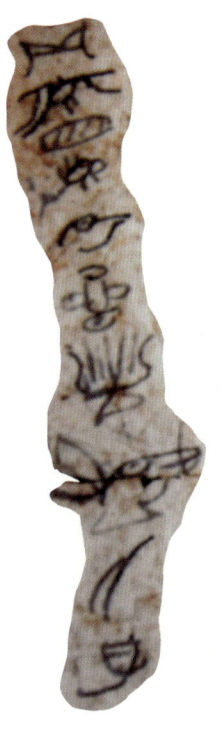

字符	国际音标	直译	意译	串讲
	nɯ³¹	心脏	主语助词	
	ue³³	村寨	伟嘉里（地名）	
	kɑ³³ lɯ³³	良田		
	lɯ³³	牛虻	田地	
	kə¹³	鹰	干旱	知识伟村（地名）戈夸（地名）的伊得密（人名）把伟嘉里（地名）的一块旱田给卖了。
	dɯ³¹	大	一	
	u³¹	奴仆	块	
	le⁵⁵	獐子	结构助词	
	tɕʰi³³	刺	卖	
	me⁵⁵	雌阴	语气助词	

03

字符	国际音标	直译	意译	串讲
	tɕi³³	羊毛剪		
	ʂɯ³¹	肉	知识伟（地名）	知识伟村（地名）的古诃革皂（人名）买下此田，十三两纯银已付讫。
	ue³³	村寨		

续表

字符	国际音标	直译	意译	串讲
	ku^{31}	生姜		
	$xɯ^{33}$	牙齿	古诃革皂（人名）	
	$kə^{13}$	鹰		
	zo^{33}	土缸		
	$nɯ^{31}$	心脏	主语助词	
	le^{55}	獐子	结构助词	知识伟村（地名）的古诃革皂（人名）买下此田，十三两纯银已付讫。
	xa^{31}	金	买	
	me^{55}	雌阴	语气助词	
	$ŋu^{33}$		银	
	$ʂu^{33}$	斧子	纯	
	$tsʰe^{31}$		十	
	$sɯ^{31}$		三	
	lu^{55}	麇	两	
	$iə^{13}$	烟草	给	

续表

字符	国际音标	直译	意译	串讲
	se³¹	完	情态助词	知识伟村（地名）的古诃革皂（人名）买下此田，十三两纯银已付讫。
	me⁵⁵	雌阴	语气助词	

04

字符	国际音标	直译	意译	串讲
	lɯ³³	田地		
	sɯ³¹	柴草	四	
	tʂɯ³¹	爪子	至	
	ni³³ me³³	太阳	东	田地的四至是：东到伟塔伽（人名）的田地为止，西到路边为止，北到水渠为止，南到袅诃（人名）的田地为止。
	tʰə³³	桶		
	ue³³	村寨		
	tʰa³¹	塔	伟塔伽（人名）	
	ⁿgɑ³³	胜利		
	lɯ³³	田地		
	tɕə³¹	钩子	至	
	tʂɯ³¹	爪子	止	

第三章 文献解读　227

续表

字符	国际音标	直译	意译	串讲
	$ni^{33}\ me^{33}$	太阳	西方	
	gu^{31}	蛋		
	$z\text{\textscriptz}u^{55}$	蛇	道路	
	$tɕə^{31}$	钩子	至	
	$tʂu^{31}$	爪子	止	
	me^{33}	雌阴	语气助词	田地的四至是：东到伟塔伽（人名）的田地为止，西到路边为止，北到水渠为止，南到裒诃（人名）的田地为止。
	$xo^{31}\ go^{31}$	肋骨	北方	
	lo^{31}	水沟		
	lo^{31}		水沟	
	$tɕə^{31}$	钩子	至	
	$tʂu^{31}$	爪子	止	
	me^{55}	雌阴	语气助词	
[3]	i^{33}	右	南方	
	$tʂʰɯ^{33}$	吊		

228　宝山纳西东巴文应用文献调查、整理与研究

续表

字符	国际音标	直译	意译	串讲
	mi³³	天	南方	
	niə³¹	眼睛	袁河（人名）	田地的四至是：东到伟塔伽（人名）的田地为止，西到路边为止，北到水渠为止，南到袁河（人名）的田地为止。
	xɯ³³	牙齿		
	lɯ³³	田地		
	tɕə³¹	钩子	钩子	
	tʂɯ³¹	爪子	止	

05

字符	国际音标	直译	意译	串讲
	ʂə¹³	说	介绍	
	ʂə¹³	说		
	çi³³	人		介绍人是戈夸（地名）的哈巴伽（人名），麻布已经给过了。
	gə⁵⁵	上	戈夸（地名）	
	kʰuɑ³¹	坏		
	xɑ³³	饭	哈巴伽（人名）	
	pɑ³³	蛙		

第三章 文献解读　229

续表

字符	国际音标	直译	意译	串讲
	$^{n}ga^{33}$	胜利	哈巴伽（人名）	
	$ɣo^{31}$	倾倒	是	
	me^{55}	雌阴	语气助词	
	mu^{33}	天	语气助词	介绍人是戈夸（地名）的哈巴伽（人名），麻布已经给过了。
	$p^{h}e^{13}$		麻布	
	$iə^{13}$	烟草	给	
	se^{31}	完	情态助词	
	me^{55}	雌阴	语气助词	

06

字符	国际音标	直译	意译	串讲
	$ts^{h}o^{33}$	大象	宴会	（交易后的）宴会用掉了肥肉五斤、水酒（一）缸、白酒四缸、大米五升。
	mu^{31}	士兵		
	$tʂ^{h}ə^{31}$		肥肉	
	ua^{33}		五	
	$tɕi^{33}$	羊毛剪	斤	

续表

字符	国际音标	直译	意译	串讲
[4]	ʐɯ^{55}	蛇	水酒	
	zo^{33}		缸	
[5]	a^{33}	鸡	白酒	
	lu^{33}		四	（交易后的）宴会用掉了肥肉五斤、水酒（一）缸、白酒四缸、大米五升。
	zo^{33}		缸	
	tʂʰuɑ^{55}	鹿角	大米	
	uɑ^{33}		五	
	pγ^{33}	米斗	升	
	se^{31}	倾倒	情态助词	
	me^{55}	雌阴	语气助词	

07

字符	国际音标	直译	意译	串讲
	lɯ^{33}		田地	
	kʰo^{33}	亲戚	随后	附带的一分税银也已付讫。
	tʰo^{33}	背靠		

续表

字符	国际音标	直译	意译	串讲
	lɑ³¹	手	税银	附带的一分税银也已付讫。
	ŋu³³	银		
	dɯ³¹	一		
	xɯ³³	牙齿	分	
	tʰu³³	桶	出（钱）	
	se³¹	完	情态助词	
	me⁵⁵	雌阴	语气助词	

08

字符	国际音标	直译	意译	串讲
[6]	tʰe⁵⁵	旗帜	文书	记录人是拉皂（人名），书写的笔墨（费）麻布（一）件已经给过了。
	pə⁵⁵	箧子	写	
	ɕi³³		人	
	lɑ³¹	手	拉皂（人名）	
	zo³³	土缸		
	yo³¹	倾倒	是	

续表

字符	国际音标	直译	意译	串讲
	ɣo³¹	倾倒	是	
	me⁵⁵	雌阴	语气助词	
	tʰe⁵⁵ [7]	旗帜	旗帜	
	pə⁵⁵	篦子	写	
	mu³³	天	墨	记录人是拉皂（人名），书写的笔墨（费）麻布（一）件已经给过了。
	pʰe¹³	麻布		
	lə⁵⁵	石头	件	
	iə¹³	烟草	给	
	se³¹	完	情态助词	
	me⁵⁵	雌阴	语气助词	

翻译全文

嘉庆皇帝二十三年之时属虎，二月初四属猴的一天。知识伟村（地名）戈夸（地名）的伊得密（人名）把伟嘉里（地名）的一块旱田给卖了。知识伟村（地名）的古诃革皂（人名）买下此田，十三两纯银已付讫。田地的四至是：东到伟塔伽（人名）的田地为止，西到路边为止，北到水渠为止，南到衮诃（人名）的田地为止。介绍人是戈夸（地名）的哈巴伽（人名），麻布已经给过了。（交易后的）宴会用掉了肥肉五斤、水酒（一）缸、白酒四缸、大米五升。附带的一分税银也已付讫。记录人是拉皂（人名），书写的笔墨（费）麻布（一）件已经给过了。

---

[1] 原文污损，该字及此组表格后的"胜利""麻风病""草""二十""三""镰刀""虎""镰刀"等九个字皆为补残。
[2] 图为"左"，疑似位置书写错误，应为"右"。
[3] 图为"左"，疑似位置书写错误，应为"右"。
[4] "水酒"为 [$zɯ^{55}\ tɕi^{33}$]，此处有省略。
[5] "白酒"为 [$a^{33}\ tɕi^{33}$]，此处有省略。
[6] "文书"为 [$tʰe^{55}\ ɣɯ^{55}$]，此处有省略。
[7] "文书"为 [$tʰe^{55}\ ɣɯ^{55}$]，此处有省略。

文书1-5

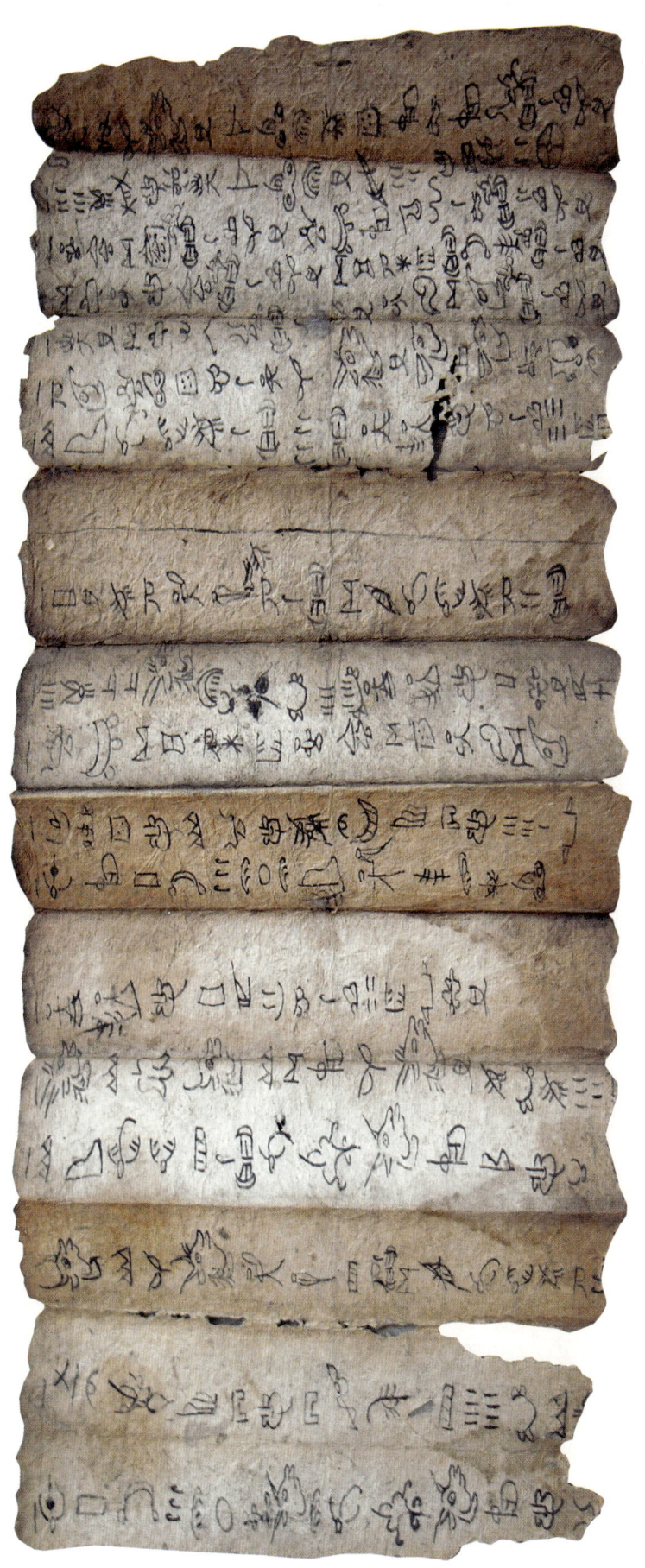

宇伽卖田契(左)暨哈牢伟道分田协议(右)
① ②

第三章 文献解读 235

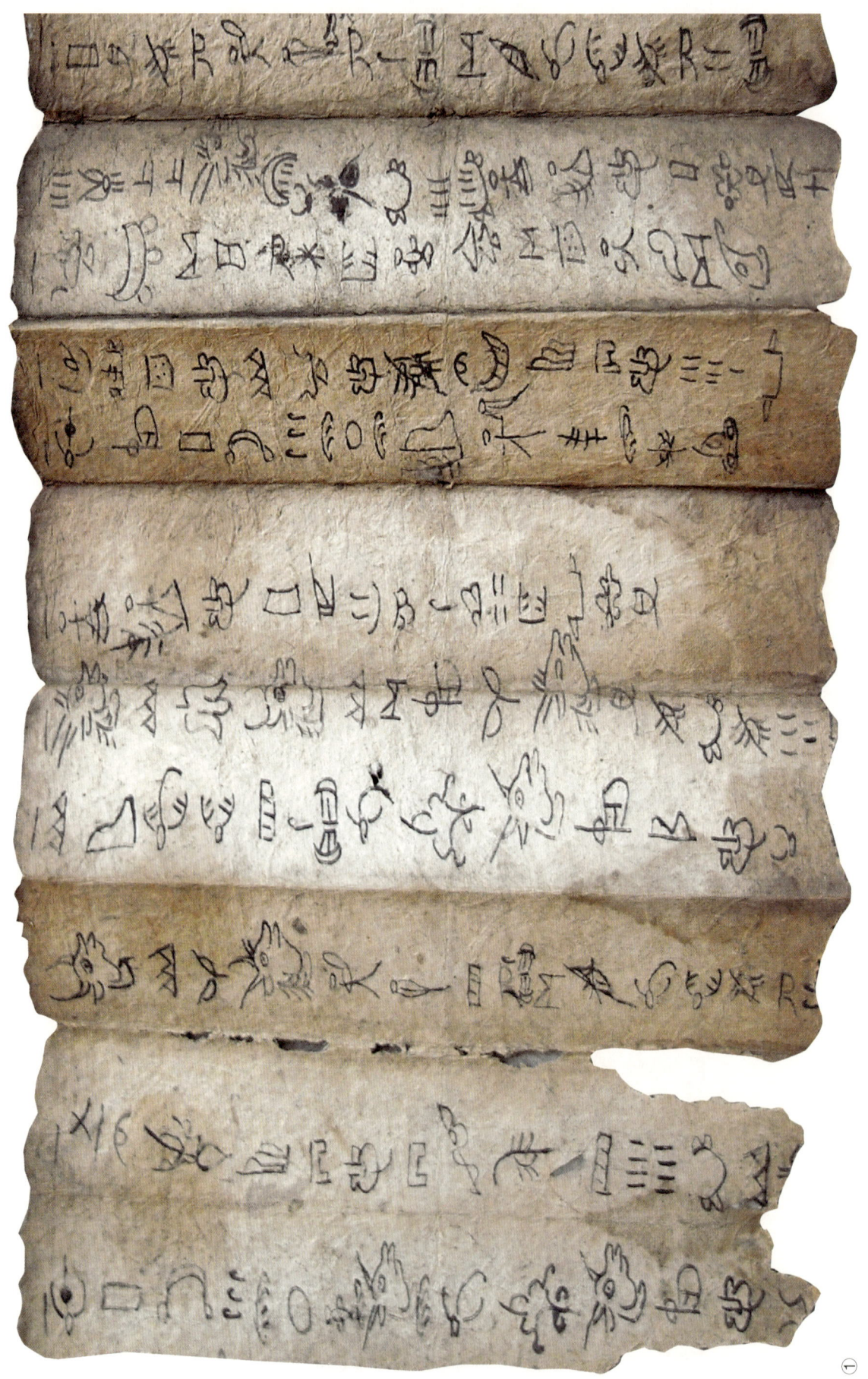

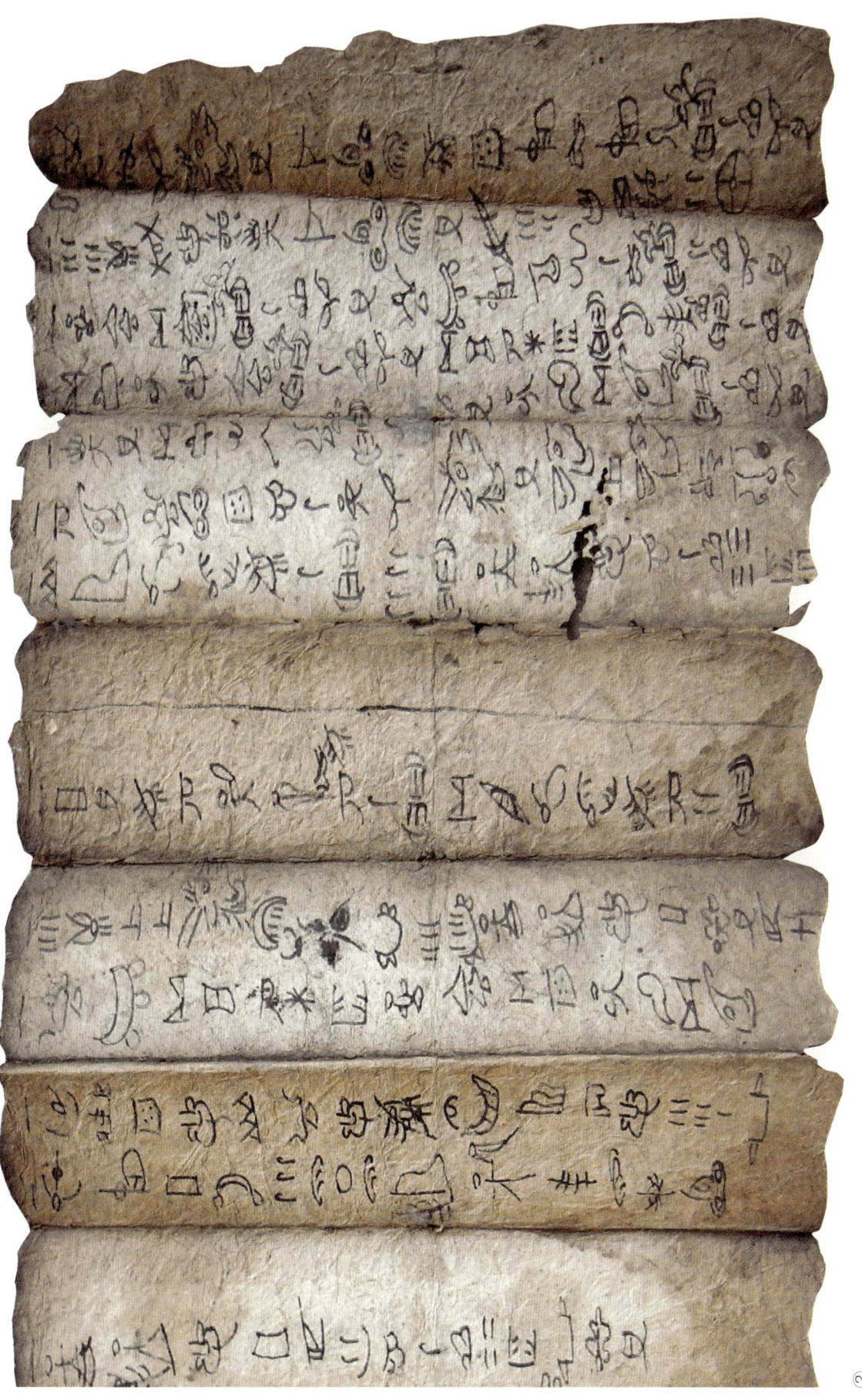

第三章 文献解读

著录

编号	1-5
文书名	宇伽卖田契（左）暨哈牢伟道分田协议（右）
书写人	究伽科伽
书写时间	道光三年（1823）
来源	云南省玉龙纳西族自治县宝山乡吾木村
体例	竖行书写，从左向右换行，单面书写
材质	东巴纸，墨书
采集时间	2011年7月24日
采集地点	云南省玉龙纳西族自治县宝山乡吾木村
摄影	李学信
翻译者	和学耀
整理者	蒋波
备注	文书分左、右两部分

翻译

【左部】

01

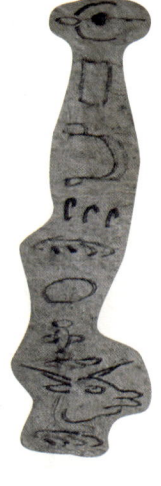

字符	国际音标	直译	意译	串讲
[1]	$kʰa^{33}$	苦	可汗	
	to^{33}	板子	道光	
	kua^{33}	刨子		
	$sɯ^{31}$	三		
	$kʰu^{13}$	镰刀	年	道光皇帝三年，这一年属羊。
	gu^{31}	蛋	指示代词	
	$dɯ^{31}$	大	一	
	$kʰu^{13}$	镰刀	年	
	y^{33}	绵羊		
	$kʰu^{13}$	镰刀	属	

02

字符	国际音标	直译	意译	串讲
	a^{31}	语气词	父亲	宇伽（人名）爸爸因为没有儿子，（所以）将在戈坎（地名）的八丘稻田给了鄂密（人名）。
	ba^{33}	花		

续表

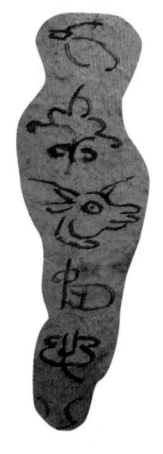
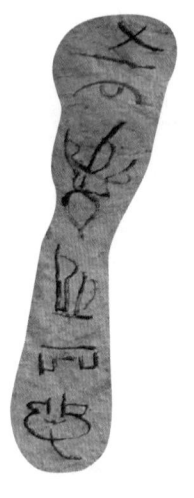

字符	国际音标	直译	意译	串讲
	y^{33}	绵羊	宇伽（人名）	
	$^{n}ga^{33}$	胜利		
	$nɯ^{31}$	心脏	主语助词	
	zo^{33}	缸	儿子	
	la^{31}	手、虎	助词	
	$mə^{33}$	日暮	否定词	
	dzy^{31}	蔓菁	有	宇伽（人名）爸爸因为没有儿子，（所以）将在戈坎（地名）的八丘稻田给了鄂密（人名）。
	$zɯ^{33}$	乡村		
	$gə^{55}$	上	因为	
	$nɯ^{31}$	心脏		
	$gə^{55}$	上	戈坎（地名）	
	$k^{h}a^{33}$	弹弓		
	$ɕi^{31}$	稻子		
	$lɯ^{33}$	田地		

续表

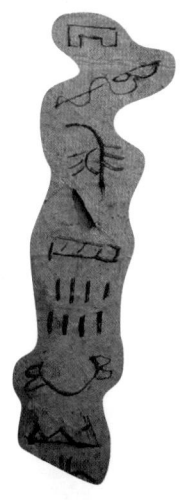

字符	国际音标	直译	意译	串讲
	xo⁵⁵	八		
	pʰu³³	雄性	丘	
	mi⁵⁵	火	不详	
[2]	nɯ³¹	心脏	主语助词	宇伽（人名）爸爸因为没有儿子，（所以）将在戈坎（地名）的八丘稻田给了鄂密（人名）。
	ɣɯ³³	牛	鄂密（人名）	
	mi⁵⁵	火		
	iə¹³	烟草	给	

03

字符	国际音标	直译	意译	串讲
	i⁵⁵	野山羊		
	pu¹³	带、送	嫁妆	嫁妆是伟多（地名）田前的两小块上等甜荞地；黄土坡（地名）的一小块甜荞地。
	dʑi³¹	水		
	lɯ³³		田	
	ka³¹		前	
	pʰe¹³	麻布	小块	

第三章 文献解读　241

续表

字符	国际音标	直译	意译	串讲
	ue^{33}	村寨	伟多（地名）	
	^{n}do^{31}	傻		
	a^{33}	语气词	甜荞	
	^{n}gɯ^{55}	咬		
	lɯ^{33}	牛虱	田地	
	kɑ^{33}	好		
	ni^{33}	二		嫁妆是伟多（地名）田前的两小块上等甜荞地；黄土坡（地名）的一小块甜荞地。
	mi^{55}	火	黄土坡（地名）	
	^{m}bu^{31}	山坡		
	a^{33}	语气词	甜荞	
	^{n}gɯ^{55}	咬		
	lɯ^{33}	田		
	dɯ^{31}	一	小块	
	p^{h}e^{13}	麻布		

04

字符	国际音标	直译	意译	串讲
	a^{31}	语气词		
	ba^{33}	花	父亲	
	y^{33}	羊		
	$^{n}ga^{33}$	胜利	宇伽（人名）	
	ku^{55}	大门	说	
	nu^{33}	心脏	不详	
	zo^{33}	缸	不详	父亲宇伽（人名）说，伊密□（人名）给了鄂密伟嘉（人名）。
	i^{55}	野山羊		
	mi^{55}	火	伊密□（人名）	
	不详	不详		
	$ɣɯ^{33}$	牛		
	mi^{55}	火	鄂密伟嘉（人名）	
	ue^{33}	村寨		
	$^{n}ga^{33}$	胜利		
	$iə^{13}$	烟草	给	

第三章 文献解读　243

续表

字符	国际音标	直译	意译	串讲
	se³¹	岩羊	情态助词	父亲宇伽（人名）说，伊密□（人名）给了鄂密伟嘉（人名）。
	me⁵⁵	雌性	语气助词	

05

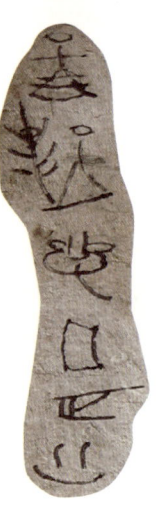

字符	国际音标	直译	意译	串讲
	lɯ³³	牛虱		
	pʰu³³	雄性	梯田	
	ɕi³¹		稻谷	
	uɑ³³		五	
	lɯ³³	亲戚	田	
	tʰo³³		背后	用五块种有水稻的梯田交换了两升大米，这次交易花了一钱四分白银。
	nɯ³¹	心脏	主语助词	
	to³³	板子	交易	
	tʂʰuɑ⁵⁵	鹿角	大米	
	ni³³		二	
[3]	py³³	米斗	升	

续表

字符	国际音标	直译	意译	串讲
	$ŋɯ^{33}$		银	
	$dɯ^{31}$		一	
	$lə^{55}$	石头	钱	
	lu^{33}		四	用五块种有水稻的梯田交换了两升大米，这次交易花了一钱四分白银。
	$xɯ^{33}$	牙齿	分	
	$tʰə^{33}$	桶	这	
	$kʰa^{33}$	弹弓	交易	
	me^{55}	雌性	语气助词	

【右部】

01

字符	国际音标	直译	意译	串讲
	$kʰa^{33}$	苦	可汗	
	$ⁿga^{33}$	胜利		
	to^{33}	板子	道光	皇清道光三年，这年五行属水。[4]
	kua^{33}	刨子		
	$sɯ^{31}$		三	

第三章 文献解读　245

续表

字符	国际音标	直译	意译	串讲
	k^hu^{13}	镰刀	年	
	gu^{31}	蛋	这	
	k^hu^{13}	镰刀	年	
	$^mbu^{31}\,t^ho^{33}$	树、山坡	五行	皇清道光三年，这年五行属水。
	$dʑi^{31}$		水	
	$zɯ^{33}$	草	属	
	k^hu^{13}	镰刀	年	

02

字符	国际音标	直译	意译	串讲
	ze^{33}	大麦	侄子	
	$ɣɯ^{55}$	吉祥		
	xe^{33}	月亮		侄子黑布究（人名）因为儿子、女儿没有田地，所以发生了事情。
[5]	pu^{55}	鸡胃	黑布究（人名）	
	$dʑiə^{31}$	秤砣		
	$nɯ^{31}$	心脏	主语助词	

续表

字符	国际音标	直译	意译	串讲
	mi⁵⁵	火	女儿	
	zo³³	缸	儿子	
	nɯ³¹	心脏	主语助词	
	lɯ³³	牛虻	田	
	mə³³	日暮	不	
	dzy³¹	镯子	有	侄子黑布究（人名）因为儿子、女儿没有田地，所以发生了事情。
	zɯ³³	村寨		
	gɔ⁵⁵	上	因为	
	nɯ³¹	心脏		
	sə³³	七	事情	
	tʰə³³	桶	出	

03

字符	国际音标	直译	意译	串讲
	xɑ³³	饭	哈牢伟道（人名）	哈牢伟道（人名）、嘉德诃（人名）、都塔伟究（人名）、伊得伟革（人名）四个人争论了。
	lo³¹	盆		

第三章 文献解读　247

续表

字符	国际音标	直译	意译	串讲
ͶͶ	ue³³	村寨	哈牢伟道（人名）	
日	to³³	板子		
不	kɑ³³	好	嘉德诃（人名）	
米	tə³¹	千		
匹	xɯ³³	牙齿		
安	dɯ³¹	大	都塔伟究（人名）	哈牢伟道（人名）、嘉德诃（人名）、都塔伟究（人名）、伊得伟革（人名）四个人争论了。
佘	tʰɑ³¹	塔		
ͶͶ	ue³³	村寨		
西	dziə³¹	秤砣		
又	i³¹	右	伊得伟革（人名）	
ᵑdə³³	ᵑdə³³	水塘		
ͶͶ	ue³³	村寨		
ᶄ	kə¹³	鹰		
川	lu³³	四		

续表

字符	国际音标	直译	意译	串讲
	ku¹³	大蒜	个	
	ʂə¹³	说	争论	哈牢伟道（人名）、嘉德词（人名）、都塔伟究（人名）、伊得伟革（人名）四个人争论了。
	ʂə¹³	说		
	se³¹	岩羊	情态助词	

04

字符	国际音标	直译	意译	串讲
	pə⁵⁵	篦子	波角（地名）	
	kʰə³¹	犄角		
	bɑ³³	花	耕地	在波角（地名）的八丘耕地交换了十（升）大米。
	pʰu³³	雄性		
	xo⁵⁵		八	
	pʰu³³	雄性	丘	
	lɯ³³	船	田地	
	tʰo³³	背后		
	nɯ³¹	心脏	主语助词	

第三章 文献解读　249

续表

字符	国际音标	直译	意译	串讲
	to³³	板子	交换	
	kʰa³³	弹弓		
	me⁵⁵	雌性	语气助词	在波角（地名）的八丘耕地交换了十（升）大米。
	tʂʰuɑ⁵⁵	鹿角	大米	
	tsʰe³¹	十		
	to³³	板子	交易	
	me³³	雌性		

05

字符	国际音标	直译	意译	串讲
	lɯ³³	牛虱	田地	
	kɑ³³		好	布劳科（地名）的良田一小块，伟多（地名）的优质甜荞地两小块，黄土坡（地名）的甜荞地一小块，（这）四小块田以一钱六分的白银买下。
	pu¹³	带		
	lo³¹	沟	布劳科（地名）	
	kʰɯ³¹	脚		
	lɯ³³	牛虱	田地	

续表

字符	国际音标	直译	意译	串讲
	ka^{33}	好		
	du^{31}	一		
	pʰe^{13}	麻布	小块	
	ue^{33}	村寨	伟多（地名）	
	ⁿdo^{31}	愚蠢		
	a^{33}	语气词		布劳科（地名）的良田一小块，伟多（地名）的优质甜荞地两小块，黄土坡（地名）的甜荞地一小块，（这）四小块田以一钱六分的白银买下。
	ⁿgɯ^{55}	咬	甜荞	
	lɯ^{33}	稻谷	田	
	ka^{33}	好		
	ni^{33}	二		
	pʰe^{13}	麻布	小块	
	mi^{55}	火	黄土坡（地名）	
	ᵐbu^{33}	山坡		
	a^{33}	语气词	甜荞	
	ⁿgɯ^{55}	咬		

第三章 文献解读 251

续表

字符	国际音标	直译	意译	串讲
	$lɯ^{33}$	牛虱	田	
	$dɯ^{31}$		一	
	p^he^{13}	麻布	小块	
	$lɯ^{33}$		四	
	p^he^{13}	麻布	小块	
	$lɯ^{33}$	船	田	布劳科（地名）的良田一小块，伟多（地名）的优质甜荞地两小块，黄土坡（地名）的甜荞地一小块，（这）四小块田以一钱六分的白银买下。
	t^ho^{33}		背后	
	$nɯ^{31}$	心脏	主语助词	
	$ŋu^{33}$		银	
	$dɯ^{31}$		一	
	$lə^{55}$	石头	钱	
	$tʂ^huɑ^{55}$		六	
	$xɯ^{33}$	牙齿	分	
	to^{33}	板子	交易	

06

字符	国际音标	直译	意译	串讲
	ka^{33}	好	嘉革哈巴究（人名）	
	kə^{13}	鹰		
	xa^{33}	饭		
	pa^{33}	蛙		
	dziə^{31}	秤砣		
	ŋu^{33}		银	已经给过了嘉革哈巴究（人名）一两白银。
	dɯ^{31}		一	
	lu^{55}	庹	两	
	iə^{13}	烟草	给	
	se^{31}	岩羊	情态助词	
	me^{55}	雌性	语气助词	

07

字符	国际音标	直译	意译	串讲
	le^{55}	獐子		
	ʂə^{13}	说	争论不休	不可再争论不休了。
	le^{55}	獐子		

第三章 文献解读　253

续表

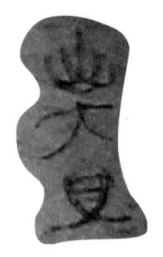

字符	国际音标	直译	意译	串讲
	tʂu³¹	爪子	争论不休	
	zu³³	夏		
	mə³³	暮	绝不可	不可再争论不休了。
	be³³	战神		
	me⁵⁵	雌性	语气助词	

08

字符	国际音标	直译	意译	串讲
	ue³³	村寨		
	ᵐba³¹	铲子		
	nɑ³¹	黑	伟耙纳穆皂（人名）	
	mu³³	天		给了伟耙纳穆皂（人名）一件细麻布。
	zo³³	缸		
	pʰe¹³ zi³³	花、麻布	细麻布	
	du³¹	—		
	lə⁵⁵	石头	件	

续表

字符	国际音标	直译	意译	串讲
ᔿ	iə^{13}	烟草	给予	给了伟耙纳穆皂（人名）一件细麻布。
ᘏ	me^{55}	雌性	语气助词	

09

字符	国际音标	直译	意译	串讲
ᔾ	i^{31}	右	伊得伟革（人名）	
ᗡ	^{n}dɚ^{33}	池塘		
ᘛ	ue^{33}	村寨		
ᗅ	kə^{13}	鹰		
ᙁ	p^{h}e^{13} zi^{33}	花、麻布	细麻布	给了伊得伟革（人名）一件细麻布。
ᒯ	duɯ^{31}	—		
ᗟ	lə^{55}	石头	件	
ᔿ	iə^{13}	烟草	给	
ᘏ	me^{55}	雌性	语气助词	

续表

字符	国际音标	直译	意译	串讲
	ue³³	村寨		
	ᵐbɑ³¹	铲子		
	i³¹	右	伟耙伊奴塔（人名）	
	nɯ³¹	心脏		
	tʰɑ³¹	塔		给了伟耙伊奴塔（人名）一件细麻布。
	pʰe¹³ zi³³	花、麻布	细麻布	
	dɯ³¹	—		
	lu⁵⁵	石头	件	
	iə¹³	烟草	给	
	me⁵⁵	雌性	语气助词	

10

字符	国际音标	直译	意译	串讲
	ue³³	村寨		
	to³³	板子	伟道嘉德诃（人名）	给了伟道嘉德诃（人名）一件麻布坎肩。
	kɑ³³	好		
	tə³¹	千		

续表

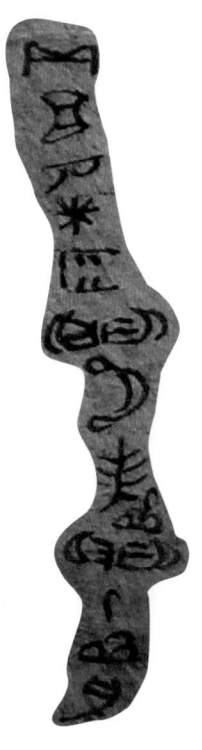

字符	国际音标	直译	意译	串讲
	xɯ³³	牙齿	伟道嘉德诃（人名）	给了伟道嘉德诃（人名）一件麻布坎肩。
	pʰe¹³	麻布		
	kuɑ³¹	刨子	坎肩	
	ⁿdsɯ³³	树		
	dɯ³¹	一	件	
	lə⁵⁵	石头		
	pʰe¹³	麻布		
	dɯ³¹	一		
	lə⁵⁵	石头	件	
	me⁵⁵	雌性	语气助词	

11

字符	国际音标	直译	意译	串讲
	dɯ³¹	大		给了都塔伟究（人名）一件细麻布。
	tʰɑ³¹	塔	都塔伟究（人名）	
	ue³³	村寨		

续表

字符	国际音标	直译	意译	串讲
	dziə^{31}	秤砣	都塔伟究（人名）	
	pʰe^{13} zi^{33}	花、麻布	细麻布	
	dɯ^{31}	—		给了都塔伟究（人名）一件细麻布。
	lə^{55}	石头	件	
	iə^{13}	烟草	给	
	me^{55}	雌性	语气助词	

12

字符	国际音标	直译	意译	串讲
	xɑ^{33}	饭		
	lo^{31}	锅		
	ⁿgɑ^{33}	胜利	哈牢伽苏伯（人名）	给了哈牢伽苏伯（人名）两件细麻布。
	ʂu^{33}	斧子		
	bə^{31}	绳子		
	dɯ^{31}	—	不详	
	kʰɯ^{31}	脚	不详	

续表

字符	国际音标	直译	意译	串讲
	$p^he^{13} zi^{33}$	花、麻布	细麻布	
	ni^{33}		二	给了哈牢伽苏伯（人名）两件细麻布。
	$lə^{55}$	石头	件	
	$iə^{13}$	烟草	给	
	me^{55}	雌性	语气助词	

13

字符	国际音标	直译	意译	串讲
	$tʂ^huɑ^{55}$		六	
	ku^{13}	大蒜	个	
	ka^{31}		前	
	$nɯ^{31}$	心脏	主语助词	当着六个人的面写下文书。
	do^{31}		看见	
	be^{33}	战神	做	
	t^he^{55}	旗帜	文书	
	$ɣɯ^{55}$	吉祥		

续表

字符	国际音标	直译	意译	串讲
	pə⁵⁵	篦子	书写	当着六个人的面写下文书。
	me⁵⁵	雌性	语气助词	

14

字符	国际音标	直译	意译	串讲
	ⁿdɑ³¹	砍	腊月	腊月初二书写了（这份）文书。
	uɑ³³	五		
	xe³³	月亮	月份	
	tsʰe⁵⁵	盐巴	初	
	do³¹	看见		
	ni³³		二	
	ni³³	太阳	日、天	

15

字符	国际音标	直译	意译	串讲
	tsʰo³³	大象	宗族	（文书）给了宗族。
	ɚ¹³	骨头		
	iə¹³	烟草	给	

续表

字符	国际音标	直译	意译	串讲
	se³¹	岩羊	情态助词	（文书）给了宗族。
	me⁵⁵	雌性	语气助词	

16

字符	国际音标	直译	意译	串讲
	tʰe⁵⁵	旗帜	文书	文书书写人是究伽科伽（人名），已经给了他一件细麻布。
	ɣɯ⁵⁵	吉祥		
	pə⁵⁵	篦子	书写	
	ɕi³³	稻谷	人	
	dziə³¹	秤砣		
	ⁿgɑ³³	胜利	究伽科伽（人名）	
	kʰɯ³¹	脚		
	ⁿgɑ³³	胜利		
	yo³¹	倾倒	是	
	pʰe¹³ zi³³	花、麻布	细麻布	
	du³¹	—		

第三章 文献解读　261

续表

字符	国际音标	直译	意译	串讲
	lə^{55}	石头	件	
	iə^{13}	烟草	给予	文书书写人是究伽科伽（人名），已经给了他一件细麻布。
	me^{55}	雌性	语气助词	

翻译全文

【左部】道光皇帝三年，这一年属羊。宇伽（人名）爸爸因为没有儿子，（所以）将在戈坎（地名）的八丘稻田给了鄂密（人名）。嫁妆是伟多（地名）田前的两小块上等甜荞地；黄土坡（地名）的一小块甜荞地。父亲宇伽（人名）说，伊密□（人名）给了鄂密伟嘉（人名）。用五块种有水稻的梯田交换了两升大米，这次交易花了一钱四分白银。

【右部】皇清道光三年，这年五行属水。侄子黑布究（人名）因为儿子、女儿没有田地，所以发生了事情。哈牢伟道（人名）、嘉德河（人名）、都塔伟究（人名）、伊得伟革（人名）四个人争论了。在波角（地名）的八丘耕地交换了十（升）大米。布劳科（地名）的良田一小块，伟多（地名）的优质甜荞地两小块，黄土坡（地名）的甜荞地一小块，（这）四小块田以一钱六分的白银买下。已经给过了嘉革哈巴究（人名）一两白银。不可再争论不休了。给了伟耙纳穆皂（人名）一件细麻布。给了伊得伟革（人名）一件细麻布。给了伟耙伊奴塔（人名）一件细麻布。给了伟道嘉德河（人名）一件麻布坎肩。给了都塔伟究（人名）一件细麻布。给了哈牢伽苏伯（人名）两件细麻布。当着六个人的面写下文书。腊月初二书写了（这份）文书。（文书）给了宗族。文书书写人是究伽科伽（人名），已经给了他一件细麻布。

---

［1］此处有省略，应该为双音节词［kʰɑ^{33} ŋgɑ^{33}］表示"可汗、皇帝"。
［2］补残。
［3］和学耀在文书1-1（第173页）中认为该字为"斗"［tə^{31}］。
［4］经核查，道光三年五行属木，此处恐有误。
［5］和学耀在文书1-19（第517页）中认为该字的直译是"半"［pʰu^{13}］。

文书1-6

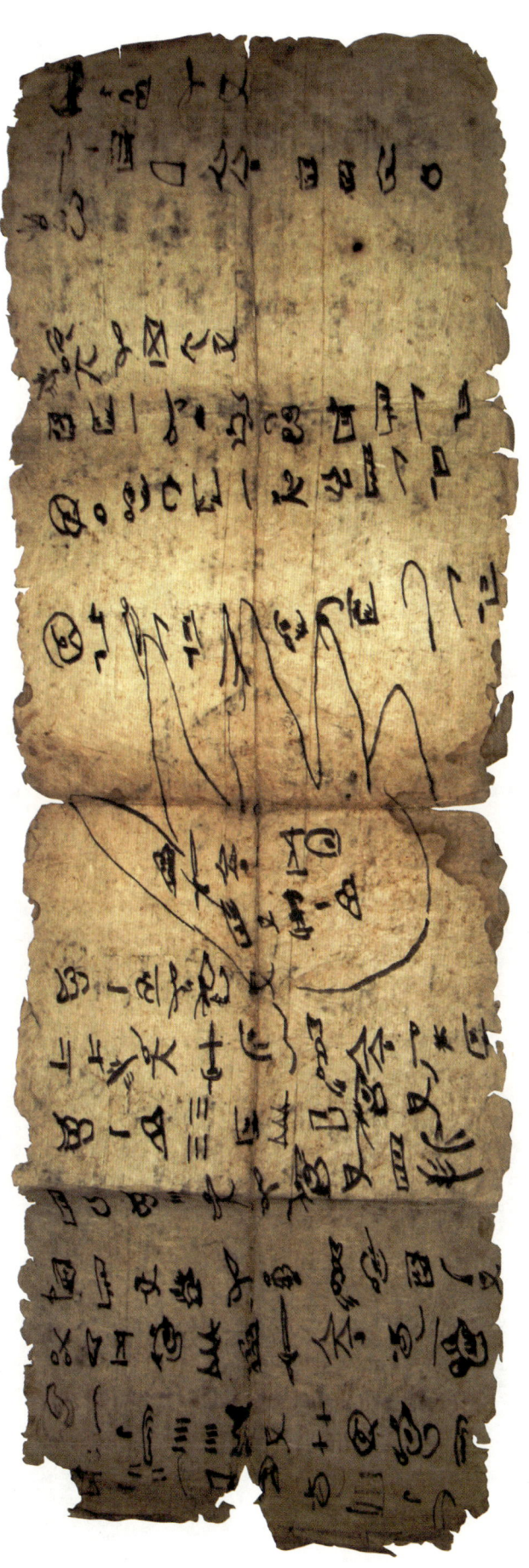

克密得热热塔卖田契

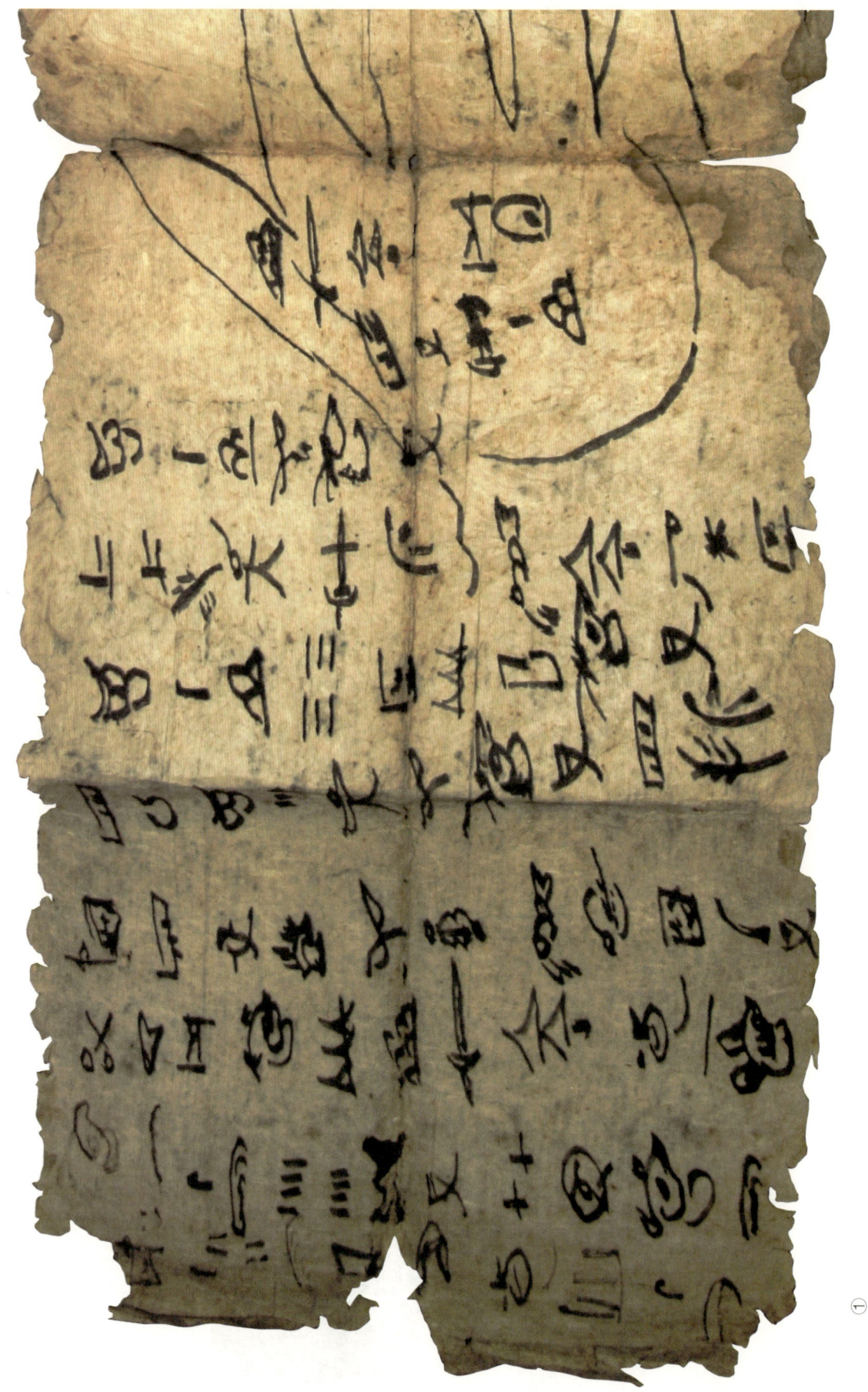

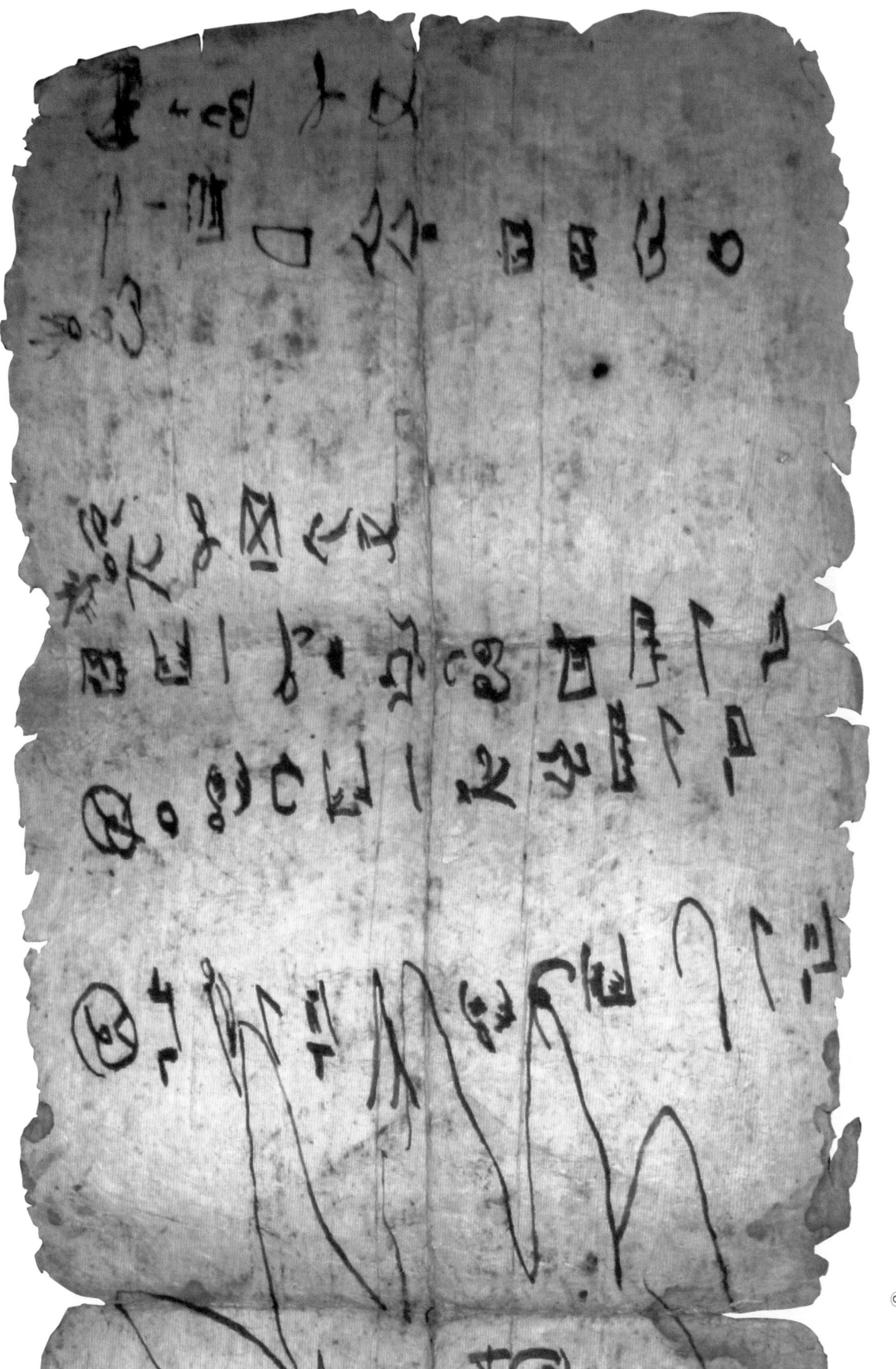

著录

编号	1-6
文书名	克密得热塔卖田契
书写人	道塔究究
书写时间	道光五年（1825）
来源	云南省玉龙纳西族自治县宝山乡知识伟村[1]和继泉
体例	竖行书写，从左向右换行，单面书写
材质	东巴纸，墨书
采集时间	2010年4月
采集地点	云南省玉龙纳西族自治县宝山乡吾木村
摄影	和继先
翻译者	和继先
整理者	蒋波，安娜
尺寸	55 cm × 25.5 cm [2]
备注	文书中间有一手印，为纳西族传统画押方式，手印内书写画押者姓名

翻译

01

字符	国际音标	直译	意译	串讲
[3]	$kʰa^{33}$	苦	可汗	
[4]	$ⁿga^{33}$	胜利		
	ua^{33}		五	
	$kʰu^{13}$	镰刀	年	
	to^{33}	板子	道光	
	kua^{33}	刨子		
	$nɯ^{31}$	心脏	结构助词	道光皇帝五年是属鸡的一年。
	$sɿ^{31}$	满	不详[5]	
	$dɯ^{31}$		一	
	$kʰu^{13}$	镰刀	年	
	a^{31}		鸡	
	$kʰu^{13}$	镰刀	属（年）	
	$dɯ^{31}$		一	
	$kʰu^{13}$	镰刀	年	

02

字符	国际音标	直译	意译	串讲
	xo^{55}	八		
	xe^{33}	月牙	月份	
	me^{33}	雌阴		
	$ni^{33} tsɯ^{31}$	二十		八月二十日，是属狗的一日。
	ni^{33}	太阳	日、天	
	$k^hɯ^{33}$	狗		
	$k^hɯ^{13}$	镰刀	属（年）	
	$dɯ^{31}$	一		

03

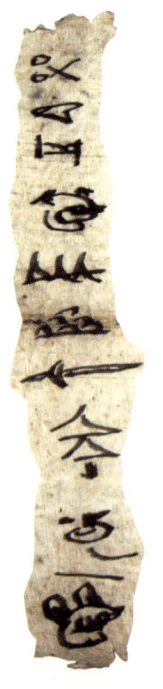

字符	国际音标	直译	意译	串讲
	$tɕi^{33}$	羊毛剪		
	$ʂɯ^{31}$	肉	知识伟（地名）	知识伟（地名）的克密得热塔（人名）将谷伽里（地名）的一块田卖给了烟哲古然究（人名）。
	ue^{33}	村寨		
	$k^hɯ^{33}$	狗		
	mi^{55}	火	克密得热塔（人名）	
	$dɚ^{31}$	泡沫		

续表

字符	国际音标	直译	意译	串讲
	$zɚ^{33}$	刀	克密得热塔（人名）	
	$tʰa^{31}$	塔		
	$nɯ^{31}$	心脏	主语助词	
	gu^{31}	熊	谷伽里（地名）	
	$^nga^{33}$	胜利		
	$lɯ^{33}$	田地		
	$dɯ^{31}$	大	一	知识伟（地名）的克密得热塔（人名）将谷伽里（地名）的一块田卖给了烟哲古然究（人名）。
	u^{31}	奴仆	块	
	$iə^{33}$	烟叶	烟哲古然究（人名）	
	$tʂɚ^{31}$	骨节		
	ku^{31}	生姜		
	za^{31}	笑		
	$dʑiə^{31}$	秤砣		
	$tɕʰi^{33}$	刺	卖	
	me^{55}	雌阴	语气助词	

04

字符	国际音标	直译	意译	串讲
	lɯ³³	田地		
	pʰu⁵⁵	雄阴	费用	
	ŋu³³	银		
	sɯ³¹	三		
	lu⁵⁵	庹	两	
	iə¹³	烟叶	给	
	se³¹	岩羊	情态助词	
	me⁵⁵	雌阴	语气助词	已经给过了田款三两银，随田税银一钱六分已收下。
	lɯ³³	田地		
	tʰo³	背后	税	
	ŋu³³	银		
	dɯ³¹	一		
	lə⁵⁵	石头	钱	
	tʂʰuɑ⁵⁵	六		
	xɯ³³	牙齿	分	

续表

字符	国际音标	直译	意译	串讲
	mi⁵⁵	火	收下	
	to³³	板子	?	已经给过了田款三两银，随田税银一钱六分已收下。
	se³¹	岩羊	情态助词	
	me⁵⁵	雌阴	语气助词	

05

字符	国际音标	直译	意译	串讲
[7]	ʂə¹³	说	介绍	
	ʂə¹³	说		
[8]	çi³³		人	
	ⁿdɑ³¹	砍	达蒲（地名）	介绍人达蒲（地名）的古塔嘉德诃（人名）的一颗钱白银已付过。
	pʰu⁵⁵	逃		
	ku³¹	生姜		
	tʰɑ³¹	塔	古塔嘉德诃（人名）	
	kɑ³³	好		
	tə³¹	千		
	xɯ³³	牙齿		

第三章　文献解读　271

续表

字符	国际音标	直译	意译	串讲
	ŋu³³	银		介绍人达蒲（地名）的古塔嘉德诃（人名）的一颗钱白银已付过。
	dɯ³¹	一		
	lə⁵⁵	石头	钱	
	iə¹³	烟叶	给	
	se³¹	岩羊	情态助词	
	me⁵⁵	雌阴	语气助词	

06

字符	国际音标	直译	意译	串讲
	ni³³ me³³	太阳	东方	（该田）往东到水流为止，南到格暮诃（人名）的水沟为止，西到格暮诃（人名）、伊皂（人名）的土地为止，（北到）究诃（人名）、戈夸（地名）的哈巴伽（人名）的田地为止。
	tʰə³³	桶		
	dzi³¹	水流		
	tɕə³¹	钩子	到	
	tɯ³³	浸泡	止	
	i³¹tʂʰɯ³³mi³³	南方		
	ⁿgɯ⁵⁵	咬	格暮诃（人名）	

续表

字符	国际音标	直译	意译	串讲
	mə³³	日暮	格暮诃（人名）	
	xɯ³³	牙齿		
	kʰa³³	水沟		
	tɕə³¹	钩子	到	
	tɯ³³	浸泡	止	
	ni³³ me³³	太阳	西方	（该田）往东到水流为止，南到格暮诃（人名）的水沟为止，西到格暮诃（人名）、伊皂（人名）的土地为止，（北到）究诃（人名）、戈夸（地名）的哈巴伽（人名）的田地为止。
	gu³¹	蛋		
	ⁿgɯ⁵⁵	咬		
	mə³³	日暮	格暮诃（人名）	
	xɯ³³	牙齿		
[9]	i³³	右	伊皂（人名）	
	zo³¹	缸		
	lɯ³³	田地		
	tɕə³¹	钩子	到	

第三章 文献解读　273

续表

字符	国际音标	直译	意译	串讲
	$tɯ^{33}$	浸泡	止	
	$dziə^{31}$	秤砣	究词（人名）	（该田）往东到水流为止，南到格暮诃（人名）的水沟为止，西到格暮诃（人名）、伊皂（人名）的土地为止，（北到）究词（人名）、戈夸（地名）的哈巴伽（人名）的田地为止。
	$xɯ^{33}$	牙齿		
	$gə^{31}$	上	戈夸（地名）	
	$kʰuɑ^{33}$	坏		
	$xɑ^{33}$	饭		
	$pɑ^{33}$	蛙	哈巴伽（人名）	
	$ⁿgɑ^{33}$	胜利		
	$lɯ^{33}$	田地		
	$tɕə^{31}$	钩子	到	
	$tɯ^{33}$	浸泡	止	

07

字符	国际音标	直译	意译	串讲
	$ly^{33}ɕi^{33}$	见证人		见证人为烟蔡（人名），代字人道塔究究（人名）。笔墨费一件麻布，已经给了。
	$iə^{33}$	烟叶	烟蔡（人名）	
		烟叶	盐巴	

续表

字符	国际音标	直译	意译	串讲
	ɣo³¹	倾倒	是	
	me⁵⁵	雌阴	语气助词	
	pə⁵⁵ ɕi³³	代字人		
	to³³	板子	道塔（法名）	
	tʰɑ³¹	塔		
	dziə³¹	秤砣	究究（俗名）	
	dziə³¹	秤砣		
	mu³³ nɑ³¹	天黑	墨	见证人为烟蔡（人名），代字人道塔究究（人名）。笔墨费一件麻布，已经给了。
	pʰu⁵⁵	雄阴	费用	
	pʰe¹³	麻布		
	du³¹	一		
	lə⁵⁵	石头	件	
	iə³³	烟叶	给	
	me⁵⁵	雌阴	语气助词	

第三章 文献解读 275

【手印中的文字】

字符	国际音标	直译	意译	串讲
	dɚ³¹	泡沫	得热塔（人名）	得热塔（人名）、伟埒诃（人名）的母亲（给了）一件麻布。
	zɚ³³	刀		
	tʰɑ³¹	塔		
	ue³³	村寨		
	ᵐbu³¹	山坡	伟埒诃（人名）	
	xɯ³³	牙齿		
	me⁵⁵	雌阴	母亲	
	pʰe¹³	麻布		
	dɯ³¹	一		
	lə⁵⁵	石头	件	

翻译全文

道光皇帝五年是属鸡的一年。八月二十日，是属狗的一日。知识伟（地名）的克密得热塔（人名）将谷伽里（地名）的一块田卖给了烟哲古然究（人名）。已经给过了田款三两银，随田税银一钱六分已收下。介绍人达蒲（地名）的古塔嘉德诃（人名）的一颗钱白银已付过。（该田）往东到水流为止，南到格暮诃（人名）的水沟为止，西到格暮诃（人名）、伊皂（人名）的土地为止，（北到）究诃（人名）、戈夸（地名）的哈巴伽（人名）的田地为止。见证人为烟蔡（人名）。代字人道塔究究（人名），笔墨费一件麻布，已经给了。

【手印中文字】得热塔（人名）、伟埠诃（人名）的母亲（给了）一件麻布。

---

［1］知识伟自然村位于宝山乡南部，隶属于宝山乡果乐村委会。
［2］部分文书取得时为电子图片，无法测量尺寸，不再标注。
［3］补残。
［4］"胜利"本读［ŋga55］，假借表示"可汗"时变读为［ŋga33］。
［5］字符、国际音标、直译、意译四列中用问号表示字符不明；串讲中用方框符表示字符不明；残缺内容用省略号表示。
［6］补残。
［7］哥巴文字，借自汉字"上"。
［8］形声字，下形上声。
［9］图为"左"，疑似书写错误，应为"右"。

文书1-7

宝河租田契

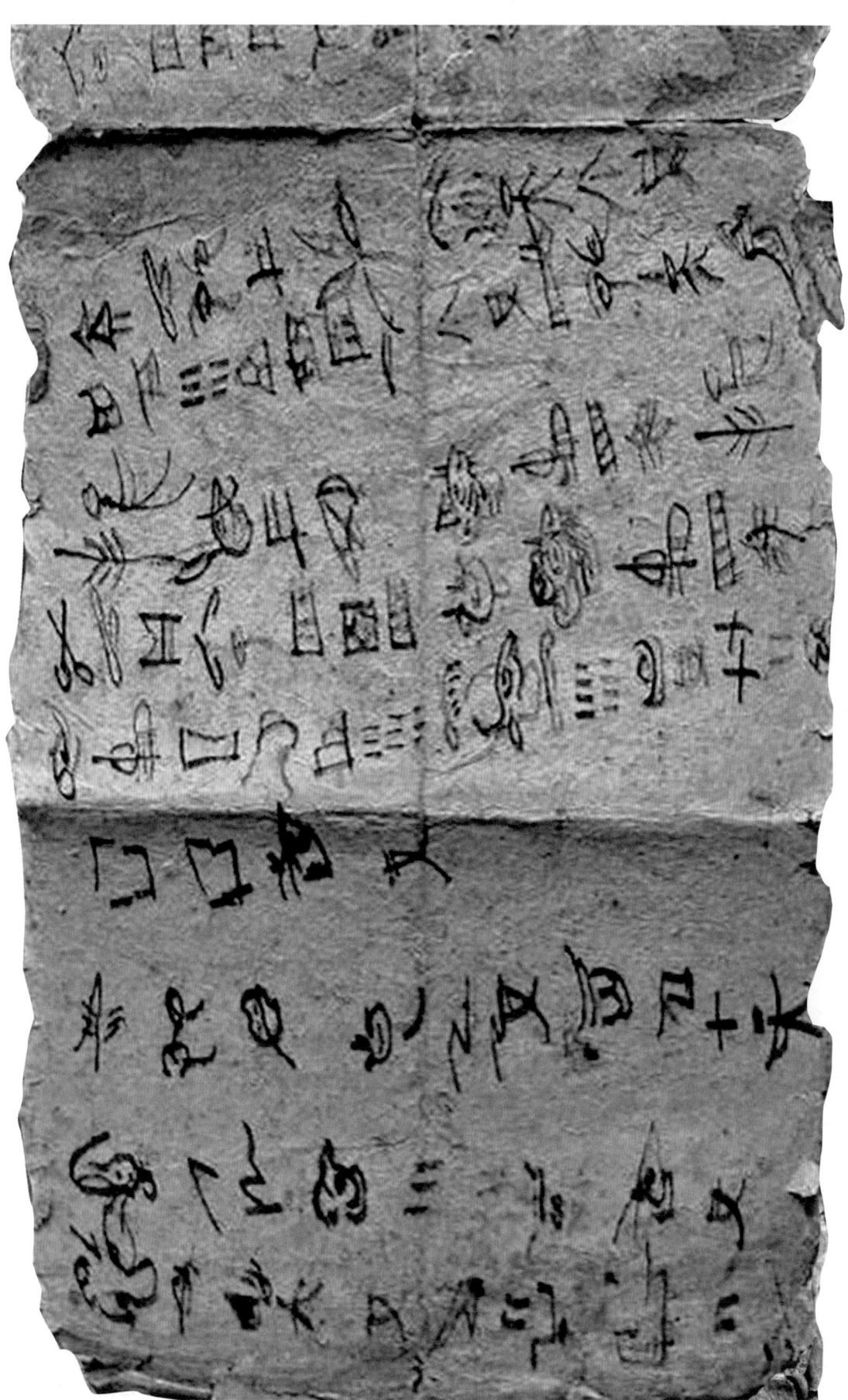

280 宝山纳西东巴文应用文献调查、整理与研究

著录

编号	1-7
文书名	宝诃租田契
书写人	奈巴塔
书写时间	道光九年（1829）
来源	云南省玉龙纳西族自治县宝山乡吾木村
体例	竖行书写，从左向右换行，单面书写
材质	东巴纸，墨书
采集时间	2011年7月24日
采集地点	云南省玉龙纳西族自治县宝山乡吾木村
摄影	李学信
翻译者	和学耀，蒋波
整理者	蒋波
备注	文书分左、右两部分

翻译

【左部】

01

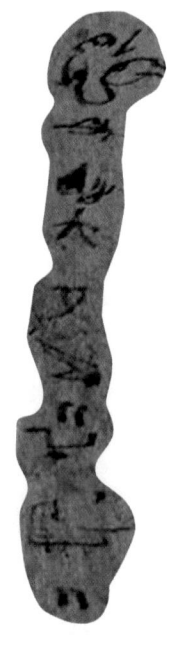

字符	国际音标	直译	意译	串讲
	tsʰo³³	大象		
	mu³¹	士兵	宴会	
	be³³	战神	做	
	me⁵⁵	雌性	语气助词	
	tʂhuɑ⁵⁵	鹿角	祭粮	举行宴会用了祭粮两升。
	ni³³	二		
	py³³	米斗	升	
	不详	不详	不详	
	ni³³	二	不详	

02

字符	国际音标	直译	意译	串讲
	tɕi³³		打猎	
	tsɑ³¹	刨子		设圈套打猎，给了三碗白酒。
	tsɯ³³	捆绑	圈套	

续表

字符	国际音标	直译	意译	串讲
	a³³	鸡		
[1]	tɕi³³	羊毛剪	白酒	
	sɯ³¹	三		设圈套打猎，给了三碗白酒。
	kʰuɑ³¹	碗		
[2]	iə¹³	野山羊	给	
	me⁵⁵	雌性	语气助词	

03

字符	国际音标	直译	意译	串讲
	ma³³	尾巴		
	ly³³	看	从今往后	
	ne³³	苋菜		
	nɯ³¹	心脏	主语助词	从今往后，共需筹集支付纯银十两。
	tʂʰɚ⁵⁵	辈分	总共	
	tʂʰɚ⁵⁵	辈分		
	me⁵⁵	雌性	语气助词	
	ŋu³³	银		

第三章 文献解读 283

续表

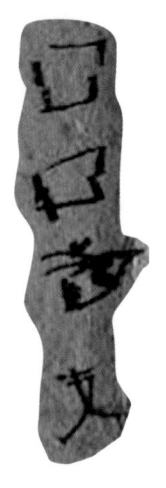

字符	国际音标	直译	意译	串讲
	ʂu³³	斧子	纯	
	tsʰe³¹		十	
	lu⁵⁵	庹	两	
	to³³	板子		从今往后，共需筹集支付纯银十两。
	to³³	板子	凑集	
	iɚ¹³	野山羊	给	
	me⁵⁵	雌性	语气助词	

【右部】

01

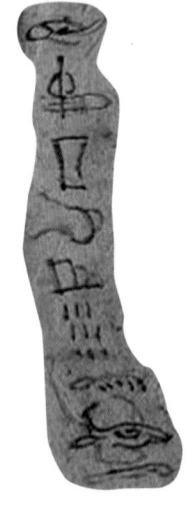

字符	国际音标	直译	意译	串讲
	kʰɑ³³	词头		
	ⁿgɑ³³	胜利	可汗	
	to³³	板子		道光皇帝九年，这年属牛。
	kuɑ³³	刨刮	道光	
	zɯ³³	村寨	指示代词	
	ⁿgu³³		九	

续表

字符	国际音标	直译	意译	串讲
	kʰu¹³	镰刀	年	道光皇帝九年，这年属牛。
	ɣɯ³³ kʰu¹³	牛、镰刀	属牛	

02

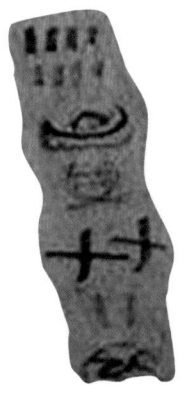

字符	国际音标	直译	意译	串讲
	xuɑ⁵⁵	八		
	xe³³	月亮	月份[3]	
	me³³	雌性		
	ni³³ tsɯ³³	二十		
	ni³³	二		
	ni³³	太阳	日、天	八月二十二日，知识伟村的穆衮诃宝诃（人名）（给了）热伽（人名）稻田的地租，宝诃（人名）（给了）热伽（人名）稻田（的租金）纯银六两。
	tɕi³³	羊毛剪		
	ʂɯ³¹	肉	知识伟（地名）	
	ue³³	村		
	mu³³	天	穆衮诃宝诃（人名）	
	niə³¹	眼睛		
	xɯ³³	牙		

续表

字符	国际音标	直译	意译	串讲
	po^{33}	盒子	穆衾诃宝诃（人名）	
	xɯ^{33}	牙齿		
	nɯ^{31}	心脏	主语助词	
	zɿ^{33}	豹子	热伽（人名）	
	ⁿga^{33}	胜利		
	lɯ^{33}	田地		八月二十二日，知识伟村的穆衾诃宝诃（人名）（给了）热伽（人名）稻田的地租，宝诃（人名）（给了）热伽（人名）稻田（的租金）纯银六两。
	ɕi^{31}	稻子		
	tʰo^{33}	背靠	附带	
	le^{33}	獐子		
	sa^{13}	气	租金	
	pʰi^{13}	腿骨		
	zɿ^{33}	豹子	热伽（人名）	
	ⁿga^{33}	胜利		
	lɯ^{33}	田地		

续表

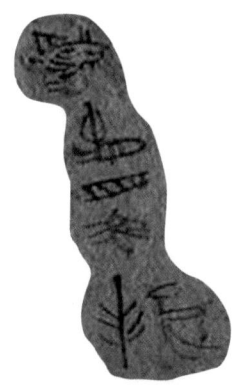

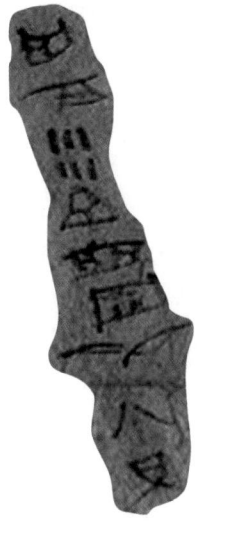

字符	国际音标	直译	意译	串讲
	ɕi³¹	稻子		
	tʰo³³	背靠	附带	
	ŋu³³	银		
	ʂu³³	斧子	纯	
	tʂʰuɑ⁵⁵	六		八月二十二日，知识伟村的穆袅诃宝诃（人名）（给了）热伽（人名）稻田的地租，宝诃（人名）（给了）热伽（人名）稻田（的租金）纯银六两。
	lə⁵⁵	石头	两	
	po³³	盒子		
	xɯ³³	牙齿	宝诃	
	iə¹³	烟草	给	
	se³¹	完	情态助词	
	me⁵⁵	雌性	语气助词	

03

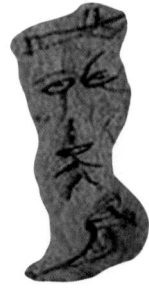

字符	国际音标	直译	意译	串讲
	ma³³	尾巴	从今往后	从今往后，毒日吉塔（人名）在生老病死的时候（穆袅诃）就再也不需要负责。
	ly³¹	看见		

第三章 文献解读　287

续表

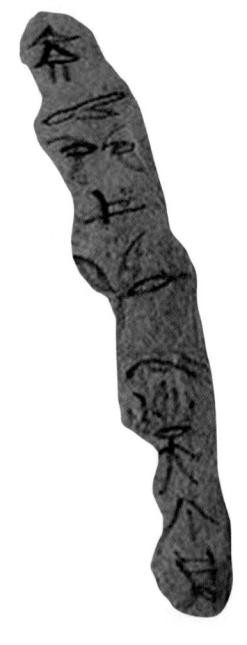

字符	国际音标	直译	意译	串讲
[4]	ma³³	尾巴		
	dɯ³¹	一	从今往后	
	ni³³	太阳		
	ⁿdə³¹	毒鬼		从今往后，毒日吉塔（人名）在生老病死的时候（穆裊诃）就再也不需要负责[6]。
	zɯ⁵⁵	蛇	毒日吉塔（人名）[5]	
	tʰɑ³¹	塔		
	ʂɯ³³	肉		
	ly³¹	看		
	ⁿgu³¹	粮仓	生老病死	
	ly³¹	看		
	zɯ³³	柳叶		
	mə³³	日暮	绝不	
	be³³	战神		

续表

字符	国际音标	直译	意译	串讲
	se³¹	完	情态助词	从今往后，毒日吉塔（人名）在生老病死的时候（穆袅诃）就再也不需要负责。
	me⁵⁵	雌性	语气助词	

04

字符	国际音标	直译	意译	串讲
	mu³³	天	穆袅诃（人名）	
	niə³¹	眼睛		
	xɯ³³	牙齿		
	po³³	盒子	宝诃（人名）	
	lɑ³¹	手		穆袅诃（人名）给过了宝诃（人名）银元作为酬劳。穆袅诃（人名）。宝诃（人名）。
	tsʰi³¹	肩胛骨	酬劳	
	mu³³	天		
	ŋu³³	白银	银元	
	lə⁵⁵	石头		
	iə¹³	烟叶	给	
	se³¹	完	情态助词	

第三章 文献解读 289

字符	国际音标	直译	意译	串讲
	me^{55}	雌性	语气助词	
	mu^{33}	天		
	niə^{31}	眼睛	穆衮诃（人名）	穆衮诃（人名）给过了宝诃（人名）银元作为酬劳。穆衮诃（人名）。宝诃（人名）。
	xɯ^{33}	牙齿		
	po^{33}	盒子	宝诃（人名）	
	xɯ^{33}	牙齿		

05

字符	国际音标	直译	意译	串讲
	tʰe^{55} ɣɯ^{55}	文书		
	pə^{55} [7]	写	书写人	
	ɕi^{33}	人		书写人就是知识伟村（地名）的奈巴塔（人名）。
	tɕi^{33}	羊毛剪		
	ʂɯ^{31}	肉	知识伟（地名）	
	ue^{33}	村		
	ᵐbe^{31}	村寨		

字符	国际音标	直译	意译	串讲
	ne³³	苋菜		
	pa³³	青蛙	奈巴塔（人名）	
	tʰa³¹	塔		书写人就是知识伟村（地名）的奈巴塔（人名）。
	yo³¹	泼	是	
	me⁵⁵	雌性	语气助词	

06

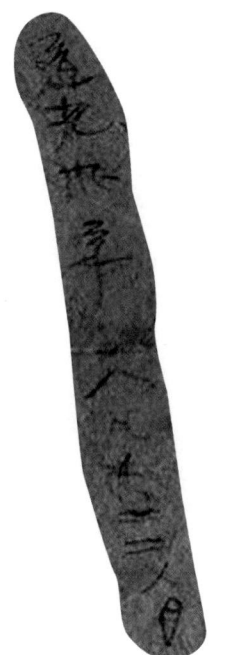

字符	国际音标	直译	意译	串讲
[8]	to³³	道		
	kua³³	光		
	ⁿgu³³	九		
	kʰu¹³	年		道光九年八月二十二日立字。
	xua⁵⁵	八		
	me³³ xe³³	月		
	tsɯ³¹	十		
	ni³³	二		

续表

斤字符	国际音标	直译	意译	串讲
	ni³³	二		
	le³³	獐子	立	道光九年八月二十二日立字。
	tʂu³¹	不详	字	

【落款】

01

字符	国际音标	直译	意译	串讲
	zɿ³³	豹子	热伽（人名）	就是热伽（人名）的东西。
	ⁿgɑ³³	胜利		
	lɯ³³	土地	东西	
	bu³¹	猪		
	ɣo³¹	倾倒	是	
	me⁵⁵	雌性	语气助词	

翻译全文

【左部】举行宴会用了祭粮两升。设圈套打猎,给了三碗白酒。从今往后,共需筹集支付纯银十两。

【右部】道光皇帝九年,这年属牛。八月二十二日,知识伟村的穆裛诃宝诃(人名)(给了)热伽(人名)稻田的地租,宝诃(人名)(给了)热伽(人名)稻田(的租金)纯银六两。从今往后,毒日吉塔(人名)在生老病死的时候(穆裛诃)就再也不需要负责。穆裛诃(人名)给过了宝诃(人名)银元作为酬劳。穆裛诃(人名)。宝诃(人名)。书写人就是知识伟村(地名)的奈巴塔(人名)。道光九年八月二十二日立字。

【落款】热伽(人名)的东西。

---

[1] 此处怀疑缺失,故补明。
[2] "野山羊"本读[i^{13}]。在这里假借表示"给"[$iə^{13}$],发生音变。
[3] 按照现代纳西语读法,"月份"应该为[$me^{33} xe^{33}$]。
[4] 此字及以下二字为补缺。
[5] 疑似中间缺省一字[$^n dzi^{31}$]。
[6] 意为:毒日吉塔在生老病死的时候,穆裛诃无需尽责。
[7] 此处怀疑缺失,故补明。
[8] 此字及以下八个字符均为汉字。

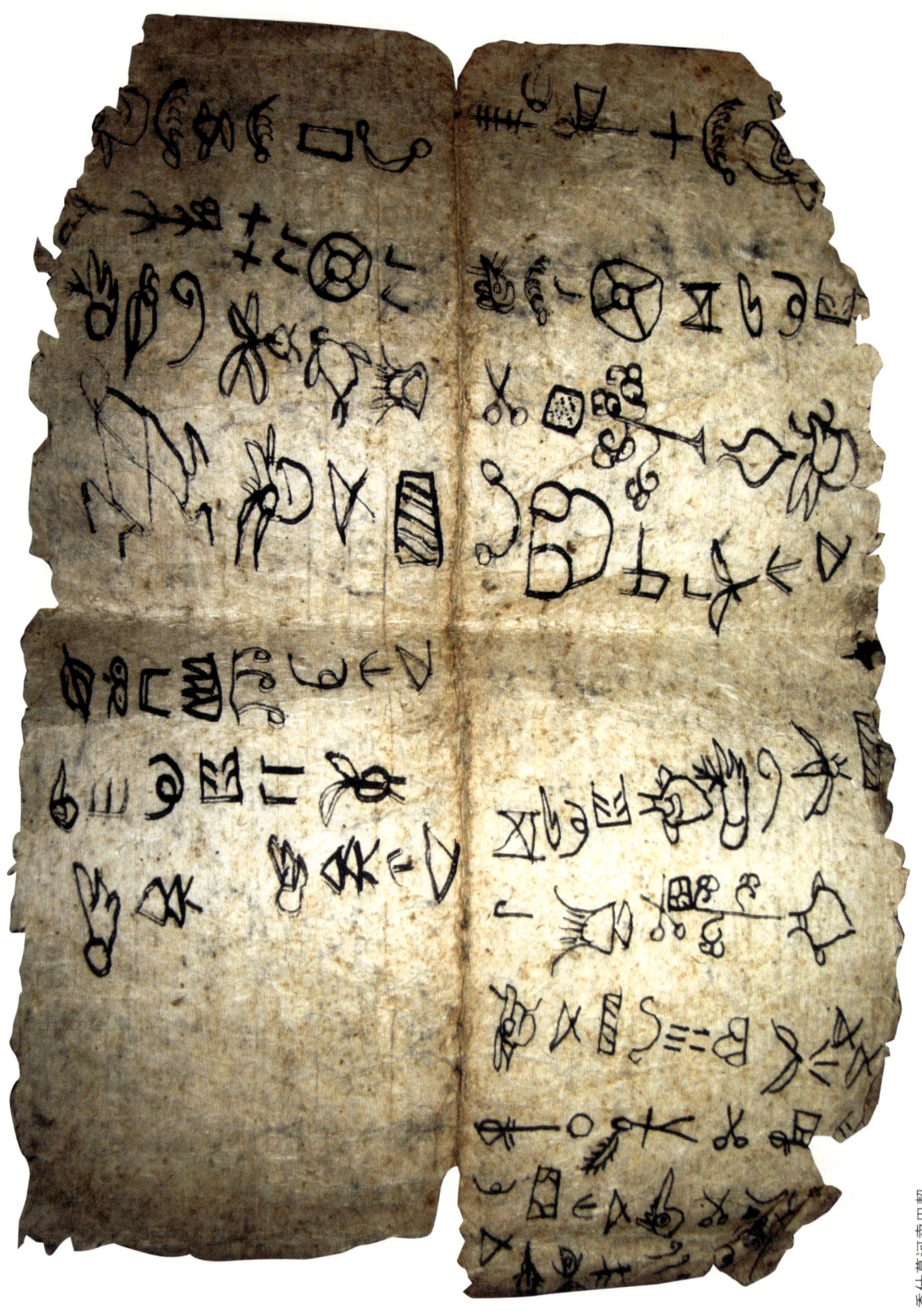

文书1-8

委什春河卖田契

著录

编号	1-8
文书名	委什暮诃卖田契
书写人	佚名
书写时间	道光十年（1830）
来源	云南省玉龙纳西族自治县宝山乡知识伟村和继泉
体例	竖行书写，从右向左换行，单面书写
材质	东巴纸，墨书
采集时间	2010年4月
采集地点	云南省玉龙纳西族自治县宝山乡吾木村
摄影	和继先
翻译者	和继先
整理者	蒋波，安娜
尺寸	27cm×25 cm
备注	文书分A、B、C三部分，阅读时按照字母顺序，从右往左，竖行阅读

阅读顺序缩略图：

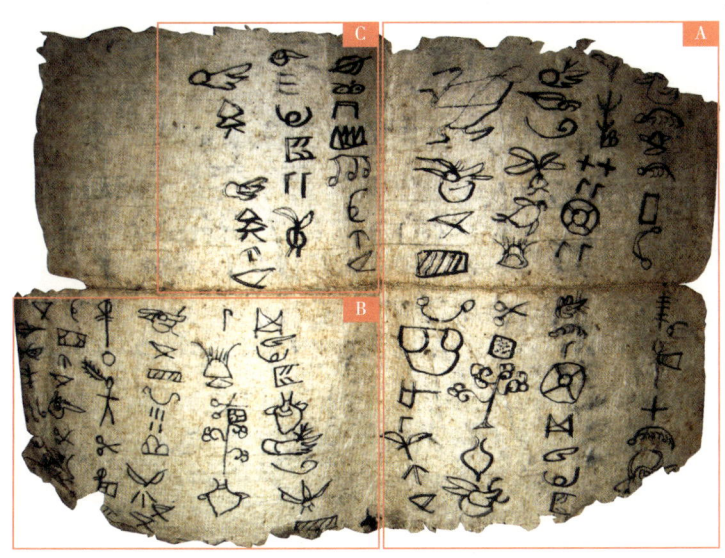

翻译

01

字符	国际音标	直译	意译	串讲
	γw^{33}		牛	
	$k^h u^{13}$	镰刀	属（年）	
	$d w^{31}$	大	一	
	$k^h u^{13}$	镰刀	年	
	to^{33}	板子	道光	道光朝属牛的一年，（道光）皇帝十年属牛[1]。
	$ku\alpha^{33}$	刨子		
	$z w^{33}$	草	时代	
	$k^h \alpha^{33}$	苦	可汗	
	$^n g\alpha^{33}$	胜利		
	$ts^h e^{31}$		十	
	$k^h u^{13}$	镰刀	年	
	γw^{33}		牛	

02

字符	国际音标	直译	意译	串讲
	iə³³	烟草	正月	
	py³¹	祭祀		
	ni³³ tsɯ³¹	二十		
	ni³³	二		
	ni³³	太阳	日、天	正月二十二日是属鼠的一天。
	ni³³	二		
	fu⁵⁵	鼠		
	kʰu¹³	镰刀	属（年）	
	dɯ³¹	一		
	ni³³	太阳	日、天	

03

字符	国际音标	直译	意译	串讲
	ue³³	村寨		委什暮诃（人名）在拉兹劳（地名）的一块蔓菁（田），（由）继究（人名）的父亲买下，已付田款纯银一（两）。
	ʂɯ³³	肉	委什暮诃（人名）	
	mə³³	日暮		

第三章　文献解读　　297

续表

字符	国际音标	直译	意译	串讲
	$xɯ^{33}$	牙齿	委什暮诃（人名）	
	$lɑ^{31}$	手持树	拉兹劳（地名）	
	$dzɯ^{33}$	水		
	lo^{31}	沟		
	$^ndzy^{33}$	蔓菁		委什暮诃（人名）在拉兹劳（地名）的一块蔓菁（田），（由）继究（人名）的父亲买下，已付田款纯银一（两）。
	$dɯ^{31}$	大	一	
	u^{31}	奴仆	块	
	$tɕi^{33}$	羊毛剪	继究（人名）	
	$dziə^{31}$	秤砣		
	$bɑ^{33}$	花	爸	
	$nɯ^{31}$	心脏	主语助词	
	le^{55}	獐子	结构助词	
	xa^{31}	金子	买	
	se^{31}	岩羊	情态助词	

续表

字符	国际音标	直译	意译	串讲
	me⁵⁵	雌阴	语气助词	
	lɯ³³	田		
	pʰu⁵⁵	雄阴	费用	
	ŋu³³		银	委什暮诃（人名）在拉兹劳（地名）的一块蔓菁（田），（由）继究（人名）的父亲买下，已付田款纯银一（两）。
	ʂu³³	斧子	纯	
	dɯ³¹		一	
	iə¹³	烟草	给	
	se³¹	完	情态助词	
	me⁵⁵	雌阴	语气助词	

04

字符	国际音标	直译	意译	串讲
	ue³³	村寨		
	ʂɯ³³	肉	委什暮诃（人名）	委什暮诃（人名）将拉兹劳（地名）的一块蔓菁田卖给继究（人名）的父亲，田款五钱银已付讫。
	mə³³	日暮		
	xɯ³³	牙齿		

第三章 文献解读 ◆ 299

续表

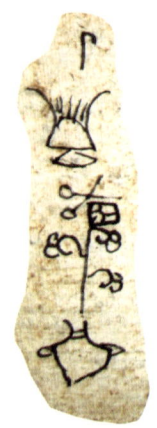

字符	国际音标	直译	意译	串讲
	nɯ³¹	心脏	主语助词	
	la³¹	手持树	拉兹劳（地名）[2]	
	lo⁵⁵	山谷		
	ⁿdzy³³	蔓菁		
	lɯ³³	田		
	dɯ³¹	一		
	u³¹	奴仆	块	委什暮诃（人名）将拉兹劳（地名）的一块蔓菁田卖给继究（人名）的父亲，田款五钱银已付讫。
	tɕi³³	羊毛剪	继究（人名）	
	dʑiə³¹	秤砣		
	ba³³	花	父亲	
	nɯ³¹	心脏	结构助词	
	le⁵⁵	獐子	结构助词	
	me³³	雌阴	语气助词	
	lɯ³³	田地		

续表

字符	国际音标	直译	意译	串讲
	p^hu^{55}	雄阴	费用	
	ua^{33}	五		
	$lə^{55}$	石头	钱	
	$iə^{13}$	烟草	给	委什暮诃（人名）将拉兹劳（地名）的一块蔓菁田卖给继究（人名）的父亲，田款五钱银已付讫。
	se^{31}	完	情态助词	
	me^{55}	雌阴	语气助词	
	me^{55}	雌阴	语气助词	

05

字符	国际音标	直译	意译	串讲
	ly^{33}	矛	中间	
	ku^{31}	蛋		
	$ɕi^{33}$	人		中间人是继伽格暮究（人名），给了他一碗白酒，已当面收下。
	$tɕi^{33}$	羊毛剪		
	$^{n}ga^{33}$	胜利	继伽格暮究（人名）	
	$^{n}gɯ^{55}$	咬		

第三章 文献解读　301

续表

字符	国际音标	直译	意译	串讲
ᘯ	mə³³	日暮	继伽格暮究（人名）	
▱	dʑiə³¹	秤砣		
ᑎ	ɣo³¹	倾倒	是	
ᗡ	me⁵⁵	雌阴	语气助词	
ᗡ	a³³	鸡	白酒	
ᒼ	tɕi³³	羊毛剪		
ᒐ	kʰuɑ³¹		碗	中间人是继伽格暮究（人名），给了他一碗白酒，已当面收下。
ᘒ	iə¹³	烟草	给	
川	se³¹	完	情态助词	
ᗡ	me⁵⁵	雌阴	语气助词	
ᗯ	不详	不详	不详	
ᘒ	niə³¹		眼睛	
冂	ka³¹	秋千	前	
𝍦	mi⁵⁵	火	下	

续表

字符	国际音标	直译	意译	串讲
	ʐu³³	夏	收	
	mə³³	日暮	不详	中间人是继伽格暮究（人名），给了他一碗白酒，已当面收下。
	ɣo³¹	倾倒	是	
	me⁵⁵	雌阴	语气助词	

06

字符	国际音标	直译	意译	串讲
	ko³³	鹤		
	sɑ¹³	气	高萨暮诃（人名）	
	mə³³	日暮		高萨暮诃（人名）两个，就是拉塔（人名）。
	xɯ³³	牙齿		
	ni³³		二	
	ku¹³	大蒜	个	
	lɑ³¹	手	拉塔（人名）	
	tʰɑ³¹	塔		
	lɑ³¹	手	拉塔（人名）	

续表

字符	国际音标	直译	意译	串讲
	tʰa³¹	塔	拉塔（人名）	高萨暮诃（人名）两个，就是拉塔（人名）。
	ɣo³¹	倾倒	是	
	me⁵⁵	雌阴	语气助词	

翻译全文

　　道光朝属牛的一年，（道光）皇帝十年属牛。正月二十二日是属鼠的一天。委什暮诃（人名）在拉兹劳（地名）的一块蔓菁（田），（由）继究（人名）的父亲买下，已付田款纯银一（两）。委什暮诃（人名）将拉兹劳（地名）的一块蔓菁田卖给继究（人名）的父亲，田款五钱银已付讫。中间人是继伽格暮究（人名），给了他一碗白酒，已当面收下。高萨暮诃（人名）、拉塔（人名）两个人。

---

[1] 经核查，道光十年为庚寅年，属虎，此处原文或恐有误。
[2] "拉兹劳（地名）"为 [la³¹ dzɯ³³ lo⁵⁵]，此处有省略。

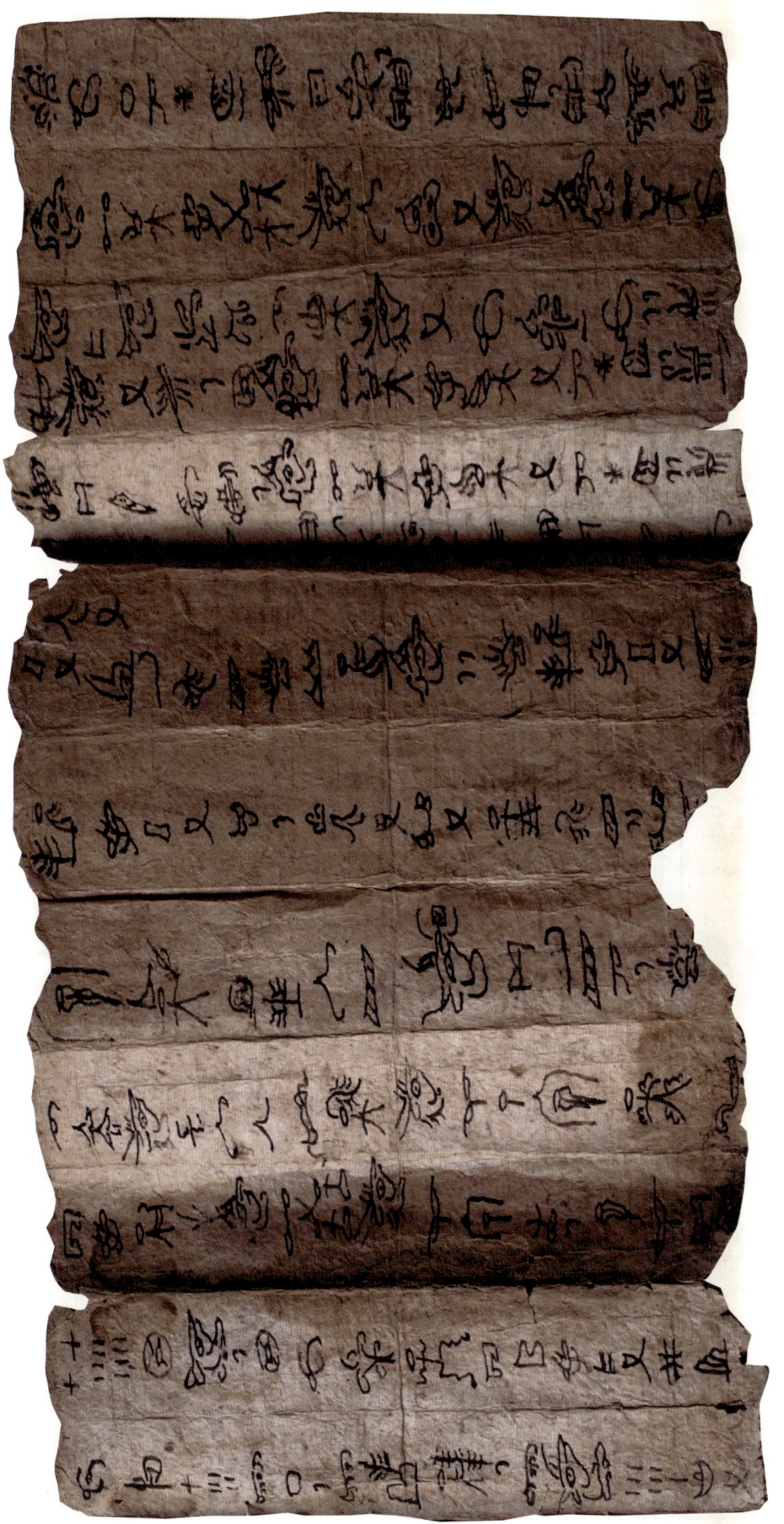

第三章　文献解读

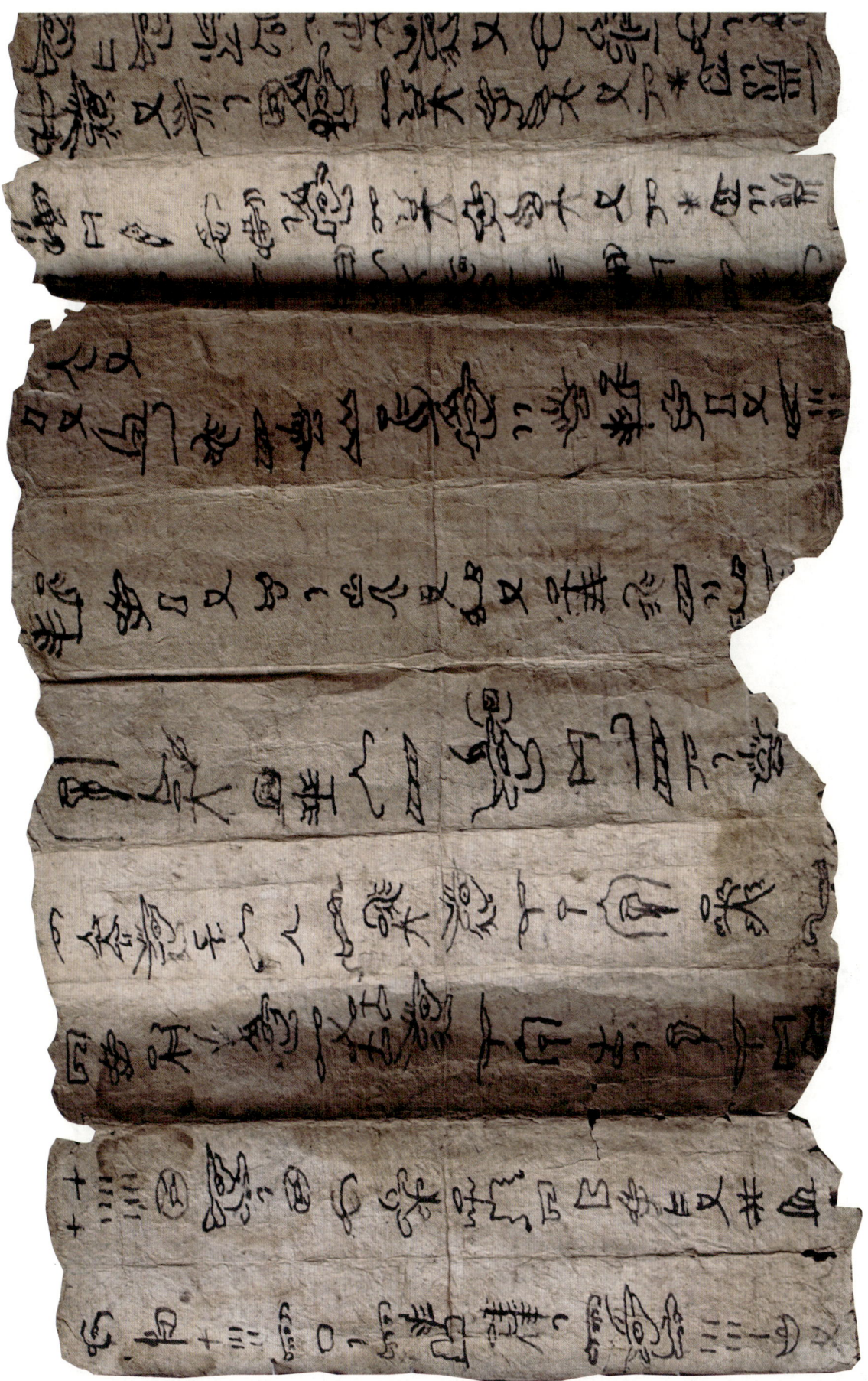

①

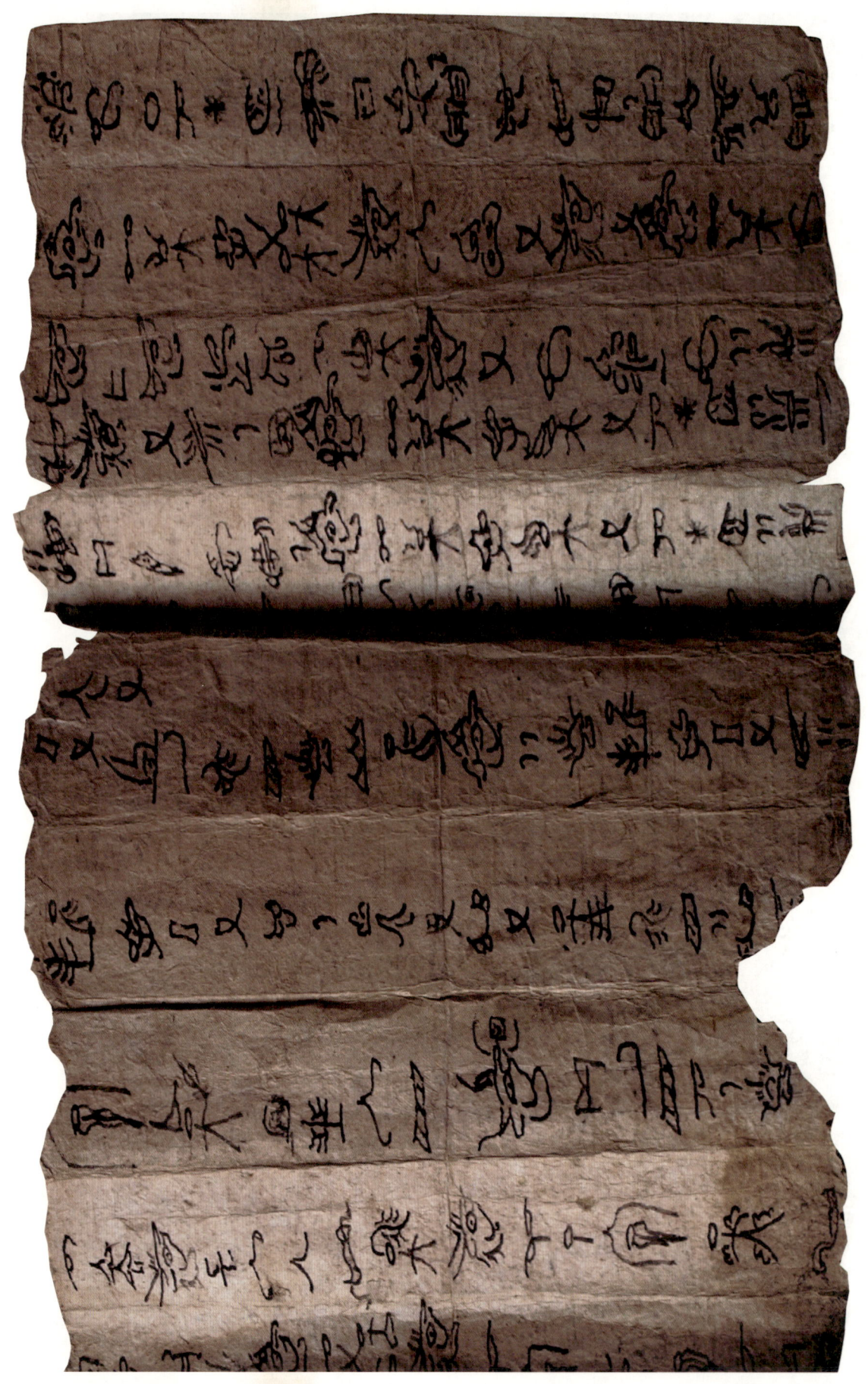

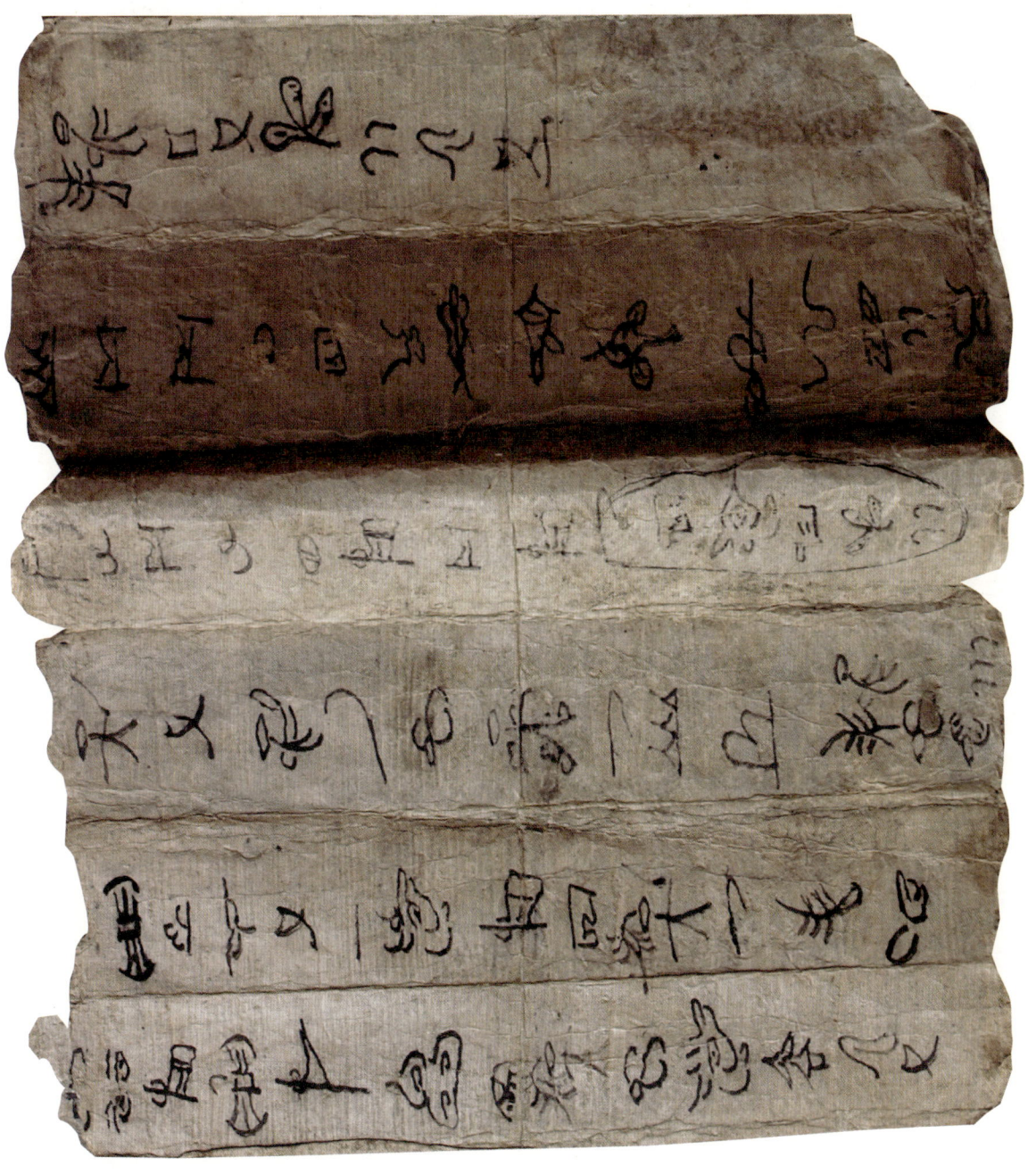

曹戈车家庭分田协议一（背面局部）

第三章　文献解读　309

著录

编号	1-9
文书名	曹戈库家庭分田协议一
书写人	阿步塔
书写时间	道光十五年（1835）
来源	云南省玉龙纳西族自治县宝山乡吾木村
体例	竖行书写，从左向右换行，双面书写
材质	东巴纸，墨书
采集时间	2011年7月24日
采集地点	云南省玉龙纳西族自治县宝山乡吾木村
摄影	李学信
翻译者	和茂春，和学耀
整理者	蒋波
备注	与文书1-10（和学耀翻译）高度相似，此文书以和茂春翻译为主；同文书1-10对比，可以看出两位东巴翻译的异同

翻译

【正面】

01

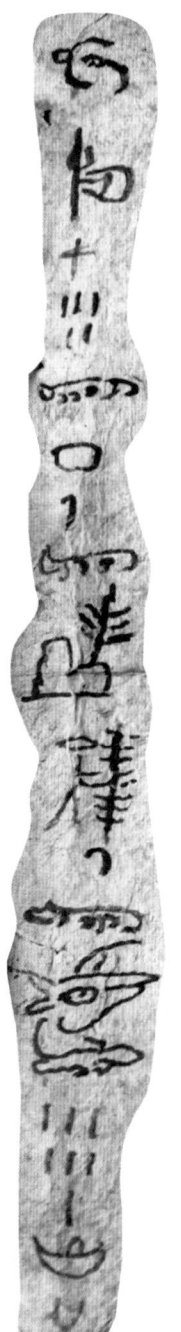

字符	国际音标	直译	意译	串讲
	$kʰa^{33}$	语气词	可汗	
	$^{n}ga^{33}$	胜利		
	$tsʰe^{31}$	十		
	ua^{33}	五		
	$kʰu^{13}$	镰刀	年	
	gu^{31}	蛋	指示代词	
	$dɯ^{31}$	一		皇帝十五年，这一年五行甲辰年[1]。羊年的七月二十八日，即属兔的这一天。
	$kʰu^{13}$	镰刀	年	
	$^{m}bu^{31}$	坡	五行	
	$zɯ^{13}$	拿、掌握	甲辰年	
	$dɯ^{31}$	一		
	$kʰu^{13}$	镰刀	年	
	$y^{33}\ kʰu^{13}$	羊、镰刀	羊年	

续表

字符	国际音标	直译	意译	串讲
̷̷̷̷	ṣa³³	七		
⌣	xe³³	月亮	月份	
♀	me³³	雌性		
＋＋	ni³³ tsɯ³³	二十		皇帝十五年，这一年五行甲辰年。羊年的七月二十八日，即属兔的这一天。
̷̷̷̷	xo⁵⁵	八		
⊙	ni³³	太阳	日、天	
🐇	tʰo³³le³¹kʰu¹³	兔、镰刀	兔年	
⁊	dɯ³¹	一		
⊙	ni³³	太阳	日、天	

02

字符	国际音标	直译	意译	串讲
ᴓ	a³¹	语气词	父亲	父亲曹戈库（人名）□因为病了，家族兄弟商量给这一家。
✾	ba³³	花		
🕺	tsʰo³³	舞蹈	曹戈库（人名）	
▱	gə⁵⁵	上		

续表

字符	国际音标	直译	意译	串讲
	k^hu^{55}	门	曹戈库（人名）	
	$nɯ^{31}$	心脏	主语助词	
	$sɑ^{13}$	空气	不详	
	me^{55}	雌性	语气助词	
	$^ngu^{31}$	粮仓	病	
	$zɯ^{33}$	村寨		
	$gə^{55}$	上	因为	父亲曹戈库（人名）□因为病了，家族兄弟商量给这一家。
	$nɯ^{31}$	心脏		
	bi^{31}	搓	兄弟	
[2]	ze^{33}	一线草		
	ts^ho^{33}	大象	家族	
	$ɚ^{13}$	骨头		
	$ʂə^{13}$	坐着商量		
	se^{31}	岩羊	助词	

第三章 文献解读　313

字符	国际音标	直译	意译	串讲
	iə³³	烟草	家	父亲曹戈库（人名）□因为病了，家族兄弟商量给这一家。
	ko³¹		里	
	tʂʰɯ³³	吊	这	
	dɯ³¹		一	
	dʑi³¹	水	家	
	iə¹³	烟草	给	

03

字符	国际音标	直译	意译	串讲
	ue³³	村寨	伟舒（人名）	伟舒（人名）不同意了。
	ʂu⁵⁵	骰子		
	mə³³	暮	不	
	tʰɑ³¹	塔	可以	
	se³¹	岩羊	助词	
	[3] sa³³	捆绑	语气助词	

04

字符	国际音标	直译	意译	串讲
	mu³³	天	田地	
	dy³¹	地		
	kɑ³³	好		
	çi³³	人	人家	
	i⁵⁵	野山羊		
	iə³³	烟草	家	
	ko³¹	针	里	
	dʑi³¹	房子		（他说：）人家家里田地好，房屋好，宅基地、房屋、财产、田地。
	tçiə³¹	麻风病	好	
	ⁿda³¹	宅基地		
	dʑi³¹	房子	房屋	
	ma³³[4]	勇士		
	ɣo³³	粮食	财产	
	ze³³	大麦		
	mu³³	天	田地	

续表

字符	国际音标	直译	意译	串讲
▱	dy³¹	地	田地	（他说：）人家家里田地好，房屋好，宅基地、房屋、财产、田地。

05

字符	国际音标	直译	意译	串讲
(牛头)	ʂə¹³ ʂə¹³	说	解决	（讨论后）把伟劳里（地名）的一块良田解决。
(村寨)	ue³³	村寨		
(沟)	lo³¹	沟	伟劳里（地名）	
(田)	lɯ³³	田		
(好)	kɑ³³	好		
(一)	dɯ³¹	一		
(奴仆)	u³¹	奴仆	块	

06

字符	国际音标	直译	意译	串讲
	kʰo³³ tʰo³³	背靠	田款	用此田交换一钱白银的田款。
	nɯ³¹	心脏	主语助词	
	to³³	板子	交易	
	me⁵⁵	雌性		

续表

字符	国际音标	直译	意译	串讲
	ŋɯ³³	银子		
	dɯ³¹	一		
	lə⁵⁵	石头	钱	用此田交换一钱白银的田款。
	ɣo³¹	泼	是	
	me⁵⁵	雌性	语气助词	

07

字符	国际音标	直译	意译	串讲
	pʰu³³	雄性	丘	
	me³³	雌性	大	
	lɯ³³	船	田地	
	ze³³	麦子		
	lɯ³³	田		用大丘的麦田交换两丘稻田。
	ni³³	二		
	pʰu³³	雄性	丘	
	tʂʰuɑ⁵⁵	鹿角	稻米	

续表

字符	国际音标	直译	意译	串讲
	to³³	板子	交易	用大丘的麦田交换两丘稻田。
	me³³	雌性		

08

字符	国际音标	直译	意译	串讲
	a³¹	悬崖	安劳（地名）	
	lo³¹	沟		
	ze³³		麦	
	lɯ³³		田	
	u³¹	奴仆	块	
	mi⁵⁵	火		安劳（地名）的一块麦田、密沃草（地名）的两块田，交换的是五升大米。
	ɣo³¹	翻越	密沃草（地名）	
	tsʰo³³	大象		
	ni³³		二	

| | u³¹ | 奴仆 | 块 | |
| | tʰo³³ | 背靠 | 随后 | |

续表

字符	国际音标	直译	意译	串讲
	nɯ³¹	心脏	主语助词	
	to³³	板子		
	me³³	雌性	交易	
	tʂʰuɑ⁵⁵	鹿角	大米	安劳（地名）的一块麦田、密沃草（地名）的两块田，交换的是五升大米。
	uɑ³³		五	
[5]	py³³	米斗	升	
	ɣo³¹	泼	是	
	me⁵⁵	雌性	语气助词	

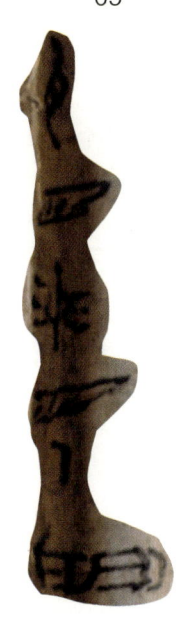

09

字符	国际音标	直译	意译	串讲
	tʂʰy¹³		小米	
	tʂʰuɑ⁵⁵	鹿角	大米	
	ze³³	大麦		小米、大米、麦地一小块。
	lɯ³³	田地		
	dɯ³¹	一		

第三章 文献解读　　319

续表

字符	国际音标	直译	意译	串讲
	p^he^{13}	麻布	小块	小米、大米、麦地一小块。

10

字符	国际音标	直译	意译	串讲
	a^{33}	绳子	婶婶	婶婶兹革（人名）麻（地）两小块。
	$tɕi^{33}$	羊毛剪		
	$dzɯ^{33}$	官	兹革（人名）	
	$kə^{13}$	鹰		
	$sɑ^{13}$	气	麻	
	ni^{33}		二	
	p^he^{13}	麻布	小块	

11

字符	国际音标	直译	意译	串讲
	ue^{33}	村庄	伟沙里滋（地名）	伟沙里滋（地名）的两块半田地。
	$ʂa^{33}$	血		
	$lɯ^{33}$	田		
	$^ndsɯ^{33}$	树		

续表

字符	国际音标	直译	意译	串讲
	$^ngɯ^{55}$	咬	半	
	ni^{33}		二	伟沙里滋（地名）的两块半田地。
	p^he^{13}	麻布	小块	

12

字符	国际音标	直译	意译	串讲
	ue^{33}	村寨	伟多（地名）	伟多（地名）的一块半小田地。
	$^ndo^{33}$	愚笨		
	$^ngɯ^{55}$	咬	半	
	p^he^{13}	麻布	小块	
	$dɯ^{31}$		一	

13

字符	国际音标	直译	意译	串讲
	ts^ho^{33}	大象	家族	家族儿子和母亲、嘉德诃（人名）两个交代清楚了。
	$ɚ^{13}$	骨头		
	zo^{33}	儿子		
	$nɯ^{31}$	心脏	主语助词	

第三章 文献解读　321

续表

字符	国际音标	直译	意译	串讲
	ᵐbə⁵⁵	普米族	母亲	
	me³¹	雌性		
	kɑ³³	好		家族儿子和母亲、嘉德词（人名）两个交代清楚了。
	tə³¹	千	嘉德词（人名）	
	xɯ³³	牙齿		
	ni³³	二		
	ku¹³	大蒜	个	
	ⁿdɑ³¹	砍	交代	
	se³³	岩羊	情态助词	
	me⁵⁵	雌性	语气助词	

14

字符	国际音标	直译	意译	串讲
	ma³³	尾巴		从今往后，家族儿子和母亲、嘉德词（人名）两个人绝不能再争执了。
	dɯ³¹	一	从今往后	
	ni³³	太阳		

续表

字符	国际音标	直译	意译	串讲
	ts^ho^{33}	大象	家族	
	$ə^{13}$	骨头		
	zo^{33}	儿子		
	$nɯ^{31}$	心脏	主语助词	
	$^mbə^{55}$	普米族	母亲	
	me^{33}	雌性		
	$kɑ^{33}$	好		从今往后，家族儿子和母亲、嘉德诃（人名）两个人绝不能再争执了。
	$tə^{31}$	千	嘉德诃（人名）	
	$xɯ^{33}$	牙齿		
	ni^{33}	二		
	ku^{13}	大蒜	个	
	不详	不详	不详	
	le^{55}	獐子	争论不休	
	$ʂə^{13}$	汉字"上"		

续表

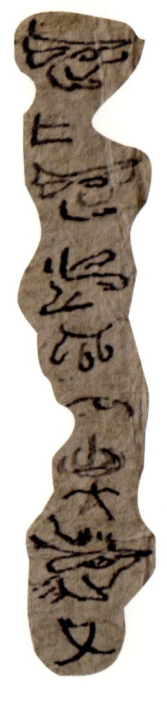

字符	国际音标	直译	意译	串讲
	le^{55}	獐子	争论不休	从今往后，家族儿子和母亲、嘉德诃（人名）两个人绝不能再争执了。
	tʂɯ^{31}	爪子		
	zʮ^{33}	夏天		
	mə^{33}	日暮	绝不可以	
	be^{33}	战神		
	se^{31}	岩羊	情态助词	
	me^{55}	雌性	语气助词	

15

字符	国际音标	直译	意译	串讲
	ɑ^{31}	语气词	父亲	父亲、母亲二人和家族儿子商量招个女婿，家族儿子阿茹（人名），姑姑嘉德诃（人名）。
	bɑ^{33}	花		
	a^{33} [6]	语气词	母亲	
	ni^{33}	二		
	ku^{13}	大蒜	个	
	tsʰo^{33}	大象	家族	

续表

字符	国际音标	直译	意译	串讲
	ɚ¹³	骨头	家族	
	zo³³	儿子		
	nɯ³¹	心脏	主语助词	
	ʂə¹³ ʂə¹³	商量		
	se³¹	岩羊	情态助词	
	mu³³	天		
	ɣɯ⁵⁵	宝物	女婿	父亲、母亲二人和家族儿子商量招个女婿，家族儿子阿茹（人名），姑姑嘉德诃（人名）。
	me³³	雌性	找	
	se³¹	岩羊	情态助词	
	me⁵⁵	雌性	语气助词	
	tsʰo³³	大象		
	ɚ¹³	骨头	家族	
	zo³³	儿子		
	a³³	语气词	阿茹（人名）	

第三章 文献解读 325

续表

字符	国际音标	直译	意译	串讲
	$z\underline{u}^{55}$	繁殖	阿茹（人名）	父亲、母亲二人和家族儿子商量招个女婿，家族儿子阿茹（人名），姑姑嘉德诃（人名）。
	a^{33}	语气词		
	gu^{31}	蛋	姑姑	
	$kɑ^{33}$	好		
	$tə^{31}$	千	嘉德诃（人名）	
	$xɯ^{33}$	牙齿		

16

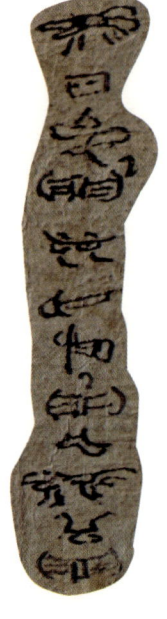

字符	国际音标	直译	意译	串讲
	ku^{31}	生姜	古舒芭（人名）	古舒芭（人名）一小块；吕若伽（人名）一小块；科古皂（人名）（一）小块。
	$ʂu^{55}$	骰子		
	$bɑ^{33}$	花		
	$dɯ^{31}$	—		
	p^he^{13}	麻布	小块	
	ly^{33}	看	吕若伽（人名）	
	$zə^{33}$	刀		

续表

字符	国际音标	直译	意译	串讲
	$^nga^{33}$	胜利	吕若伽（人名）	
	$du\ɯ^{31}$	—		
	p^he^{13}	麻布	小块	古舒芭（人名）一小块；吕若伽（人名）一小块；科古皂（人名）（一）小块。
	$k^h\ɯ^{31}$	脚		
	ku^{31}	生姜	科古皂（人名）	
	zo^{33}	缸		
	p^he^{13}	麻布	小块	

【背面】

01

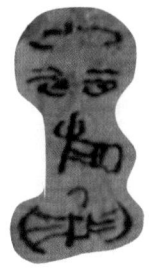

字符	国际音标	直译	意译	串讲
	mu^{33}	天		
	$niə^{31}$	眼睛	穆袅伽（人名）	穆袅伽（人名）一小块。
	$^nga^{33}$	胜利		
	$du\ɯ^{31}$	—		
	p^he^{13}	麻布	小块	

第三章 文献解读　　327

02

字符	国际音标	直译	意译	串讲
	tʰe⁵⁵	旗子	文书	
	ɣɯ⁵⁵	宝物		
	pɚ⁵⁵	篦子	书写	
	ɕi³³	人		
	a³³	语气词		
	bu³¹	猪	阿步塔（人名）	书写人是阿步塔（人名），已经给过他（一）件麻布了。
	tʰɑ³¹	塔		
	yo³¹	泼	是	
	me⁵⁵	雌性	语气助词	
	pʰe¹³	麻布		
	lə⁵⁵	石头	件	
	iə¹³	烟草	给	
	me⁵⁵	雌性	语气助词	

03

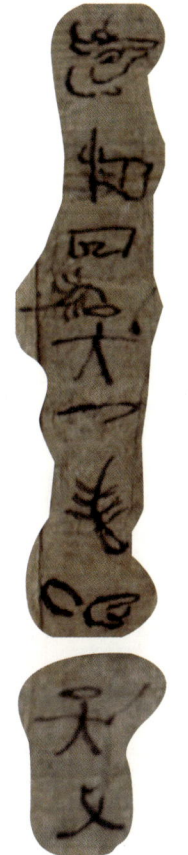

字符	国际音标	直译	意译	串讲
	$k^hɯ^{31}$	狗	克伽 （人名）	克伽[7]（人名）的徒弟打架。
	$^ŋga^{33}$	胜利		
	$gə^{55}$	上	定语助词	
	$ɕi^{33}$	人		
	bu^{31}	钩子	徒弟	
	$^ndsɯ^{33}$	树木		
	$lɑ^{31}$	手	打架	
	$lɑ^{31}$	打架		
	me^{55}	雌性	语气助词	

04

字符	国际音标	直译	意译	串讲
	pu^{13}	拿	布劳 （地名）	在布劳（地名）的舅舅在密圩淘（地名）的三（块）荞麦地。
	lo^{31}	沟		
	a^{33}	语气词	舅舅	
	$tɕiə^{33}$	麻风病		
	$gə^{55}$	钩子	定语助词	

续表

字符	国际音标	直译	意译	串讲
	mi⁵⁵	火	密埗淘（地名）	在布劳（地名）的舅舅在密埗淘（地名）的三（块）荞麦地。
	ᵐbu³¹	坡		
	tʰo³³	背靠		
	a³³	语气词	荞麦	
	ⁿgɯ⁵⁵	咬		
	sɯ³¹	三		

05

字符	国际音标	直译	意译	串讲
	ʂuɑ³¹	高	苏明（地名）	苏明（地名）的纳吉伽（人名）、伟伽（村名）的阿究（人名）□两升黄豆。
	nɑ³¹	黑		
	ue³³	村寨		
	nɑ³¹	黑	纳吉伽（人名）	
	ⁿdʑi³¹	酒曲		
	ⁿgɑ³³	胜利		
	ue³³	村寨	伟伽（村名）	

续表

字符	国际音标	直译	意译	串讲
	ⁿgɑ³³	胜利	伟伽（村名）	
	dzie³¹	秤砣	阿究（人名）	
	a³¹	鸡	不详	苏明（地名）的纳吉伽（人名）、伟伽（村名）的阿究（人名）□两升黄豆。
	py³³	米斗	升	
	nə³¹		黄豆	
	ni³³		二	

06

字符	国际音标	直译	意译	串讲
	mi³¹	火	明伟（地名）	
	ue³³	村寨		
	ue³³		村寨	（住在）明伟（地名）村上部的究皂坎漆（人名）的父亲在坎日（地名）的两块田交易后换的是两（升）黄豆。
	ku⁵⁵	蛋	上部	
	dzie³¹	秤砣		
	zo³³	缸	究皂坎漆（人名）	
	kʰa³³	弹弓		

续表

字符	国际音标	直译	意译	串讲
	tsʰi³¹	肩胛骨	究皂坎漆（人名）	
	bɑ³³	花	父亲	
	kʰa³³	弹弓	坎日（地名）	
	zɯ⁵⁵	绳子		
	lɯ³³	田		
	ni³³	二		
	u³¹	奴仆	块	（住在）明伟（地名）村上部的究皂坎漆（人名）的父亲在坎日（地名）的两块田交易后换的是两（升）黄豆。
	tʰo³³	背靠	助词	
	to³³	板子	交易	
	me³³	雌性		
	nə³¹	黄豆		
	ni³³	二		
	yo³¹	泼	是	
	me⁵⁵	雌性	语气助词	

翻译全文

【正面】皇帝十五年，这一年五行甲辰年。羊年的七月二十八日，即属兔的这一天。父亲曹戈库（人名）□因为病了，家族兄弟商量给这一家。伟舒（人名）不同意了。（他说：）人家家里田地好，房屋好，宅基地、房屋、财产、田地。（讨论后）把伟劳里（地名）的一块良田解决。用此田交换一钱白银的田款。用大丘的麦田交换两丘稻田。安劳（地名）的一块麦田、密沃草（地名）的两块田，交换的是五升大米。小米、大米、麦地一小块。婶婶兹革（人名）麻（地）两小块。伟沙里滋（地名）的两块半田地。伟多（地名）的一块半小田地。家族儿子的母亲、嘉德诃（人名）两个交代清楚了。从今往后，家族儿子和母亲、嘉德诃（人名）两个人绝不能再争执了。父亲、母亲二人和家族儿子商量招个女婿，家族儿子阿茹（人名），姑姑嘉德诃（人名）。古舒芭（人名）一小块；吕若伽（人名）一小块；科古皂（人名）（一）小块。

【背面】穆袅伽（人名）一小块。书写人是阿步塔（人名），已经给过他（一）件麻布了。克伽（人名）的徒弟打架。在布劳（地名）的舅舅在密圸淘（地名）的三（块）荞麦地。苏明（地名）的纳吉伽（人名）、伟伽（村名）的阿究（人名）□两升黄豆。（住在）明伟（地名）村上部的究皂坎漆（人名）的父亲在坎日（地名）的两块田交易后换的是两（升）黄豆。

---

[1] 经查阅，清代没有十五年为甲辰年的年号，此处恐有误。
[2] 和学耀在文书1-20（第552页）中认为"一线草"念［tʂə³¹］。
[3] 和学耀在文书1-19（第515页）中认为"捆绑"念［tsɯ³³］。
[4] 和学耀在文书1-11（第374页）中认为"勇士"念［ⁿda³¹］。
[5] 原文缺省，这里补全。
[6] "母亲"为［a³³ me³¹］，此处有省略。
[7] 克伽为果乐村著名大东巴，1986年去世。

文书1-10

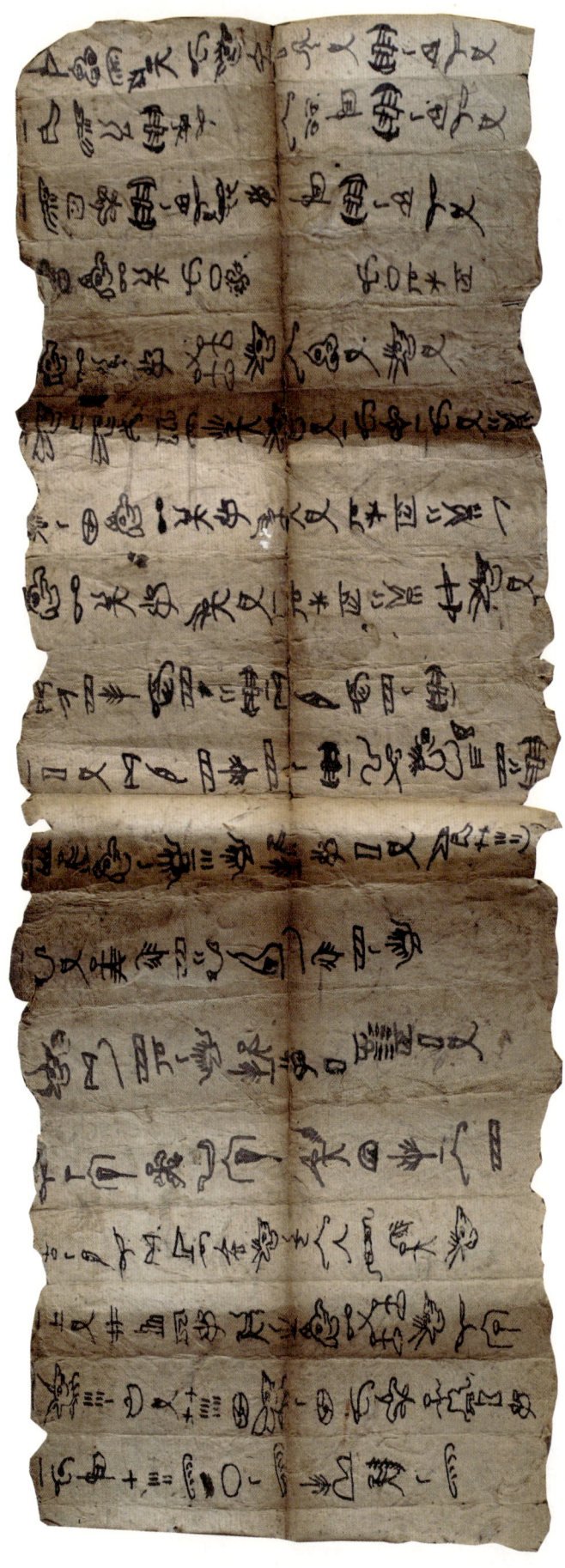

曹戈库家庭分田协议二（正面）

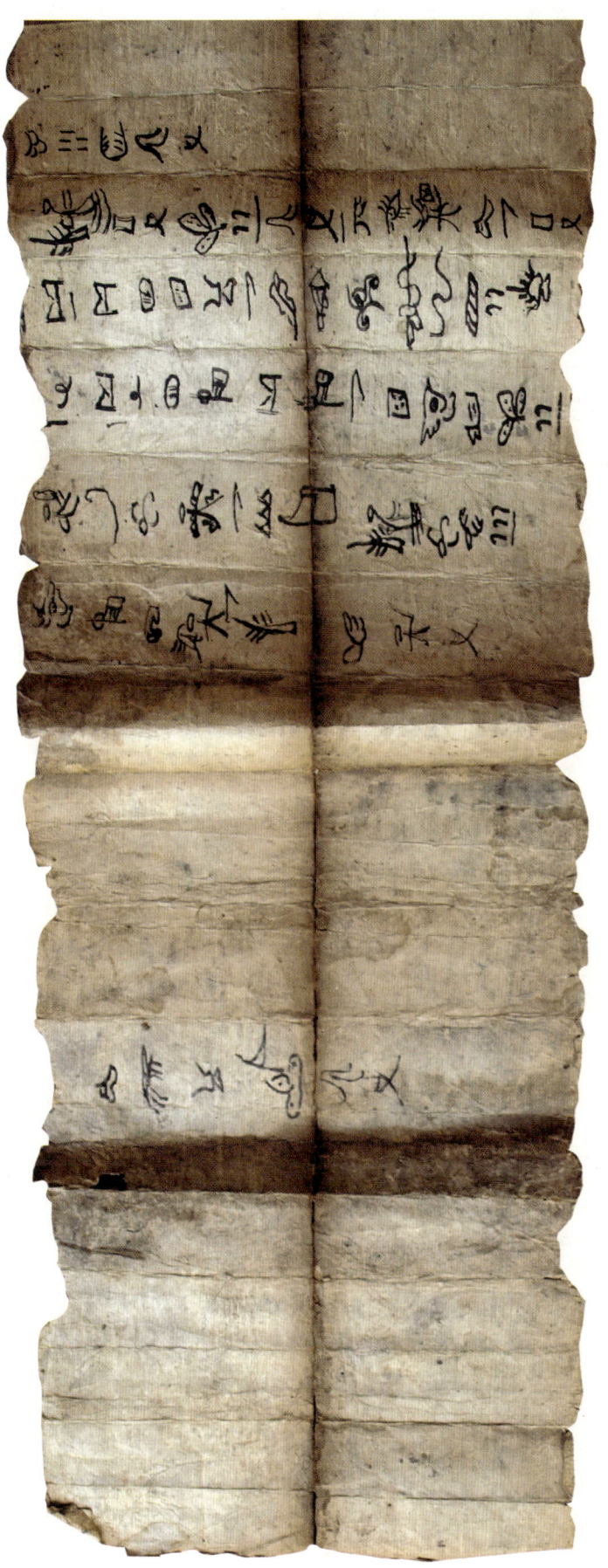

曹戈库家庭分田协议二(背面)

③ ④

第三章 文献解读 335

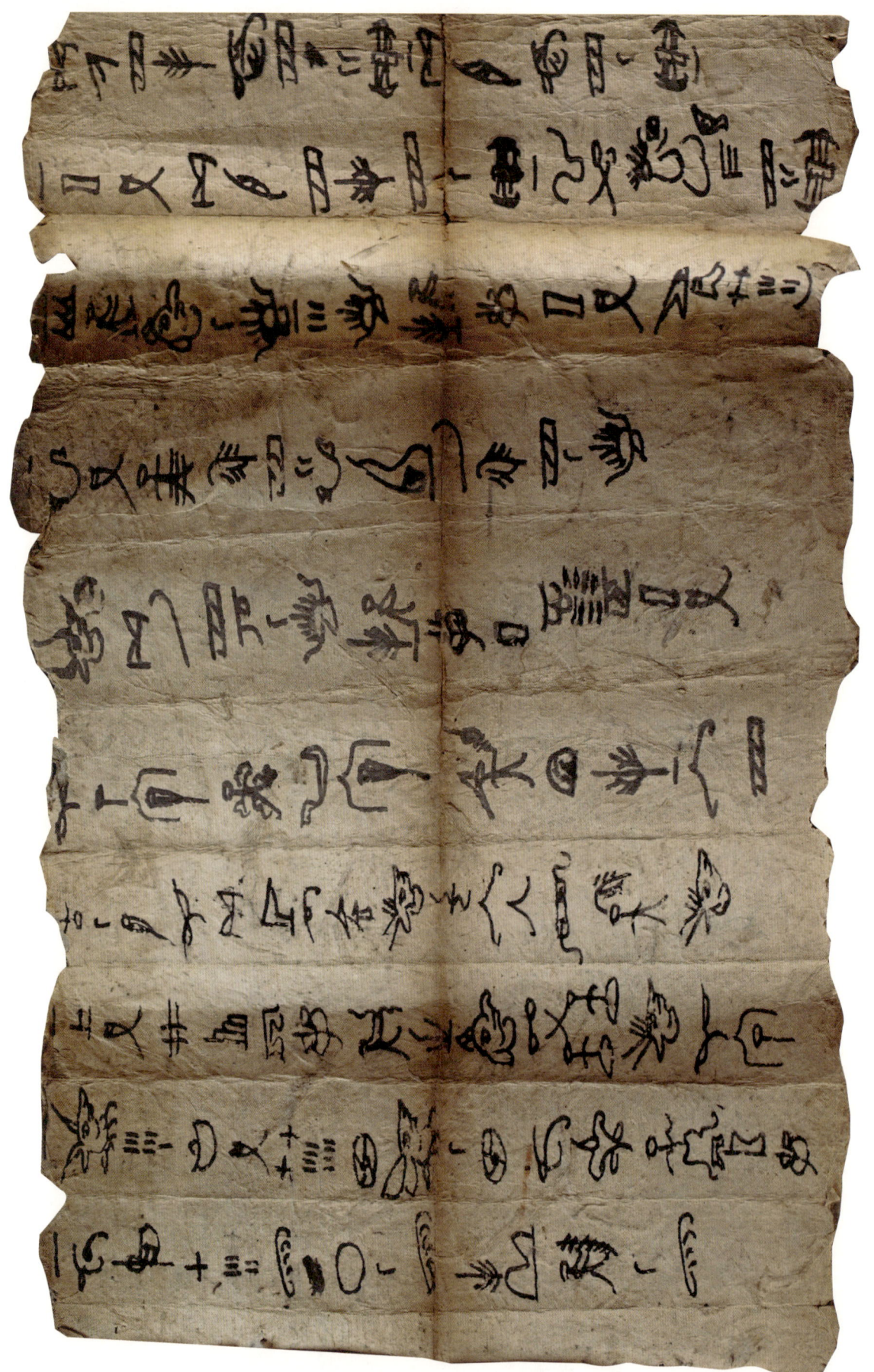

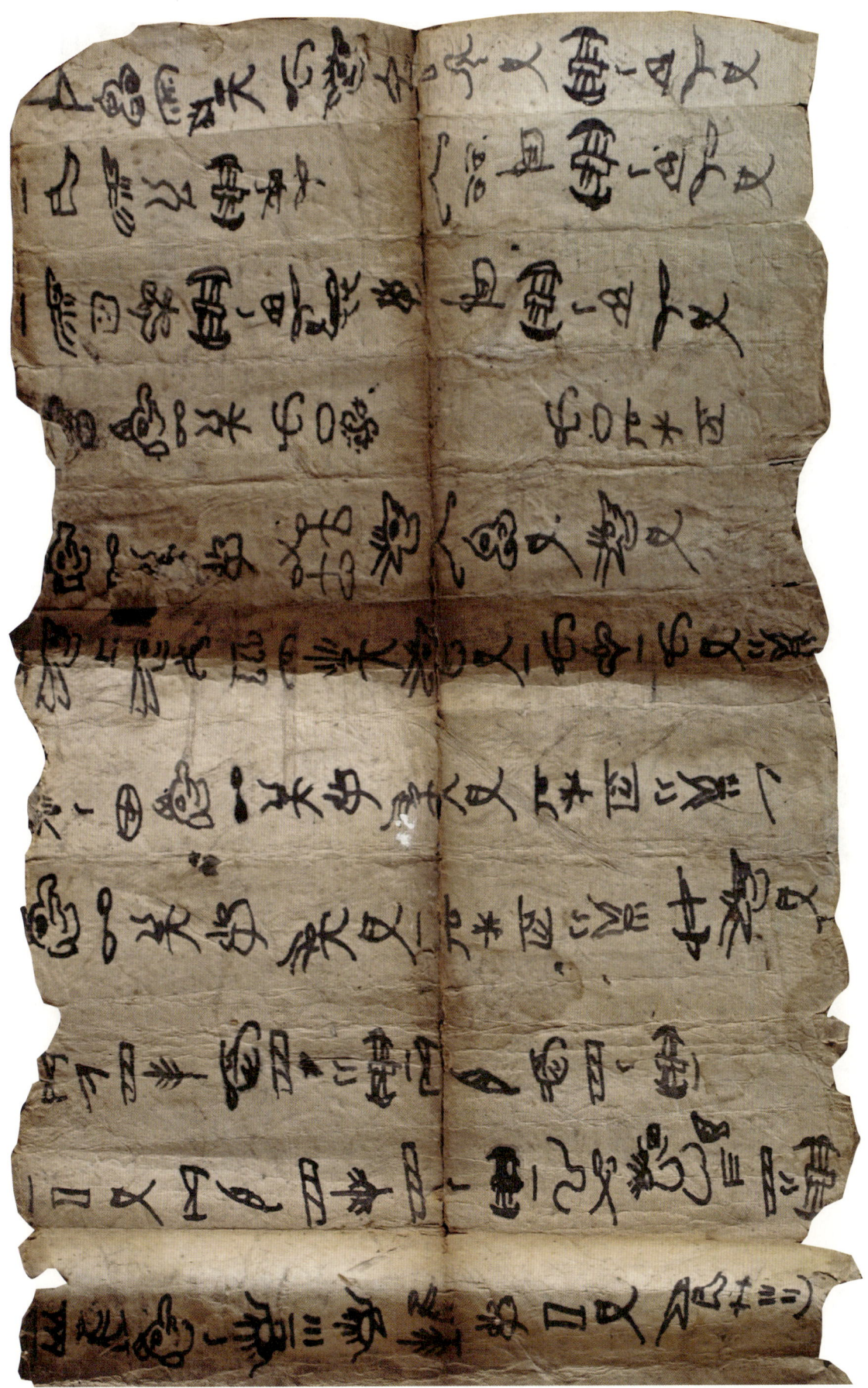

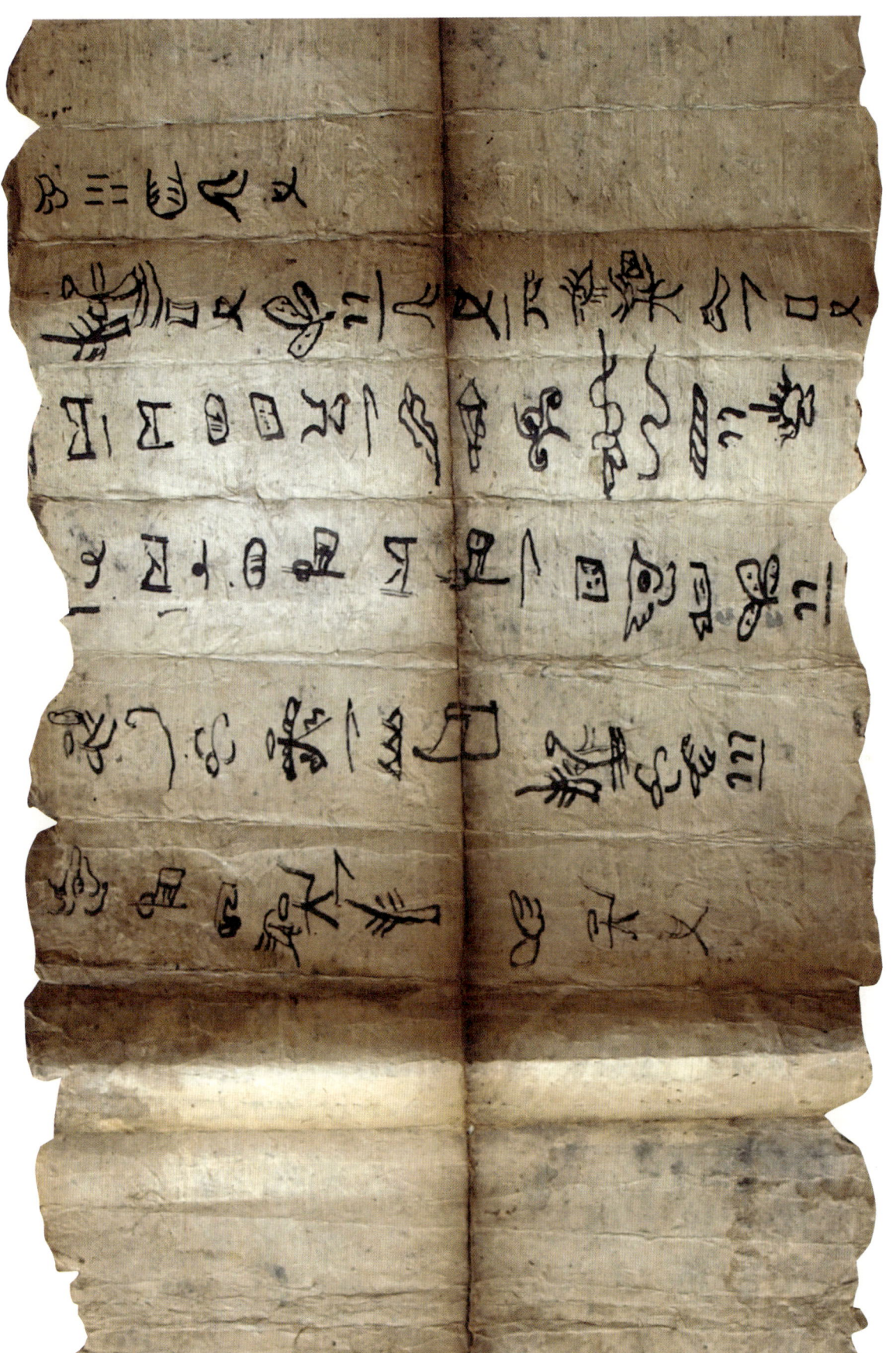

文献著录

编号	1-10
文书名	曹戈库家庭分田协议二
书写人	阿步塔
书写时间	道光十五年（1835）
来源	云南省玉龙纳西族自治县宝山乡吾木村
体例	竖行书写，从左向右换行，双面书写
材质	东巴纸，墨书
采集时间	2011年7月24日
采集地点	云南省玉龙纳西族自治县宝山乡吾木村
摄影	李学信
翻译者	和学耀
整理者	蒋波
备注	与文书1-9（和茂春翻译）高度相似，此文书以和学耀翻译为主；同文书1-9对比，可以看出两位东巴翻译的异同

翻译

【正面】

01

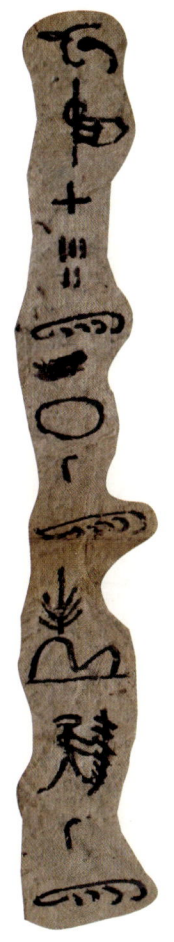

字符	国际音标	直译	意译	串讲
	ka^{33}	苦	可汗	
	$^nga^{33}$	胜利		
	$tsʰe^{31}$	十		
	ua^{33}	五		
	$kʰu^{13}$	镰刀	年	
	gu^{31}	蛋	指示代词	
	$dɯ^{31}$	一		皇帝十五年，这年是五行属木的羊年[1]，七月二十八日，是属兔的一天。
	$kʰu^{13}$	镰刀	年	
	$^mbu^{31}\,tʰo^{33}$	木、坡	五行	
	$tʂɯ^{33}zɯ^{33}$	拿、草	属木	
	$dɯ^{31}$	一		
	$kʰu^{13}$	镰刀	年	
	$y^{33}\,kʰu^{13}$	羊、镰刀	属羊	

续表

字符	国际音标	直译	意译	串讲
	ṣa³³	七		
	xe³³	月亮	月份	
	me³³	雌性		
	ni³³tsʰɯ³¹	二十		皇帝十五年，这年是五行属木的羊年，七月二十八日，是属兔的一天。
	xo⁵⁵	八		
	ni³³	太阳	日、天	
	tʰo³³ le³¹ kʰu¹³	兔、镰刀	属兔	
	dɯ³¹	一		
	ni³³	太阳	日、天	

02

字符	国际音标	直译	意译	串讲
	a³¹	语气词	父亲	父亲曹戈库（人名）说了，建造粮仓需要家族兄弟讨论。
	ba³³	花		
	tsʰo³³	跳舞	曹戈库（人名）	
	gə⁵⁵	上		

续表

字符	国际音标	直译	意译	串讲
	k^hu^{55}	门	曹戈库（人名）	
	$nɯ^{31}$	心脏	主语助词	
	$ʂə^{13}$	说		
	me^{55}	雌性	语气助词	
	$^ngu^{31}$	粮仓		
	$zɯ^{33}$	村寨	建造	
	$gə^{55}$	上	不详	父亲曹戈库（人名）说了，建造粮仓需要家族兄弟讨论。
	$nɯ^{33}$	心脏	不详	
	bi^{31}	搓	兄弟	
	ze^{33}	一线草		
	$tsʰo^{33}$	大象	家族	
	$ə^{13}$	骨头		
	$tɕia^{33}\ tɕy^{13}$	争议		
	se^{31}	岩羊	情态助词	

第三章 文献解读　343

03

字符	国际音标	直译	意译	串讲
	iə^{33}	烟草	里	
	ko^{31}		家	
	tʂʰɯ^{33}	吊	指示代词	
	dɯ^{31}	一		
	dzi^{31}	水	家	
	iə^{33}	烟草	里	这一家家里的（主人）不可或缺。
	ue^{33}	村寨	家	
	ⁿgə^{55}		缺少	
	mə^{33}	日暮	否定词	
	tʰɑ^{31}	塔	可以	
	se^{31}	野山羊	情态助词	
	tsɯ^{33}	捆绑	不详	

04

字符	国际音标	直译	意译	串讲
	mu^{33}	天	去	去请人来核对家里的粮食、土地、财产等物资。
	le^{55}	獐子（简写）		

续表

字符	国际音标	直译	意译	串讲
	k^hu^{55}	口弦	请	
	$ɕi^{33}$		人	
	i^{55}	野山羊	不详	
	$iə^{33}$	烟草	里	
	ko^{31}	针	里	
	$dʑi^{31}$		房子	
	$tɕiə^{33}$	麻风病		去请人来核对家里的粮食、土地、财产等物资。
	lo^{31}	盆	锅碗瓢盆	
	$dʑi^{31}$		房子	
	$^nda^{31}$		宅基地	
	$ɣo^{31}$	财产		
	ze^{33}	大麦	粮食	
	mu^{33}	天		
	dy^{31}	地	田地	

05

字符	国际音标	直译	意译	串讲
	ʂə¹³	说		
	ue³³	村寨	伟劳（地名）	
	lo³¹	沟		
	lɯ³³	田地		
	kɑ³³	好		
	dɯ³¹	一		
	u³¹	奴仆	块	
	tʰo³³	背后		说伟劳（地名）的一块良田交易了八分银子。
	nɯ³¹	心脏	主语助词	
	to³³	板子	交易	
	ŋu³³	白银		
	xo⁵⁵	八		
	xɯ³³	牙齿	分	
	to³³	板子	交易	
	me³³	雌性		

06

字符	国际音标	直译	意译	串讲
	pʰu³³	雄性	丘	
	me³³	雌性	大	
	lɯ³³	船	秧苗	
	çi³¹	稻		
	lɯ³³	田		
	ni³³	二		
	pʰu³³	雄性	丘	两丘大块的稻秧田，安劳（地名）的一块稻田，密布草（地名）的一块地，共三块田[2]交易换得大米二十五斗。
	a³¹	悬崖	安劳（地名）	
	lo³¹	沟		
	çi³¹	稻		
	lɯ³³	田		
	dɯ³¹	一		
	u³¹	奴仆	块	
	mi⁵⁵	火	密布草（地名）	
	pu¹³	送		

第三章 文献解读　347

续表

字符	国际音标	直译	意译	串讲
	tsʰo³³	大象	密布草（地名）	
	dɯ³¹		一	
	u³¹	奴仆	块	
	sɯ³¹		三	
	u³¹	奴仆	块	
	tʰo³³	背后		
	nɯ³¹	心脏	主语助词	两丘大块的稻秧田，安劳（地名）的一块稻田，密布草（地名）的一块地，共三块田交易换得大米二十五斗。
	to³³	板子	交易	
	me³³	雌性		
	tʂʰuɑ⁵⁵	鹿角	大米	
	kʰɯ³¹	脚	不详	
	ni³³ tsʰɯ³¹		二十	
	uɑ³³		五	
	tə³¹		斗	

续表

字符	国际音标	直译	意译	串讲
	to^{33}	板子	交易	两丘大块的稻秧田，安劳（地名）的一块稻田，密布草（地名）的一块地，共三块田交易换得大米二十五斗。
	me^{33}	雌性		

07

字符	国际音标	直译	意译	串讲
	ue^{33}	村寨		伟卒里（地名）的麦田一小块，婶婶兹高（人名）的麻地两小块。
	tsʰy^{13}	小米	伟卒里（地名）	
	lɯ^{33}	田地		
	ze^{33}		麦子	
	lɯ^{33}	田地		
	dɯ^{31}	一		
	pʰe^{13}	麻布	小块	
	a^{33}	绳子	婶婶	
	tɕi^{33}	羊毛剪		
	dzɯ^{33}	官	兹高（人名）	
	lo^{33}	鹤		

第三章 文献解读 349

续表

字符	国际音标	直译	意译	串讲
	sɑ¹³	气	麻	
	lɯ³³		田地	伟卒里（地名）的麦田一小块，婶婶兹高（人名）的麻地两小块。
	ni³³		二	
	pʰe¹³	麻布	小块	

08

字符	国际音标	直译	意译	串讲
	ue³³	村寨		
	ʂɑ³³	血	伟沙里（地名）	
	lɯ³³	田地		
	ⁿdʑɯ³³	树	滋格（人名）	伟沙里（地名）的滋格（人名）的两小块劣质田地。
	ⁿgɯ⁵⁵	咬		
	lɯ³³		田地	
	kʰuɑ³¹		坏	
	ni³³		二	
	pʰe¹³	麻布	小块	

09

字符	国际音标	直译	意译	串讲
	ue^{33}	村寨	伟多（地名）	伟多（地名）的一小块甜荞地。
	$^{n}do^{33}$	笨		
	$^{n}gɯ^{55}$	咬	甜荞[3]	
	$lɯ^{33}$	田地		
	$dɯ^{31}$	一		
	$p^{h}e^{13}$	麻布	小块	

10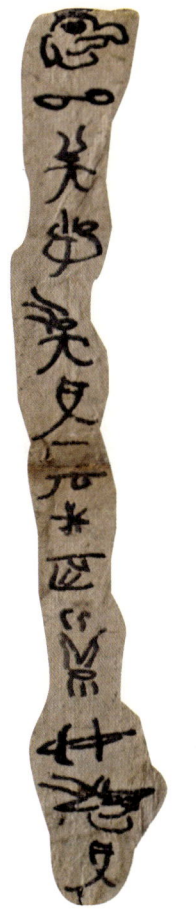

字符	国际音标	直译	意译	串讲
	$ts^{h}o^{33}$	大象	家族	家族的母亲、普米女性嘉德诃（人名）两个主妇。
	$ə^{13}$	骨头		
	me^{31}	母亲		
	nu^{31}	心脏	主语助词	
	$^{m}bə^{55}$	普米族		
	me^{31}	雌性	女性	
	$kɑ^{33}$	好	嘉德诃（人名）	
	$tə^{31}$	千		

第三章 文献解读　351

续表

字符	国际音标	直译	意译	串讲
	xɯ³³	牙齿	嘉德诃（人名）	家族的母亲、普米女性嘉德诃（人名）两个主妇。
	ni³³		二	
	ku¹³	大蒜	个	
	ⁿdɑ³¹	砍		
	se³¹	岩羊	主妇	
	me⁵⁵	雌性	语气助词	

11

字符	国际音标	直译	意译	串讲
	ma³³	尾巴		从今往后，家族的母亲、普米女性嘉德诃（人名）两个人绝不能再争执了。
	dɯ³¹	一	从今往后	
	ni³³	太阳		
	tsʰo³³	大象	家族	
	ə¹³	骨头		
	me³¹		母亲	
	nɯ³¹	心脏	主语助词	

续表

字符	国际音标	直译	意译	串讲
	ᵐbə⁵⁵	普米族		
	me³¹	雌性	女性	
	kɑ³³	好		
	tə³¹	千	嘉德诃（人名）	
	xɯ³³	牙齿		
	ni³³	二		
	ku¹³	大蒜	个	
	不详	不详	不详	从今往后，家族的母亲、普米女性嘉德诃（人名）两个人绝不能再争执了。
	le⁵⁵	獐子		
	ʂə¹³	说	争论不休	
	le⁵⁵	獐子		
	tʂɯ³¹	爪子		
	zu̩³³	夏天		
	mə³³	日暮	绝不可以	
	be³³	战神		

第三章 文献解读 353

续表

字符	国际音标	直译	意译	串讲
	se³¹	岩羊	情态助词	从今往后，家族的母亲、普米女性嘉德诃（人名）两个人绝不能再争执了。
	me⁵⁵	雌性	语气助词	

12

字符	国际音标	直译	意译	串讲
	a³¹	语气词	父亲	家族父亲、母亲商量招女婿，家族母亲，姑姑阿茹（人名），姑姑嘉德诃（人名）。
	ba³³	花		
	a³³	语气词	母亲	
	me³¹	雌性		
	ni³³	二		
	ku¹³	大蒜	个	
	tsʰo³³	大象	家族	
	ɚ¹³	骨头		
	me³¹	母亲		
	nɯ³¹	心脏	主语助词	
	ʂə¹³ ʂə¹³	争执		

续表

字符	国际音标	直译	意译	串讲
	se^{31}	岩羊	情态助词	
	mu^{33}	天	女婿	
	ɣɯ^{55}	宝物		
	me^{55}	雌性	语气助词	
	se^{31}	岩羊	情态助词	
	me^{55}	雌性	语气助词	
	tsʰo^{33}	大象	家族	家族父亲、母亲商量招女婿，家族母亲，姑姑阿茹（人名），姑姑嘉德诃（人名）。
	ɚ^{13}	骨头		
	me^{31}	母亲		
	a^{33}	语气词	姑姑	
	gu^{31}	蛋		
	zu̱^{55}	发展、繁殖	阿茹（人名）	
	a^{31}	语气词	姑姑	
	gu^{33}	蛋		

第三章 文献解读　355

续表

字符	国际音标	直译	意译	串讲
	ka³³	好		
	tə³¹	千	嘉德诃（人名）	家族父亲、母亲商量招女婿，家族母亲，姑姑阿茹（人名），姑姑嘉德诃（人名）。
	xɯ³³	牙齿		

13

字符	国际音标	直译	意译	串讲
	ku³¹	生姜		
	dʑiə³¹	秤砣	古究芭（人名）	
	ba³³	花		
	pʰe¹³	麻布		
	dɯ³¹	一		给了古究芭（人名）一件麻布。
	lə⁵⁵	石头	件	
	iə¹³	烟草	给	
	me⁵⁵	雌性	语气助词	

14

字符	国际音标	直译	意译	串讲
	do^{31}	看见	见证人[4]	
	ʑɯ^{55}	饮酒		
	ⁿgɑ^{33}	胜利	日伽（人名）	
	pʰe^{13}	麻布		给了见证人日伽（人名）一小块麻布；
	dɯ^{31}	一		
	lə^{55}	石头	件	
	iə^{13}	烟草	给	
	me^{55}	雌性	语气助词	

15

字符	国际音标	直译	意译	串讲
	kʰɯ^{31}	脚		
	ku^{31}	生姜	科古皂（人名）	
	zo^{33}	缸		
	pʰe^{13}	麻布		给了科古皂（人名）一件麻布。
	dɯ^{31}	一		
	lə^{55}	石头	件	
	iə^{13}	烟草	给	

16

字符	国际音标	直译	意译	串讲
	mu^{33}	天	穆裛伽（人名）	给了穆裛伽（人名）一件麻布。
	$niə^{31}$	眼睛		
	$^{n}ga^{33}$	胜利		
	$p^{h}e^{13}$	麻布		
	$dɯ^{31}$	一		
	$lə^{55}$	石头	件	
	$iə^{13}$	烟草	给	
	me^{55}	雌性	语气助词	

17

字符	国际音标	直译	意译	串讲
	$t^{h}e^{55}$	旗子	文书	书写人是阿步塔（人名），已经给过他（一）件麻布了。
	$ɣɯ^{55}$	宝物		
	$pə^{55}$	篦子	书写	
	$çi^{33}$	人		
	$ə^{33}$	语气词	阿步塔（人名）	
	bu^{31}	猪		

续表

字符	国际音标	直译	意译	串讲
	t^ha^{31}	塔	阿步塔（人名）	
	γo^{31}	泼	是	
	me^{55}	雌性	语气助词	
	p^he^{13}	麻布		书写人是阿步塔（人名），已经给过他（一）件麻布了。
	$du{\mtur}^{31}$	一		
	$l\mathrm{\partial}^{55}$	石头	件	
	$i\mathrm{\partial}^{13}$	烟草	给	
	me^{55}	雌性	语气助词	

【背面右部】

01

字符	国际音标	直译	意译	串讲
	$k^h{\mtur}^{31}$	狗	克伽（人名）	
	$^nga^{33}$	胜利		
	$g\mathrm{\partial}^{55}$	上	定语助词	克伽[5]（人名）的徒弟打架。
	$\mathrm{\varsigma}i^{33}$	人		
	bu^{31}	钩子	徒弟	
	$^ndsu{\mtur}^{33}$	树木		

第三章 文献解读 ◆ 359

续表

字符	国际音标	直译	意译	串讲
	lɑ³¹	手		
	lɑ³¹	打架	打架	克伽（人名）的徒弟打架。
	me⁵⁵	雌性	语气助词	

字符	国际音标	直译	意译	串讲
	pu¹³	送	布劳（地名）	
	lo³¹	沟		
	a³³	语气词	舅舅	
	tɕiə³³	麻风病		
	gə⁵⁵	钩子	定语助词	在布劳（地名）的舅舅在密埧淘（地名）的三（块）荞麦地。
	mi⁵⁵	火		
	ᵐbu³¹	坡	密埧淘（地名）	
	tʰo³³	背靠		
	a³³	语气词	荞麦	
	ⁿguɯ⁵⁵	咬		
	suɯ³¹	三		

03

字符	国际音标	直译	意译	串讲
[6]	ʂuɑ³¹	高	苏明（地名）	
	nɑ³¹	黑		
	ue³³	村寨		
	nɑ³¹	黑	纳吉伽（人名）	苏明（地名）的纳吉伽（人名）、伟伽（村名）的阿究（人名）哥哥两份黄豆。
	ⁿdʑi³¹	酒曲		
	ⁿgɑ³³	胜利		
	ue³³	村寨	伟伽（村名）	
	ⁿgɑ³³	胜利		
	dʑiə³¹	秤砣	阿究（人名）	
	ɑ³¹	鸡	哥哥	
	bu³¹	份		
	nə³¹	黄豆		
	ni³³	二		

第三章 文献解读　361

04

字符	国际音标	直译	意译	串讲
[7]	mi³¹	火	明伟（地名）	
	ue³³	村寨		
	ue³³	村寨		
	ku⁵⁵	蛋	上部	
	dzie³¹	秤砣	究皂坎漆（人名）	
	zo³³	缸		
	kʰa³³	弹弓	究皂坎漆（人名）	（住在）明伟（地名）村上部的究皂坎漆（人名）的父亲在坎日（地名）的两块田交易后换的是两（升）黄豆。
	tsʰi³¹	肩胛骨		
	bɑ³³	花	父亲	
	kʰa³³	弹弓	坎日（地名）	
	ʐɯ⁵⁵	绳子		
	lɯ³³	田		
	ni³³	二		
	u³¹	奴仆	块	
	tʰo³³	背靠	助词	

续表

字符	国际音标	直译	意译	串讲
	to³³	板子	交易	
	me³³	雌性		
	nə³¹		黄豆	（住在）明伟（地名）村上部的究皂坎漆（人名）的父亲在坎日（地名）的两块田交易后换的是两（升）黄豆。
	ni³³		二	
	ɣo³¹	泼	是	
	me⁵⁵	雌性	语气助词	

05

字符	国际音标	直译	意译	串讲
	kɑ³³	好	嘉李兹科（地名）	嘉李兹科（地名）的（田地）交易换得白银五分。
	luɯ³³	牛虱		
	dzɯ³³	官		
	kʰɯ³¹	足		
	to³³	板子	交易	
	me³³	雌性		
	ŋu³³		银子	

第三章 文献解读　363

续表

字符	国际音标	直译	意译	串讲
川	uɑ³³		五	
	xɯ³³	牙齿	分	嘉李兹科（地名）的（田地）交易换得白银五分。
	yo³¹	泼	是	
	me⁵⁵	雌性	语气助词	

【背面左部】

01

字符	国际音标	直译	意译	串讲
	kʰɯ³¹	脚		
	ku³¹	生姜	科古皂（人名）	
	zo³³	缸		是科古皂（人名）的文书。
	tʰe⁵⁵ ɣɯ⁵⁵	旗、吉祥	文书	
	yo³¹	泼	是	
	me⁵⁵	雌性	语气助词	

翻译全文

【正面】皇帝十五年,这年是五行属木的羊年,七月二十八日,是属兔的一天。父亲曹戈库(人名)说了,建造粮仓需要家族兄弟讨论。这一家家里的(主人)不可或缺。去请人来核对家里的粮食、土地、财产等物资。说伟劳(地名)的一块良田交易了八分银子。两丘大块的稻秧田,安劳(地名)的一块稻田,密布草(地名)的一块地,共三块田交易换得大米二十五斗。伟卒里(地名)的麦田一小块,婶婶兹高(人名)的麻地两小块。伟沙里(地名)的滋格(人名)的两小块劣质田地。伟多(地名)的一小块甜荞地。家族的母亲、普米女性嘉德诃(人名)两个主妇。从今往后,家族的母亲、普米女性嘉德诃(人名)两个人绝不能再争执了。家族父亲、母亲商量招女婿,家族母亲,姑姑阿茹(人名),姑姑嘉德诃(人名)。给了古究芭(人名)一件麻布。给了见证人日伽(人名)一小块麻布;给了科古皂(人名)一件麻布。给了穆袤伽(人名)一件麻布。书写人是阿步塔(人名),已经给过他(一)件麻布了。

【背面右部】克伽(人名)的徒弟打架。在布劳(地名)的舅舅在密坯淘(地名)的三(块)荞麦地。苏明(地名)的纳吉伽(人名)、伟伽(村名)的阿究(人名)哥哥两份黄豆。(住在)明伟(地名)村上部的究皂坎漆(人名)的父亲在坎日(地名)的两块田交易后换的是两(升)黄豆。嘉李兹科(地名)的(田地)交易换得白银五分。

【背面左部】是科古皂(人名)的文书。

---

[1] 此处五行纪年恐有误。
[2] 可能计算错误,应为四块田;也有可能将两丘看做一块田。
[3] 省略了表示[a³³]的字符。
[4] "见证人"为[do³¹ ɕi³³],此处缺省"人"字。
[5] 克伽为果乐村著名大东巴,1986年去世。
[6] 补残。
[7] 补残。

文书1-11

伟茹河分家契（正面）

伟茹诃分家契（背面）

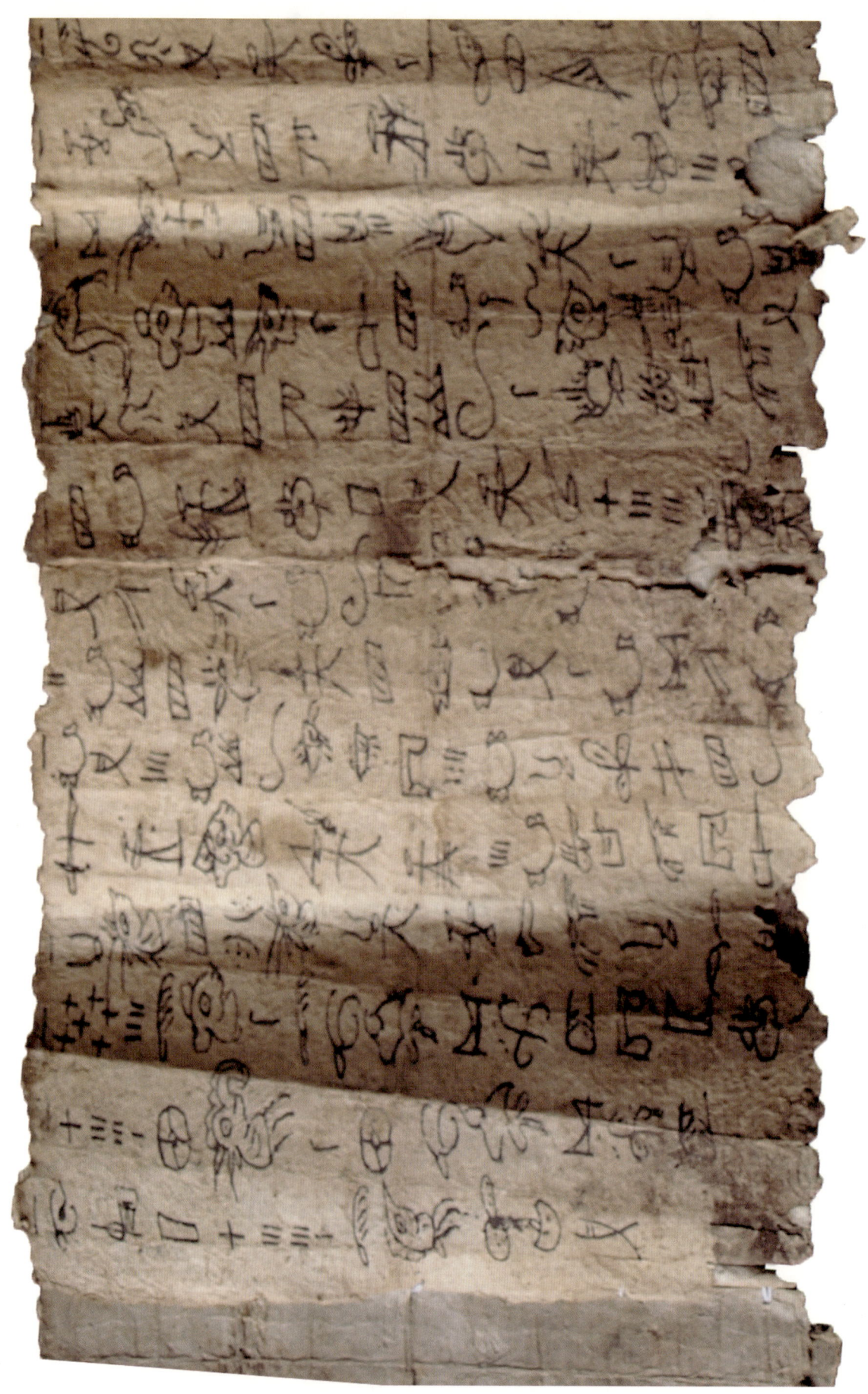

著录

编号	1-11
文书名	伟茹诃分家契
书写人	哈瓜皂
书写时间	道光十七年（1837）
来源	云南省玉龙纳西族自治县宝山乡吾木村
体例	竖行书写，从左向右换行，双面书写
材质	东巴纸，墨书
采集时间	2011年7月24日
采集地点	云南省玉龙纳西族自治县宝山乡吾木村
摄影	李学信
翻译者	和学耀，蒋波
整理者	蒋波
备注	

翻译

【正面】

01

字符	国际音标	直译	意译	串讲
	ka^{33}	苦	可汗	
	$^{n}ga^{33}$	胜利		
	to^{33}	板子	道光	
[1]	kua^{33}	刨子		
	$tsʰe^{31}$	十		
	$ʂə^{33}$	七		
	$kʰu^{13}$	镰刀	年	道光皇帝十七年，这年属鸡。九月十六日，这天属龙。
	$a^{31}\,kʰu^{13}$	鸡、镰刀	属鸡	
	$^{n}gu^{33}$	槽	九	
	xe^{33}	月亮	月份	
	me^{33}	雌性		
	$tsʰe^{31}$	十		
	$tʂʰua^{55}$	六		

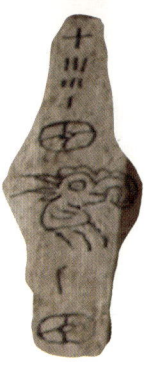

续表

字符	国际音标	直译	意译	串讲
	dɯ³¹	一	指示代词	
	ni³³	太阳	天、日	
	lu⁵⁵ kʰu¹³	龙、镰刀	属龙	道光皇帝十七年，这年属鸡。九月十六日，这天属龙。
	dɯ³¹	一	指示代词	
	ni³³	太阳	天、日	

02

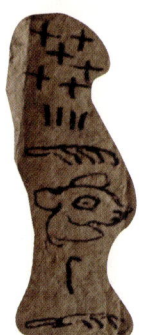

字符	国际音标	直译	意译	串讲
	ɑ³¹	语气词	父亲	父亲伟茹诃（人名）六十四岁（的时候），（也就是）属狗的那一年。
	bɑ³³	花		
	ue³³	村寨		
	zʅ⁵⁵	繁殖	伟茹诃（人名）	
	xɯ³³	牙齿		
	tʂʰuɑ⁵⁵ tsʰɯ³¹	六十		
	lu³³	四		
	kʰu¹³	镰刀	岁	

续表

字符	国际音标	直译	意译	串讲
	$k^hɯ^{55}$		狗	
	$dɯ^{31}$	—	指示代词	父亲伟茹诃（人名）六十四岁（的时候），（也就是）属狗的那一年。
	k^hu^{13}	镰刀	年	

03

字符	国际音标	直译	意译	串讲
	$ɑ^{31}$	语气词		
	$bɑ^{33}$	花	父亲	
	ue^{33}	村寨		
	$z̩^{55}$	繁殖	伟茹诃（人名）	父亲伟茹诃（人名）当家长主持分田仪式，给了长子科古皂（人名）。
	$xɯ^{33}$	牙齿		
	$gə^{55}$	上		
	k^hu^{55}	门	当家长	
	$nɯ^{31}$	心脏		
	$k^hɚ^{33}$	犄角	分家	
	se^{31}	岩羊	情态助词	
	$lɯ^{33}$		田地	

续表

字符	国际音标	直译	意译	串讲
	by^{31}	分		
	se^{31}	岩羊	情态助词	
	zo^{33}	儿子		
	du^{31}	大		父亲伟茹诃（人名）当了家长主持分田仪式，给了长子科古皂（人名）。
	$k^hɯ^{31}$	脚		
	ku^{31}	生姜	科古皂（人名）	
	zo^{33}	缸		
	$iə^{13}$	烟草	给	
	me^{55}	雌性	语气助词	

续表

04

字符	国际音标	直译	意译	串讲
	$^nda^{13}$	砍		
	pu^{13}	送	达布拉（地名）	达布拉（地名）的宅基地，占地四丘。
	la^{31}	虎		
	$^nda^{31}$	勇士	宅基地	
	k^ho^{33}	亲戚	占	

续表

字符	国际音标	直译	意译	串讲
川	lu³³	四		达布拉（地名）的宅基地，占地四丘。
꩜	pʰu³³	雄性	丘	

05

字符	国际音标	直译	意译	串讲
	lə³³	男阴	种子	
	py³³	米斗	份	
	ku³¹	生姜	给	
	gə⁵⁵		上	给了一份种子，上部的四大丘田。
	tʂu³¹	锥子	部分	
	pʰu³³	雄性	丘	
	me³³	雌性	大	
	lu³³	四		
	pʰu³³	雄性	丘	

第三章 文献解读 375

06

字符	国际音标	直译	意译	串讲
	mi^{55}	火	密劳（地名）	
	lo^{31}	沟		
	lɯ^{33}	牛虱	秧苗	密劳下面沟边的四丘小秧田。
	lɯ^{33}	牛虱		
	gɔ^{55}	上	定语助词	
	lu^{33}		四	
	pʰu^{33}	雄性	丘	
	zo^{33}	缸	小	

07

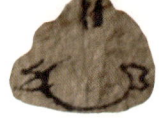

字符	国际音标	直译	意译	串讲
	nə^{31}	黄豆	□豆	
	pʰɚ^{31}	白色		
	lɯ^{33}		田地	□豆田上方的两丘。
	lo^{31}	沟	上	
	ni^{33}		二	
	pʰu^{33}	雄性	丘	

08

字符	国际音标	直译	意译	串讲
	mi^{55}	火	下	
	dy^{31}	田地		
	bu^{31}	猪	底下	
	$^{n}da^{31}$	勇士	宅基地	
	dy^{31}	田地		
	p^hu^{13}		半	下面的一大丘宅基地。
	p^hu^{33}	雄性	丘	
	me^{55}	雌性	大	
	du^{31}		一	
	p^hu^{33}	雄性	丘	

09

字符	国际音标	直译	意译	串讲
	ue^{33}	村寨	伟沙（地名）	
	$ṣa^{33}$	血		伟沙（地名）的一大丘□宅基地。
	p^hu^{33}	雄性	丘	
	me^{33}	雌性	大	

第三章　文献解读　377

续表

字符	国际音标	直译	意译	串讲
	ʂa³³	血	不详	
	ⁿda³¹	勇士	宅基地	伟沙（地名）的一大丘□宅基地。
	dɯ³¹	一		
	pʰu³³	雄性	丘	

10

字符	国际音标	直译	意译	串讲
	lo³¹	沟		
	kʰu⁵⁵	门	劳库里（地名）	
	lɯ³³	田		劳库里（地名）的两丘田。
	lɯ³³		田	
	ni³³	二		
	pʰu³³	雄性	丘	

11

字符	国际音标	直译	意译	串讲
	lɯ³³	田	梯田	用梯田交换了十六□大米□□□，给了下面沟边的一块麦田作为种子的费用。
	pʰu³³	雄性		

续表

字符	国际音标	直译	意译	串讲
	t^ho^{33}	背后		
	$nɯ^{31}$	心脏	主语助词	
	to^{33}	板子	交易	
	me^{33}	雌性		
	lu^{55}	庹	不详	
	$tʂ^huɑ^{55}$	鹿角	大米	
	ts^he^{31}	十		用梯田交换了十六□大米□□□，给了下面沟边的一块麦田作为种子的费用。
	$tʂ^huɑ^{55}$	六		
	不详	不详	不详	
	be^{33}	战神	不详	
	be^{33}	战神	不详	
	$ɣo^{31}$	泼	是	
	me^{55}	雌性	语气助词	
	$lɯ^{33}$	田地		

第三章 文献解读 379

续表

字符	国际音标	直译	意译	串讲
	ka^{33}	好		
	ze^{33}	麦子		
	lɯ^{33}	田地		
	mi^{55}	火	下	
	lo^{31}	沟		用梯田交换了十六□大米□□□，给了下面沟边的一块麦田作为种子的费用。
	dɯ^{31}	一		
	u^{31}	奴仆	块	
	lə^{33}	男阴	种子	
	py^{33}	米斗	份	
	ku^{31}	生姜	给	

12

字符	国际音标	直译	意译	串讲
	ʐɯ^{55}	蛇		
	kʰɯ^{33}	狗	日克密派（地名）	修水渠给隘顾（地名）浇水，用了日克密派（地名）的一部分土地。
	mi^{55}	火		

380　宝山纳西东巴文应用文献调查、整理与研究

续表

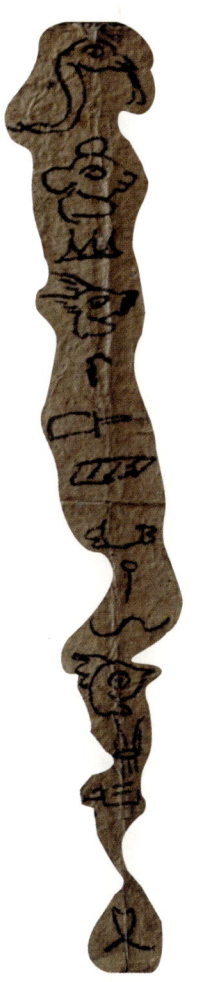

字符	国际音标	直译	意译	串讲
	p^ha^{33}	豺	日克密派（地名）	
	dui^{31}	—		
	$tʂu^{31}$	锥子	部分	
	lui^{33}	田地		
	p^hu^{33}	雄性	丘	
	ko^{31}	针	浇水	修水渠给隘顾（地名）浇水，用了日克密派（地名）的一部分土地。
	k^ha^{33}	弹弓	水渠	
	a^{31}	鸡	隘顾（地名）	
	ku^{31}	大蒜		
	py^{33}	米斗	用	
	me^{55}	雌性	语气助词	

13

字符	国际音标	直译	意译	串讲
	ue^{33}	村寨	伟泽机（地名）	伟泽机（地名）的田地上方种了一杯蔓菁种子。
	$^ndsə^{33}$	犏牛		

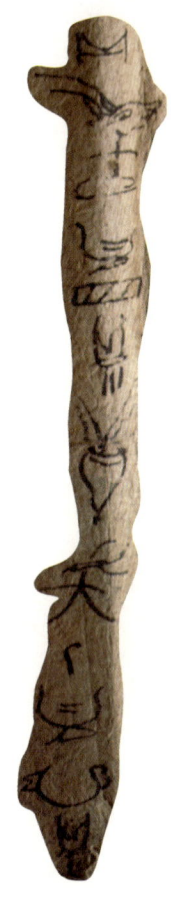

字符	国际音标	直译	意译	串讲
	tɕi³³	杯子	伟泽机（地名）	
	lɯ³³		田地	
	ku⁵⁵	大蒜	上	
	ⁿdzy³³		蔓菁	
	ʂə¹³	说话	种子	伟泽机（地名）的田地上方种了一杯蔓菁种子。
	dɯ³¹		一	
	tɕi³¹		杯子	
	pʰu³³	雄性	丘	
	zo³³	缸	不详	

14

字符	国际音标	直译	意译	串讲
	dɯ³¹		一	
	zɯ⁵⁵	蛇	线	一小线的良田做交易，换了三两……钱白银。
	zo³³	缸	小	
	lɯ³³		田	

续表

字符	国际音标	直译	意译	串讲
	ka^{33}	好		
	tʰo^{33}	背后		
	nɯ^{31}	心脏	主语助词	
	to^{33}	板子	交易	
	lu^{55}	庹	两	
	ŋu^{33}		银子	一小线的良田做交易，换了三两……钱白银。
[2]	sɯ^{31}	三		
	xɯ^{33}	去	钱	
	ɣo^{31}	泼	是	
	me^{55}	雌性	语气助词	
	lə^{55}	庹	不详	

15

字符	国际音标	直译	意译	串讲
	nə^{31}	黄豆		一口黄豆（田），拉吉多（地名）的一块甜荞地，格劳（地名）的一小块，伟沙里（地名）的兹日孤（地名）（的一块地）。
	dɯ^{31}	一		

第三章 文献解读 383

续表

字符	国际音标	直译	意译	串讲
	lɑ^{31}	手	拉吉多（地名）	一口黄豆（田），拉吉多（地名）的一块甜荞地，格劳（地名）的一小块，伟沙里（地名）的兹日孤（地名）（的一块地）。
	ⁿdzi^{31}	酒曲		
	ⁿdo^{31}	傻		
	a^{33}	语气词	甜荞	
	ⁿgɯ^{55}	咬		
	lɯ^{33}	田		
	dɯ^{31}	一		
	u^{31}	奴仆	块	
	lɯ^{33}	田		
	gə^{55}	上	格劳（地名）	
	ko^{13}	鹤		
	dɯ^{31}	一		
	pʰe^{13}	麻布	小块	
	zo^{33}	缸	小	

续表

字符	国际音标	直译	意译	串讲
	ue³³	村寨		
	ʂa³³	血	伟沙里（地名）	一□黄豆（田），拉吉多（地名）的一块甜荞地，格劳（地名）的一小块，伟沙里（地名）的兹日孤（地名）（的一块地）。
	lɯ³³	田		
	dzɯ³³	官		
	ʐɯ⁵⁵	蛇	兹日孤（地名）	
	ku⁵⁵	钩子		

16

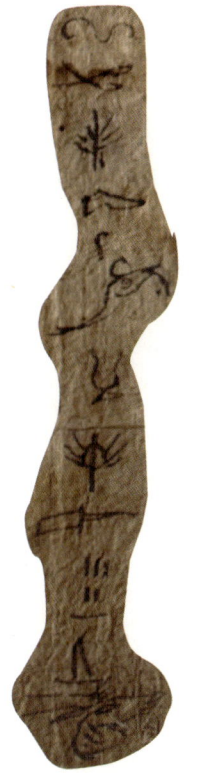

字符	国际音标	直译	意译	串讲
	a³¹	绳子		
	tɕi³³	羊毛剪	艾继滋科（地名）	艾继滋科（地名）的一小线大麦田，把这五份田卖了。
	ⁿdsɯ³³	树		
	kʰɯ³¹	脚		
	dɯ³¹	一		
	ʐɯ⁵⁵	蛇	线	
	zo³³	缸	小	

第三章 文献解读 385

续表

字符	国际音标	直译	意译	串讲
	ze^{33}	麦子	大麦	艾继滋科（地名）的一小线大麦田，把这五份田卖了。
	$tṣu^{31}$	锥子		
	$uɑ^{33}$	五		
	$tɕʰi^{33}$	刺	卖	
	se^{31}	岩羊	情态助词	

17

字符	国际音标	直译	意译	串讲
	$tsʰe^{31}$	盐巴	不详	
	zo^{33}	儿子	不详	
	不详	不详	不详	
	$pʰe^{13}$	麻布	不详	□□□□□□[3]（租金是）大米一份。
	不详	不详	不详	
	$ⁿdɑ^{13}$	砍	不详	
	xa^{31}	金子	不详	
	py^{33}	米斗	份	
	$tsʰw^{33}$	吊	指示代词	

续表

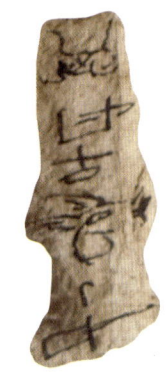

字符	国际音标	直译	意译	串讲
	tsʰua⁵⁵	鹿	大米	
	du³¹	—		□□□□□□□ （租金是）大米一份。
	tṣu³¹	锥子	份	

18

字符	国际音标	直译	意译	串讲
	lu⁵⁵	龙		
	zṵ⁵⁵	繁衍	龙茹考 （地名）	
	kʰo³³	亲戚		
	ze³³	麦		到龙茹考（地名）去平整土地。
	ze³³	麦	平整	
	kʰɯ³¹	脚	去	
	不详	不详	不详	

19

字符	国际音标	直译	意译	串讲
	mi³¹	火	明伟 （地名）	约定到明伟（地名）去平整滋古（地名）的一块土地。
	ue³³	村寨		

第三章 文献解读　387

续表

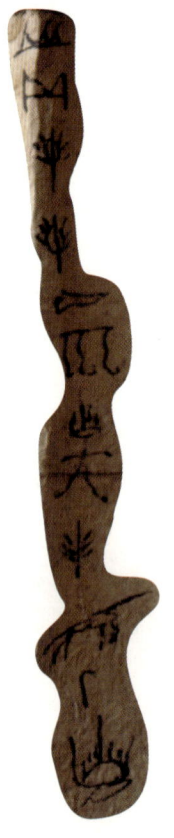

字符	国际音标	直译	意译	串讲
	ze^{33}	麦子	平整	
	ze^{33}	麦子	平整	
	$k^hɯ^{31}$	脚	去	
	$ẓu^{33}$	夏天		约定到明伟（地名）去平整滋古（地名）的一块土地。
	be^{33}	战神	约定	
	$^ndsɯ^{33}$	树		
	ku^{31}	生姜	滋古（地名）	
	$dɯ^{31}$		一	
	u^{31}	奴仆	块	

20

字符	国际音标	直译	意译	串讲
	t^he^{55}	旗帜		
	$ɣɯ^{55}$	吉祥	文书	文书书写人是哥哥哈瓜皂（人名）。
	$pɚ^{55}$	箆子	书写	
	$çi^{33}$		人	

续表

字符	国际音标	直译	意译	串讲
	a³³	语气词	哥哥	
	bu³¹	猪	哥哥	
	xɑ³³	饭		
	kuɑ³¹	灶	哈瓜皂（人名）	文书书写人是哥哥哈瓜皂（人名）。
	zo³³	缸		
	ɣo³¹	泼、倾倒	是	
	me⁵⁵	雌性	语气助词	

21

字符	国际音标	直译	意译	串讲
	mu³³	天	墨	
	nɑ³¹	黑		
	pʰu⁵⁵	雄性	费用	笔墨费为一件细麻布。
	pʰe¹³ zi³³	花、麻布	细麻布	
	dɯ³¹	一		
	lə⁵⁵	石头	件	

第三章 文献解读　389

22

字符	国际音标	直译	意译	串讲
	tsʰo³³	大象	宗族	
[4]	ə¹³	骨头		
	zo³³	缸	男子	
	a³³	语气词	哥哥	
	bu³¹	猪		
	zʅ⁵⁵	繁殖	阿茹（人名）	
	a³³	语气词	哥哥	家族中的男人：阿茹（人名）哥哥、口（人名）哥哥、科伽（人名）哥哥、纳穆究（人名）哥哥、苏明（地名）的阿克（人名）。
	bu³¹	猪		
	不详	不详	口（人名）	
	a³³	语气词	哥哥	
	bu³¹	猪		
	kʰɯ³¹	脚	科伽（人名）	
	ŋgɑ³³	胜利		
	a³³	语气词	哥哥	
	bu³¹	猪		

续表

字符	国际音标	直译	意译	串讲
	na^{31}	黑	纳穆究（人名）	
	mu^{33}	天		
	$dzi\partial^{31}$	秤砣		
	$\operatorname{\mathit{s}}ua^{31}$	高	苏明（地名）	家族中的男人：阿茹（人名）哥哥、□（人名）哥哥、科伽（人名）哥哥、纳穆究（人名）哥哥、苏明（地名）的阿克（人名）。
	na^{31}	黑		
	ue^{33}	村寨		
	a^{33}	语气词	阿克（人名）	
	k^hw^{31}	狗		
	γo^{31}	泼	是	
	me^{55}	雌性	语气助词	

【背面】

01

字符	国际音标	直译	意译	串讲
	k^hw^{31}	脚	科古皂（人名）	科古皂（人名）的分田契。
	ku^{31}	生姜		
	zo^{33}	缸		

第三章 文献解读　391

续表

字符	国际音标	直译	意译	串讲
	gɚ⁵⁵	上	定语助词	科古皂（人名）的分田契。
	mu³³	天	田地	
	dy³¹	地		
	by³¹	分		
	bu³¹	猪	份	

翻译全文

【正面】道光皇帝十七年，这年属鸡。九月十六日，这天属龙。父亲伟茹诃（人名）六十四岁（的时候），（也就是）属狗的那一年。父亲伟茹诃（人名）当家长主持分田仪式，给了长子科古皂（人名）。达布拉（地名）的宅基地，占地四丘。给了一份种子，上部的四大丘田。密劳下面沟边的四丘小秧田。□豆田上方的两丘。下面的一大丘宅基地。伟沙（地名）的一大丘□宅基地。劳库里（地名）的两丘田。用梯田交换了十六□大米□□□，给了下面沟边的一块麦田作为种子的费用。修水渠给隘顾（地名）浇水，用了日克密派（地名）的一部分土地。伟泽机（地名）的田地上方种了一杯蔓菁种子。一小线的良田做交易，换了三两……钱白银。一□黄豆（田），拉吉多（地名）的一块甜荞地，格劳（地名）的一小块，伟沙里（地名）的兹日孤（地名）（的一块地）。艾继滋科（地名）的一小线大麦田，把这五份田卖了。□□□□□□□（租金是）大米一份。到龙茹考（地名）去平整土地。约定到明伟（地名）去平整滋古（地名）的一块土地。文书书写人是哥哥哈瓜皂（人名）。笔墨费为一件细麻布。家族中的男人：阿茹（人名）哥哥、□（人名）哥哥、科伽（人名）哥哥、纳穆究（人名）哥哥、苏明（地名）的阿克（人名）。

【背面】科古皂（人名）的分田契。

---

[1] 原文书写遗漏，此处补明。
[2] 此字符后有残缺。
[3] 此处污损不清，难以辨识。
[4] "骨头"本读 [ɚ³³]，假借表示"家族"时变读为 [ɚ¹³]。

文书1-12

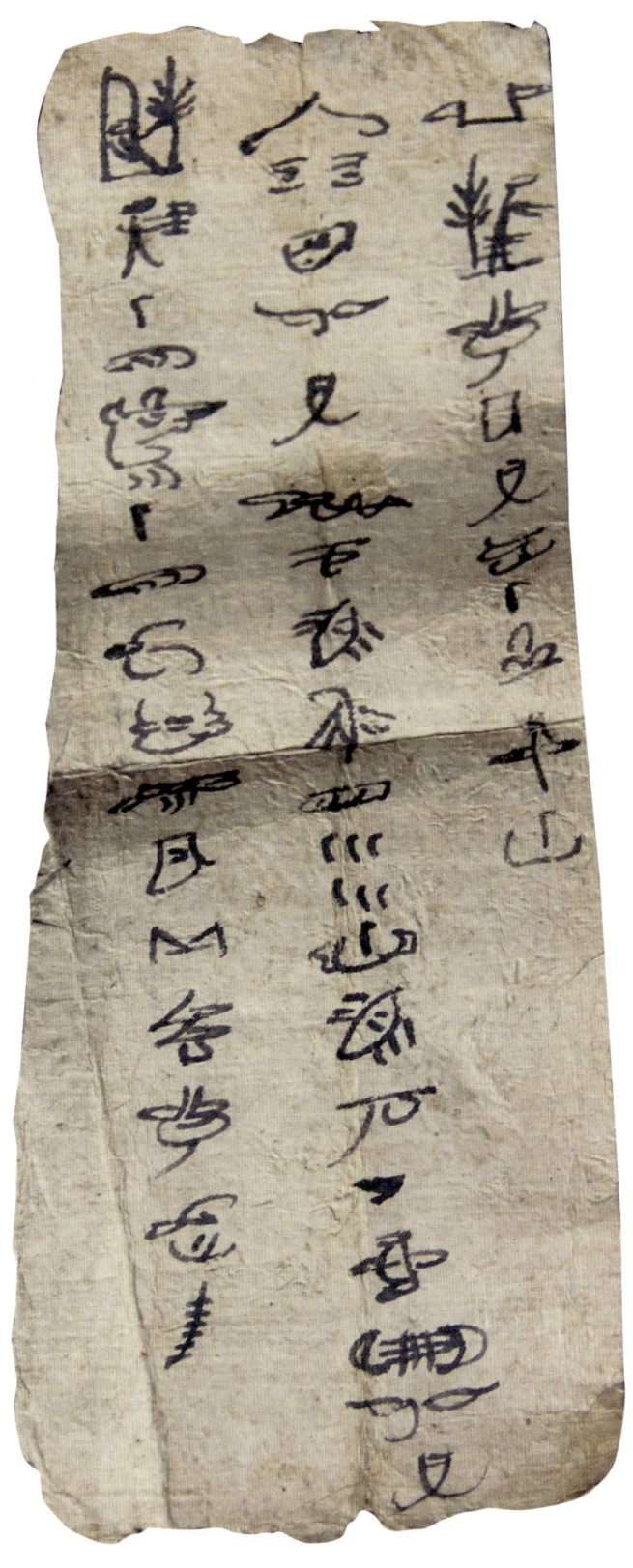

兄弟分田契

著录

编号	1-12
文书名	兄弟分田契
书写人	佚名
书写时间	同治元年（1862）[1]
来源	云南省玉龙纳西族自治县宝山乡吾木村和学义
体例	竖行书写，从左向右换行，单面书写
材质	东巴纸，墨书
采集时间	2011年7月24日
采集地点	云南省玉龙纳西族自治县宝山乡吾木村
摄影	李学信
翻译者	和学耀
整理者	蒋波
备注	

翻译

01

字符	国际音标	直译	意译	串讲
	ᵐbu³¹ tʰo³³ dzi³¹	五行、水		
[2]	zɯ³³	拿	属	
	dɯ³¹		一	
	kʰu¹³	镰刀	年	五行属水属狗的一年。
	kʰɯ³³	狗、镰刀	属狗	
	dɯ³¹		一	
	kʰu¹³	镰刀	年	

02

字符	国际音标	直译	意译	串讲
	a³³	语气词		
	bu³¹	锅	哥哥	
	ku³¹	生姜		
	zo³³	坛子		哥哥古皂伟塔（人名）给了弟弟穆裒究（人名）土地。
	ue³³	村庄	古皂伟塔（人名）	
	tʰɑ³¹	塔		

续表

字符	国际音标	直译	意译	串讲
	nɯ³¹	心脏	主语助词	
	ⁿgɯ⁵⁵	咬	弟弟	哥哥古皂伟塔（人名）给了弟弟穆裒究（人名）土地。
	zɯ³³	草		
	mu³³	天	穆裒究（人名）	
	niə³¹	眼睛		
	dziə³¹	秤砣		
	iə¹³	烟叶	给予	
	me⁵⁵	雌性	语气助词	

03

字符	国际音标	直译	意译	串讲
	kʰa³³	弹弓	风化石	风化石稻田七丘。
	pʰɚ³¹	白色		
	lɯ³³	牛虻	田地	
	çi³¹	稻谷		
	lɯ³³	田地		

续表

字符	国际音标	直译	意译	串讲
	$sə^{33}$	七		
	p^hu^{33}	雄性	丘	风化石稻田七丘。
	$lɯ^{33}$	牛虻	田地	

04	字符	国际音标	直译	意译	串讲
		$kɑ^{33}$	好		
		$k^huɑ^{31}$	坏		
		$dɯ^{31}$	大		（这些田）有好有坏，都一起给了。
		p^he^{13}	麻布	一起	
		$iə^{13}$	烟叶	给	
		me^{55}	雌性	语气助词	

05	字符	国际音标	直译	意译	串讲
		$t^hə^{33}$	桶		
		$k^ho^{33}\ t^ho^{33}$	后面	指示代词	并答应之后凑齐一（钱）银子给他。
		$nɯ^{31}$	心脏	主语助词	

第三章 文献解读　397

续表

字符	国际音标	直译	意译	串讲
	to^{33}	木板	凑齐	并答应之后凑齐一（钱）银子给他。
	me^{33}	雌性		
	ηu^{33}		银	
	$dɯ^{31}$	—		
	$lə^{55}$	石头	钱	
	$z\underset{.}{u}^{33}$	敌人	约定	
	be^{33}	做		

翻译全文

五行属水属狗的一年。哥哥古皂伟塔（人名）给了弟弟穆裒究（人名）土地。风化石稻田七丘。（这些田）有好有坏，都一起给了。并答应之后凑齐一（钱）银子给他。

---

［1］ 按照文书中的说法"五行属水属狗的一年"，经查阅，自明清两代至今，五行属水的狗年只有 1862 年，故推测此文书的书写时间为 1862 年。
［2］ 此字和茂春在文书 1-16（第 458 页）中认为直译为"掌握"，假借表示"甲辰年"；和学耀在文书 1-19（第 510 页）中认为直译为"掌握"，假借表示"属于"；和学耀在文书 1-1（第 154 页）中认为本义为"手持草"，表示"属木"。

文书1-13

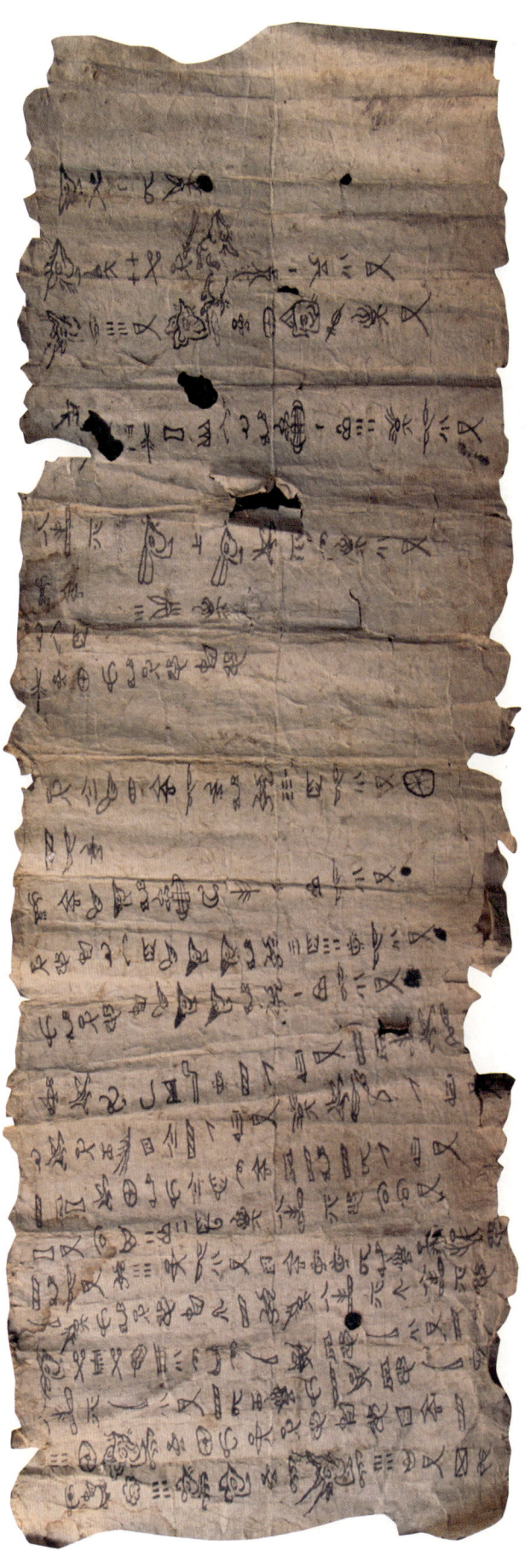

伊奴伽卖田契（正面）
① ②

第三章 文献解读 399

伊奴伽卖田契（背面）

第三章 文献解读

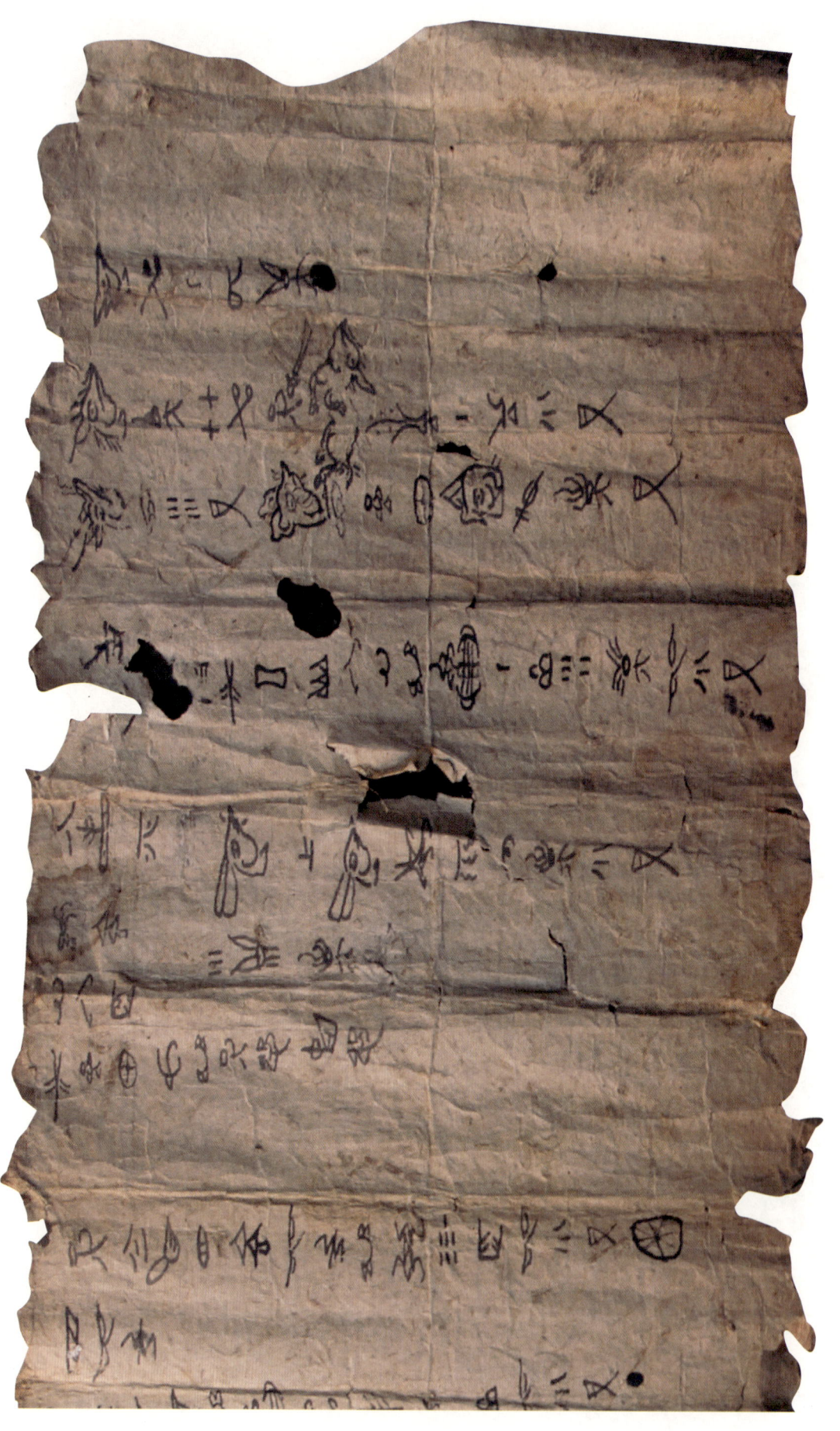

著录

编号	1-13
文书名	伊奴伽卖田契
书写人	伊奴伽，纳穆诃，古塔
书写时间	光绪六年（1880）
来源	云南省玉龙纳西族自治县宝山乡吾木村和学义
体例	竖行书写，从左向右换行，双面书写
材质	东巴纸，墨书
采集时间	2011年7月24日
采集地点	云南省玉龙纳西族自治县宝山乡吾木村
摄影	李学信
翻译者	和学耀
整理者	蒋波
备注	

翻译

【正面】

01

字符	国际音标	直译	意译	串讲
	kʰɑ³³	语气词	可汗	
	ⁿgɑ³³	胜利		
	kuɑ³³	灶	光绪	
	sʮ³¹	羊毛团		
	tʂʰuɑ⁵⁵	六		
	kʰu¹³	鼠、镰刀	年	
	kʰɯ³³	狗	不详	光绪皇帝六年这一年属龙，六月初六这天是属虎的一天。
	dɯ³¹	大	一	
	kʰu¹³	镰刀	年	
	lu⁵⁵	龙		
	kʰu¹³	镰刀	属（年）	
	tʂʰuɑ⁵⁵	六		
	xe³³	月亮	月份	
	me³³	雌		

续表

字符	国际音标	直译	意译	串讲
	ts^he^{33}	盐巴		
	do^{31}	看见	初	
	$tʂ^hua^{55}$	六		
	ni^{33}	太阳	天、日	光绪皇帝六年这一年属龙，六月初六这天是属虎的一天。
	la^{31}	虎		
	k^hu^{13}	年	属	
	$dɯ^{31}$	大	一	
	ni^{33}	太阳	天、日	

02

字符	国际音标	直译	意译	串讲
	a^{33}	语气词		
	lo^{31}	庹	爷爷	
[1]	i^{31}	右		爷爷伊奴伽（人名）将舒塔（人名）的田地卖给了穆斯衮（人名）。
	$nɯ^{31}$	心脏	伊奴伽（人名）	
	$^nga^{33}$	胜利		

第三章 文献解读 405

续表

字符	国际音标	直译	意译	串讲
	$nɯ^{31}$	心脏	主语助词	
	$ʂu^{55}$	骰子	舒塔（人名）	
	$tʰɑ^{31}$	塔		
	$lɯ^{33}$		田地	
	mu^{33}	天		爷爷伊奴伽（人名）将舒塔（人名）的田地卖给了穆斯裒（人名）。
	$sɯ^{31}$	肝	穆斯裒（人名）	
	$niə^{31}$	眼睛		
	$tɕʰi^{33}$	刺	卖	
	se^{31}	完	情态助词	
	me^{55}	雌	语气助词	

03

字符	国际音标	直译	意译	串讲
	$lɯ^{33}$		田地	
	$kɑ^{33}$	好		这是一块良田。
	$tʂʰɯ^{55}$		指示代词	

续表

字符	国际音标	直译	意译	串讲
	u³¹	奴仆	一块	这是一块良田。

04

字符	国际音标	直译	意译	串讲
	ɑ³¹	语气词	父亲	就是爸爸宰戈（人名）卖的。
	sɯ³¹	肝		
	ze³³	飞鬼	宰戈（人名）	
	gə³¹	上		
	nɯ³¹	心脏	主语助词	
	tɕʰi³³	刺	卖	
	lɯ³³	牛虱	不详	

05

字符	国际音标	直译	意译	串讲
	nɯ³¹	羊	家畜	因为草料不足、牲口少，（需要）不停地喂（牲口），宰戈（人名）就（把土地）卖掉了。
	tɕi³³	羊毛剪	少	
	zo³³		草料	
	tɕi³³	羊毛剪	少	

续表

字符	国际音标	直译	意译	串讲
	ne³³	苋菜	因为	
	ⁿdə³¹	粪肥		
	se³¹	完	情态助词	
	mə³³	日暮	否定词	
	khə³¹	角	喂	
	mə³³	日暮	否定词	因为草料不足、牲口少，（需要）不停地喂（牲口），宰戈（人名）就（把土地）卖掉了。
	tɕhi³³	刺	喂	
	ze³³	飞鬼	宰戈（人名）	
	gə³¹	上		
	nɯ³¹	心脏	主语助词	
	tɕhi³³	刺	卖	
	se³¹	完	情态助词	
	me⁵⁵	雌	语气助词	

06

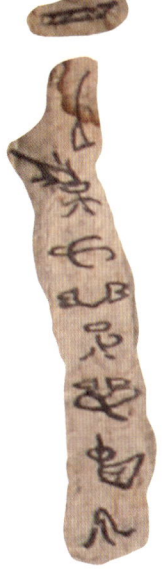

字符	国际音标	直译	意译	串讲
	lɯ³³	土地		卖田人是祖父伊奴伽（人名）。
	tɕʰi³³	刺	卖	
	ɕi³³	人		
	ɑ³³	语气词		
	pʰu³¹	雄性	祖父	
	i³¹	右		
	nɯ³¹	心脏	伊奴伽（人名）	
	ⁿgɑ³³	胜利		
	ɣo³¹	泼	是	

07

字符	国际音标	直译	意译	串讲
	lɯ³³	田地		买田人是穆斯裒（人名）。
	xɑ³¹	金子	买	
	ɕi³³	人		
	mu³³	天	穆斯裒（人名）	

第三章 文献解读　409

字符	国际音标	直译	意译	串讲
![]	sɯ³¹	肝	穆斯裒（人名）	买田人是穆斯裒（人名）。
![]	niə³¹	眼睛		
![]	ɣo³¹	倾倒	是	

08

字符	国际音标	直译	意译	串讲
![]	mu³³	天		穆斯裒（人名）的田款已付讫。
![]	sɯ³¹	肝	穆斯裒（人名）	
![]	niə³¹	眼睛		
![]	nɯ³¹	心脏	主语助词	
![]	lɯ³³	田地		
![]	pʰu⁵⁵	雄性	费用	
![]	iə¹³	烟叶	给	
![]	me⁵⁵	雌阴	语气助词	

09

字符	国际音标	直译	意译	串讲
	xa³¹	黄金		
	tʂʰuɑ⁵⁵	六		
	lu⁵⁵	庹	两	给了六两黄金。
	iə¹³	烟叶	给予	
	se³¹	完	情态动词	
	me⁵⁵	雌阴	语气助词	

10

字符	国际音标	直译	意译	串讲
	ʂu⁵⁵	骰子		
	骰子	塔	舒塔李（地名）	
	lɯ³³	猎神		舒塔李（地名）的那块良田交易了二钱二分白银，统统由穆斯裒（人名）支付。
	lɯ³³	牛虱	田地	
	ka³³	好		
	tʰə³³	桶	指示代词	
	u³¹	奴仆	块	

续表

字符	国际音标	直译	意译	串讲
	kʰo³³	亲戚	随后、附带	
	tʰo³³	背靠		
	nɯ³¹	心脏	主语助词	
	to³³	板子	交易	
	me⁵⁵	雌性		
	by³¹	孵	不详	
	ŋu³³	银子		舒塔李（地名）的那块良田交易了二钱二分白银，统统由穆斯裊（人名）支付。
	ni³³	二		
	lə⁵⁵	石头	钱	
	ni³³	二		
	xɯ³¹	去	分	
	be³³	战神	做	
	mu³³	天	穆斯裊（人名）	
	sɯ³¹	肝		

续表

字符	国际音标	直译	意译	串讲
	niə³¹	眼睛	穆斯裒（人名）	
	nɯ³¹	心脏	主语助词	舒塔李（地名）的那块良田交易了二钱二分白银，统统由穆斯裒（人名）支付。
	by³¹	孵	全部、统统	
	by³¹	孵		
	me⁵⁵	雌阴	语气助词	

11

字符	国际音标	直译	意译	串讲
	lɯ³³		田地	
	gə⁵⁵	上	主语助词	田东至，东至格暮塔（人名）阿姨的那块良田底下；南至左边那块，南至究尼（人名）的田地底下为止；西至水沟底下为止；北至伟劳（地名）的田地底下为止。
	to³³	板子	东	
	tʂɯ³¹	爪子	至	
	ni³³ me³³	太阳	东方	
	tʰə³³	桶		
	a³³	语气词	阿姨	
	ni³³	春		

续表

字符	国际音标	直译	意译	串讲
	^{n}gɯ^{55}	咬		
	mə^{33}	日暮	格暮塔（人名）	
	tʰɑ^{31}	塔		
	gə^{55}	上面	定语助词	
	lɯ^{33}	田地	块	
	pʰu^{33}	雄性	指示代词	
	lɯ^{33}	田地		田东至，东至格暮塔（人名）阿姨的那块良田底下；南至左边那块，南至究尼（人名）的田地底下为止；西至水沟底下为止；北至伟劳（地名）的田地底下为止。
	kɑ^{33}	好		
	tsɑ^{31}	挖	底下	
	py^{33}	米斗	不详	
	me^{55}	雌阴	语气助词	
	nɑ^{31}	黑	南	
	tʂɯ^{31}	爪子	至	
	uɑ^{33}	左		

续表

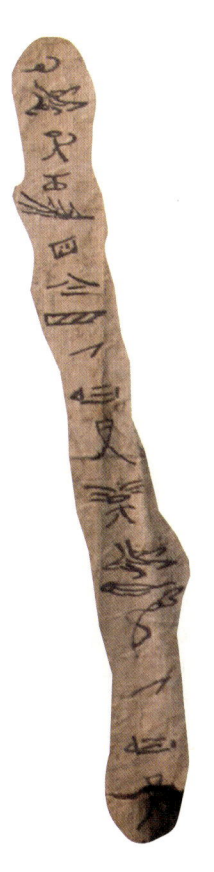

字符	国际音标	直译	意译	串讲
	tṣʰɯ⁵⁵	一块		
	i³¹ tṣʰɯ³³ mi³³	南		
	dzie³¹	秤砣	究尼（人名）	
	ni³³	春		
	lɯ³³	田地		田东至，东至格暮塔（人名）阿姨的那块良田底下；南至左边那块，南至究尼（人名）的田地底下为止；西至水沟底下为止；北至伟劳（地名）的田地底下为止。
	tsɑ³¹	挖	底下	
	py³³	米斗	不详	
	me⁵⁵	雌阴	语气助词	
	ɕi³³	知道	西	
	tʂɯ³¹	爪子	至	
	dʑi³¹		水	
	kʰa³³	弹弓	沟渠	
	tsɑ³¹	挖	底下	
	py³³	米斗	不详	

续表

字符	国际音标	直译	意译	串讲
	me^{55}	雌阴	语气助词	
	pe^{13}	诵读	北	
	tʂɯ^{31}	爪子	至	
	xo^{31} gu^{31}	北	北	
	lo^{31}	水沟		田东至，东至格暮塔（人名）阿姨的那块良田底下；南至左边那块，南至究尼（人名）的田地底下为止；西至水沟底下为止；北至伟劳（地名）的田地底下为止。
	ue^{33}	村	伟劳（地名）	
	lo^{31}	木盆		
	lɯ^{33}	田地		
	tsɑ^{31}	挖	底下	
	py^{33}	米斗	不详	
	me^{55}	雌阴	语气助词	

12

字符	国际音标	直译	意译	串讲
	lɯ^{33}	田地		田地的四至都是沟渠。
	gə^{55}	上	定语助词	

续表

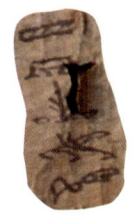

字符	国际音标	直译	意译	串讲
	su^{31}	肝	四至	田地的四至都是沟渠。
	tʂu^{31}	爪子		
	kʰa^{33}	弹弓	沟渠	

13

字符	国际音标	直译	意译	串讲
	a^{33}	语气词	爷爷	
	pʰu^{31}	雄性		
	i^{33}	右	伊奴伽（人名）	爷爷伊奴伽（人名）的书写酬劳一钱黄金已付讫。
	nu^{31}	心脏		
	ⁿga^{33}	胜利		
	la^{31}	手	书写	
	xɯ^{55}	雉		
	xɯ^{55}	雉		
	pʰu^{55}	雄性	酬劳	
	xa^{31}	黄金		

第三章 文献解读　417

续表

字符	国际音标	直译	意译	串讲
	dɯ³¹	一		
	lə⁵⁵	石头	钱	
	iə¹³	烟叶	给	爷爷伊奴伽（人名）的书写酬劳一钱黄金已付讫。
	se³¹	完	情态助词	
	me⁵⁵	雌阴	语气助词	

14

字符	国际音标	直译	意译	串讲
	i³¹	右		
	nɯ³¹	心脏	伊奴伽（人名）	
	ⁿgɑ³³	胜利		
	nɑ³¹	黑		伊奴伽（人名）、纳穆诃（人名）的书写酬劳金三钱五厘已付讫。
	mu³³	天	纳穆诃（人名）	
	xɯ³³	牙		
	lɑ³¹	手		
	xɯ⁵⁵	雉	书写	
	xɯ⁵⁵	雉		

续表

字符	国际音标	直译	意译	串讲
	p^hu^{55}	雄性	酬劳	
	xa^{31}	黄金		
	$sɯ^{31}$	三		
	$xɯ^{33}$	牙	分	伊奴伽（人名）、纳穆诃（人名）的书写酬劳金三钱五厘已付讫。
	$uɑ^{33}$	五		
	li^{31}	猎神	厘	
	$iə^{13}$	烟叶	给	
	se^{31}	完	情态助词	
	me^{55}	雌阴	语气助词	

15

字符	国际音标	直译	意译	串讲
	ku^{31}	生姜	古塔（人名）	古塔（人名）的书写酬劳金是两个□玉镯，已付讫。
	$t^hɑ^{31}$	塔		
	$lɑ^{31}$	手	书写	
	$xɯ^{55}$	雉		

续表

字符	国际音标	直译	意译	串讲
	pʰu⁵⁵	雄性	酬劳	
	lo¹³		玉	
	kue³³	刨子	手镯	
	sɯ³¹	柴草	不详	
	ni³³		二	古塔（人名）的书写酬劳金是两个□玉镯，已付讫。
	lu⁵⁵	石头	件	
	iə¹³	烟叶	给	
	se³¹	完	情态助词	
	me⁵⁵	雌阴	语气助词	

16

字符	国际音标	直译	意译	串讲
	lɯ³³	田地		
	iə¹³	烟叶	李烟资（人名）	李烟资（人名）、瓦尼拉吉塔烟资（人名）的酬劳是七分黄金，已付讫。
	tsɯ³³	绑		
	uɑ³³	左	瓦尼拉吉塔烟资（人名）	

续表

字符	国际音标	直译	意译	串讲
	ni^{33}	春		
	la^{31}	手		
	$^ndzi^{31}$	酒曲		
	t^ha^{31}	塔	瓦尼拉吉塔烟资（人名）	
	$iə^{33}$	烟叶		
	$tsɯ^{33}$	绑		
	p^hu^{55}	雄性	酬劳	李烟资（人名）、瓦尼拉吉塔烟资（人名）的酬劳是七分黄金，已付讫。
	xa^{31}		黄金	
	$sə^{33}$		七	
	$xɯ^{33}$	牙	分	
	$iə^{13}$	烟叶	给	
	se^{31}	完	情态助词	
	me^{55}	雌阴	语气助词	
	$k^ho^{33}\ lo^{31}$	一种宝物	不详	

第三章 文献解读 ◆ 421

17

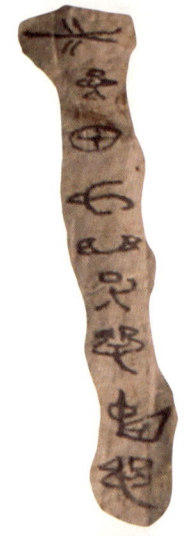

字符	国际音标	直译	意译	串讲
	ma^{33}	尾巴	从今往后	
	du^{31}	大		
	ni^{33}	日		
	a^{31}	语气词	爷爷	从今往后，伊奴伽（人名）爷爷和纳穆诃（人名）、古塔（人名）、穆斯裊（人名）三个人决不可以争执。
	p^hu^{31}	雄性		
	i^{31}	右	伊奴伽（人名）	
	nu^{31}	心脏		
	$^{n}ga^{33}$	胜利		
	nu^{31}	心脏	主语助词	
	na^{31}	黑	纳穆诃（人名）	
	mu^{33}	天		
	$xɯ^{33}$	牙		
	ku^{31}	生姜	古塔（人名）	
	t^ha^{31}	塔		

续表

字符	国际音标	直译	意译	串讲
	mu^{33}	天	穆斯袅（人名）	
	sɯ^{31}	肝		
	niə^{31}	眼睛		
	sɯ^{31}	三		
	ku^{13}	大蒜	个	
	be^{33}	战神	做	
	le^{55}	獐子		从今往后，伊奴伽（人名）爷爷和纳穆诃（人名）、古塔（人名）、穆斯袅（人名）三个人决不可以争执。
	ʂə^{13}	说	争论不休	
	le^{55}	獐子		
	tʂɯ^{33}	爪		
	zu^{33}	夏天		
	mə^{33}	否定词	绝不、永不	
	be^{33}	战神		
	se^{31}	是	情态助词	
	me^{55}	雌阴	语气助词	

18

字符	国际音标	直译	意译	串讲
[2]	pə³³	书写		
[3]	çi³³	人		
[4]	gə⁵⁵	上	定语助词	
	ma³³	尾巴	不详	
	to³³	板子	不详	
	mi⁵⁵	下	不详	
	mu³³	天		
	nɑ³¹	黑	墨	书写人的笔墨费是一件五□玉石，已付讫。
	pʰu⁵⁵	雄	费用	
	lo¹³	玉		
	dɯ³¹	一		
	lə⁵⁵	石头	副	
	uɑ³³	五		
	çi³³	知道	不详	
	iə¹³	烟叶	给	

续表

字符	国际音标	直译	意译	串讲
	se³¹	完	情态助词	书写人的笔墨费是一件五□玉石，已付讫。
	me⁵⁵	雌阴	语气助词	

19

字符	国际音标	直译	意译	串讲
	lu⁵⁵		龙	
	kʰu¹³		年	
	tʂʰua⁵⁵		六	
	me³³	雌阴	月	
	la³¹		虎	
	du³¹	大	一	龙年六月属虎的一天举行了宴会。
	ni³³	日	天	
	tsʰo³³	大象	宴会	
	mu³¹	士兵		
	be³³	战神	做	
	me⁵⁵	雌阴	语气助词	

20

字符	国际音标	直译	意译	串讲
	bu^{31}	猪		
	^{n}dɚ^{31}	毒鬼	肥	
	ni^{33}ɕi^{33}	二百		
	tɕi^{33}	羊毛剪	斤	
	k^{h}u^{13}	杀猪		
	a^{33}	鸡		
	tɕi^{33}	羊毛剪	白酒	（交易后宴会）杀了头二百斤的肥猪，花费一坛白酒、一罐水酒。
	dɯ^{31}	一		
	kɑ^{33}	好	坛	
	tse^{31}	仄鬼	花费	
	ʐɯ^{55}	酒	水酒	
	dʑi^{31} [5]	水		
	dɯ^{31}	一		
	zo^{33}	缸		
	se^{31}	完	情态助词	

续表

字符	国际音标	直译	意译	串讲
又	me⁵⁵	雌阴	语气助词	（交易后宴会）杀了头二百斤的肥猪，花费一坛白酒、一罐水酒。

【背面】

01

字符	国际音标	直译	意译	串讲
四	dzie³¹	秤砣	究塔（人名）	究塔（人名）的东西。
夲	tʰɑ³¹	塔		
宁	lɯ³³	猎神	东西	
豕	bu³¹	猪		

翻译全文

【正面】光绪皇帝六年这一年属龙,六月初六这天是属虎的一天。爷爷伊奴伽(人名)将舒塔(人名)的田地卖给了穆斯袅(人名)。这是一块良田。就是爸爸宰戈(人名)卖的。因为草料不足、牲口少,(需要)不停地喂(牲口),宰戈(人名)就(把土地)卖掉了。卖田人是祖父伊奴伽(人名)。买田人是穆斯袅(人名)。穆斯袅(人名)的田款已付讫。给了六两黄金。舒塔李(地名)的那块良田交易了二钱二分白银,统统由穆斯袅(人名)支付。田东至格暮塔(人名)阿姨的那块良田底下;南至左边那块,南至究尼(人名)的田地底下为止;西至水沟底下为止;北至伟劳(地名)的田地底下为止。田地的四至都是沟渠。爷爷伊奴伽(人名)的书写酬劳一两黄金已付讫。伊奴伽(人名)、纳穆诃(人名)的书写酬劳金三钱五厘已付讫。古塔(人名)的书写酬劳金是两个□玉镯,已付讫。李烟资(人名)、瓦尼拉吉塔烟资(人名)的酬劳是七分黄金,已付讫。从今往后,伊奴伽(人名)爷爷和纳穆诃(人名)、古塔(人名)、穆斯袅(人名)三个人决不可以争执。书写人的笔墨费是一件五□玉石,已付讫。龙年六月属虎的一天举行了宴会。(交易后宴会)杀了头二百斤的肥猪,花费一坛白酒、一罐水酒。

【背面】究塔(人名)的东西。

---

[1]字符为左,据人名应为右。本节下同。
[2]补残。
[3]补残。
[4]补残。
[5]和学耀疑原文简省,在此处补明。

文书1-14

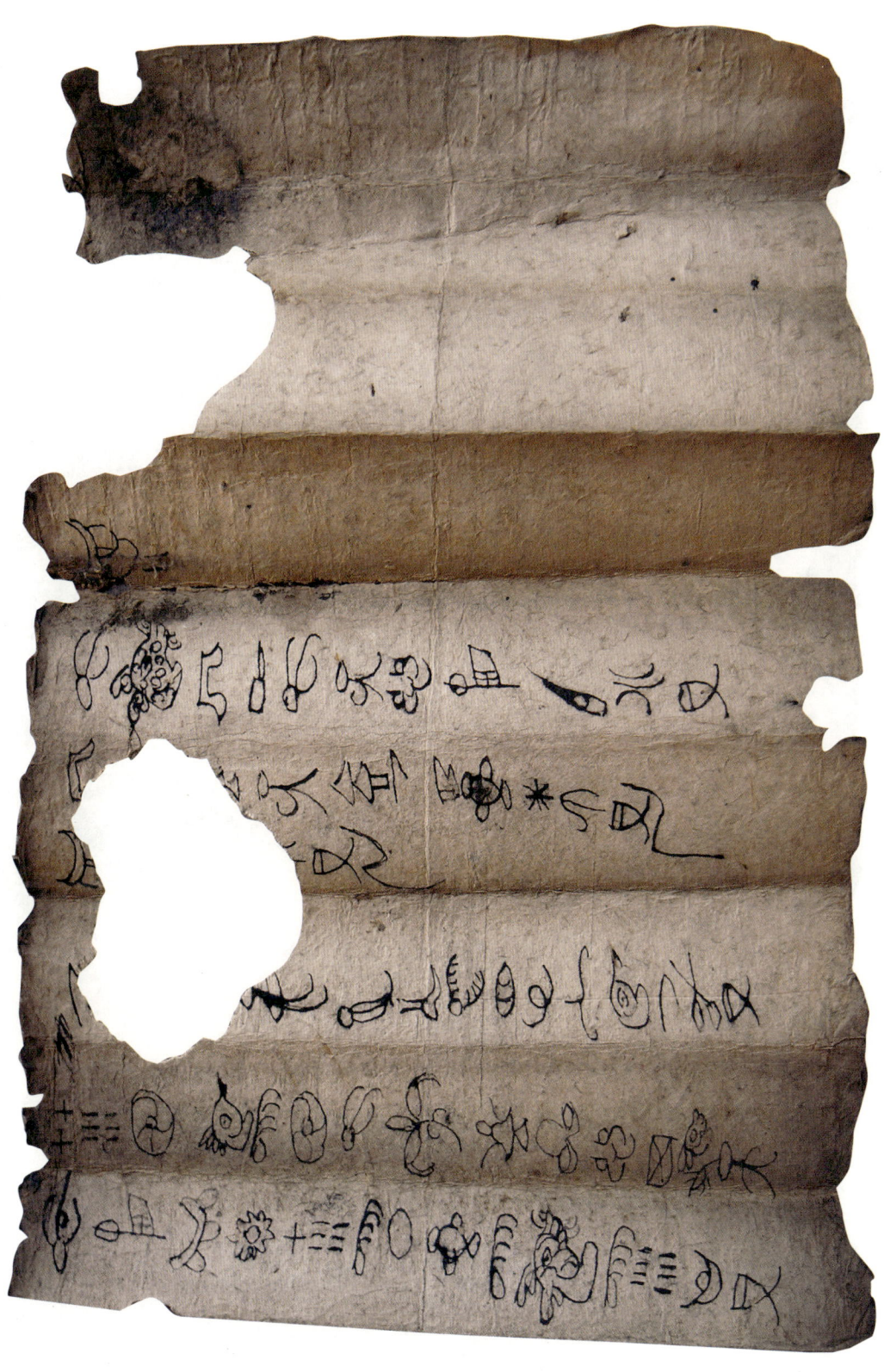

哈巴税契（正面）

哈巴税契（背面）

著录

编号	1-14
文书名	哈巴税契
书写人	佚名
书写时间	光绪十六年（1890）
来源	云南省玉龙纳西族自治县宝山乡吾木村
体例	竖行书写，从左往右换行，双面书写
材质	东巴纸，墨书
采集时间	2011年7月24日
采集地点	云南省玉龙纳西族自治县宝山乡吾木村
摄影	李学信
翻译者	和学耀
整理者	蒋波
备注	残损较严重

翻译

【正面】

01

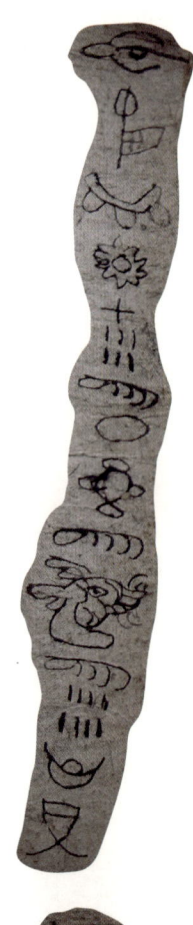

字符	国际音标	直译	意译	串讲
	k^ha^{33}	苦	可汗	
	$^nga^{33}$	胜利		
	kua^{33}	灶台	光绪	
	sy^{31}	羊毛团		
	ts^he^{31}	十		
	$tʂ^hua^{55}$	六		
	k^hu^{13}	镰刀	年	光绪皇帝十六年这一年属虎，八月二十六日这天属鸡。
	gu^{31}	蛋	指示代词	
	$dɯ^{31}$	大	一	
	k^hu^{13}	镰刀	年	
	la^{31}	虎		
	k^hu^{13}	镰刀	属（年）	
	xua^{55}	八		
	xe^{33}	月亮	月份	

续表

字符	国际音标	直译	意译	串讲
	me³³	雌性	月份	
	ni³³ tsʰɯ³¹	二十		
	tʂʰuɑ⁵⁵	六		
	ni³³	太阳	日、天	光绪皇帝十六年这一年属虎，八月二十六日这天属鸡。
	ɑ³¹		鸡	
	kʰu¹³	镰刀	属（年）	
	ni³³	太阳	日、天	

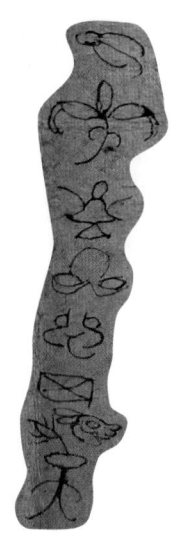

02

字符	国际音标	直译	意译	串讲
	ɑ³¹	语气词	父亲	
	bɑ³³	花		父亲哈巴（人名）（向）收税人（缴税时），（用了）住在……布（地名）的邻居格吉纳穆阿（人名）的秤。
	xɑ³³	饭	哈巴（人名）	
	pɑ³³	蛙		
	nɯ³¹	心脏	主语助词	
	tsʰe³¹	盐巴	税	

第三章 文献解读　433

续表

字符	国际音标	直译	意译	串讲
	le³³	獐子	税	
	çi³³		人	
	pu¹³ [1]	带领	布（地名）	
	dʑi³¹	水	邻居	
	kʰɯ³³	脚		
	ⁿgɯ⁵⁵	咬		父亲哈巴（人名）（向）收税人（缴税时），（用了）住在……布（地名）的邻居格吉纳穆阿（人名）的秤。
	ⁿdʑi³¹	酒曲	格吉纳穆阿（人名）	
	nɑ³¹	黑		
	mu³³	天		
	ɑ¹³	鸭子		
	不详	不详	不详	
	tɕi³³	羊毛剪	秤	
	me⁵⁵	雌性	语气助词	

434　　宝山纳西东巴文应用文献调查、整理与研究

03

字符	国际音标	直译	意译	串讲
	ŋu³³		银	
[2]	me⁵⁵	雌性	语气助词	银……
	不详	不详	不详	

04

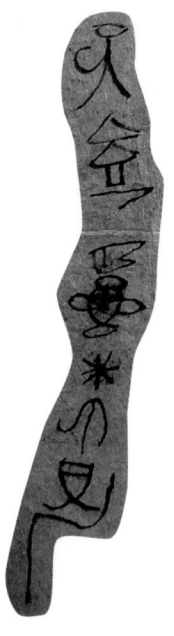

字符	国际音标	直译	意译	串讲
[3]	i³¹	右	伊塔（人名）	
	tʰa³¹	塔		
	不详	不详	不详	
	tʂʰuɑ⁵⁵	鹿角	大米	
	dɯ³¹	大	一	……伊塔（人名）□大米一斗□。
	tə³¹	千	斗	
	ɣo³¹	泼	是	
	me⁵⁵	雌性	语气助词	
	不详	不详	不详	

第三章　文献解读　435

05

字符	国际音标	直译	意译	串讲
	a^{33}	语气词	阿热（人名）	
	$z\underset{\cdot}{\textrm{ə}}^{33}$	豹		
	$gə^{55}$	上	定语助词	
	$tʂu^{31}$	锥子	部分	
	a^{33}	语气词		阿热（人名）的上半部分的（田）卖给了阿伊奴伽（人名）。银钱二（两）。
	i^{31}	右	阿伊奴伽（人名）	
	$nɯ^{31}$	心脏		
	$^{n}gɑ^{33}$	胜利		
	$tɕ^{h}i^{33}$	刺	卖	
	se^{31}	完	情态助词	
	me^{55}	雌性	语气助词	
	$ŋu^{33}$	银子		
	ni^{33}	二		

【背面】

字符	国际音标	直译	意译	串讲
[4]	gə⁵⁵	上	定语助词	
	tʰe⁵⁵ ɣɯ⁵⁵	旗帜、吉祥	文书	是……的文书。
	ɣo³¹	泼	是	
	me⁵⁵	雌性	语气助词	

翻译全文

【正面】光绪（皇帝）十六年这一年属虎，八月二十六日这天属鸡。父亲哈巴（人名）（向）收税人（缴税时），（用了）住在……布（地名）的邻居格吉纳穆阿（人名）的秤。银……伊塔（人名）□大米一斗□。阿热（人名）的上半部分的（田）卖给了阿伊奴伽（人名）。银钱二（两）。

【背面】是……的文书。

---

［1］前面残缺数字，不明。
［2］之前残缺数字，不明。
［3］之前残缺数字，不明。
［4］之前残缺数字，不明。

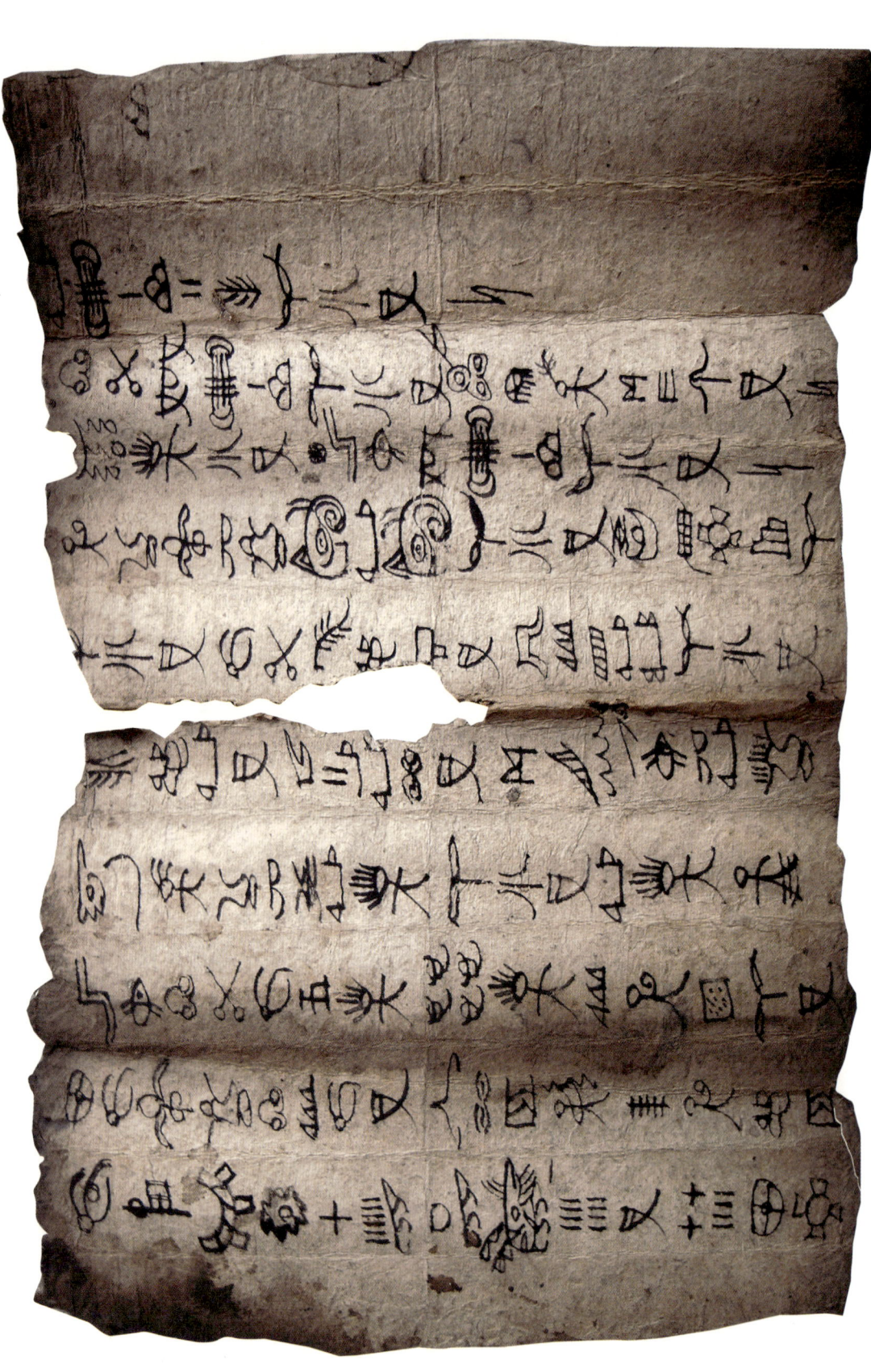

哈巴密卖田契（背面）

著录

编号	1-15
文书名	哈巴密卖田契
书写人	伟萨
书写时间	光绪十六年（1890）
来源	云南省玉龙纳西族自治县宝山乡吾木村
体例	竖行书写，从左向右换行，双面书写
材质	东巴纸，墨书
采集时间	2011年7月24日
采集地点	云南省玉龙纳西族自治县宝山乡吾木村
摄影	李学信
翻译者	和学湛，和茂春，和学耀
整理者	蒋波
备注	

翻译

【正面】

01

字符	国际音标	直译	意译	串讲
👁	k^ha^{33}	苦	可汗	
	$^nga^{33}$	胜利		
	kua^{33}	锅灶	光绪	
	sy^{31}	羊毛团		
十	ts^he^{31}	十		
‖‖‖	$tṣ^hua^{55}$	六		
	k^hu^{13}	镰刀	年	光绪皇帝十六年，这年属虎，八月二十四日这天。
	gu^{31}	蛋	指示代词	
	k^hu^{13}	镰刀	年	
	la^{31}	虎、镰刀	属虎	
‖‖‖	xua^{55}	八		
	me^{33}	雌性	月份	
++	$ni^{33}tsɯ^{31}$	二十		
‖‖	lu^{33}	四		

续表

字符	国际音标	直译	意译	串讲
	ni³³	太阳	日、天	
	dɯ³¹	大	—	光绪皇帝十六年，这年属虎，八月二十四日这天。
	ni³³	太阳	日、天	

02

字符	国际音标	直译	意译	串讲
	ɑ³¹	语气词	父亲	
	bɑ³³	花		
	xɑ³³	饭		父亲哈巴密（人名）、母亲穆裊诃（人名）、兄弟伊奴诃（人名）、日李（人名）、巴继（人名）和老五（人名）几个人见面说清楚。
	pɑ³³	青蛙	哈巴密（人名）	
	mi⁵⁵	火		
	a³³	语气词	母亲	
	me³³	雌性		
	mu³³	天		
	niə³¹	眼睛	穆裊诃（人名）	
	xɯ³³	牙齿		

续表

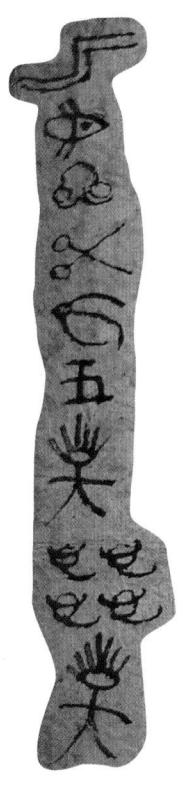

字符	国际音标	直译	意译	串讲
	bi^{31}	搓	兄弟	
	ze^{33}	草		
[1]	i^{31}	右	伊奴诃（人名）	
	$nɯ^{31}$	心脏		
	$xɯ^{33}$	牙齿		
	$zɿ^{55}$	道路	日李（人名）	父亲哈巴密（人名）、母亲穆裒诃（人名）、兄弟伊奴诃（人名）、日李（人名）、巴继（人名）和老五（人名）几个人见面说清楚。
	$lɯ^{33}$	猎神		
	$pɑ^{33}$	蛙	巴继（人名）	
	$tɕi^{33}$	羊毛剪		
	a^{33}	语气词	老五	
	u^{31}	汉字"五"		
	be^{33}	战神		
	do^{31}	看见	当面说清	
	do^{31}	看见		
	be^{33}	战神		

第三章 文献解读　443

03

字符	国际音标	直译	意译	串讲
	mi^{55}	火	女儿	
	i^{31}	右	伊究（人名）	给了女儿伊究（人名）。
	dziə^{31}	秤砣		
	iə^{13}	烟草	给	
	me^{55}	雌性	语气助词	

04

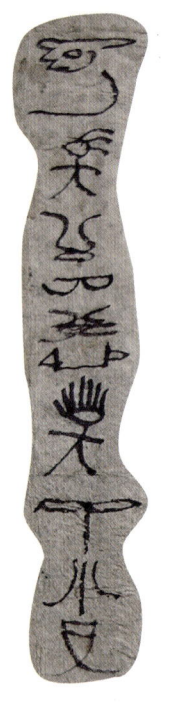

字符	国际音标	直译	意译	串讲
	a^{31}	鸡	隘劳（地名）	
	lo^{31}	钩子		
	^{m}bə^{55}	普米族	博皂（人名）	是博皂（人名）在隘劳（地名）买的，并给了。
	zo^{33}	缸		
	gə^{55}	好	主语助词	
	xa^{31}	黄金	买	
	tʰə^{33}	桶	连词	
	be^{33}	战神		

续表

字符	国际音标	直译	意译	串讲
	iə¹³	烟草	给	
	mu³¹	蘑菇	情态助词	是博皂（人名）在隰劳（地名）买的，并给了。
	me⁵⁵	雌性	语气助词	

05

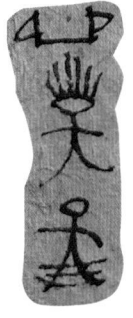

字符	国际音标	直译	意译	串讲
	tʰə³³	桶	指示代词	
	be³³	战神	不详	
	kʰo³³	船	不详	
	tʰo³³		背后	
	nɯ³¹	心脏	主语助词	在这□□之后出了钱，该给两升大米，伟多（地名）路边的那块良田已经给过了。
	tʰə³³	桶	出	
	me⁵⁵	雌性	语气助词	
	tʂʰuɑ⁵⁵	鹿角	大米	
	ni³³		二	
	py³³	米斗	升	

续表

字符	国际音标	直译	意译	串讲
	tʰə³³	桶	应该	
	tʂə³¹	骨节		
	me⁵⁵	雌性	语气助词	
	ue³³	村子	伟多（地名）	
	ⁿdo³³	愚笨		
	zɯ⁵⁵	绳子	路边	
	tɕə³¹	钩子		在这□□之后出了钱，该给两升大米，伟多（地名）路边的那块良田已经给过了。
	lɯ³³	牛虱	田地	
	kɑ³³	好		
	tʰə³³	桶	指示代词	
	u³¹	奴仆	块	
	iə¹³	烟草	给	
	mu³¹	蘑菇	情态助词	
	me⁵⁵	雌性	语气助词	

06

字符	国际音标	直译	意译	串讲
	a³³	语气词		
	tɕi³³	羊毛剪	阿继部（人名）	
	pu⁵⁵	艾草		拿给阿继部（人名）。
	nɯ³¹	心脏	主语助词	
	ku³³ [2]	顶	拿给	
	me³³	雌性		

07

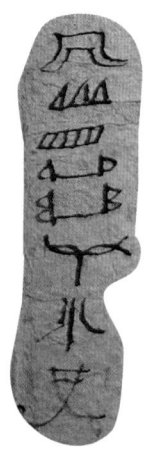

字符	国际音标	直译	意译	串讲
	gə⁵⁵		上	
	mi³¹	火	下	
	lɯ³³		田地	
	tʰə³³	桶	指示代词	上、下那丘田都给过了。
	pʰu³³	雄性	丘	
	iə¹³	烟草	给	
	mu³¹	蘑菇	情态助词	

第三章 文献解读　　447

续表

字符	国际音标	直译	意译	串讲
	me^{55}	雌性	语气助词	上、下那丘田都给过了。

08

字符	国际音标	直译	意译	串讲
	i^{31}	左	伊皂（人名）	伊皂（人名）父亲已出过化赊款了。
	zo^{33}	缸		
	bɑ^{33}	花	爸爸	
	gə^{13}	好	主语助词	
	xɑ^{33}	饭		
	tsʰo^{33}	大象	化赊	
	tʰə^{33}	桶		
	tsʰo^{33}	大象		
	iə^{13}	烟草	给	
	mu^{31}	蘑菇	情态助词	
	me^{55}	雌性	语气助词	

09

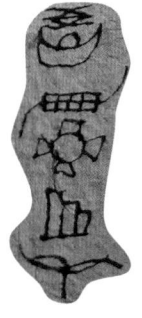

字符	国际音标	直译	意译	串讲
	xa³¹	黄金		
	xe³³	月亮	耳环	
	kʰu⁵⁵	口弦		
	dɯ³¹	大	一	
	zɯ³³	村寨	对	已经决定要给一对金耳环。
	iə¹³	烟草	给	
	zɯ³³	夏天	决定	
	be³³	战神		
	mu³¹	蘑菇	情态助词	
	me⁵⁵	雌性	语气助词	

10

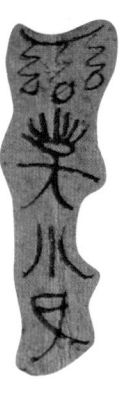

字符	国际音标	直译	意译	串讲
	ʐɯ⁵⁵	道路	日李（人名）	
	lɯ³³	猎神		已经给过了日李（人名）一件围腰。
	ka³¹	前	围腰	
	pʰe¹³	麻布		

第三章 文献解读　　449

续表

字符	国际音标	直译	意译	串讲
丨	du³¹	一		
◌	lə⁵⁵	石头	件	
◌	iə¹³	烟草	给予	已经给过了日李（人名）一件围腰。
◌	mu³¹	完	情态助词	
◌	me⁵⁵	雌性	语气助词	

11

字符	国际音标	直译	意译	串讲
◌	pɑ³³	青蛙	巴继（人名）	
◌	tɕi³³	羊毛剪		
◌	kɑ³¹	前	围腰	
◌	pʰe¹³	麻布		已经给过了巴继（人名）一件围腰。
丨	du³¹	一		
◌	lə⁵⁵	石头	件	
◌	iə¹³	烟草	给	
◌	mu³¹	蘑菇	情态助词	

续表

字符	国际音标	直译	意译	串讲
	me⁵⁵	雌性	语气助词	已经给过了巴继（人名）一件围腰。

12

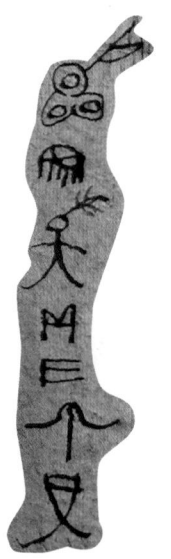

字符	国际音标	直译	意译	串讲
	tʰe⁵⁵ ɣɯ⁵⁵	旗帜、吉祥	文书	
	pə⁵⁵	篾子	书写	
	ɕi³³	人		
	ue³³	村子	伟萨（人名）	
	sɑ¹³	气		
	mu³¹	蘑菇	是	文书书写人是伟萨，已经给了（他）一件两小块麻布。
	me⁵⁵	雌性	语气助词	
	tʰə³³	桶	指示代词	
	pʰe¹³	麻布		
	du³¹	一		
	lə⁵⁵	石头	件	
	ni³³	二		

续表

字符	国际音标	直译	意译	串讲
	sɯ³¹	柴草	柴草	
	iə¹³	烟草	给	文书书写人是伟萨，已经给了（他）一件两小块麻布。
	mu³¹	蘑菇	情态助词	
	情态助词	雌性	语气助词	

【背面】

01

字符	国际音标	直译	意译	串讲
	i³¹	右	伊究（人名）	是给伊究（人名）的东西。
	dziə³¹	秤砣		
	iə¹³	烟草	给	
	me⁵⁵	雌性	语气助词	
	lɯ³³	田地	东西	
	bu³¹	猪		
	mu³¹	蘑菇	是	
	me⁵⁵	雌性	语气助词	

翻译全文

【正面】光绪皇帝十六年，这年属虎。八月二十四日这天。父亲哈巴密（人名）、母亲穆褭诃（人名）、兄弟伊奴诃（人名）、日李（人名）、巴继（人名）和老五（人名）几个人见面说清楚。给了女儿伊究（人名）。是博皂（人名）在隘劳（地名）买的，并给了。在这□□之后出了钱，该给两升大米，伟多（地名）路边的那块良田已经给过了。拿给阿继部（人名）。上、下那丘田都给过了。伊皂（人名）父亲已出过化赊款了。已经决定要给一对金耳环。已经给过了日李（人名）一件围腰。已经给过了巴继（人名）一件围腰。书写人是伟萨（人名），已经给了（他）一件两小块麻布。

【背面】是给伊究（人名）的东西。

---

[1] 疑误写成"左"，应该为"右"。本节下同。
[2] 和学耀在文书1-18（第495页）中认为该字读音为［tə13］。

文书1-16

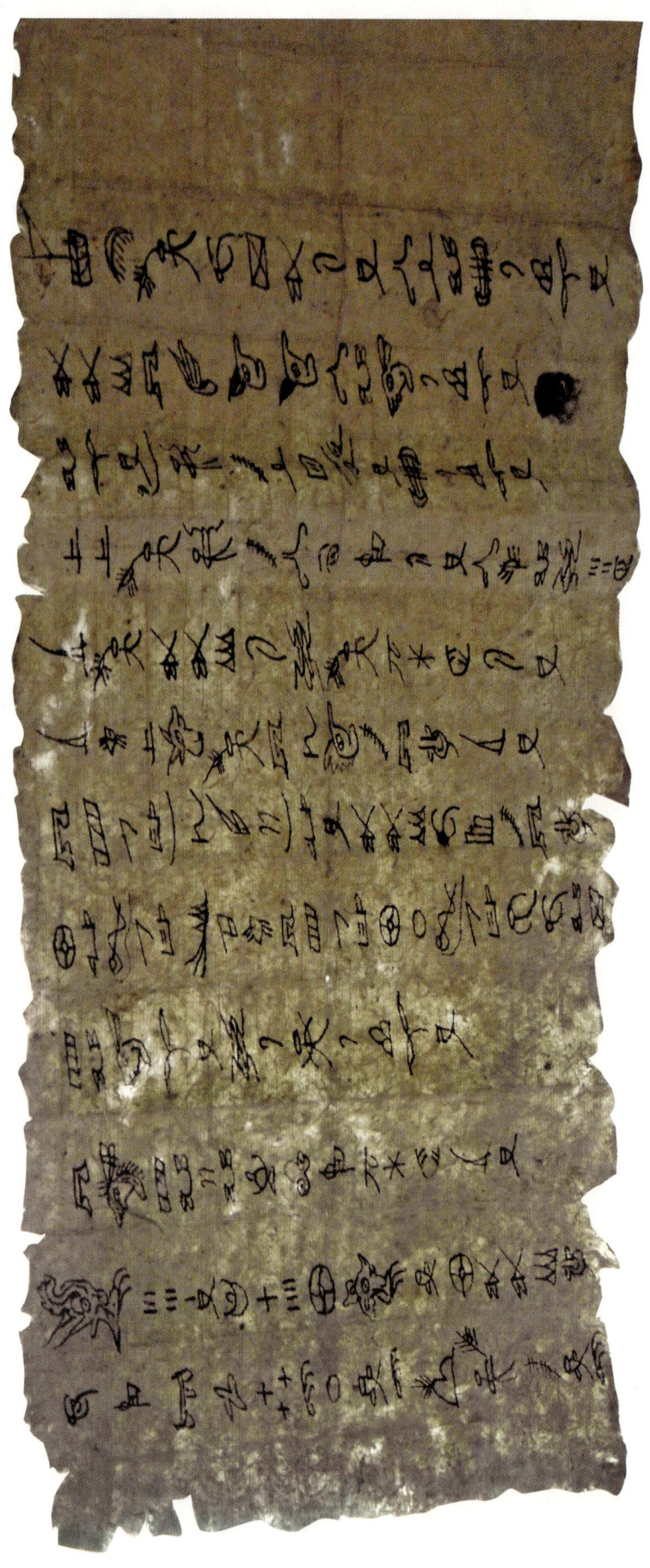

继继密卖田契

① ②

第三章 文献解读

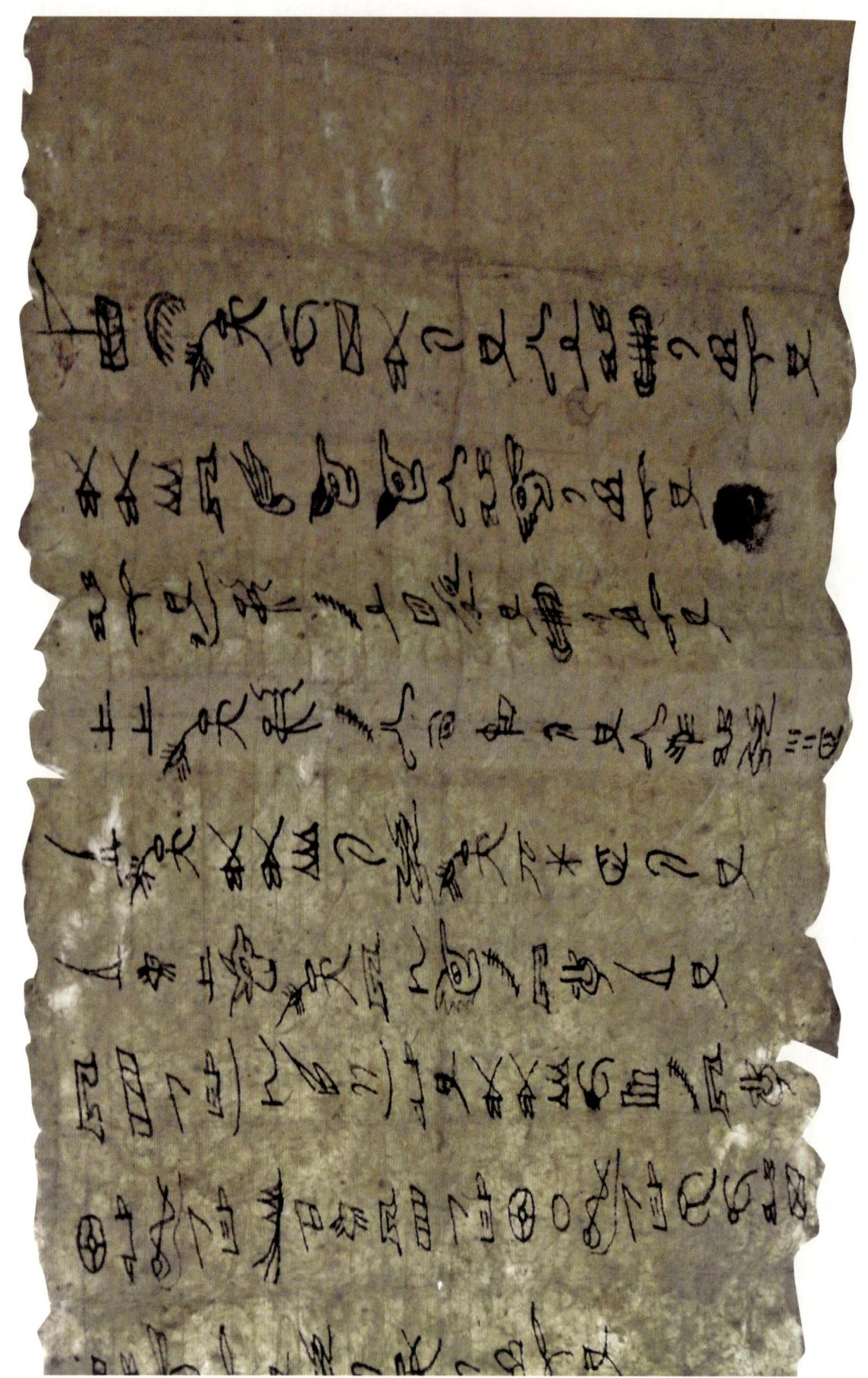

著录

编号	1-16
文书名	继继密卖田契
书写人	阿蔡继
书写时间	光绪三十年（1904）
来源	云南省玉龙纳西族自治县宝山乡苏明村（现藏丽江市博物馆）
体例	竖行书写，从左向右换行，单面书写
材质	东巴纸，墨书
采集时间	2011年7月24日
采集地点	云南省玉龙纳西族自治县宝山乡吾木村
摄影	李学信
翻译者	和茂春
整理者	蒋波
备注	

翻译

01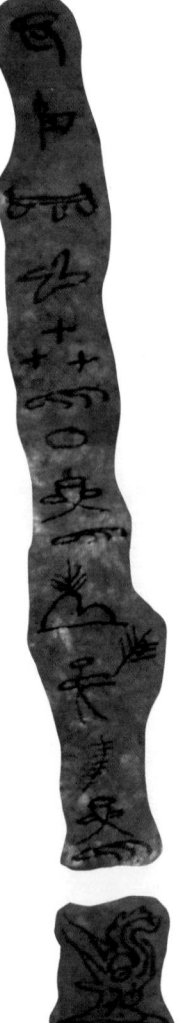

字符	国际音标	直译	意译	串讲
	kʰa³³	苦	可汗	
	ⁿga³³	胜利		
	kua³¹	灶台	光绪	
	sy³¹	羊毛团		
	sɯ³¹ tsʰɯ³¹	三十		
	kʰu¹³	镰刀	年	
	gu³¹	蛋	指示代词	光绪皇帝三十年，这一年五行属木，甲辰年（龙年）。
	dɯ³¹	大	一	
	kʰu¹³	镰刀	年	
	ᵐbu³¹ tʰo³³		五行	
[1]	zɯ¹³	拿、掌握	甲辰年	
	zɯ³³	草	木	
	dɯ³¹	大	一	
	kʰu¹³	镰刀	年	

续表

字符	国际音标	直译	意译	串讲
	lu⁵⁵ kʰu¹³	龙、镰刀	属龙	光绪皇帝三十年，这一年五行属木，甲辰年（龙年）。

02

字符	国际音标	直译	意译	串讲
	ʂɑ³³		七	七月十四日，属虎的这一天。
	me³³	雌性	月份	
	xe³³	月亮		
	tsʰe³¹		十	
	lu³³		四	
	ni³³	太阳	日、天	
	lɑ³¹ kʰu¹³	虎、镰刀	属虎	
	dɯ³¹	大	一	
	ni³³	太阳	日、天	

第三章 文献解读　459

03

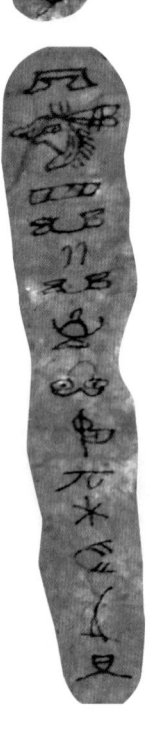

字符	国际音标	直译	意译	串讲
	tɕi³³	羊毛剪		
	tɕi³³	羊毛剪	继继密（人名）	
	mi⁵⁵	火		
	nɯ³¹	心脏	主语助词	
	gə³¹	上	果乐（地名）	
	lo³¹	黑麂子		
	lɯ³³	田地		继继密（人名）在果乐（地名）的两丘田卖给了哈巴伽嘉德诃（人名）。
	pʰu³³ [2]	锅	丘	
	ni³³	二		
	pʰu³³	雄性	丘	
	xɑ³³	饭		
	pɑ³³	蛙	哈巴伽嘉德诃（人名）	
	ⁿgɑ³³	胜利		
	kɑ³³	好		

续表

字符	国际音标	直译	意译	串讲
	tə³¹	千		
	xɯ³³	牙齿	哈巴伽嘉德诃（人名）	继继密（人名）在果乐（地名）的两丘田卖给了哈巴伽嘉德诃（人名）。
	tɕʰi³³	刺	卖	
	me⁵⁵	雌性	语气助词	

04

字符	国际音标	直译	意译	串讲
	lɯ³³		田地	
	pʰu³³	锅	钱款	
	le⁵⁵	獐子	助词	
	iə¹³	烟草	给予	
	me⁵⁵	雌性	语气助词	田款已付，给了一两一钱的黄金。
	xa³¹		黄金	
	dɯ³¹		一	
	lu⁵⁵	庹	两	
	dɯ³¹		一	

第三章 文献解读 461

续表

字符	国际音标	直译	意译	串讲
	lə⁵⁵	石头	钱	
	iə¹³	烟草	给	田款已付，给了一两一钱的黄金。
	me⁵⁵	雌性	语气助词	

05

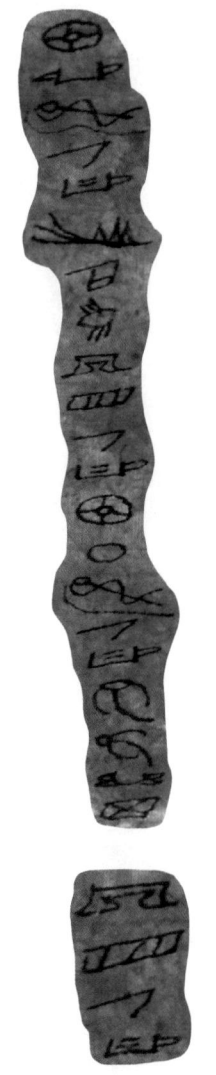

字符	国际音标	直译	意译	串讲
	ni³³ me³³	太阳	东方	
	tʰə³³	桶		
	kʰa³³	弹弓	水沟	
	tɕi³³ [3]	钩子	到	
	tɯ³³ [4]	鸡胗	止	（田）东到水沟为止；南到苏里（人名）的田地为止；西到水沟为止；北到蔡（人名）爷爷的田地为止。
	i³¹ tʂʰɯ³³ mi³³		南方	
	ʂu³³	斧子	苏里（人名）	
	lɯ³³	牛虱		
	gə⁵⁵	上	定语助词	
	lɯ³³		田地	

字符	国际音标	直译	意译	串讲
	$tɕi^{33}$	钩子	到	（田）东到水沟为止；南到苏里（人名）的田地为止；西到水沟为止；北到蔡（人名）爷爷的田地为止。
	$tɯ^{33}$	鸡胗	止	
	ni^{33} me^{33}	太阳	西	
	gu^{31}	蛋		
	$k^{h}a^{33}$	水沟		
	$tɕi^{33}$	钩子	到	
	$tɯ^{33}$	鸡胗	止	
	xo^{31} gu^{31} lo^{31}	北方		
	a^{33}	语气词	爷爷	
	$p^{h}u^{31}$	锅		
	$ts^{h}e^{33}$	盐巴	蔡（人名）	
	$gə^{55}$	上	定语助词	
	$lɯ^{33}$	田地		

续表

字符	国际音标	直译	意译	串讲
	tɕi³³	钩子	到	（田）东到水沟为止；南到苏里（人名）的田地为止；西到水沟为止；北到蔡（人名）爷爷的田地为止。
	tɯ³³	鸡胗	止	

06

字符	国际音标	直译	意译	串讲
	tʂu³¹	绳子	债务	
	tʂʰuɑ⁵⁵	鹿角	大米	
	ni³³		二	
	py³³		升	
	tʰə³³		桶	因为继继密（人名）的奶奶欠别人两升大米的债务，（所以）卖了（田）。
	me⁵⁵	雌性	语气助词	
	tɕi³³	羊毛剪		
	tɕi³³	羊毛剪	继继密（人名）	
	mi⁵⁵	火		
	a³³	语气词	奶奶	

续表

字符	国际音标	直译	意译	串讲
	zi^{33}	村寨	奶奶	
	$zɯ^{33}$	草		
	$gə^{55}$	上	因为	因为继继密（人名）的奶奶欠别人两升大米的债务，（所以）卖了（田）。
	$nɯ^{31}$	心脏		
	$tɕʰi^{33}$	刺	卖	

07

字符	国际音标	直译	意译	串讲
	$lɯ^{33}$	牛虱	田地	
[5]	$pʰu^{55}$	锅	费用	
	y^{33}	绵羊	便宜	
	$ɕi^{33}$		人	因为欠债，（所以）田地便宜卖了。
	$gə^{55}$	上	定语助词	
	$tʂu^{31}$	绳子	债务	
	a^{31}	鸡	欠	
	$zɯ^{33}$	草	因为	

第三章 文献解读 465

续表

字符	国际音标	直译	意译	串讲
	gɚ^{55}	上		
	nɯ^{31}	心脏	因为	因为欠债，（所以）田地便宜卖了。
	tɕʰi^{33}	刺	卖	
	me^{55}	雌性	语气助词	

08

字符	国际音标	直译	意译	串讲
	tɕʰi^{33}	刺	卖	
	ɕi^{33}	人		
	tɕi^{33}	羊毛剪		
	tɕi^{33}	羊毛剪	继继密（人名）	卖主是继继密（人名），买主是嘉德诃（人名）。介绍人是穆婆伽（人名）兄弟。
	mi^{55}	火		
[6]	mu^{31}	蘑菇	是	
	xa^{31}	黄金	买	
	ɕi^{33}	人		
	kɑ^{33}	好	嘉德诃（人名）	

续表

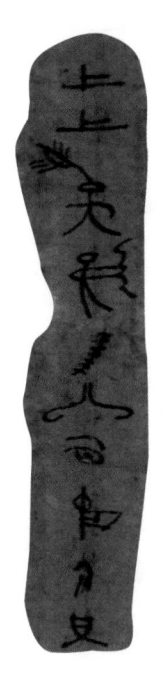

字符	国际音标	直译	意译	串讲
	tə³¹	千	嘉德诃（人名）	
	xɯ³³	牙齿		
	mu³¹	蘑菇	是	
	me⁵⁵	雌性	语气助词	
	ʂə¹³	说	介绍	
	ʂə¹³	说		
	çi³³		人	卖主是继继密（人名），买主是嘉德诃（人名）。介绍人是穆婆伽（人名）兄弟。
	bi³¹	搓	兄弟	
	ze³³	草		
	mu³³	天	穆婆伽（人名）	
	pʰo³³	眼睛		
	ⁿgɑ³³	胜利		
	mu³¹	蘑菇	是	
	me⁵⁵	雌性	语气助词	

09

字符	国际音标	直译	意译	串讲
	mu³³	天	见证	
	ze³³	麦子		
	pʰu³³	雄	费	
	xa³¹	黄金		
	uɑ³³	五		
	xɯ³¹	牙齿	分	
	pʰu³³	锅	费	见证费五分黄金已付讫。纳究（人名）兄弟的见证费用是一件麻布，已付讫。
	iə¹³	烟草	给予	
	me⁵⁵	雌性	语气助词	
	bi³¹	搓	兄弟	
	ze³³	草		
	nɑ³¹	黑	纳究（人名）	
	dziə³¹	秤砣		
	do³¹	看见		

续表

字符	国际音标	直译	意译	串讲
	me⁵⁵	雌性	语气助词	
	pʰe¹³		麻布	
	dɯ³¹	一		见证费五分黄金已付讫。纳究（人名）兄弟的见证费用是一件麻布，已付讫。
	lə⁵⁵	石头	件	
	iə¹³	烟草	给	
	me⁵⁵	雌性	语气助词	

10

字符	国际音标	直译	意译	串讲
	tɕi³³	羊毛剪		
	tɕi³³	羊毛剪	继继密（人名）	
	mi⁵⁵	火		
	gə⁵⁵	上	定语助词	继继密（人名）画押的墨款是一饼茶叶，已付讫。
	lɑ³¹	手		
	xuɑ³³	白鹭	画押	
	xuɑ³³	白鹭		

第三章 文献解读　469

字符	国际音标	直译	意译	串讲
	mu³³	天	墨	
	pʰu³³	锅	费	
	le³¹	獐子	茶叶	
	dɯ³¹	—		继继密（人名）画押的墨款是一饼茶叶，已付讫。
	lə⁵⁵	石头	饼	
	iə¹³	烟草	给	
	me⁵⁵	雌性	语气助词	

11

字符	国际音标	直译	意译	串讲
	tʰe⁵⁵ ɣɯ⁵⁵		文书	
	pə⁵⁵	篦子	书写	
	ɕi³³		人	文书书写人是阿蔡继（人名）。
	a⁵⁵	语气词		
	tsʰe³¹	盐巴	阿蔡继（人名）	
	tɕi³³	羊毛剪		

续表

字符	国际音标	直译	意译	串讲
	mu³¹	蘑菇	是	文书书写人是阿蔡继（人名）。
	me⁵⁵	雌性	语气助词	

12

字符	国际音标	直译	意译	串讲
	mu³³	天	墨	
	nɑ³¹	黑		
	bv³³	锅	费用	
	pʰe¹³		麻布	笔墨费是一件麻布，已付讫。
	dɯ³¹	一		
	lə⁵⁵	石头	件	
	iə¹³	烟草	给予	
	me⁵⁵	雌性	语气助词	

第三章 文献解读　　471

翻译全文

光绪皇帝三十年，这一年五行属木，甲辰年（龙年）。七月十四日，属虎的这一天。继继密（人名）在果乐（地名）的两丘田卖给了哈巴伽嘉德诃（人名）。田款已付，给了一两一钱的黄金。（田）东到水沟为止；南到苏里（人名）的田地为止；西到水沟为止；北到蔡（人名）爷爷的田地为止。因为继继密（人名）的奶奶欠别人两升大米的债务，（所以）卖了（田）。因为欠债，（所以）田地便宜卖了。卖主是继继密（人名），买主是嘉德诃（人名）。介绍人是穆婆伽（人名）兄弟。见证费五分黄金已付讫。纳究（人名）兄弟的见证费用是一件麻布，已付讫。继继密（人名）画押的墨款是一饼茶叶，已付讫。文书书写人是阿蔡继（人名）。笔墨费是一件麻布，已付讫。

---

[1] 和学耀认为此字应假借为"属于"。
[2] 和学耀、和继先等人认为此字的直译为"雄性"。下同。
[3] 和继先在文书1-6（第272页）中认为该字念[tɕə³¹]。
[4] 和继先在文书1-6（第272页）中认为此字的直译为"浸泡"。下同。
[5] 和继先、和学耀认为此字为哥巴文"上"[ʂə¹³]。
[6] 此字和学耀、和继先认为直译为"泼、倾倒"[ɣo³¹]。

文书1-17

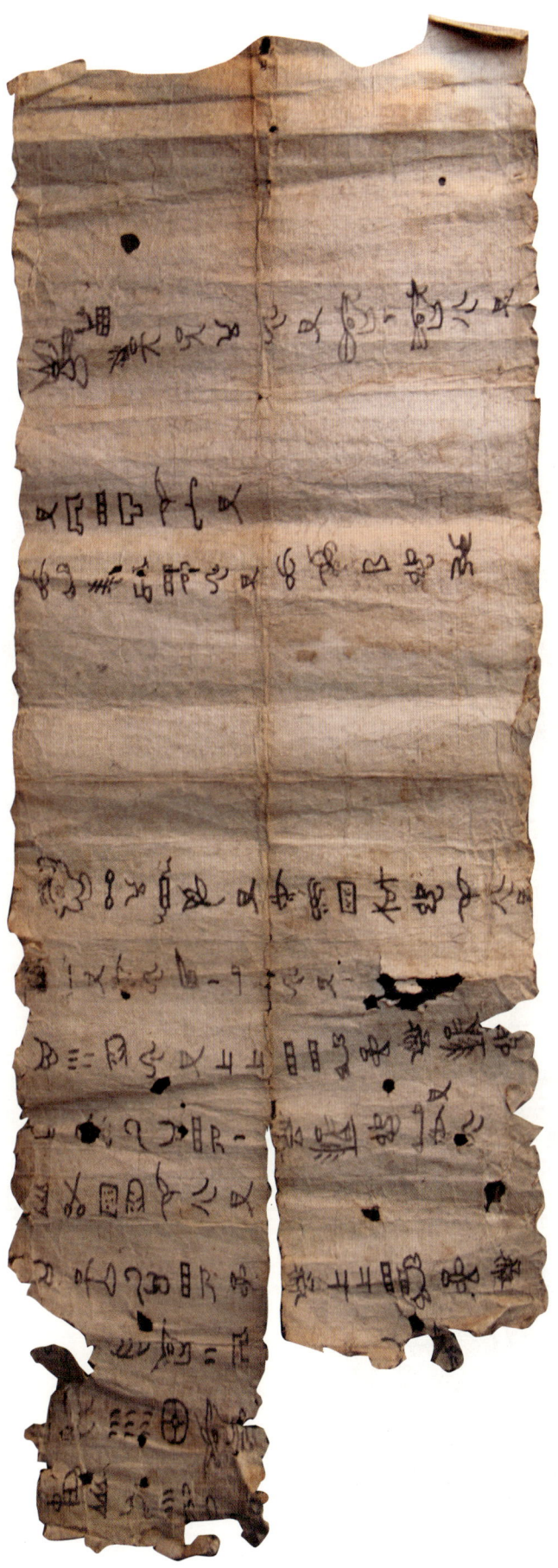

阿库买田契
① ②

第三章 文献解读 473

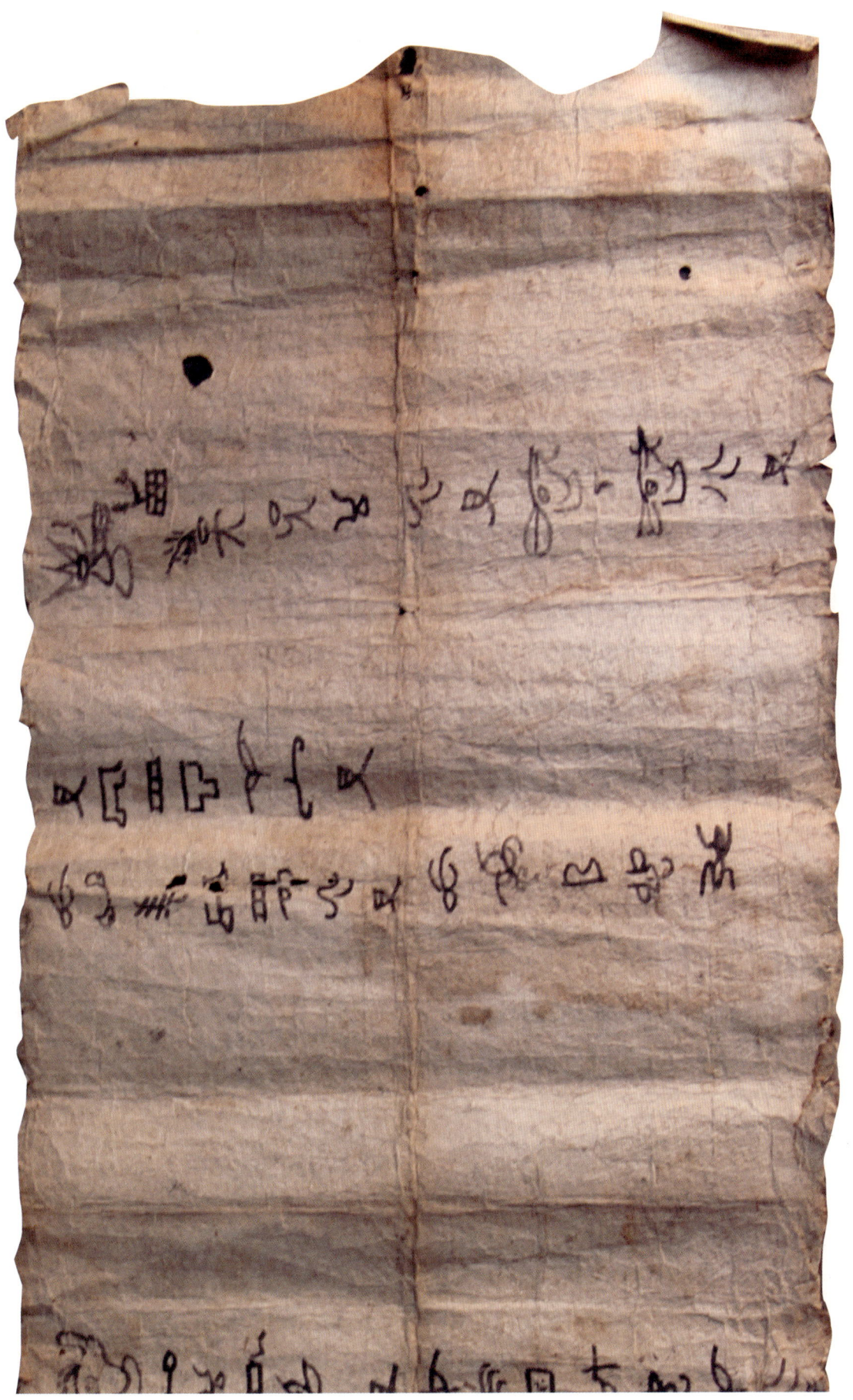

著录

编号	1-17
文书名	阿库买田契
书写人	伊皂
书写时间	民国三年（1914）
来源	云南省玉龙纳西族自治县宝山乡吾木村和学义
体例	竖行书写，从左向右换行，单面书写
材质	东巴纸，墨书
采集时间	2011年7月24日
采集地点	云南省玉龙纳西族自治县宝山乡吾木村
摄影	李学信
翻译者	和学耀
整理者	蒋波
备注	残损较严重

翻译

01

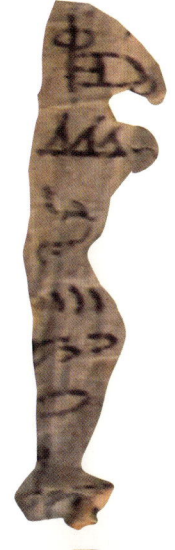

字符	国际音标	直译	意译	串讲
	ⁿga³³	胜利、旗子	可汗[1]	
	mi³¹	火	民国	
	kue³¹	刨刮		
	suⁱ³¹		三	
	kʰu¹³	镰刀	年	
	gu³¹	蛋	指示代词	
	ⁿgu³³		九	……民国三年这……九日属羊的那一天……□□□□……
	ni³³	太阳	天、日	
	y³³		羊	
	xo³¹	肋骨	不详	
	fu⁵⁵	雉	不详	
	ni³³	二	不详	
	gə⁵⁵	上	不详	

02

字符	国际音标	直译	意译	串讲
	$kʰɚ^{31}$	角	角则劳角（地名）	
	$dzɯ^{33}$	坐		
	lo^{31}	沟		
	$kʰɚ^{31}$	角		
	$lɯ^{33}$	土地	土地	角则劳角（地名）的一块良田，上上里（地名）的一块梯田，给了小女儿舒诃（人名）。
	$kɑ^{33}$	好		
	$dɯ^{31}$	大	一	
	u^{31}	奴仆	块	
	$ʂɚ^{13}$	说		
	$ʂɚ^{13}$	说	上上里（地名）	
	$lɯ^{33}$	土地		
	$lɯ^{33}$	田地	梯田	
	$pʰu^{33}$	雄性		
	$dɯ^{31}$	大	一	
	u^{31}	奴仆	块	

续表

字符	国际音标	直译	意译	串讲
	mi⁵⁵	火	女儿	
	tɕi³³	羊毛剪	小	
	ʂu⁵⁵	骰子	舒诃（人名）	角则劳角（地名）的一块良田、上上里（地名）的一块梯田，给了小女儿舒诃（人名）。
	xɯ³³	牙齿		
	iə¹³	烟叶	给	
	se³¹	完	情态助词	
	me⁵⁵	雌性	语气助词	

03

字符	国际音标	直译	意译	串讲
	kʰɚ³¹	犄角		
	dzɯ³³	坐	角则劳角（地名）	
	lo³¹	水沟		角则劳角（地名）的那一块良田交易了……五分白银；
	kʰo³¹	角		
	lɯ³³		土地	
	kɑ³³		好	

字符	国际音标	直译	意译	串讲
)	dɯ³¹	一		
	u³¹	奴仆	块	
	tʰo³³		背后	
	nɯ³¹	心	主语助词	
	tʰə³³	桶	指示代词	
	lɯ³³	牛虱	田	
	ɣo³¹	倾倒	是	角则劳角（地名）的那一块良田交易了……五分白银；
	me⁵⁵	雌性	语气助词	
	ŋu³³		银子	
	uɑ³³		五	
	xɯ³³	牙	分	
	ɣo³¹	倾倒	是	
	me⁵⁵	雌性	语气助词	

04

字符	国际音标	直译	意译	串讲
上	ʂəʴ¹³	说		
上	ʂəʴ¹³	说	上上里（地名）	
▥	lɯ³³	土地		
▥	lɯ³³	土地		
	pʰu³³	雄性	梯田	
	du³¹	大	一	
	u³¹	奴仆	块	上上里（地名）的那块梯田交易了一升大米。
	tʰo³³		背后	
	nɯ³³	心	主语助词	
	不详	不详	不详	
	tʰə³³	桶	那	
	me⁵⁵	雌性	语气助词	
	lɯ³³	牛虱	田地	
	ɣo³¹	倾倒	是	
	tʂʰuɑ¹³	鹿角	米	

第三章 文献解读　　481

续表

字符	国际音标	直译	意译	串讲
	dɯ³¹	一		
	py³³	米斗	升	上上里（地名）的那块梯田交易了一升大米。
	ɣo³¹	倾倒	是	
	me⁵⁵	雌性	语气助词	

05

字符	国际音标	直译	意译	串讲
	tsʰo³³	大象	家族	
	ʒ¹³	骨头		
	zo³³	杯子	儿子	
	kʰu⁵⁵	口弦	请	约定请一个家族的子嗣，是在李古舒（人名）面前给。
	zu̠³³	仇	约定	
	me⁵⁵	雌性	语气助词	
	lɯ³³	牛虱		
	ku³¹	生姜	李古舒（人名）	
	ʂu³³	骰子		
	ka³¹		前面	

续表

字符	国际音标	直译	意译	串讲
	nɯ³¹	心脏	主语助词	
	iə¹³	烟叶	给予	约定请一个家族的子嗣，是在李古舒（人名）面前给。
	ɣo³¹	泼	是	
	me⁵⁵	雌性	语气助词	

06

字符	国际音标	直译	意译	串讲
	a³³	语气词	爷爷	
	pʰu³¹	雄性		
	zu³³	草	思戈（人名）	
	gə⁵⁵	上		不是思戈（人名）爷爷的土地。
	lɯ³³		土地	
	mə³³	日暮	否定词	
	ɣo³¹	泼	是	
	me⁵⁵	雌性	语气助词	

第三章 文献解读　483

07

字符	国际音标	直译	意译	串讲
	a³¹	语气词	父亲	是父亲阿库（人名）买的。
	ba³³	花		
	kʰu⁵⁵	门	阿库（人名）	
	nɯ³¹	心脏	主语助词	
	xa³¹	金子	买	
	me⁵⁵	雌性	语气助词	

08

字符	国际音标	直译	意译	串讲
	gə⁵⁵	上		给了戈里顶（地名）（这块地）。
	lɯ³³	土地	戈里顶（地名）	
	tə¹³	顶		
	iə¹³	烟叶	给	
	mu³¹	天	是	
	me⁵⁵	雌性	语气助词	

09

字符	国际音标	直译	意译	串讲
	pɚ⁵⁵	书写		
	ɕi³³	人		
	i³¹	右	伊皂（人名）	
	zo³³	缸		
	yo³¹	倾倒	是	
	me⁵⁵	雌性	语气助词	书写人是伊皂（人名），给了他一块肥肉。
	le³³	獐子	肥肉	
	dɯ³¹	一		
	le³³	獐子	块	
	se³¹	完	情态助词	
	me⁵⁵	雌性	语气助词	

第三章 文献解读　485

翻译全文

……民国三年这……九日属羊的那一天……□□□□……角则劳角（地名）的一块良田、上上里（地名）的一块梯田，给了小女儿舒诃（人名）。角则劳角（地名）的那一块良田交易了……五分白银；上上里（地名）的那块梯田交易了一升大米。约定请一个家族的子嗣，是在李古舒（人名）面前给。不是思戈（人名）爷爷的土地。是父亲阿库（人名）买的。给了戈里顶（地名）（这块地）。书写人是伊皂（人名），给了他一块肥肉。

---

[1] "可汗"为[kʰa³³ ŋɑ³³]，此处有残损。

文书1-18

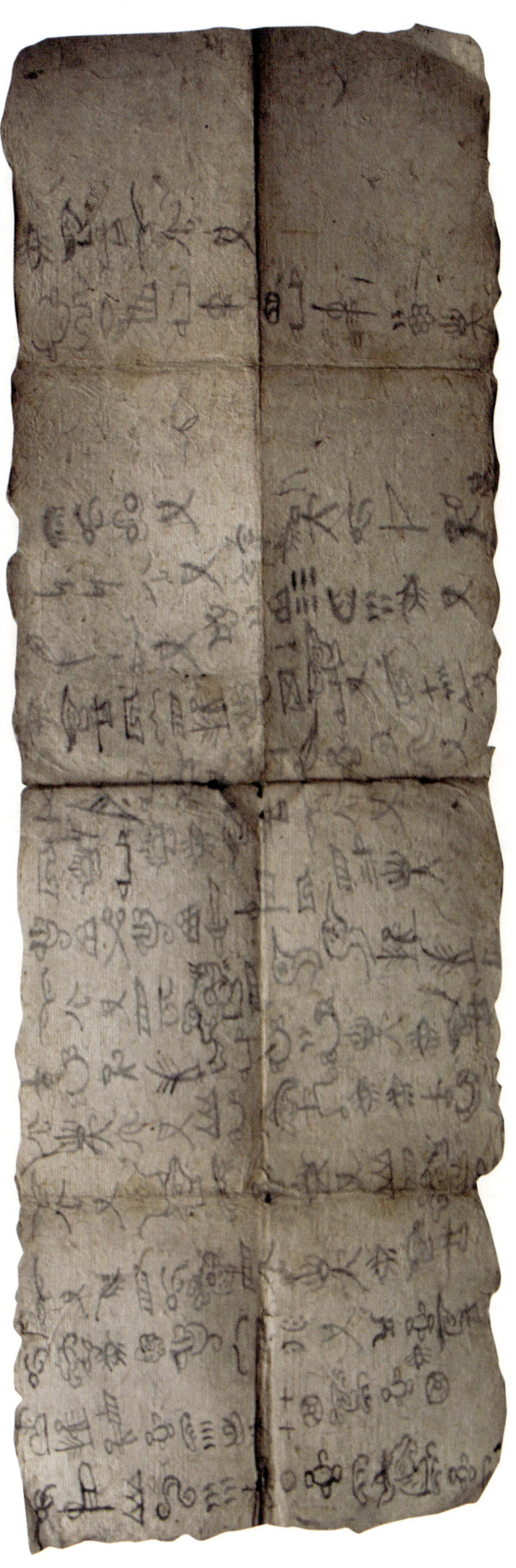

李帕分田契
① ②

第三章 文献解读　487

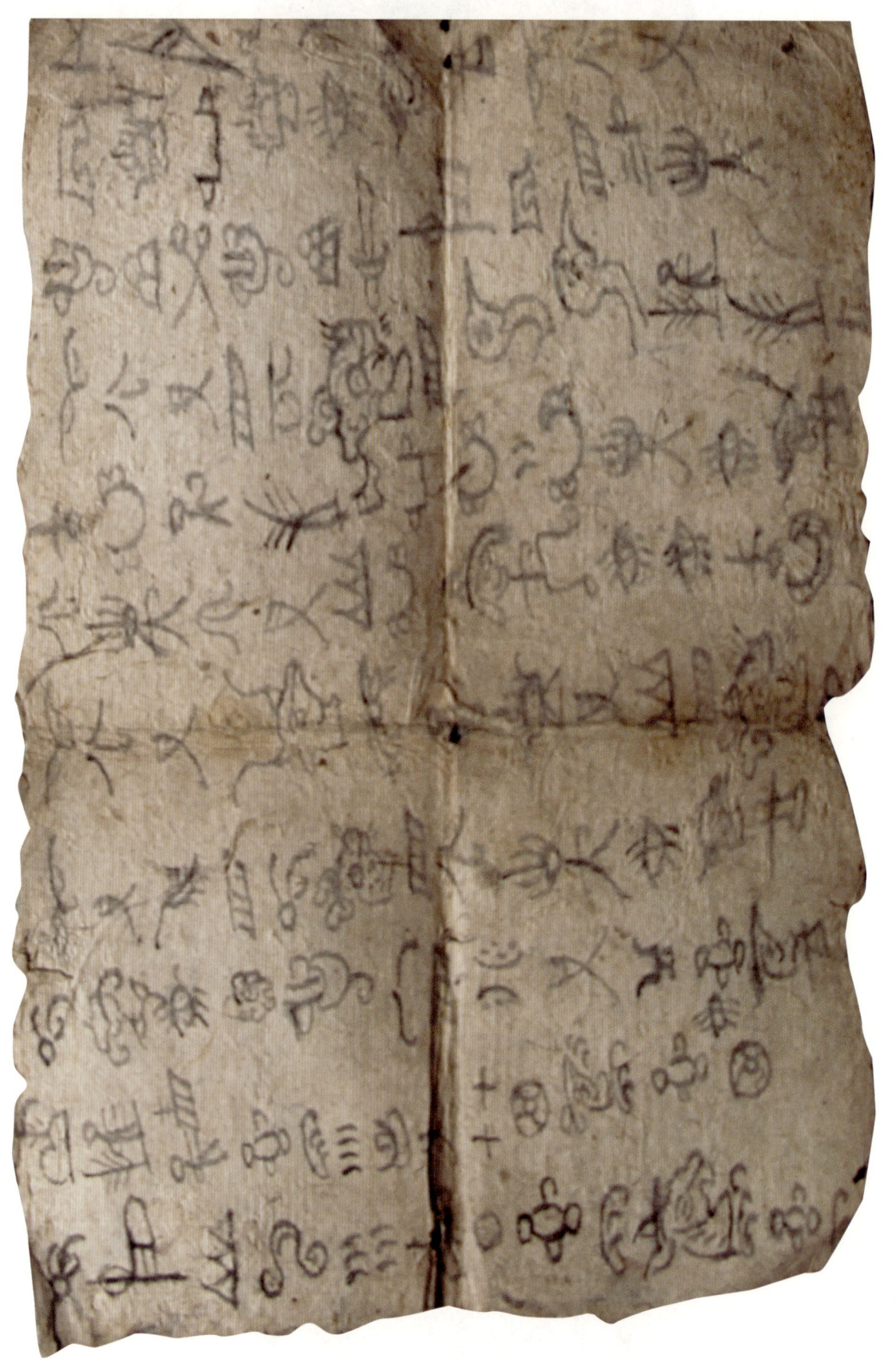

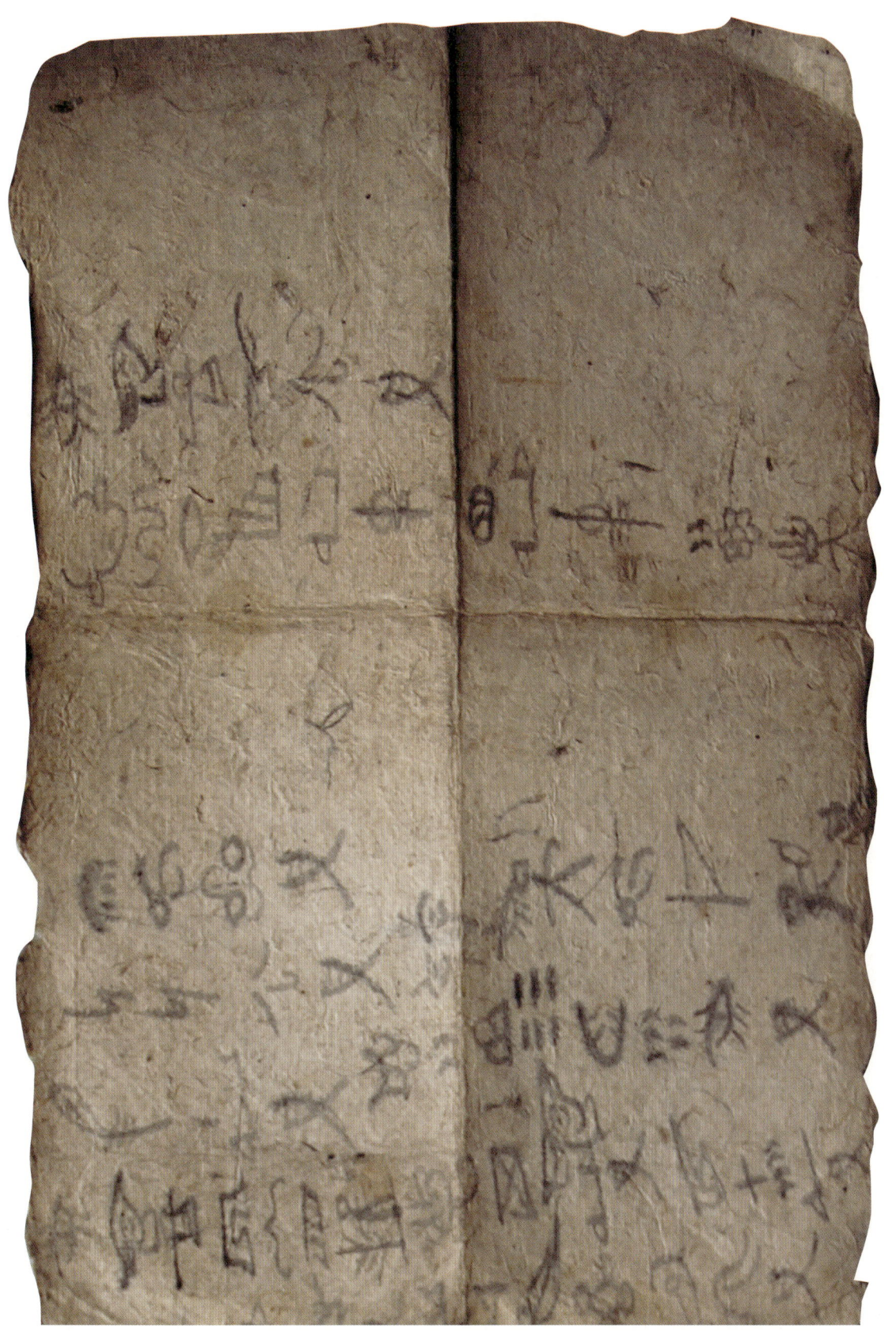

著录

编号	1-18
文书名	李帕分田契
书写人	阿巴
书写时间	民国七年（1918）
来源	云南省玉龙纳西族自治县宝山乡吾木村和茂芳
体例	竖排书写，自左向右换行，单面书写
材质	东巴纸，墨书
采集时间	2011年7月24日
采集地点	云南省玉龙纳西族自治县宝山乡吾木村
摄影	李学信
翻译者	和学耀
整理者	蒋波
备注	

翻译

01

字符	国际音标	直译	意译	串讲
	k^ha^{33}	苦	可汗	
	$^nga^{33}$	胜利		
	mi^{31}	火	民国	
	kue^{31}	刨子		
	$sə^{33}$	七		
	k^hu^{13}	镰刀	年	
	gu^{31}	蛋	指示代词	民国七年，这一年是属马的一年，五行属土的一年。
	$dɯ^{31}$	大	一	
	k^hu^{13}	镰刀	年	
	$z̥ua^{33}k^hu^{13}$	马、镰刀	属马	
	$dɯ^{31}$	大	一	
	k^hu^{13}	镰刀	年	
	$^mbu^{31}$	山坡	五行	
	t^ho^{33}	靠		

续表

字符	国际音标	直译	意译	串讲
	tʂɯ⁵⁵	手持土	属土	
	dɯ³¹	大	一	民国七年，这一年是属马的一年，五行属土的一年。
	kʰu¹³	镰刀	年	

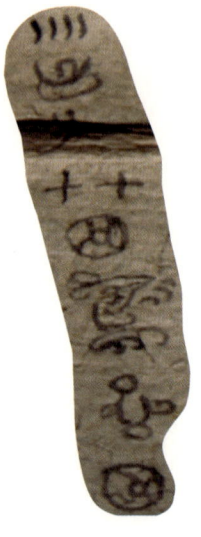

02

字符	国际音标	直译	意译	串讲
	lu³³		四	
	xe³³	月亮	月份[1]	
	me³³	雌性		
	ni³³ tsɯ³¹		二十	
	ni³³	太阳	日、天	四月二十日，是属鼠的一天。
	fu⁵⁵		鼠	
	kʰu¹³	镰刀	属	
	dɯ³¹	大	一	
	ni³³	太阳	日、天	

03

字符	国际音标	直译	意译	串讲
	a³¹	语气词	父亲	父亲李帕（人名）来分田地，给了长子李复苏（人名），给李复苏（人名）的是阿化拉地（地名）的稻田。
	ba³³	杜鹃花		
	lɯ³³	牛虱	李帕（人名）	
	pʰa³³	面庞		
	nɯ³¹	心脏	主语助词	
	mu³³	天	田地	
	dy³¹	地		
	by³¹	分		
	me⁵⁵	雌性	语气助词	
	zo³³	缸	儿子	
	dɯ³¹	大		
	lɯ³³	牛虱	李复苏（人名）	
	fu⁵⁵	雉		
	ʂu³³	斧子		

第三章 文献解读　　493

续表

字符	国际音标	直译	意译	串讲
	iə¹³	烟叶	给	
	me⁵⁵	雌性	语气助词	
	çi³¹	稻谷		
	lɯ³³	田地		
	a³³	语气词		
	xuɑ³¹ [2]	水花	阿化拉地（地名）	父亲李帕（人名）来分田地，给了长子李复苏（人名），给李复苏（人名）的是阿化拉地（地名）的稻田。
	lɑ³¹	虎		
	dy³¹	田地		
	ɣo³¹	完	是	
	be³³	战神	不详	
	lɯ³³	牛虱		
	fu⁵⁵	野鸡	李复苏（人名）	
	ʂu³³	斧子		
	iə¹³	烟草	给予	

续表

字符	国际音标	直译	意译	串讲
个	yo³¹	完	是	父亲李帕（人名）来分田地，给了长子李复苏（人名），给李复苏（人名）的是阿化拉地（地名）的稻田。
又	me⁵⁵	雌性	语气助词	

04

字符	国际音标	直译	意译	串讲
牛头	bu³¹	牦牛		
姜	ku³¹	生姜	卜古顶（地名）	
顶	tə¹³	顶		
奴	u³¹	奴仆	吾麦（地名）	是卜古顶（地名）的吾麦（田名）下方的田地的拉伟伟（地名）。
又	me³¹	雌性		
火	mi⁵⁵	火	下	
田	dy³¹		田地	
虎	lɑ³¹	虎		
村[3]	ue³³	村	拉伟伟（地名）	
村[4]	ue³³	村		
完	se³¹	完	是	

续表

字符	国际音标	直译	意译	串讲
	be^{33}	战神	不详	
	ɣo^{31}	完	语气助词	是卜古顶（地名）的吾麦（田名）下方的田地的拉伟伟（地名）。
	me^{55}	雌性	语气助词	

05

字符	国际音标	直译	意译	串讲
	mi^{55}	火	下	
	pʰu^{33}	雄性	丘	
	tsʰo^{33}	大象	不详	
	lɯ^{33}	牛虱		
	lɯ^{33}	牛虱	秧苗	下面这丘的秧苗地和小叶树根部的那丘，共两丘全都给了李复苏（人名）。
	tʂʰɯ^{33}	吊		
	dʑy^{31}	手镯	全部	
	tʂʰɯ^{33}	吊	指示代词	
	pʰu^{33}	雄性	丘	
	[5] i^{31}	右	小叶树	

续表

字符	国际音标	直译	意译	串讲
	^{n}dsɯ^{33}	树	小叶树	
	kʰɯ^{31}	脚	根部	
	tʰə^{33}	桶	指示代词	
	pʰu^{33}	雄性	丘	
	ni^{33}		二	
	pʰu^{33}	雄性	丘	
	be^{33}	战神	不详	下面这丘的秧苗地和小叶树根部的那丘，共两丘全都给了李复苏（人名）。
	lɯ^{33}	牛虱		
	fu^{55}	雉	李复苏（人名）	
	ʂu^{33}	斧子		
	iə^{13}	烟叶	给	
	se^{31}	完	情态助词	
	me^{55}	雌性	语气助词	

第三章 文献解读 497

06

字符	国际音标	直译	意译	串讲
	lɯ³³	田地		
	kɑ³³	良好		
	lɑ³¹	虎		
	dy³¹	田地	拉地高高（人名）	
	ko³³	鹤		
	ko³³	鹤		拉地高高（人名）的良田里的松树□□□。
	tʰo⁵⁵	背后	松树	
	ⁿdsɯ³³	树木		
	nɯ³¹	心脏	主语助词	
	lə⁵⁵	石头	不详	
	tɕi³³	羊毛剪	不详	
	nɯ³¹	心脏	不详	

07

字符	国际音标	直译	意译	串讲
	$dɚ^{31}$	泡沫		得哲伽（人名）的良田上面的那块（田地）也已给了李复苏（人名）。
	$zɚ^{33}$	刀	得哲伽（人名）	
	$^{n}gɑ^{33}$	胜利		
	$gə^{55}$	上	定语助词	
	$lɯ^{33}$	田地		
	py^{33}	米斗	良田	
	be^{33}	战神		
	$gə^{55}$	上		
	u^{31}	奴仆	块	
	$tʰə^{33}$	桶	指示代词	
	u^{31}	奴仆	块	
	$lɯ^{55}$	牛虱		
	fu^{55}	雉	李复苏（人名）	
	$ʂu^{33}$	斧子		
	$iə^{13}$	烟叶	烟叶	

续表

字符	国际音标	直译	意译	串讲
	se^{31}	完	情态助词	得哲伽（人名）的良田上面的那块（田地）也已给了李复苏（人名）。
	me^{55}	雌性	语气助词	

08

字符	国际音标	直译	意译	串讲
	ue^{33}	村庄	伟多（地名）	正是伟多（地名）的那块地和明伟（地名）的季都劳（地名）。
	ⁿdo^{33}	笨		
	tʰə^{33}	桶	指示代词	
	u^{31}	奴仆	块	
	mi^{31}	火	明伟（地名）	
	ue^{33}	村庄		
	dʑi^{31}	水	季都劳（地名）	
	dɯ^{31}	大		
	lo^{31}	水沟		
	ɣo^{31}	倾倒	是	
	me^{55}	雌性	语气助词	

09

字符	国际音标	直译	意译	串讲
	lɯ³³	牛虱		
	fu⁵⁵	雉	李复苏（人名）	
	ʂu³³	斧子		
	gə⁵⁵	上	定语助词	
	mu³³	天	田地	
	dy³¹	地		
	tʰo³³	背靠	附带	李复苏（人名）的土地附带的税钱为稻米十四升、黄豆一升、白银二钱六分五厘。就这样决定了。
	nɯ³¹	心脏	主语助词	
	tsʰe³³	盐巴		
	le³³	獐子	税	
	tʰə³³	桶		
	me⁵⁵	雌性	语气助词	
	tʂʰuɑ⁵⁵	鹿角	稻米	
	tsʰe³¹	十		
	lu³³	四		

续表

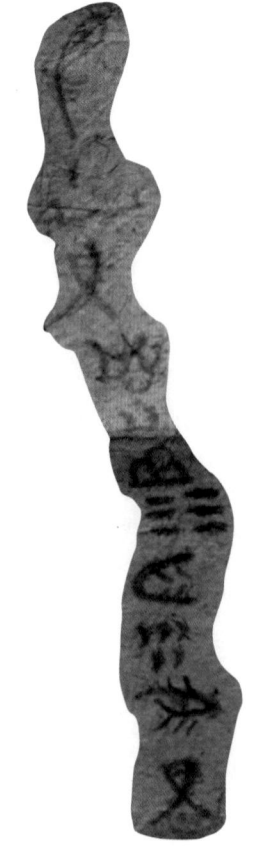

字符	国际音标	直译	意译	串讲
	py^{33}	米斗	升	
	me^{55}	雌性	语气助词	
	$nə^{31}$	黄豆		
	$dɯ^{31}$	一		
	py^{33}	米斗	升	
	me^{55}	雌性	语气助词	
	$ŋu^{33}$	白银		李复苏（人名）的土地附带的税钱为稻米十四升、黄豆一升、白银二钱六分五厘。就这样决定了。
	ni^{33}	二		
	$lə^{55}$	石头	钱	
	$tʂʰuɑ^{55}$	六		
	$xɯ^{31}$	牙齿	分	
	$uɑ^{33}$	五		
	li^{31}	牛虱	厘	
	me^{55}	雌性	语气助词	

续表

字符	国际音标	直译	意译	串讲
	tʂɚ⁵⁵	辈分	决定	李复苏（人名）的土地附带的税钱为稻米十四升、黄豆一升、白银二钱六分五厘。就这样决定了。
	tʂɚ⁵⁵	辈分		
	se³¹	完	情态助词	
	me⁵⁵	雌性	语气助词	

10

字符	国际音标	直译	意译	串讲
	do³¹	看见	见证人	见证人是阿泰布（人名），写这份文书的人是阿巴（人名）。
	ɕi³³	人		
	a³³	语气词		
	tʰe⁵⁵	旗子	阿泰布（人名）	
	pu¹³	送		
	me⁵⁵	雌性	语气助词	
	pɚ⁵⁵	篦子	写	
	a³³	语气词	阿巴（人名）	
	pɑ³³	青蛙		
	me⁵⁵	雌性	语气助词	

第三章 文献解读　503

11

字符	国际音标	直译	意译	串讲
	bu³¹	锅		
	bə³¹	绳子		
	gu³³	蛋		
	zɯ¹³	村庄	藏族	
	tʰə³³	桶	那	
	ly³³	矛	个	
	dʑi³¹	酒曲		
	tʰə³³	桶	水桶	那个藏式的锅和水桶（两样）东西都已经给了李复苏（人名）。
	ly³³	矛	个	
	ni³³		二	
	sy³¹	羊毛团	样	
	be³³	战神	都是	
	lu³³	牛虱		
	fu⁵⁵	雉	李复苏（人名）	
	ʂu³³	斧子		

续表

字符	国际音标	直译	意译	串讲
(图)	iə^{13}	烟草	给	
(图)	se^{31}	完	情态助词	那个藏式的锅和水桶（两样）东西都已经给了李复苏（人名）。
(图)	me^{55}	雌性	语气助词	

翻译全文

民国七年为属马的一年，这年五行属土。四月二十日为属鼠的一天。父亲李帕（人名）来分田地，给了长子李复苏（人名）阿化拉地（地名）的稻田。是卜古顶（地名）的吾麦（田名）下方的田地的拉伟伟（地名）。下面这丘的秧苗地和小叶树根部的那丘，共两丘全都给了李复苏（人名）。拉地高高（人名）的良田里的松树□□□。得哲伽（人名）的良田上面的那块（田地）也已给了李复苏（人名）。正是伟多（地名）的那块地和明伟（地名）的季都劳（地名）。李复苏（人名）的土地附带的税钱为稻米十四升、黄豆一升、白银二钱六分五厘。就这样决定了。见证人是阿泰布（人名），写这份文书的人是阿巴（人名）。那个藏式的锅和水桶（两样）东西都已经给了李复苏（人名）。

---

［1］今纳西语中，"月份"的读法应为［me^{55} xe^{55}］，文献中顺序相反。
［2］补缺。
［3］补缺。
［4］补缺。
［5］字符为"左"，应为"右"。

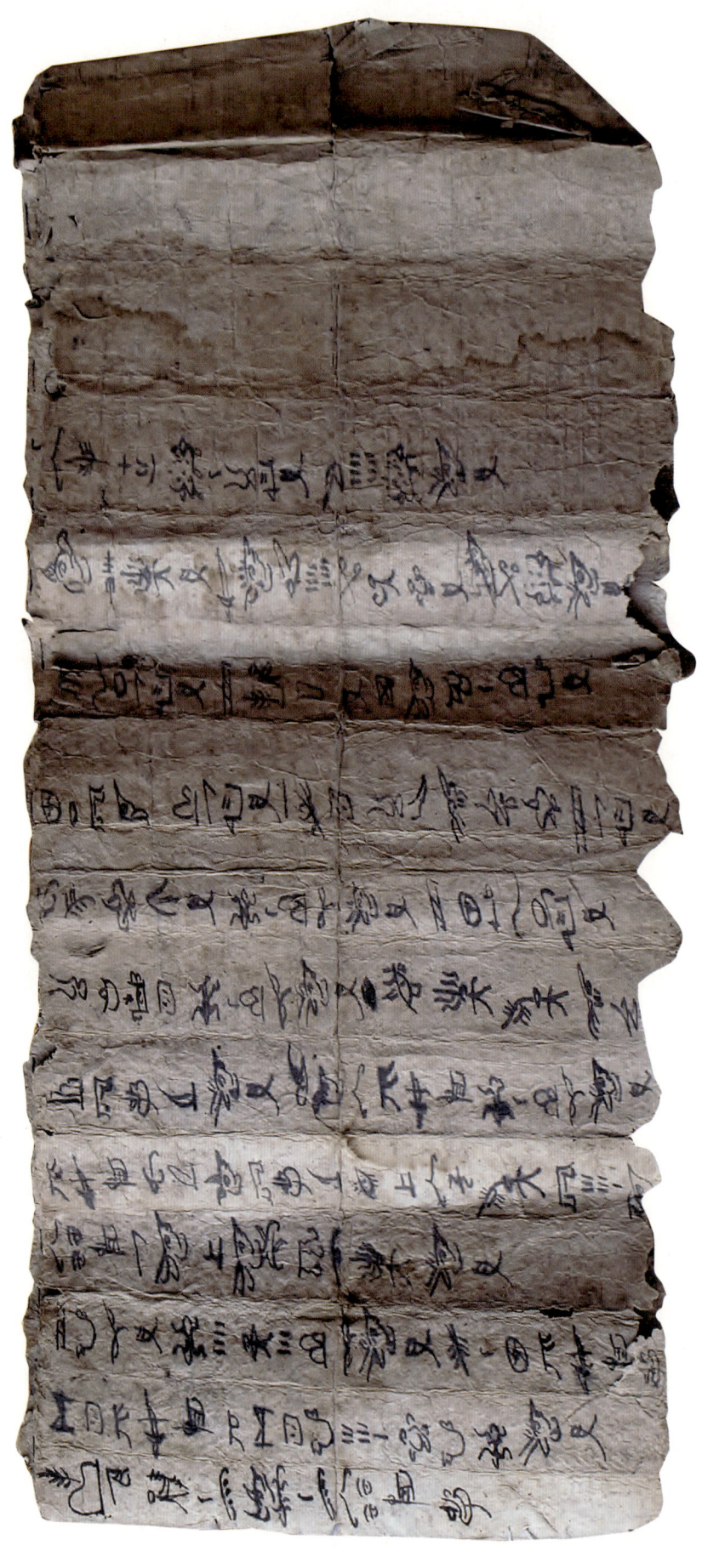

嘉达伽卖田契

① ②

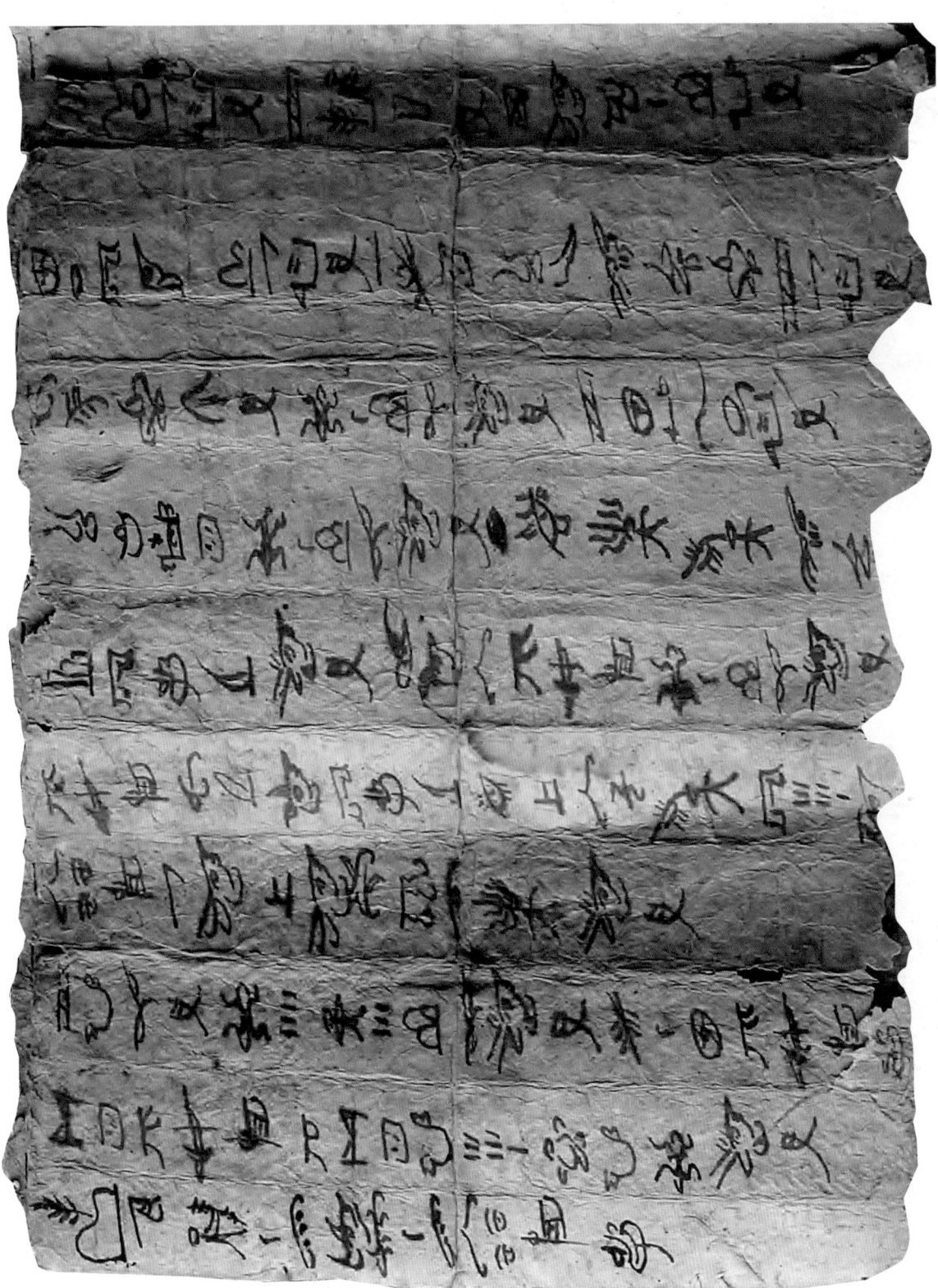

第三章 文献解读

著录

编号	1-19
文书名	嘉达伽卖田契
书写人	佚名
书写时间	不明
来源	云南省玉龙纳西族自治县宝山乡吾木村
体例	竖行书写，自左向右换行，单面书写
材质	东巴纸，墨书
采集时间	2011年7月24日
采集地点	云南省玉龙纳西族自治县宝山乡吾木村
摄影	李学信
翻译者	和学耀
整理者	蒋波
备注	

翻译

01

字符	国际音标	直译	意译	串讲
	ᵐbu³³ tʰo³³	坡	五行	
	ʂu³³	斧头	金	
[1]	zɯ¹³	掌握	属	
	dɯ³¹	一		
	kʰu¹³	镰刀	年	
	kʰɯ³³ kʰu¹³	狗、镰刀	属狗	
	dɯ³¹	一		五行属金的狗年，穆袭伽（人名）买了伟舒（地名）嘉达伽（人名）在伟舒（地名）的一丘梯田。
	kʰu¹³	镰刀	年	
	mu³³	天		
	niə³¹	眼睛	穆袭伽（人名）	
	ⁿga³³	胜利		
	nɯ³³	心脏	主语助词	
	ue³³	村寨	伟舒（地名）	
	ʂu⁵⁵	骰子		

续表

字符	国际音标	直译	意译	串讲
	ka^{33}	好		
	$^nda^{13}$	砍	嘉达伽（人名）	
	$^nga^{33}$	胜利		
	$gə^{55}$	上	定语助词	
	ue^{33}	村寨	伟舒（地名）	
	$ʂu^{55}$	骰子		五行属金的狗年，穆裴伽（人名）买了伟舒（地名）嘉达伽（人名）在伟舒（地名）的一丘梯田。
	p^hu^{33}	雄性	梯田	
	$sə^{33}$	七		
	$dɯ^{31}$	大	一	
	p^hu^{33}	雄性	丘	
	xa^{31}	金	买	
	se^{31}	岩羊	情态助词	
	me^{55}	雌性	语气助词	

第三章 文献解读　511

02

字符	国际音标	直译	意译	串讲
	lɯ³³	田		
	pʰu⁵⁵	雄性	费用	
	iə¹³	烟草	给	
	me⁵⁵	雌性	语气助词	
	xa³¹	黄金		
	lɯ³³	四		田款已付讫。给过了四两三钱的黄金。
	lu⁵⁵	庹	两	
	sɯ³¹	三		
	lə⁵⁵	石头	钱	
	iə¹³	烟草	给	
	se³¹	岩羊	情态助词	
	me⁵⁵	雌性	语气助词	

03

字符	国际音标	直译	意译	串讲
	ma³³	尾巴		
	du³¹	一	从今往后	
	ni³³	太阳		
	kɑ³³	好		
	ⁿdɑ¹³	砍	嘉达伽（人名）	
	ⁿgɑ³³	胜利		
	nɯ³¹	心脏	主语助词	从今往后，嘉达伽（人名）绝对不可与穆袅伽（人名）争执。
	mu³³	天		
	niə³¹	眼睛	穆袅伽（人名）	
	ⁿgɑ³³	胜利		
	不详	不详	不详	
	le⁵⁵	獐子		
	ʂə¹³	说	争论不休	
	le⁵⁵	獐子		

续表

字符	国际音标	直译	意译	串讲
	tʂuɯ³¹	爪子	争论不休	
	zu³³	夏天		
	mə³³	暮	绝不能	从今往后，嘉达伽（人名）绝对不可与穆袭伽（人名）争执。
	be³³	战神		
	se³¹	岩羊	情态助词	
	me⁵⁵	雌性	语气助词	

04

字符	国际音标	直译	意译	串讲
	kɑ³³	好		
	ⁿdɑ¹³	砍	嘉达伽（人名）	
	ⁿgɑ³³	胜利		
	a³³	语气词		如果是嘉达伽（人名）的祖母派戈（人名）卖的，祖母卖的了（田）。
	zi³³	树立	祖母	
	pʰɑ³³	豹	派戈（人名）	
	gə⁵⁵	上		

续表

字符	国际音标	直译	意译	串讲
	nɯ³¹	心脏	主语助词	
	tɕʰi³³	刺	卖	
	lɯ³³	牛虱		
	ʂə¹³	汉字"上"	如果	
	mu³³	天		
	tsɯ³³	捆绑		
	ɕi³³		人	如果是嘉达伽（人名）的祖母派戈（人名）卖的，祖母卖的了（田）。
	gə⁵⁵	上	定语助词	
	sə³³	七	事情	
	a³³	鸡	祖母	
	zi³³	村寨		
	gə⁵⁵	上	定语助词	
	nɯ³¹	心脏	主语助词	
	tɕʰi³³	刺	卖	

续表

字符	国际音标	直译	意译	串讲
	se^{31}	岩羊	情态助词	如果是嘉达伽（人名）的祖母派戈（人名）卖的，祖母卖的了（田）。
	me^{55}	雌性	语气助词	

05

字符	国际音标	直译	意译	串讲
	lɑ^{31}	手		
	xuɑ^{33}	白鹭	酬劳	
	mu^{33}	天		
	kɑ^{33}	好		
	^{n}dɑ^{13}	砍	嘉达伽（人名）	酬劳是一钱黄金，已经给了嘉达伽（人名）。
	^{n}gɑ^{33}	胜利		
	xa^{31}		金	
	dɯ^{31}		一	
	lə^{55}	石头	钱	
	iə^{13}	烟草	给	
	se^{31}	岩羊	情态助词	

续表

字符	国际音标	直译	意译	串讲
	me^{55}	雌性	语气助词	酬劳是一钱黄金，已经给了嘉达伽（人名）。

06

字符	国际音标	直译	意译	串讲
	zo^{33}	缸	儿子	
	xe^{33}	月亮	月份	
	p^{h}u^{13}		半	
	ʂu^{31}	骰子	寻找	
	xa^{31}		黄金	
	dɯ^{31}		一	儿子得在半个月内付讫一钱黄金。
	lə^{55}	石头	钱	
	iə^{13}	烟草	给	
	se^{31}	岩羊	情态助词	
	me^{55}	雌性	语气助词	

07

字符	国际音标	直译	意译	串讲
	mu³¹	牛蝇	见证	
	be³³	战神		
	çi³³	人		
	ku³¹	生姜		
	tʰa³¹	塔	古塔阿部（人名）	见证人是古塔阿部（人名）的父亲。
	a⁵⁵	语气词		
	pu⁵⁵	艾草		
	bɑ³³	花	父亲	
	yo³¹	倾倒	是	
	me⁵⁵	雌性	语气助词	

08

字符	国际音标	直译	意译	串讲
	xa³¹	黄金		
	dɯ³¹	一		已经给了一钱黄金。
	lə⁵⁵	石头	钱	
	iə¹³	烟草	给	

续表

字符	国际音标	直译	意译	串讲
	se³¹	岩羊	情态助词	已经给了一钱黄金。
	me⁵⁵	雌性	语气助词	

09

字符	国际音标	直译	意译	串讲
	lɯ³³	田		
	ni³³ me³³	太阳	东	田东到水沟源头底下；西到高埠（地名）底下；南到舒皂科古塔（人名）父亲的田底下；北到水沟的源头底下。
	tʰə³³	桶		
	lo³¹	沟		
	ku³¹	蛋	源头	
	tsɑ³¹ [2]	钵、锄	底下	
	py³³ [3]	米斗	不详	
	me⁵⁵	雌性	语气助词	
	ni³³ me³³	太阳	西	
	gu³¹	蛋		
	gə⁵⁵	上	不详	

第三章 文献解读 519

续表

字符	国际音标	直译	意译	串讲
	ko³³	鹤	高埧（地名）	
	ᵐbu³¹	坡		
	tsɑ³¹	挖	底下	
	py³³	米斗	不详	
	me⁵⁵	雌性	语气助词	
	i³¹ tʂʰɯ³³ mi³³	南		
	ʂu⁵⁵	骰子		田东到水沟源头底下；西到高埧（地名）底下；南到舒皂科古塔（人名）父亲的田底下；北到水沟的源头底下。
	zo³³	缸	舒皂科古塔（人名）	
	kʰɯ³¹	脚		
	ku³¹	生姜		
	tʰɑ³¹	塔		
	bɑ³³	花	父亲	
	lɯ³³	田		
	tsɑ³¹	挖	底下	
	py³³	浸泡	止	

续表

字符	国际音标	直译	意译	串讲
	me^{55}	雌性	语气助词	
	xo^{31} gu^{31} lo^{31}	北		
	lo^{31}	沟		田东到水沟源头底下；西到高埂（地名）底下；南到舒皂科古塔（人名）父亲的田底下；北到水沟的源头底下。
	gu^{31}	蛋	源头	
	tsɑ^{31}	钵、锄	底下	
	py^{33}	米斗	不详	
	me^{55}	雌性	语气助词	

10

字符	国际音标	直译	意译	串讲
	lɯ^{33}	田		
	tʰo^{33}	背靠	背后、附带	
	to^{33}	板子	这样	田税如此：税银要出一钱。
	me^{33}	雌性		
	tsʰe^{33}	盐巴	税	
	le^{31}	獐子		

续表

字符	国际音标	直译	意译	串讲
	ŋɯ³³		银	
	dɯ³¹		一	
	lə⁵⁵	石头	钱	田税如此：税银要出一钱。
	tʰə³³	桶	出（钱）	
	me⁵⁵	雌性	语气助词	

11

字符	国际音标	直译	意译	串讲
	tsʰo³³	大象		
	mu³¹	矛	宴会	
	be³³	战神	做	
	me³³	雌性	时候	做宴会时杀了一头猪，（吃了）八斤肉，并煮了水酒。
	zɿ³³	刀	杀	
	bu³¹		猪	
	ʂɯ³³		肉	
	xo⁵⁵		八	

字符	国际音标	直译	意译	串讲
	tɕi³³	羊毛剪	斤	
	i³¹	右	有	
	dɯ³¹	大	一	
	me³³	雌性	头	
	zɯ⁵⁵	蛇		做宴会时杀了一头猪，（吃了）八斤肉，并煮了水酒。
	tɕi³¹	羊毛剪	水酒	
	tɕiə¹³		煮	
	se³¹	岩羊	情态助词	
	me⁵⁵	雌性	语气助词	

12

字符	国际音标	直译	意译	串讲
	mu³³	天		
	ze³³	麦	燕麦	煮了十二（升）燕麦，得到一坛（白酒），煮了八（升）大米。
	tsʰe³¹		十	
	ni³³		二	

续表

字符	国际音标	直译	意译	串讲
	tɕiə^{13}	煮		
	dɯ^{31}	一		
	zo^{33}	缸		
	tʰɯ^{33}	浸泡	得到	
	me^{55}	雌性	语气助词	煮了十二（升）燕麦，得到一坛（白酒），煮了八（升）大米。
	tʂʰuɑ^{55}	鹿角	大米	
	xo^{55}	八		
	tɕiə^{13}	煮		
	se^{31}	岩羊	情态助词	
	me^{55}	雌性	语气助词	

翻译全文

　　五行属金的狗年，穆袅伽（人名）买了伟舒（地名）嘉达伽（人名）在伟舒（地名）的一丘梯田。田款已付讫。给过了四两三钱的黄金。从今往后，嘉达伽（人名）绝对不可与穆袅伽（人名）争执。如果是嘉达伽（人名）的祖母派戈（人名）卖的，祖母的卖了（田）。酬劳是一钱黄金，已经给了嘉达伽（人名）。儿子得在半个月内付讫一钱黄金。见证人是古塔阿部（人名）的父亲。已经给了一钱黄金。田东到水沟源头底下；西到高埠（地名）底下；南到舒皂科古塔（人名）父亲的田底下；北到水沟的源头底下。田税如此：税银要出一钱。做宴会时杀了一头猪，（吃了）八斤肉，并煮了水酒。煮了十二（升）燕麦，得到一坛（白酒），煮了八（升）大米。

---

［1］和茂春认为此字应假借为"甲辰年"。
［2］和继先在文书1-6（第272页）、和茂春在文书1-16（第462页）中认为此字直译为"钩子"，假借表示"到"。
［3］和继先在文书1-6（第272页）中认为该字的直译是"浸泡"，和茂春在文书1-16（第462页）中认为该字的直译是"鸡胗"。

文书1-20

伟词等人田契（正面）

① ②

伟河等人田契（背面）

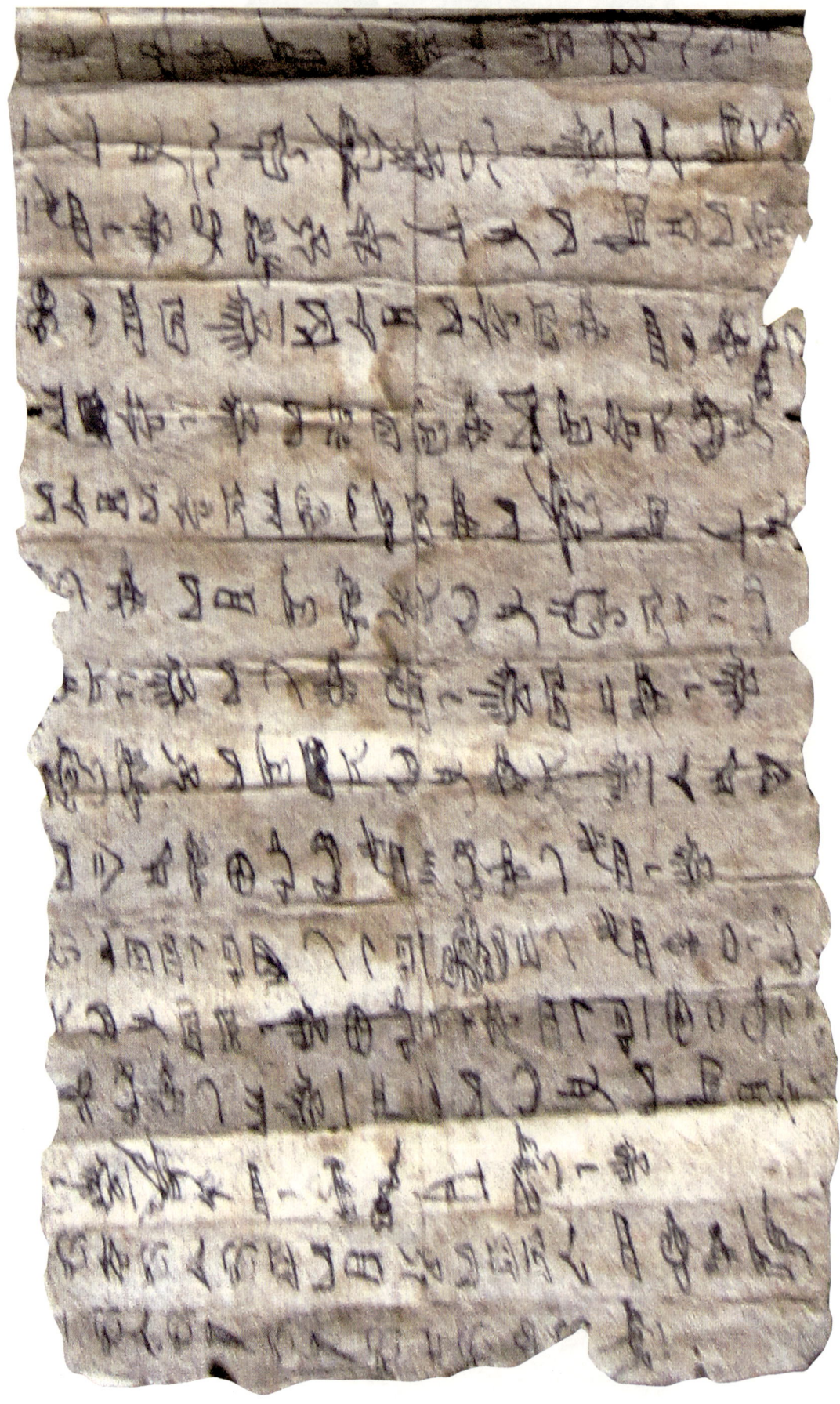

【文书1-20背后图画】

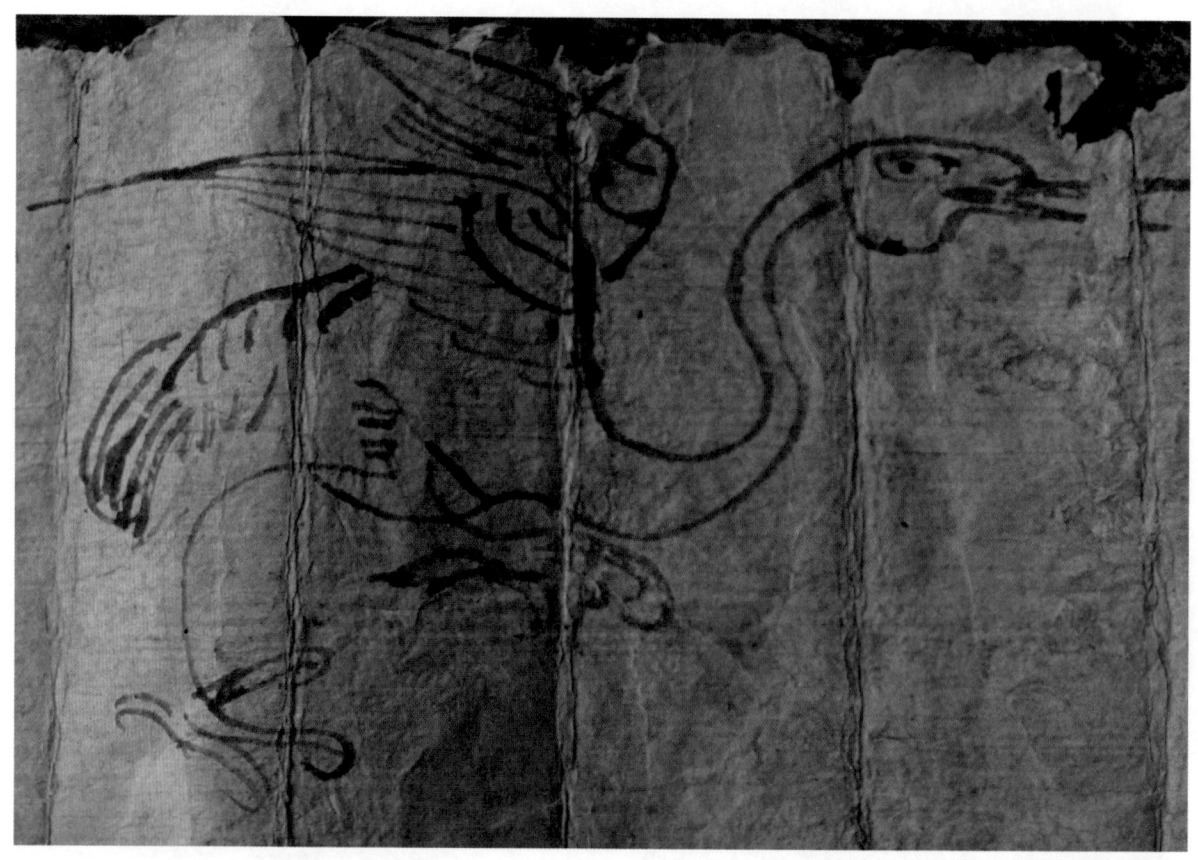

鹤（背面局部图1）

鹰（背面局部图2）

鹿（背面局部图3）

著录

编号	1-20
文书名	伟诃等人田契
书写人	佚名
书写时间	不明
来源	云南省玉龙纳西族自治县宝山乡吾木村
体例	竖行排列，从左向右换行，双面书写
材质	东巴纸，墨书
采集时间	2011年7月24日
采集地点	云南省玉龙纳西族自治县宝山乡吾木村
摄影	李学信
翻译者	和学耀
整理者	蒋波
备注	

翻译

【正面】

01

字符	国际音标	直译	意译	串讲
	a^{33}	语气词	阿族（人名）[1]	
	$tsʰɯ^{33}$	犁铧		
	a^{33}	语气词	阿季（人名）	
	$dʑi^{31}$	水		
	a^{33}	语气词	阿季（人名）	
	$dʑi^{31}$	水		阿族（人名）、阿季（人名）、阿季（人名）、阿上（人名）、阿勒（人名）、阿泽（人名）、阿塔（人名）、阿族（人名）、阿诃（人名）、伟道皂（人名）。
	a^{33}	语气词	阿上（人名）	
	$ʂə^{13}$	说		
	a^{33}	语气词	阿勒（人名）	
	$lə^{55}$	石头		
	a^{33}	语气词	阿泽（人名）	
	$ⁿdsə^{33}$	犏牛		
	a^{33}	语气词	阿塔（人名）	
	$tʰɑ^{31}$	塔		

续表

字符	国际音标	直译	意译	串讲
	a^{33}	语气词	阿族（人名）	阿族（人名）、阿季（人名）、阿季（人名）、阿上（人名）、阿勒（人名）、阿泽（人名）、阿塔（人名）、阿族（人名）、阿诃（人名）、伟道皂（人名）。
	$tsʰɯ^{33}$	犁铧		
	a^{33}	语气词	阿诃（人名）	
	$xɯ^{33}$	牙齿		
	ue^{33}	村子		
	to^{33}	板子	伟道皂（人名）	
	zo^{33}	缸		

02

字符	国际音标	直译	意译	串讲
	ue^{33}	村子	伟诃（人名）	伟诃（人名）在拉李高高（地名）的一块蔓菁田，坎渚崂（地名）的一块（田），水沟下面种有黄豆的那一块。
	$xɯ^{33}$	牙齿		
	$gə^{55}$	上	定语助词	
	mu^{33}	天	田地	
	dy^{31}	田		
	la^{31}	手	拉李高高（地名）	

第三章 文献解读　535

续表

字符	国际音标	直译	意译	串讲
	lɯ³³	牛虱		
	ko³³	鹤	拉李高高（地名）	
	ko³³	鹤		
	dɯ³¹	一		
	u³¹	奴仆	块	
	ⁿdʑy³³	蔓菁		
	lɯ³³	田地		伟诃（人名）在拉李高高（地名）的一块蔓菁田，坎渚崂（地名）的一块（田），水沟下面种有黄豆的那一块。
	dɯ³¹	一		
	pʰe¹³	麻布	块	
	kʰa³¹	弹弓		
	ⁿdzʅ³³	山	坎渚崂（地名）	
	lo³¹	黑麂子		
	dɯ³¹	一		
	u³¹	奴仆	块	

续表

字符	国际音标	直译	意译	串讲
	nə³¹	黄豆		
	pʰu³³	雄性	种	
	lɯ³³	牛虱	田地	伟诃（人名）在拉李高高（地名）的一块蔓菁田，坎渚崂（地名）的一块（田），水沟下面种有黄豆的那一块。
	lo³¹		沟	
	mi⁵⁵	火	下	
	u³¹	奴仆	块	

03

字符	国际音标	直译	意译	串讲
	ʂua³¹	高		
	na³¹	黑	苏明（地名）	
	ue³³	村庄		伟伽道尼皂（人名）在苏明（地名）的戈瓜（地名）有一块田。
	dzy³¹	手镯	有	
	me³³	雌性		
	ue³³	村庄	伟伽道尼皂（人名）	
	ⁿga³³	胜利		

第三章 文献解读 537

续表

字符	国际音标	直译	意译	串讲
	to^{33}	板子		
	ni^{33}	春	伟伽道尼皂（人名）	
	zo^{33}	缸		
	gə^{55}	上	主语助词	
	dzy^{31}	手镯		伟伽道尼皂（人名）在苏明（地名）的戈瓜（地名）有一块田。
	me^{33}	雌性	有	
	gə^{55}	上	戈瓜（地名）	
	kuɑ^{31}	灶		
	dɯ^{31}	—		
	u^{31}	奴仆	块	

04

字符	国际音标	直译	意译	串讲
	ni^{33} me^{33}	太阳	东方	东至嘉德塔（人名）的田地为止；西到水塘为止；北到纳究（人名）的田地为止；南到水沟为止。
	tʰə^{33}	桶		
	kɑ^{33}	好	嘉德塔（人名）	

续表

字符	国际音标	直译	意译	串讲
✳	tə³¹	千	嘉德塔（人名）	
	tʰɑ³¹	塔		
	lɯ³³		田	
[2]	ku⁵⁵	钩子	到	
[3]	bu³¹	份	止	
	ni³³ me³³	太阳	西方	东至嘉德塔（人名）的田地为止；西到水塘为止；北到纳究（人名）的田地为止；南到水沟为止。
	gu³¹	蛋		
	ⁿdə³³		水塘	
	ku⁵⁵	钩子	到	
	bu³¹	份	止	
	xo³¹gu³¹lo³¹		北	
	nɑ³¹	黑	纳究（人名）	
	dziə³¹	秤砣		
	lɯ³³		田地	

续表

字符	国际音标	直译	意译	串讲
	ku⁵⁵	钩子	到	
	bu³¹	份	止	
	i³¹ tʂʰɯ³³ mi³³	南		东至嘉德塔（人名）的田地为止；西到水塘为止；北到纳究（人名）的田地为止；南到水沟为止。
	lo³¹	沟		
	ku⁵⁵	钩子	到	
	bu³¹	份	止	

05

字符	国际音标	直译	意译	串讲
	lɑ³¹	老虎	拉萨劳（地名）	
	sɑ¹³	空气		
	lo³¹	水沟		
	ɕi³¹ lɯ³³	稻田		拉萨劳（地名）稻田中间的一丘。
	ly³³	矛	中间	
	ku³¹	蛋		
	dɯ³¹	一		

续表

字符	国际音标	直译	意译	串讲
	pʰu³³	雄性	丘	拉萨劳（地名）稻田中间的一丘。

06

字符	国际音标	直译	意译	串讲
	ue³³	村庄	伟劳（地名）	
	lo³¹	lo³¹		
	kʰɯ³¹	脚	科古（人名）	
	ku³³	生姜		
	ni³³ me³³	太阳	东面	住在伟劳（地名）的科古（人名）在东边有四丘稻田，在安劳（地名）有一块稻田。
	tʰə³³	桶		
	dzy³¹	手镯	有	
	ɕi³¹ lɯ³³		稻田	
	lu³³		四	
	pʰu³³	雄性	丘	
	a³¹	玉	安劳（地名）	
	lo³¹	水沟		

第三章 文献解读 541

续表

字符	国际音标	直译	意译	串讲
	çi³¹ lɯ³³	稻田		住在伟劳（地名）的科古（人名）在东边有四丘稻田，在安劳（地名）有一块稻田。
	dɯ³¹	一		
	u³¹	奴仆	块	

07

字符	国际音标	直译	意译	串讲
	kʰɯ³¹	狗		
	ku³³	生姜		
	zo³³	缸	克古皂伟革（人名）	
	ue³³	村庄		
	kə¹³	鹰		克古皂伟革（人名）有一大块良田，在族科劳（地名）有两块良田，在伟劳（地名）有一块沙性的水稻田。
	不详	不详	不详	
	gə⁵⁵ [4]	上面	主语助词	
	dzy³³	手镯		
	me³³	雌性	有	
	lɯ³³	牛虱	田	

续表

字符	国际音标	直译	意译	串讲
	ka^{33}	好		
	$dɯ^{31}$	一		
	u^{31}	奴仆	块	
	$tsʰɯ^{33}$	铧		
	$kʰɯ^{31}$	脚	族科劳（地名）	克古皂伟革（人名）有一大块良田，在族科劳（地名）有两块良田，在伟劳（地名）有一块沙性的水稻田。
	lo^{31}	水沟		
	$lɯ^{33}$	牛虱	田地	
	ka^{33}	好		
	ni^{33}	二		
	u^{31}	奴仆	块	
	ue^{33}	村庄	伟劳（地名）	
	lo^{31}	沟		
	$lɯ^{33}$	牛虱	田	
	$ɕi^{31}\ lɯ^{33}$	稻田		

续表

字符	国际音标	直译	意译	串讲
𖼀	du̱^{31}	—		
𖼁	u^{31}	奴仆	块	
𖼂	gə^{55}	上	定语助词	克古皂伟革（人名）有一大块良田，在族科劳（地名）有两块良田，在伟劳（地名）有一块沙性的水稻田。
𖼃	ʂə^{13}	说	沙	
𖼄	lu̱^{33}	牛虱	田地	
𖼅	du̱^{31}	—		
𖼆	u^{31}	奴仆	块	

08

字符	国际音标	直译	意译	串讲
𖼇	lo^{31}	沟	不详	
𖼈	lu̱^{33}	牛虱	不详	
𖼉	ue^{33}	村寨	伟道（地名）	□□伟道（地名）的革古皂（人名）在兹勒（地名）的两丘（田）。
𖼊	tʰo^{33}	板子		
𖼋	kə^{13}	鹰	革古皂（人名）	
𖼌	ku^{33}	生姜		

续表

字符	国际音标	直译	意译	串讲
	zo^{33}	缸	革古皂（人名）	
	$gə^{55}$	好	主语助词	
	$dʐy^{31}$	镯子	有	
	me^{33}	雌性		
	$tsɯ^{55}\ lə^{31}$	铃铛	兹勒（地名）	□□伟道（地名）的革古皂（人名）在兹勒（地名）的两丘（田）。
	$gə^{55}$	上	定语助词	
	ku^{55}	钩子	不详	
	ni^{33}	二		
	p^hu^{33}	雄性	丘	

09

字符	国际音标	直译	意译	串讲
	ue^{33}	村寨		
	$ts^hɯ^{33}$	铧	伟族道（地名）	伟族道（地名）的伟塔（人名）的女儿格暮什（人名）的田地卖给了伟宇伽（买方名）。
	t^ho^{33}	板子		
	ue^{33}	村寨	伟塔（人名）	

续表

字符	国际音标	直译	意译	串讲
	tʰa³¹	塔	伟塔（人名）	
	gə⁵⁵	上	定语助词	
	mi⁵⁵	火	女儿	
	ⁿgɯ⁵⁵	咬		
	mə³³	日暮	格暮什（人名）	
	ʂɯ³³	肉		伟族道（地名）的伟塔（人名）的女儿格暮什（人名）的田地卖给了伟宇伽（人名）。
	gə⁵⁵	上	定语助词	
	lɯ³³	牛虱	田地	
	ue³³	村寨		
	y³³	羊	伟宇伽（人名）	
	ⁿgɑ³³	胜利		
	tɕʰi³³	刺	卖	
	me⁵⁵	雌性	语气助词	

10

字符	国际音标	直译	意译	串讲
	mi³¹	火	密□塔（地名）	
	不详	不详		
	tʰa³¹	塔		
	dɯ³¹	一		
	u³¹	奴仆	块	
	ue³³	村寨		
	niə³¹	眼睛	伟裒究革（人名）	密□塔（地名）的一块田，伟裒究革（人名）的田，（现在）是伟革塔（人名）所有。
	dziə³¹	秤砣		
	kə¹³	鹰		
	lɯ³³	牛虱	田地	
	ue³³	村寨		
	kə¹³	鹰	伟革塔（人名）	
	tʰa³¹	塔		
	gə⁵⁵	好	主语助词	
	dʑy³¹	手镯	有	

续表

字符	国际音标	直译	意译	串讲
	me^{33}	雌性	有	密□塔（地名）的一块田，伟衮究革（人名）的田，（现在）是伟革塔（人名）所有。

11

字符	国际音标	直译	意译	串讲
	nə^{31}	豆		
	nɑ^{31}	黑	讷纳李（地名）	
	lɯ^{33}	地		
	gə^{55}	上	定语助词	
	u^{31}	奴仆	块	讷纳李（地名）的一块田，伟族道（地名）的伟塔（人名）（用）碱性田交易了。
	ue^{33}	村寨		
	tsʰɯ^{33}	铧	伟族道（地名）	
	to^{33}	板子		
	ue^{33}	村寨		
	tʰɑ^{31}	塔	伟塔（人名）	
	gə^{55}	上	定语助词	

续表

字符	国际音标	直译	意译	串讲
	lɯ³³	牛虱	田	
	tʂu⁵⁵		地	
	nɑ³¹	黑	碱性	讷纳李（地名）的一块田，伟族道（地名）的伟塔（人名）（用）碱性田交易了。
	lɯ³³	牛虱	田	
	kʰa³³	弹弓	交换	
	tsɑ³¹	钩子	之上	

12

字符	国际音标	直译	意译	串讲
	ɕi³¹ lɯ³³		稻田	
	dɯ³¹		一	
	u³¹	奴仆	块	
	tɕi³³ [5]	羊毛剪	婶婶	婶婶古皂（人名）把一块稻田卖了。
	ku³¹	生姜	古皂（人名）	
	zo³³	缸		
	nɯ³¹	心脏	主语助词	

字符	国际音标	直译	意译	串讲
	tɕʰi³³	刺	卖	婶婶古皂（人名）把一块稻田卖了。
	me⁵⁵	雌性	语气助词	

13

字符	国际音标	直译	意译	串讲
	ue³³	村寨		
	ⁿgɑ³³	胜利	伟伽道（地名）	
	to³³	板子		
	ue³³	村寨		伟伽道（地名）的伟塔（人名）卖了。
	tʰa³¹	塔	伟塔（人名）	
	tɕʰi³³	刺	卖	
	me⁵⁵	雌性	语气助词	

14

字符	国际音标	直译	意译	串讲
	a³¹	绳子		艾兹勒宇日固艾（地名）的一块（田）归纳穆伽（人名）所有。
	tsɯ⁵⁵ lə³¹	铃铛	艾兹勒宇日固艾（地名）	
	y³³	绵羊		

续表

字符	国际音标	直译	意译	串讲
	$zɯ^{55}$	饮		
	ku^{31}	蛋	艾兹勒宇日固艾（地名）	
	a^{31}	绳子		
	$dɯ^{31}$	一		
	u^{31}	奴仆	块	艾兹勒宇日固艾（地名）的一块（田）归纳穆伽（人名）所有。
	na^{31}	黑		
	mu^{33}	天	纳穆伽（人名）	
	$ⁿga^{33}$	胜利		
	ka^{33}	好	主语助词	
	dzy^{33}	手镯	有	
	me^{33}	雌性		

15

字符	国际音标	直译	意译	串讲
	$lə^{55}$	石头	勒麦高（地名）	勒麦高（地名）的上块、下块（田）归莱遮（地名）的伟思（人名）所有。
	me^{33}	雌性		

续表

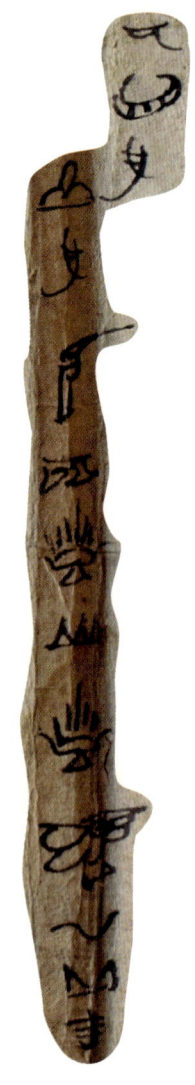

字符	国际音标	直译	意译	串讲
	ko^{13}	鹤	勒麦高（地名）	
	gɚ^{55}		上	
	u^{31}	奴仆	块	
	mi^{55}	火	下	
	u^{31}	奴仆	块	
	le^{55}	獐子	莱遮（地名）	勒麦高（地名）的上块、下块（田）归莱遮（地名）的伟思（人名）所有。
	tʂɚ^{31}	一线草		
	ue^{33}	村寨	伟思（人名）	
	zɯ^{33}	草		
	gɚ^{55}	好	主语助词	
	dʑy^{31}	镯子	有	
	me^{33}	雌性		

16

字符	国际音标	直译	意译	串讲
	ue^{33}	村寨	伟革（地名）	伟革（地名）的伊得诃（人名）的田□。

续表

字符	国际音标	直译	意译	串讲
	kə¹³	鹰	伟革（地名）	
	i³¹	右		
	ⁿdɚ³¹	粪肥	伊得诃（人名）	
	xɯ³³	牙齿		伟革（地名）的伊得诃（人名）的田□。
	gə⁵⁵	上	定语助词	
	lɯ³³	牛虱	田	
	lɑ³¹	手	不详	

17

字符	国际音标	直译	意译	串讲
	ɑ³³	语气词		
	lo³¹	沟	爷爷	
	lɯ³³	牛虱	田	爷爷的一块良田归伟宇伽（人名）所有。
	kɑ³³	好		
	dɯ³¹	一		
	u³¹	奴仆	块	

第三章 文献解读　553

字符	国际音标	直译	意译	串讲
	ue³³	村寨	伟宇伽（人名）	
	y³³	绵羊		
	ⁿga³³	胜利		爷爷的一块良田归伟宇伽（人名）所有。
	gə⁵⁵	好	主语助词	
	dʐy³¹	镯子	有	
	me³³	雌性		

18

字符	国际音标	直译	意译	串讲
	ue³³	村寨	伟塔（地名）	
	tʰa³¹	塔		
	xɯ³³	牙齿		伟塔（地名）的诃继革（人名）的在塔舍（地名）两丘田归伟宇伽（人名）所有。
	tɕi³³	羊毛剪	诃继革（人名）	
	kə¹³	鹰		
	gə⁵⁵	上	定语助词	
	lu³³	牛虱	田	

续表

字符	国际音标	直译	意译	串讲
	tʰa³³	塔	塔舍（地名）	
	sə³³	七		
	ni³³	二		
	pʰu³³	雄性	丘	伟塔（地名）的诃继革（人名）的在塔舍（地名）两丘田归伟宇伽（人名）所有。
	ue³³	村寨		
	y³³	绵羊	伟宇伽（人名）	
	ⁿga³³	胜利		
	gə⁵⁵	好	主语助词	
	dʑy³¹	镯子	有	

19

字符	国际音标	直译	意译	串讲
	ue³³	村寨		伟吾纳穆皂（人名）的一块稻田，这块稻田在蔓菁田水沟的上边。
	u³¹	奴仆	伟吾纳穆皂（人名）	
	na³¹	黑		
	mu³³	天		

续表

字符	国际音标	直译	意译	串讲
	zo^{33}	缸	伟吾纳穆皂（人名）	
	$gə^{55}$	上	定语助词	
	$lɯ^{33}$	牛虱	田	
	$^ndzy^{33}$		蔓菁	
	$lɯ^{33}$	牛虱	田	伟吾纳穆皂（人名）的一块稻田，这块稻田在蔓菁田水沟的上边。
	lo^{31}		沟	
	$gə^{55}$	上		
	u^{31}	奴仆	块	
	$ɕi^{31} lɯ^{33}$		稻麦	
	$dɯ^{31}$		一	
	u^{31}	奴仆	块	

20

字符	国际音标	直译	意译	串讲
	$dɯ^{31}$		一	究塔（人名）什么都没有。
	sy^{31}	羊毛团	一切、什么	

续表

字符	国际音标	直译	意译	串讲
	lɑ³¹	手	都	
	mə³³	日暮	否定词	
	zɯ³³	村	有	
	me⁵⁵	雌性	语气助词	
	dʑiə³¹	秤砣	究塔（人名）	究塔（人名）什么都没有。
	tʰɑ³¹	塔		
	gə⁵⁵	好	主语助词	
	dʐy³¹	手镯	有	
	me³³	雌性		

21

字符	国际音标	直译	意译	串讲
	ue³³	村寨	伟劳科古（人名）	伟劳科古（人名）的田由伊伽伟革（人名）卖了。
	lo³³	沟		
	kʰɯ³¹	脚		
	ku³³	生姜		

续表

字符	国际音标	直译	意译	串讲
	gə^{55}	上	定语助词	
	lɯ^{33}	牛虱	田地	
	i^{31}	右		
	^{n}gɑ^{33}	胜利	伊伽伟革（人名）	伟劳科古（人名）的田由伊伽伟革（人名）卖了。
	ue^{33}	村庄		
	kə^{13}	鹰		
	nɯ^{31}	心脏	主语助词	
	tɕʰi^{33}	刺	卖	
	me^{33}	雌性	语气助词	

22

字符	国际音标	直译	意译	串讲
	pʰu^{33}	雄性	普麦理滋（人名）	普麦理滋（人名）的一块田归哈巴（人名）所有。
	me^{33}	雌性		
	kʰo^{33}	亲戚		
	^{n}dsɯ^{33}	树		

续表

字符	国际音标	直译	意译	串讲
	duɯ³¹	一		普麦理滋（人名）的一块田归哈巴（人名）所有。
	u³¹	奴仆	块	
	xɑ³³	饭	哈巴（人名）	
	pɑ³³	青蛙		
	gə⁵⁵	好	主语助词	
	dzy³¹	镯子	有	
	me³³	雌性		

23

字符	国际音标	直译	意译	串讲
	ue³³	村寨		伟道塔（人名）的白土质的田归古皂究塔（人名）所有。
	to³³	板子	伟道塔（人名）	
	tʰɑ³¹	塔		
	gə⁵⁵	上	定语助词	
	lɯ³³	牛虱	田地	
	pʰa³¹	白	白土质	

续表

字符	国际音标	直译	意译	串讲
	lɯ³³	田地		
	le⁵⁵	獐子	数	
	不详	不详		
	不详	生姜		伟道塔（人名）的白土质的田归古皂究塔（人名）所有。
	不详	缸	古皂究塔（人名）	
	sɿ⁵⁵	秤砣		
	tʰɑ³¹	塔		
	gə⁵⁵	好	主语助词	
	dzy³¹	镯子	有	
	me³³	雌性		

24

字符	国际音标	直译	意译	串讲
	ue³³	村寨		伟革究伽（人名）的一块秧苗地归哈巴究（人名）所有。
	kə¹³	鹰	伟革究伽（人名）	
	sɿ⁵⁵	秤砣		

续表

字符	国际音标	直译	意译	串讲
	$^{n}ga^{33}$	胜利	伟革究伽（人名）	
	lw^{33}	牛虱	田地	
[6]	$k^{h}o^{31}$	亲戚	秧苗	
	dw^{31}	大	一	
	u^{31}	奴仆	块	伟革究伽（人名）的一块秧苗地归哈巴究（人名）所有。
	xa^{33}	饭		
	pa^{33}	青蛙	哈巴究（人名）	
	$dzi\partial^{31}$	秤砣		
	$g\partial^{55}$	好	主语助词	
	dzy^{31}	镯子	有	
	me^{33}	雌性		

25

字符	国际音标	直译	意译	串讲
	ue^{33}	村寨	伟诃阿资上（人名）	伟诃阿资上（人名）的（田）卖了，归究伟道（人名）所有。
	xw^{33}	牙齿		

续表

字符	国际音标	直译	意译	串讲
	a³³	语气词		
	tsɯ³³	捆绑	伟诃阿资上（人名）	
	ʂə¹³	说		
	nɯ³¹	心脏	主语助词	
	tɕhi³³	刺	卖	
	dziə³¹	秤砣		伟诃阿资上（人名）的（田）卖了，归究伟道（人名）所有。
	ue³³	村寨	究伟道（人名）	
	to³³	板子		
	gə⁵⁵	好	主语助词	
	dzy³¹	镯子	有	
	me⁵⁵	雌性		

26

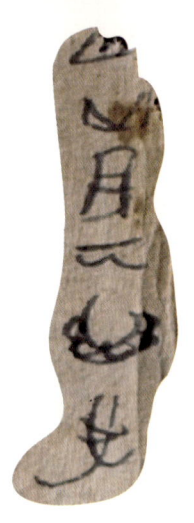

字符	国际音标	直译	意译	串讲
	ue³³	村寨		
	xɯ³	牙齿	伟诃阿资上（人名）	伟诃阿资上（人名）在戈坎坎孤（地名）的一丘稻田，归格吉纳穆究（人名）所有。
	a³³	语气词		

续表

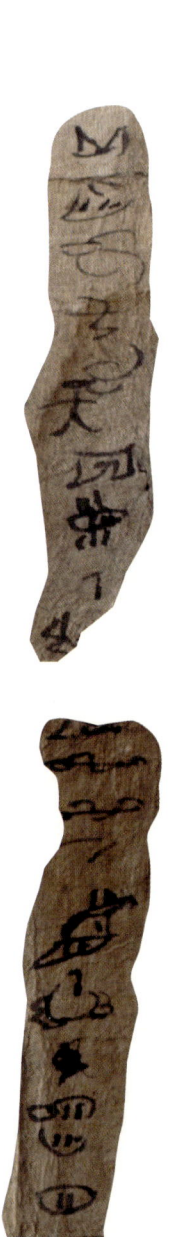

字符	国际音标	直译	意译	串讲
	zu³³	绑	伟诃阿资上（人名）	
	ʂə¹³	说		
	gə⁵⁵	上	定语助词	
	lɯ³³	牛虱	田地	
	dɯ³¹	—		
	pʰu³³	雄性	丘	
	gə⁵⁵	上		伟诃阿资上（人名）在戈坎坎孤（地名）的一丘稻田，归格吉纳穆究（人名）所有。
	kʰa³³	弹弓	戈坎坎孤（地名）	
	kʰa³³	弹弓		
	ku⁵⁵	钩子		
	ɕi³¹ lɯ³³		稻田	
	dɯ³¹	—		
	pʰu³¹	雄性	丘	
	不详	不详	不详	

第三章 文献解读 563

续表

字符	国际音标	直译	意译	串讲
	ⁿguɯ⁵⁵	咬		
	ⁿdzi³¹	酒曲		
		酒曲	黑	格吉纳穆究（人名）
	mu³³	天		伟诃阿资上（人名）在戈坎坎孤（地名）的一丘稻田，归格吉纳穆究（人名）所有。
	dziə³¹	秤砣		
	gə⁵⁵	好	主语助词	
	dʐy³¹	镯子		
	me⁵⁵	雌性	有	

27

字符	国际音标	直译	意译	串讲
	xe³³	月亮		
	pɑ³³	青蛙		黑巴革伟萨（人名）在莱滋科（地名）的四丘（田地）、在伟□□（地名）的上块和下块（田地）、在海淘（地名）的两块（田地）归究皂穆裒究（人名）所有。
	kə¹³	鹰	黑巴革伟萨（人名）	
	ue³³	村寨		
	sɑ¹³	气		

续表

字符	国际音标	直译	意译	串讲
	gə^{55}	上	定语助词	
	mu^{33}	天	田地	
	dy^{31}	田		
	le^{33}	獐子	莱滋科（地名）	
	ⁿdʂɯ^{33}	树		
	kʰɯ^{31}	脚		
	lu^{33}	四		黑巴革伟萨（人名）在莱滋科（地名）的四丘（田地）、在伟□□（地名）的上块和下块（田地）、在海淘（地名）的两块（田地）归究皂穆袤究（人名）所有。
	pʰu^{33}	雄性	丘	
	ue^{33}	村寨		
	不详	不详	伟□□（地名）	
无法识别	不详	不详		
	gə^{55}	上		
	u^{31}	奴仆	块	
	mi^{55}	火	下	

第三章 文献解读　565

续表

字符	国际音标	直译	意译	串讲
	u³¹	奴仆	块	
	xa³¹	金	海淘（地名）	
	tʰo³³	靠		
	ni³³		二	
	pʰe¹³	麻布	块	黑巴革伟萨（人名）在莱滋科（地名）的四丘（田地）、在伟□□（地名）的上块和下块（田地）、在海淘（地名）的两块（田地）归究皂穆裒究（人名）所有。
	dʑiə³¹	秤砣		
	zo³³	缸	究皂穆裒究（人名）	
	mu³³	天		
	niə³¹	眼		
	dʑiə³¹	秤砣		
	gə⁵⁵	好	主语助词	
	dʐy³¹	镯子	有	

【背面】

01

字符	国际音标	直译	意译	串讲
	ue^{33}	村寨		
	tʰa^{31}	塔	伟塔古（人名）	
	ku^{31}	生姜		
	gɔ^{55}	上	定语助词	伟塔古（人名）的一块稻田……
	lɯ^{33}	牛虱	田	
	ɕi^{31} lɯ^{33}		稻田	
	dɯ^{31}	一		
	u^{31}	奴仆	块	
残损	不详	不详	不详	

翻译全文

【正面】阿族（人名）、阿季（人名）、阿季（人名）、阿上（人名）、阿勒（人名）、阿泽（人名）、阿塔（人名）、阿族（人名）、阿诃（人名）、伟道皂（人名）。伟诃（人名）在拉李高高（地名）的一块蔓菁田，坎渚崂（地名）的一块（田），水沟下面种有黄豆的那一块。伟伽道尼皂（人名）在苏明（地名）的戈瓜（地名）有一块田。东至嘉德塔（人名）的田地为止；西到水塘为止；北到纳究（人名）的田地为止；南到水沟为止。拉萨劳（地名）稻田中间的一丘，住在伟劳（地名）的科古（人名）在东边有四丘稻田，在安劳（地名）有一块稻田。克古皂伟革（人名）有一大块良田，在族科劳（地名）有两块良田，在伟劳（地名）有一块沙性的水稻田。□□伟道（地名）的革古皂（人名）在兹勒（地名）的两丘（田）。伟族道（地名）的伟塔（人名）的女儿格暮什（人名）的田地卖给了伟宇伽（买方名）。密□塔（地名）的一块田，伟枭究革（人名）的田，（现在）是伟革塔（人名）所有。讷纳李（地名）的一块（田），伟族道（地名）的伟塔（人名）（用）碱性田交易了。婶婶古皂（人名）把一块稻田卖了。伟伽道（地名）的伟塔（人名）卖了。艾兹勒宇日固艾（地名）的一块（田）归纳穆伽（人名）所有。勒麦高（地名）的上块、下块（田）归莱遮（地名）的伟思（人名）所有。伟革（地名）的伊得诃（人名）的田□。爷爷的一块良田归伟宇伽（人名）所有。伟塔（地名）的诃继革（人名）的在塔舍（地名）两丘田归伟宇伽（人名）所有。伟吾纳穆皂（人名）的一块稻田，这块稻田在蔓菁田水沟的上边。究塔（人名）什么都没有。伟劳科古（人名）的田由伊伽伟革（人名）卖了。普麦理滋（人名）的一块田归哈巴（人名）所有。伟道塔（人名）的白土质的田归古皂究塔（人名）所有。伟革究伽（人名）的一块秧苗地归哈巴究（人名）所有。伟诃阿资上（人名）的（田）卖了，归究伟道（人名）所有。伟诃阿资上（人名）在戈坎坎孤（地名）的一丘稻田，归格吉纳穆究（人名）所有。黑巴革伟萨（人名）在莱滋科（地名）的四丘（田地）、在伟□□（地名）的上块和下块（田地）、在海淘（地名）的两块（田地）归究皂穆枭究（人名）所有。

【背面】伟塔古（人名）的一块稻田……

---

［1］ 以下都为祖先名，以祖先序列来表示时间。

［2］ 和继先在文书1-6（第272页）中认为该字念［tɕɚ³¹］；和茂春在文书1-16（第462页）中认为该字念［tɕi³³］；和学耀在文书1-13（第414页）中认为该字直译为"挖"［tsɑ³¹］，假借表示"底下"，下同。

［3］ 和继先在文书1-6（第272页）中认为该字念［tɯ³³］，直译为"浸泡"；和茂春在文书1-16（第462页）中认为该字直译为"鸡膀"；和学耀在文书1-13（第414页）中认为该字直译为"米斗"［py³³］。

［4］ 疑原文书书写错误。

［5］ "婶婶"为［a³³ tɕi³³］，此处省略［a³³］。

［6］ 在文书1-4（第231页）和文书1-13（第412页）中，和继先与和学耀都将该字直译为"亲戚"［kʰo³³］。

文书1-21

尧上等人分田契

① ②

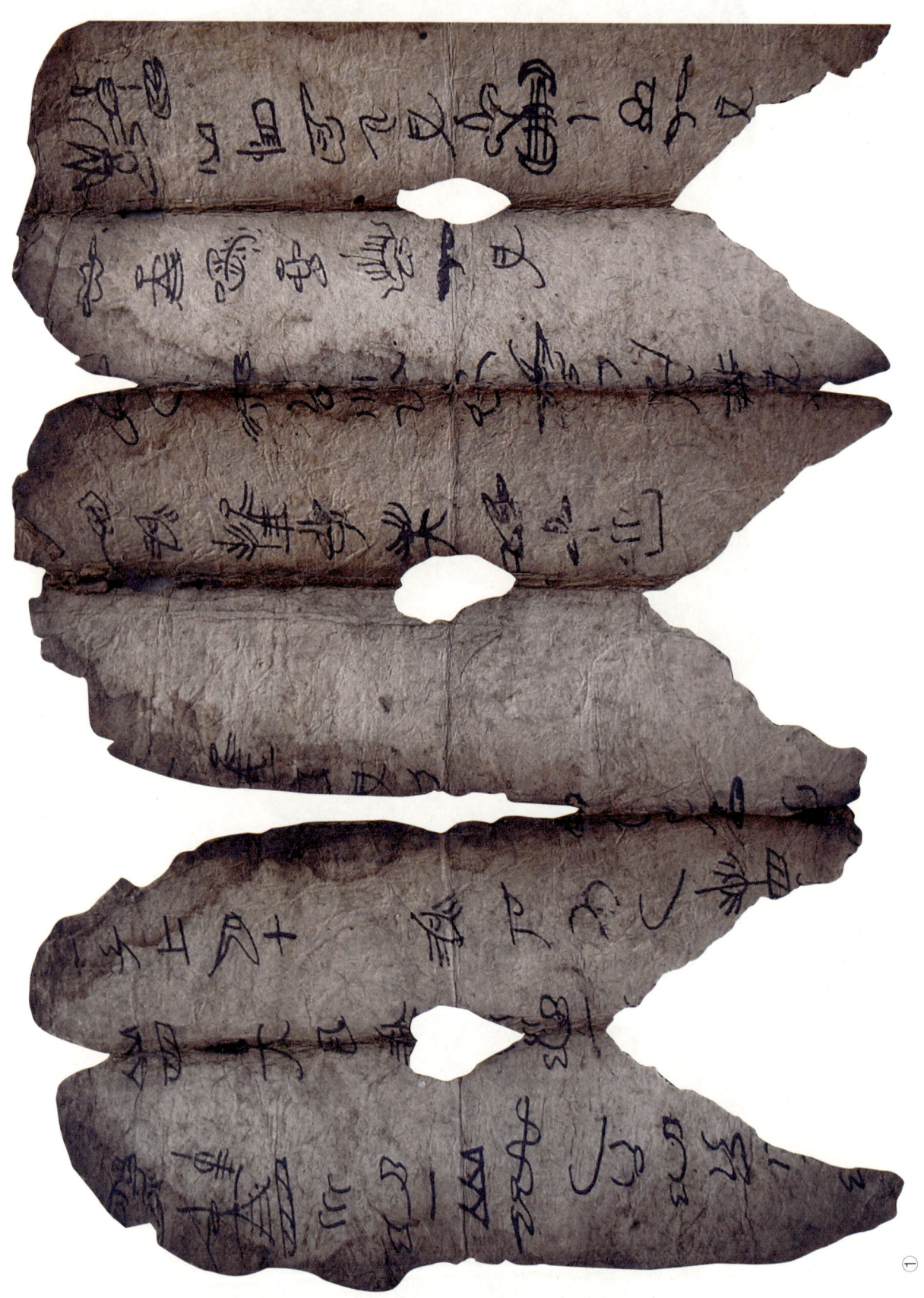

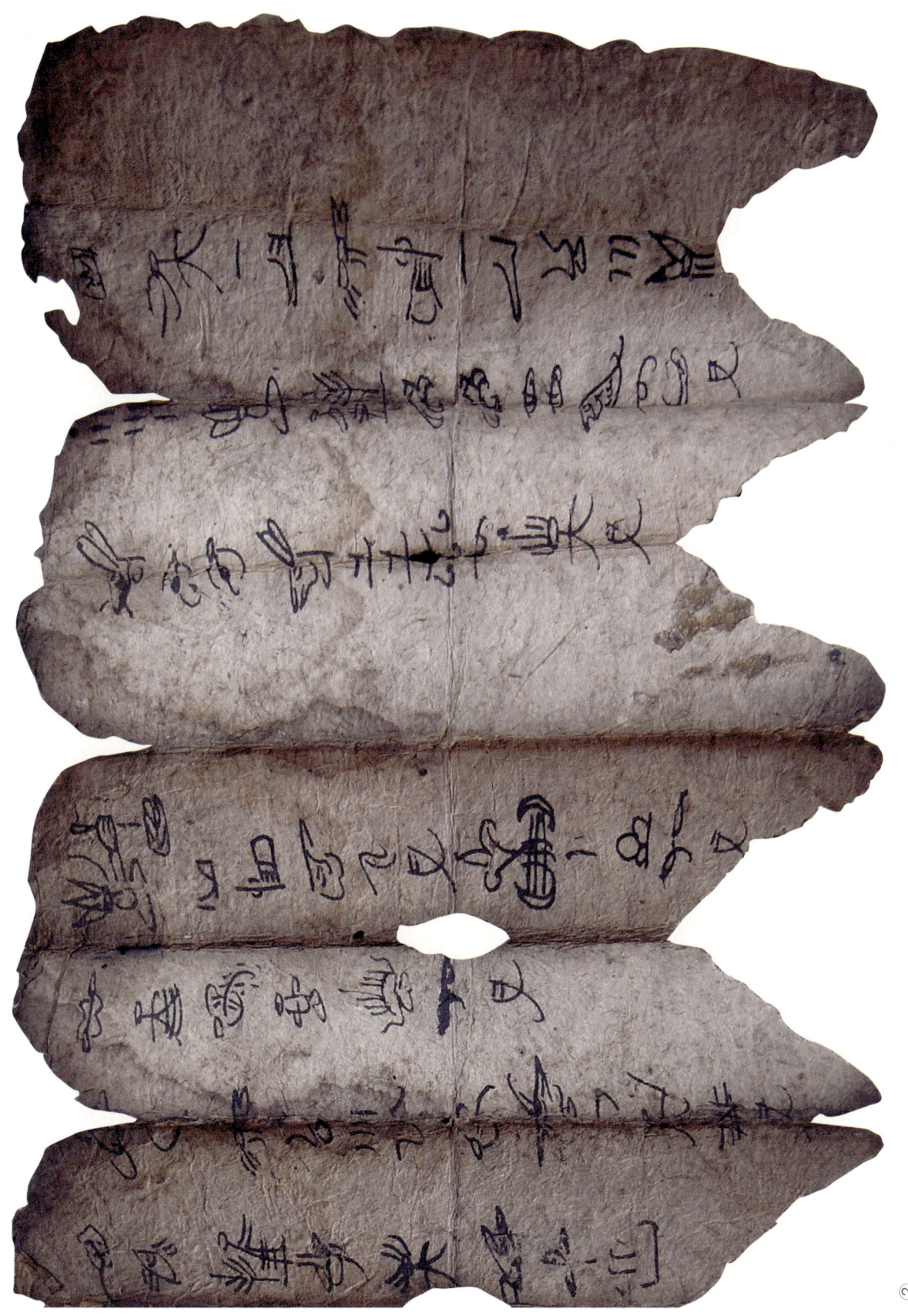

第三章 文献解读

著录

编号	1-21
文书名	究上等人分田契
书写人	伟伽革
书写时间	不明
来源	云南省玉龙纳西族自治县宝山乡吾木村
体例	竖行书写，从左向右换行。单面
材质	东巴纸，墨书
采集时间	2011年7月24日
采集地点	云南省玉龙纳西族自治县宝山乡吾木村
摄影	李学信
翻译者	和学耀
整理者	蒋波
备注	残损严重

翻译

01

字符	国际音标	直译	意译	串讲
	lɑ³¹	老虎	拉达角里（地名）	拉达角里（地名）的三丘（田）。
	ⁿda³¹	宅基地		
[1]	kə³¹	犄角		
	lɯ³³	田地		
	sɯ³¹	三		
	pʰu³³	雄性	丘	

02

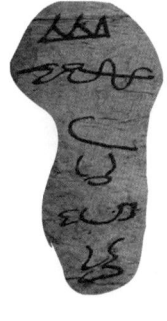

字符	国际音标	直译	意译	串讲
	mi⁵⁵	火	密坎劳角（地名）	密坎劳角（地名）的小丘……
	kʰa³³	弹弓		
	lo³¹	沟		
	kə³¹	犄角		
	pʰu³³	雄性	丘	
	zo³³	缸	小	

03

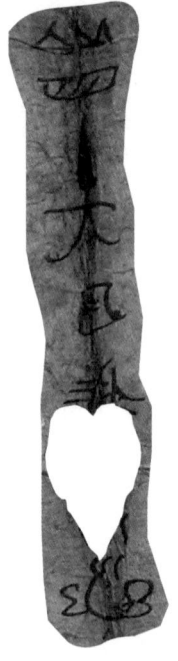

字符	国际音标	直译	意译	串讲
	mi^{55}	火	米地（地名）	米地（地名）的毒道李（地名）……三丘……
	lɯ^{33}	田地		
	ⁿdə^{31}	毒鬼		
	to^{33}	板子	毒道李（地名）	
	lɯ^{33}	牛虱		
	sɯ^{31}	三		
	pʰu^{33}	雄性	丘	

04

字符	国际音标	直译	意译	串讲
	tsɯ^{33}	捆绑	祝寿	祝寿用了大米十（升）和帝劳（地名）的优质麦田……
	ʂə^{13}	说		
	tʂʰuɑ^{55}	鹿角	大米	
	tsʰe^{31}	十		
	lɯ^{33}	牛虱	田地	
	kɑ^{33}	好		
	ⁿdɯ^{13}	蕨菜	帝劳（地名）	

续表

字符	国际音标	直译	意译	串讲
	lo³¹	沟	帝劳（地名）	祝寿用了大米十（升）和帝劳（地名）的优质麦田……
	ze³³ lɯ³³		麦田	

05

字符	国际音标	直译	意译	串讲
	ne³³	苋菜	奈李（地名）	
	lɯ³³	牛虱		
	kʰo³³		背后	
	nɯ³¹	心脏	主语助词	
	be³³	战神	做	奈李（地名）的田地交易了两斗黄豆。
	lɑ³¹	手	不详	
	nə³¹		黄豆	
	ni³³		二	
	tə³¹		斗	

06

字符	国际音标	直译	意译	串讲
	la^{31}	手	拉固古皂（人名）	
	gu^{33}	蛋		
	ku^{31}	生姜		
	zo^{33}	缸		
	lu^{33}	四		拉固古皂（人名）四口，阿宇（人名）这里要……
	bə^{31}	绳子	不详	
	a^{33}	语气词	阿宇（人名）	
	y^{33}	绵羊		
	gu^{31}	蛋	这里	
	ⁿdy^{33}	赶	要	
	tsɯ^{33}	捆绑		
	me^{55}	雌性	语气助词	

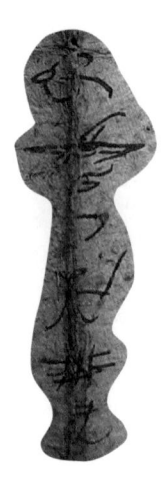

07

字符	国际音标	直译	意译	串讲
	kʰa^{33}	弹弓	坎理（地名）	坎理（地名）的一块甜荞地已经给了。
	lɯ^{33}	船		

续表

字符	国际音标	直译	意译	串讲
	a^{33} [2]	语气词		
	$^ngɯ^{55}$	咬	甜荞	
	du^{31}	大	一	坎理（地名）的一块甜荞地已经给了。
	u^{31}	奴仆	块	
	$iə^{13}$	烟草	给	
	me^{55}	雌性	语气助词	

08

字符	国际音标	直译	意译	串讲
	$pə^{55} ɕi^{33}$	书写人		
	ue^{33}	村寨		
	$^ngɑ^{33}$	胜利	伟伽革（人名）	书写人是伟伽革（人名），已经给了他一件细麻布。
	$kə^{13}$	鹰		
	$ɣo^{31}$	泼	是	
	me^{55}	雌性	语气助词	
	$p^he^{13} zi^{33}$	花、麻布	细麻布	

第三章 文献解读 577

续表

字符	国际音标	直译	意译	串讲
	dɯ³¹	—		
	lə⁵⁵	石头	件	书写人是伟伽革（人名），已经给了他一件细麻布。
	iə¹³	烟草	给	
	me⁵⁵	雌性	语气助词	

09

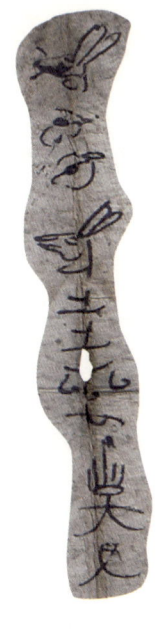

字符	国际音标	直译	意译	串讲
	le⁵⁵	獐子		
	kʰɑ³³	苦	争论不休	
	kʰɑ³³	苦		
	le⁵⁵	獐子		
	ʂə¹³	说	争吵	绝不可争论不休。
	ʂə¹³	说		
	zu̟³³	夏季		
	mə³³	暮	绝不可	
	be³³	战神		

续表

字符	国际音标	直译	意译	串讲
只	me⁵⁵	雌性	语气助词	绝不可争论不休。

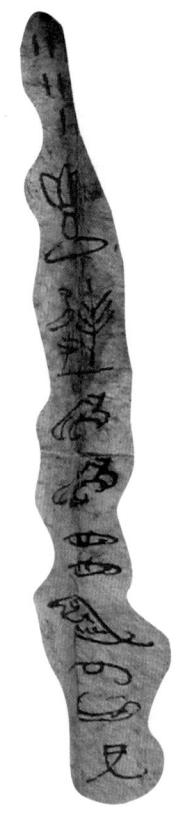

	字符	国际音标	直译	意译	串讲
10	川	ʂə³³	七	事情	
		ⁿdu⁵⁵	董神		
		tʰo³³		背后	
		tʂɯ³¹	爪子		
		tʂɯ³¹	爪子	阻挡、阻碍	事情没有阻碍，一帆风顺。
		piə³³	海贝		
		piə³³	海贝		
		tso³¹	壁虎	不详	
		mə³³	暮	否定词	
		dzy³¹	手镯	有	
		me³³	雌性		

第三章 文献解读　579

11

字符	国际音标	直译	意译	串讲
	dziə³¹	秤砣	究上（人名）	究上（人名）、科古伽（人名）和科皂（人名）三个人。
	ʂə¹³	说话		
	kʰɯ³¹	脚	科古伽（人名）	
	ku³¹	生姜		
	ⁿɡɑ³³	胜利		
	kʰɯ³¹	脚	科皂（人名）	
	zo³³	缸		
	sɯ³¹	三		
	ku¹³	大蒜	个	

翻译全文

拉达角里（地名）的三丘（田）。密坎劳角（地名）的小丘……米地（地名）的毒道李（地名）……三丘……祝寿用了大米十（升）和帝劳（地名）的优质麦田……奈李（地名）的田地交易了两斗黄豆。拉固古皂（人名）四口，阿宇（人名）这里要……坎理（地名）的一块甜荞地已经给了。书写人是伟伽革（人名），已经给了他一件细麻布。绝不可争论不休。事情没有阻碍，一帆风顺。究上（人名）、科古伽（人名）和科皂（人名）三个人。

---

［1］补缺。
［2］补缺。

文书1-22

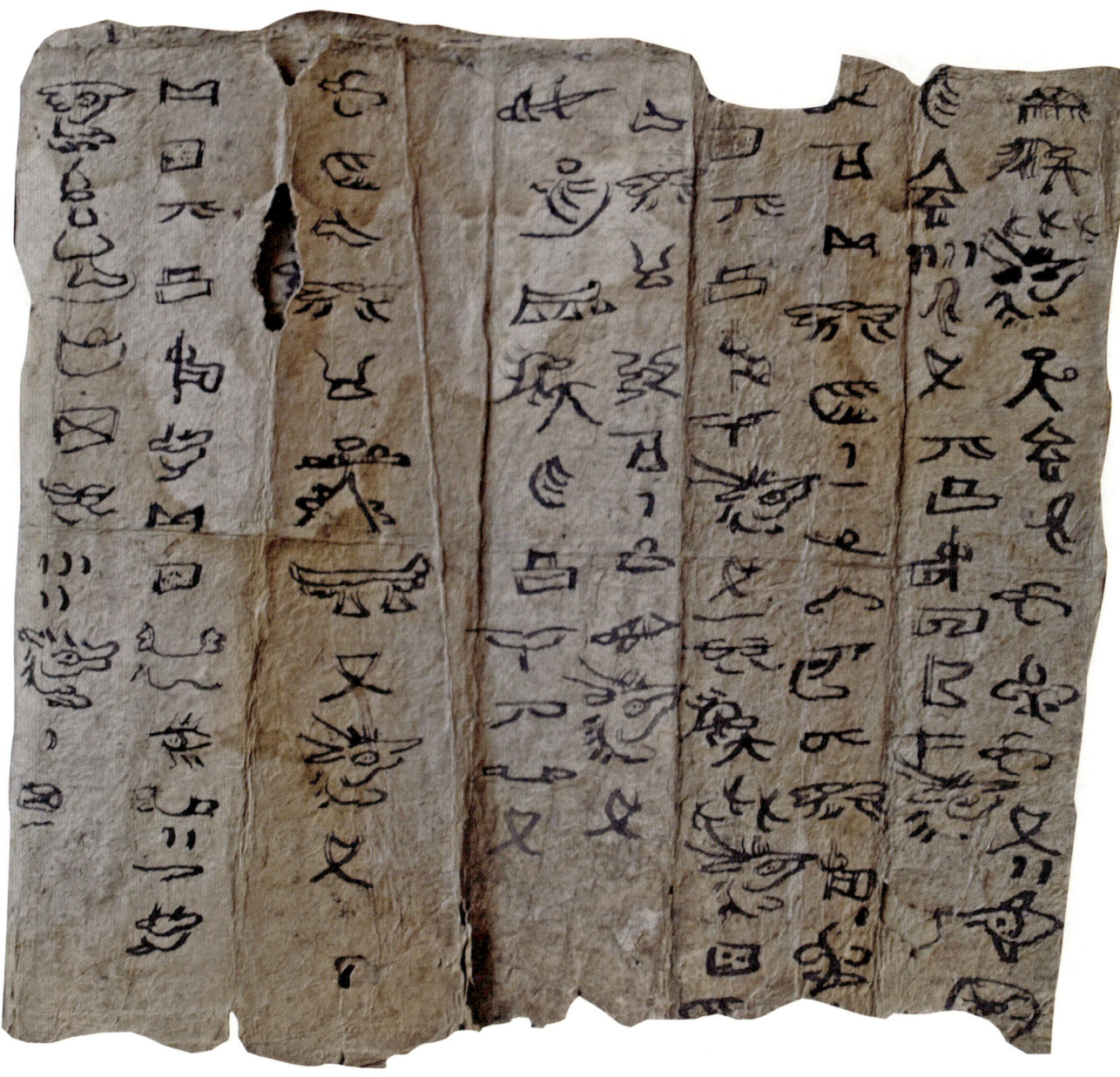

伟舒嘉项伽田地抵押契（正面）

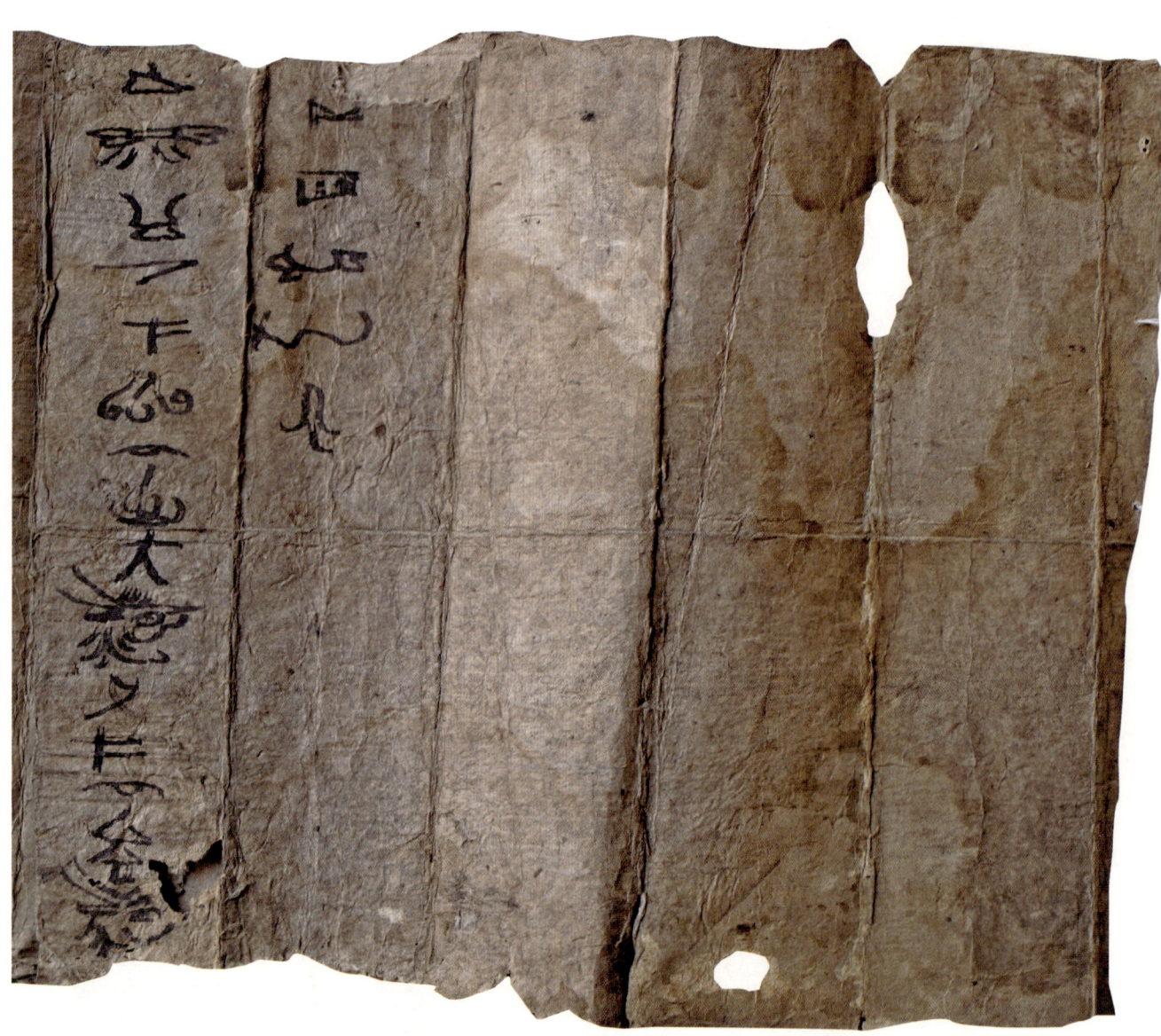

伟舒嘉顶伽田地抵押契（背面）

著录

编号	1-22
文书名	伟舒嘉顶伽田地抵押契
书写人	塔沃
书写时间	不明
来源	云南省玉龙纳西族自治县鸣音乡
体例	竖行书写，从左向右换行，双面书写
材质	东巴纸，墨书
采集时间	2011年7月24日
采集地点	云南省玉龙纳西族自治县宝山乡吾木村
摄影	李学信
翻译者	和学耀
整理者	蒋波
备注	文书正面部分有残缺，残缺内容不清。反面左半部分丢失，仅余寥寥数字，意思不明确

翻译

【正面】

01

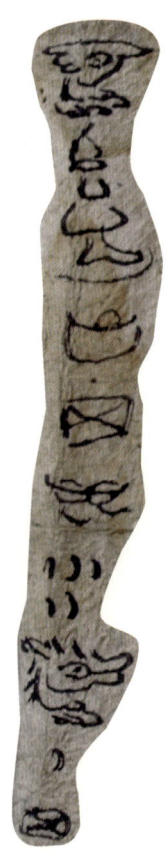

字符	国际音标	直译	意译	串讲
	$a^{31} k^hu^{13}$	鸡、镰刀	属鸡	
	$xe^{31} {}^ndzi\partial^{31}$	二月		
	xe^{33}	月亮	月份	
	tse^{33}	盐巴		
	do^{31}	看见	初	
	$u\alpha^{33}$	五		鸡年二月初五属猪的一天，伟舒嘉顶伽（人名）已将他在伟舒普艾（地名）的两块梯田给了阿诃科古皂（人名），（用以购买）祭品。
	$bu^{31} k^hu^{13}$	猪、镰刀	属猪	
	du^{31}	一		
	ni^{33}	太阳	天、日	
	ue^{33}	村子		
	$ʂu^{55}$	骰子	伟舒嘉顶伽（人名）	
	$k\alpha^{33}$	好		
	$t\partial^{13}$	顶		

续表

字符	国际音标	直译	意译	串讲
	ⁿgɑ³³	胜利	伟舒嘉顶伽（人名）	
	nɯ³¹	心脏	主语助词	
	ue³³	村子	伟舒普艾（地名）	
	ʂu⁵⁵	骰子		
	pʰu³³	雄性		
	a³¹	绳子		
	lɯ³³	猎神	梯田	鸡年二月初五属猪的一天，伟舒嘉顶伽（人名）已将他在伟舒普艾（地名）的两块梯田给了阿诃科古皂（人名），（用以购买）祭品。
	pʰu³³	雄性		
	ni³³	二		
	tsɑ³¹	底下	块	
	nɯ³¹	心脏	不详	
	a³³	词头	阿诃科古皂（人名）	
	xɯ³³	牙齿		
	kʰɯ³¹	脚		

字符	国际音标	直译	意译	串讲
	ku³¹	生姜	阿诃科古皂（人名）	
	zo³³	坛子		
	tɕiə³³	麻风病	祭品	鸡年二月初五属猪的一天，伟舒嘉顶伽（人名）已将他在伟舒普艾（地名）的两块梯田给了阿诃科古皂（人名），（用以购买）祭品。
	lo³¹	盆		
	iə¹³	汉字"又"	给	
	se³¹	岩羊	情态助词	
	me⁵⁵	雌性	语气助词	

02

字符	国际音标	直译	意译	串讲
	ⁿdɑ¹³	砍		
	pu¹³	送、带	达布卦（地名）	
	kuɑ³¹	灶		达布卦（地名）人和铁优（人名）出了力。
	çi³³	人		
	xo³¹	肋骨	和铁优（人名）	
	tʰi³¹	抬		

续表

字符	国际音标	直译	意译	串讲
	iə³³	烟草	和铁优（人名）	达布卦（地名）人和铁优（人名）出了力。
	kɑ³³	好	力气	
	tʰə³³	桶	出	
	me⁵⁵	雌性	语气助词	

03

字符	国际音标	直译	意译	串讲
	kʰɯ³¹	脚		科古皂（人名）已经给过了一钱纯金（作为）酬劳。
	ku³¹	生姜	科古皂（人名）	
	zo³³	缸		
	xa³³		黄金	
	ʂu³³	斧子	纯	
	dɯ³¹	一		
	lə⁵⁵	石头	钱	
	tsʰi³¹	肩胛骨	酬劳	
	se³¹	岩羊	情态助词	

第三章 文献解读 587

续表

字符	国际音标	直译	意译	串讲
	me^{55}	雌性	语气助词	科古皂（人名）已经给过了一钱纯金（作为）酬劳。

04

字符	国际音标	直译	意译	串讲
[1]	ue^{33}	村子	伟舒嘉顶伽（人名）	伟舒嘉顶伽（人名）已经给过了。
	ʂu^{55}	骰子		
	kɑ^{33}	好		
	tə^{13}	顶		
	ⁿgɑ^{33}	胜利		
	iə^{13}	烟草	给	
	se^{31}	岩羊	情态助词	
	me^{55}	雌性	语气助词	

05

字符	国际音标	直译	意译	串讲
	do^{31}	看		见证人请的是鸣音（地名）的书恒（人名）。
	ɕi^{33}	人	见证人	
	ᵐbe^{31}	雪花	鸣音（地名）	

续表

字符	国际音标	直译	意译	串讲
	i⁵⁵	野山羊	鸣音（地名）	见证人请的是鸣音（地名）的书恒（人名）。
[2]	ue³³	村子		
	ʂu⁵⁵	骰子	书恒（人名）	
	xɯ³³	牙齿		
[3]	kɑ³³	好	请	
	ʂu³³	斧子		

06

字符	国际音标	直译	意译	串讲
	ue³³	村子		村上部的古诃（人名）、纳穆阿（人名）、古伽（人名）叔叔及父亲和塔（人名）四个人（见证）。
[4]	ku⁵⁵	大蒜	上部	
	ku³¹	生姜	古诃（人名）	
	xɯ³³	牙齿		
	dɯ³¹	一		
[5]	ku¹³	大蒜	个	
	nɑ³¹	黑	纳穆阿（人名）	

第三章 文献解读　589

续表

字符	国际音标	直译	意译	串讲
	mu³³	天	纳穆阿（人名）	
	a¹³	鸭子		
	ka³³	好	叔叔	
	ku³¹	生姜	古伽（人名）	
	ⁿga³³	胜利		
	ba³³	花	父亲	村上部的古诃（人名）、纳穆阿（人名）、古伽（人名）叔叔及父亲和塔（人名）四个人（见证）。
	xo³¹	肋骨	和塔（人名）	
	tʰa³¹	塔		
	lu³³	四		
[6]	ku¹³	大蒜	个	
	ɣo³¹	泼	是	
	me⁵⁵	雌性	语气助词	

07

字符	国际音标	直译	意译	串讲
	ka³³	好	嘉顶伽（人名）	嘉顶伽（人名）的债务已（付）讫。

续表

字符	国际音标	直译	意译	串讲
	tə13	顶	嘉顶伽（人名）	
	ⁿga33	胜利		
	gə55	上	定语助词	
	ʐu33	对、双	债务	嘉顶伽（人名）的债务已（付）讫。
	phə31	白色		
	se31	岩羊	情态助词	
[7]	me55	雌性	语气助词	

08

字符	国际音标	直译	意译	串讲
	pə55	篦子	书写	
	ɕi33		人	
	ᵐbe31	雪花	鸣音（地名）	书写人是鸣音（地名）的塔沃（人名）。
	i55	野山羊		
	ue33	左	村	
	tha31	塔	塔沃（人名）	

第三章 文献解读　591

续表

字符	国际音标	直译	意译	串讲
	ɣo³¹	泼	塔沃（人名）	书写人是鸣音（地名）的塔沃（人名）。

09

字符	国际音标	直译	意译	串讲
	ɑ³¹	词头	父亲	父母二人去世的那天。
	bɑ³³	花		
	a³³	词头	母亲	
	me³¹	雌性		
	ni³³	二		
[8]	ku¹³	大蒜	个	
	mu³¹	牛蝇	去世	
	ni³³	太阳	日、天	

【背面】

01

字符	国际音标	直译	意译	串讲
	$k^hɯ^{31}$	脚	科古皂（人名）	
	ku^{31}	生姜		
	zo^{33}	缸		
	ku^{55}	钩子	不详	
	$ɕiə^{13}$	汉字"下"	告诉	
	$zu̩^{33}$	夏天		
	$mə^{33}$	日暮	决不	绝对不能告诉科古皂，也不能告诉伟究（人名）爷爷。
	be^{33}	战神		
	se^{31}	岩羊	情态助词	
	me^{55}	雌性	语气助词	
	$ɕiə^{13}$	汉字"下"	告诉	
	$mə^{33}$	日暮	否定词	
	$t^hɑ^{31}$	塔	可以	
	se^{31}	岩羊	情态助词	

续表

字符	国际音标	直译	意译	串讲
	ue^{33}	村子	伟究（人名）	绝对不能告诉科古皂（人名），也不能告诉伟究（人名）爷爷。
	dziə^{31}	秤砣		
	p^{h}u^{33}	雄性	祖父	
	lo^{31}	水沟	也	
	ɣo^{31}	倾倒、泼	情态助词	

翻译全文

【正面】鸡年二月初五属猪的一天，伟舒嘉顶伽（人名）已将他在伟舒普艾（地名）的两块梯田给了阿诃科古皂（人名），（用以购买）祭品。达布卦（地名）人和铁优（人名）出了力。科古皂（人名）已经给过了一钱纯金（作为）酬劳。伟舒嘉顶伽（人名）已经给过了。见证人请的是鸣音（地名）的书恒（人名）。村上部的古诃（人名）、纳穆阿（人名）、古伽（人名）叔叔及父亲和塔（人名）四个人（见证）。嘉顶伽（人名）的债务已（付）讫。书写人是鸣音（地名）的塔沃（人名）。父母二人去世的那天。

【背面】绝对不能告诉科古皂（人名），也不能告诉伟究（人名）爷爷。

---

［1］补残。
［2］原文残缺，此处补全。
［3］原文残缺，此处补全。
［4］怀疑原文省略，此处补全。
［5］怀疑原文省略，此处补全。
［6］怀疑原文省略，此处补全。
［7］怀疑原文省略，此处补全。
［8］怀疑原文省略，此处补全。